舊唐書

四部備要

史部

中華書局據武英殿本校刊

桐鄉 陸費逵 總勘
杭縣 高時顯 吳汝霖 輯校
杭縣 丁輔之 監造

舊唐書卷四十

後晉司空同中書門下平章事劉昫撰

志第二十

地理三

淮南道六　江南道七　隴右道八

淮南道

揚州大都督府　隋江都郡武德三年杜伏威歸國於潤州江寧縣置揚州以隋江都郡爲兗州置東南道行臺七年改兗州爲邗州九年省江寧縣之揚州改邗州爲揚州置大都督督揚和滁楚舒廬壽七州貞觀十年改大都督爲都督督揚滁常潤和宣歙七州龍朔二年昇爲大都督府天寶元年改爲廣陵郡依舊大都督府乾元元年復爲揚州自後置淮南節度使親王爲都督領使長史爲節度副大使知節度事恆以此爲治所舊領縣四江都六合海陵高郵戶二萬三千一百九十九口九萬四千三百四十七天寶領縣七戶七萬七千

一百五口四十六萬七千八百五十七在京師東南二千七百五十三里至東
都一千七百四十九里
江都　漢縣屬廣陵國隋爲江都郡武德三年改爲兗州七年改爲邗州九年
改爲揚州都督府皆以江都爲治所　江陵　貞觀十八年分江都縣置在郭
下與江都分理　六合　漢堂邑縣屬臨淮郡晉置秦郡北齊爲秦州後周爲
方州隋改爲兗州武德七年復爲方州置六合縣又分六合置石梁縣貞觀元
年省方州併石梁入六合屬揚州　海陵　漢縣屬臨淮郡至隋屬南兗州武
德二年屬揚州景龍二年分置海安縣開元十年省併入海陵　高郵　漢縣
屬廣陵國至隋不改武德二年屬兗州州改仍舊　揚子　永淳元年分江都
縣置　天長　天寶元年割江都六合高郵三縣地置千秋縣天寶七載改爲
天長
楚州中　隋江都郡之南陽縣武德四年臧君相歸附立爲東楚州領山陽安
宜鹽城三縣八年廢西楚州以盱眙來屬仍去東字天寶元年改爲淮陰郡乾

元元年復爲楚州舊領縣四戶三千三百五十七口一萬六千二百六十二天寶領縣五戶二萬六千六十二口十五萬三千在京師西南二千五百一里至東都一千六百六十里

山陽　漢射陽縣地屬臨淮郡晉置山陽郡改爲山陽縣武德四年置東楚州八年去東字治於此縣縣東南有射陽湖　鹽城　漢鹽瀆縣地屬臨淮郡久無城邑隋末韋徹於此置射州立射陽安樂新安三縣武德四年歸國因而不改七年廢射州及三縣置鹽城縣於廢射州仍屬楚州　盱眙　漢縣屬臨淮郡武德四年置西楚州置總管管東楚西楚領盱眙一縣八年廢西楚州以盱眙屬楚州　寶應　漢平安縣屬廣陵國武德四年置倉州領安宜一縣七年州廢縣屬楚州肅宗上元三年建巳月於此縣得定國寶十三枚因改元寶應仍改安宜爲寶應　淮陰　乾封二年分山陽縣置於隋舊廢縣

滁州下　隋江都之清流縣武德三年杜伏威歸國置滁州又以揚州之全椒來屬天寶元年改爲永陽郡乾元元年復爲滁州舊領縣二戶四千六百八十

九口二萬一千五百三十五天寶領縣三戶二萬六千四百八十六口十五萬二千三百七十四在京師東南二千五百六十四里至東都一千七百四十六里

清流　漢全椒縣地屬九江郡梁置南譙州居桑根山之朝陽在今縣西南八十里內譙州故城是也北齊自南譙故城經治於此新昌郡城今州治是也隋改南譙爲滁州後廢武德三年復置皆治於清流縣　全椒　漢舊縣名梁北譙郡又改爲臨滁郡隋改爲滁縣煬帝復爲全椒　永陽　景龍二年分清流縣置

和州　隋歷陽郡武德三年杜伏威歸國改爲和州天寶元年改爲歷陽郡乾元元年復爲和州舊領縣二戶五千七百三十口三萬三千四百一天寶領縣三戶二萬四千七百九十四口十二萬一千一十三在京師東南二千六百八十三里至東都一千八百一十一里

歷陽　漢縣屬九江郡東晉置歷陽郡宋爲南豫州北齊置和州隋爲歷陽郡

國初復爲和州皆治此縣　烏江　漢東城之烏江亭屬九江郡北齊爲密江郡陳爲臨江郡後周爲問江郡隋爲烏江郡縣皆治此　含山　武德六年置八年廢長安四年復爲武壽縣神龍元年復爲含山

濠州下　隋爲鍾離郡武德三年改爲濠州又改臨濠爲定遠縣化明爲招義縣領鍾離塗山定遠招義四縣武德四年省塗山入鍾離天寶元年改爲鍾離郡乾元元年復爲濠州舊領縣三戶二千六百六十口一萬三千八百五十五天寶戶二萬一千八百六十四口十萬八千三百六十一在京師東南二千一百五十里至東都一千三百一十三里

鍾離　漢縣屬九江郡晉宋齊梁置徐州隋初爲濠州煬帝復爲鍾離郡武德八年置濠州皆治於此武德七年省塗山縣併入　定遠　漢曲陽縣地屬九江郡隋置定遠縣　招義　漢淮陵縣地屬臨淮宋置齊陰郡武德七年改爲招義

廬州上　隋廬江郡武德三年改爲廬州領合肥廬江愼三縣七年廢巢州爲

巢縣來屬天寶元年改爲廬江郡乾元元年復爲廬州自中升爲上舊領縣四
戶五千三百五十八口二萬七千五百一十三天寶領縣五戶四萬三千三百
二十三口二十萬五千三百九十六在京師東南二千三百八十七里至東都
一千五百六十九里
合肥　漢縣屬九江郡舊縣在北夏水出城父東南至此與肥水合故曰合肥
梁置合州隋初爲廬江郡皆治此縣　慎　漢後道縣屬九江郡古城在今縣
南隋爲慎縣　巢　漢居巢縣屬廬江郡隋爲襄安縣武德三年置巢州分襄
安立開城扶陽二縣七年廢巢州及開城扶陽二縣改襄安爲巢縣屬廬州
廬江　漢郡名漢龍舒縣地屬廬江郡梁置湖州隋復舊也　舒成　開元二
十三年分合肥廬江二縣置取古龍舒縣爲名
壽州中　隋爲淮南郡武德三年杜伏威歸國改爲壽州七年置都督府督壽
蓼二州領壽春安豐霍邱三縣貞觀元年廢都督府又以廢霍州之霍山縣來
屬天寶元年改爲壽春郡又置霍山縣乾元元年復爲壽州舊領縣四戶二千

九百九十六口一萬四千七百一十八天寶領縣五戶三萬五千五百八十二口十八萬七千五百八十七在京師東南二千二百一十七里至東都一千三百九里

壽春　漢縣屬九江郡晉改爲壽陽晉於此置揚州齊置豫州後魏置揚州梁復爲豫州後周置揚州隋改壽州煬帝爲南淮郡武德爲壽州皆以壽春爲治所　安豐　漢六國故城在縣南梁置安豐郡縣界有芍陂灌田萬頃號安豐塘隋因置縣　霍山　漢灊城縣屬廬江郡隋置霍山應城三縣貞觀元年廢霍州省應城灊城二縣以霍山屬壽州　盛唐　舊霍山縣神功元年改爲武昌神龍元年復爲霍山開元二十七年改爲盛唐仍移治於騶虞城　霍丘　漢松滋縣地屬廬江郡武德四年置蓼州領霍丘一縣七年蓼州廢霍邱屬壽州縣北有安豐津斬毋邱儉處

光州緊中　隋弋陽郡武德三年改爲光州置總管府以定城縣爲弦州殷城縣爲義州以廢宋安郡爲谷州凡管光弦義谷廬五州光州領光山樂安固始

三縣武德七年改總管爲都督府貞觀元年罷都督府省弦州及義州以定城
殷城二縣來屬又省谷州以宋安併入樂安天寶元年改爲弋陽郡乾元元年
復爲光州舊領縣五戸五千六百四十九口二萬八千二百九十一天寶戸三
萬一千四百七十三口十九萬八千五百八十至京師一千八百五十五里至
東都九百二十五里
定城　漢弋陽地屬汝南郡南齊爲南弋陽縣尋改爲定城武德三年於縣置
弦州領定城一縣貞觀元年廢弦州以定城屬光州州所理也　光山　晉分
弋陽置西陽縣梁於縣置光州隋爲弋陽郡武德三年復爲光州治於光山縣
太極元年移州理於定城　仙居　漢軑縣屬江夏郡古城在縣北十里宋分
軑縣置樂安縣天寶元載改爲仙居　殷城　漢期思縣地屬汝南郡宋置苞
信縣隋改爲殷城取縣東古殷城爲名　固始　漢寑縣屬汝南郡後漢改爲
固始
蘄州中　隋宜春郡武德四年平朱粲改爲蘄州領蘄春蘄水羅田黃梅浠水

五縣其年省蘄水入蘄春又分蘄春立永寧省羅田入浠水又改浠水爲蘭溪
又於黄梅縣置南晉州八年州廢以黄梅來屬天寶元年改爲蘄春郡乾元元
年復爲蘄州舊領縣四戶一萬六百一十二口三萬九千六百七十八天寶戶
二萬六千八百九口十八萬六千八百四十九至京師二千五百六十里至東
都一千八百二十四里

蘄春　漢縣屬江夏郡吳爲蘄春郡晉改爲西陽又改爲蘄陽因平淮南改爲
蘄州

黄梅　漢蘄春縣地屬宋分置新蔡郡隋改爲黄梅武德四年置南晉
州領黄梅義豐長吉塘陽新蔡五縣八年廢州仍省義豐等四縣以黄梅來屬

廣濟　漢蘄春縣地武德四年置永寧縣天寶元年改爲廣濟縣

蘄水　漢蘄春縣地宋置浠水縣武德四年改爲蘭溪天寶元年改爲蘄水

申州中　隋義陽郡武德四年置申州領義陽鍾山二縣八年省南羅州又以
羅山來屬天寶元年改爲義陽郡乾元元年復爲申州舊領縣三戶四千七百
二十九口二萬三千六十一天寶戶二萬五千八百六十四口十四萬七千七

百五十六至京師一千七百九十六里至東都九百四十三里

義陽　漢平氏縣縣之義陽鄉屬南陽郡魏分南陽立義陽郡晉自石城徙居於仁順今州理也宋置司州後魏改爲郢州隋改爲申州　鍾山　漢鄳縣地屬江夏郡隋改鍾山縣　羅山　漢鄳縣地隋爲羅山縣武德四年置羅州領羅山一縣八年廢屬申州

黃州下　隋永安郡武德三年改爲黃州置總管管黃蘄亭南四州黃州領黃岡木蘭麻城黃陂四縣其年省木蘭縣分黃岡置堡城縣分麻城置陽城縣仍於麻城縣置亭州於黃陂縣置南司州七年廢南司州及亭州縣並屬黃州仍省堡城入黃岡貞觀元年罷都督府天寶元年改爲齊安郡乾元元年復爲黃州舊領縣三戸四千八百九十六口二萬二千六十天寶戸一萬五千五百一十二口九萬六千三百六十八在京師東南二千一百四十八里至東都一千四百七十里

黃岡　漢西陵縣地江夏郡北齊於舊城西南築小城置衡州領齊安一郡隋

改齊安爲黃州治黃岡　黃陂　漢西陵縣地後周於古黃城西四十里獨家村置黃陂縣武德三年置南司州七年州廢縣屬黃州　麻城　漢西陵縣地隋置麻城縣武德三年於縣置亭州領麻城二縣八年州廢仍省陽城入麻城縣屬黃州

安州中都督府　隋安陸郡武德四年平王世充改爲安州領安陸雲夢應陽孝昌吉陽應山京山富水八縣其年於應山縣置應州領應山一縣於孝昌縣置環州領孝昌一縣以富水京山二縣屬温州改應陽爲應城縣安州置總管管環應二州七年州廢環應二州縣屬安州改爲大都督府督安申陽温復沔光黃蘄九州六年罷都督府七年又置督安隋温沔復五州十二年罷都督府天寶元年改爲安陸郡依舊爲都督府督安隋郢沔四州乾元元年復爲安州舊領縣六戶六千三百三十八口二萬六千五百一十九天寶戶二萬二千二百二十一口十七萬一千二百二在京師東南二千五十一里至東都一千一百九十里

安陸　漢縣屬江夏郡宋分江夏立安陸郡武德四年改爲安州治於安陸
孝昌　宋分安陸縣置武德四年置環州領孝昌環陽二縣八年州廢以環陽
孝昌屬安州　雲夢　漢安陸縣地後魏分安陸於雲夢古城置雲夢縣　應
城　宋分安陸縣置應城縣隋改爲應陽武德四年復爲應城　吉陽　梁分
安陸置平陽縣後魏改爲京池隋改爲吉陽取山名　應山　漢隋縣地屬南
陽郡梁分隋縣置永陽縣隋改爲應山以縣北山爲名
舒州下　隋同安郡武德四年改爲舒州領懷寧宿松太湖望江同安五縣其
年割宿松置嚴州五年又割望江置高州又改高州爲智州六年舒州置總管
府管舒嚴智三州七年廢智州望江屬嚴州八年又廢嚴州以望江宿松二縣
來屬貞觀元年罷都督府天寶元年改爲同安郡至德二年二月改盛唐郡乾
元元年復爲舒州舊領縣五戸九千三百六十一口三萬七千五百三十八天
寶戸三萬五千三百五十三口十八萬六千三百九十八在京師東南二千六
百二十六里至東京一千八百九十三里

懷寧　漢皖縣地晉於皖縣置懷寧縣晉置晉熙郡隋改爲熙州又爲同安郡武德四年改爲舒州以懷寧爲州治　宿松　漢皖縣地梁置黃塘郡隋罷郡置宿松縣武德四年置嚴州領宿松一縣七年廢智州以望江來屬八年廢嚴州二縣來屬舒州　望江　漢皖縣地晉置新冶縣陳於縣置大雷郡隋改新冶爲義鄉尋改爲望江武德四年置高州尋改爲智州七年州廢縣屬嚴州八年廢州以縣屬舒州　太湖　漢皖縣地宋置太湖縣　同安　漢樅陽縣屬廬江郡梁置樅陽郡隋罷郡爲同安縣取界內古城名

江南道

江南東道

潤州上　隋江都郡之延陵縣武德三年杜伏威歸國置潤州於丹陽縣改隋延陵縣爲丹徒移延陵還治故縣屬茅州六年輔公祏反復據其地七年平公祏又置潤州領丹徒縣八年廢簡州以曲阿來屬九年揚州移理江都以延陵句容白下三縣屬潤州天寶元年改爲丹陽郡乾元元年復爲潤州永泰後常

爲浙江西道觀察使理所舊領縣五戶二萬五千三百六十一口十二萬七千一百四天寶領縣六戶十萬二千三十三口六十六萬二千七百六在京師東南二千八百二十一里至東都一千七百九十七里

丹徒　漢縣屬會稽郡春秋吳朱方之邑地吳爲京口戍晉置南徐州隋爲延陵鎮因改爲延陵縣尋以蔣州之延陵永年常州之曲阿三縣置潤州東潤浦爲名皆治於丹徒縣　丹陽　漢曲阿縣屬會稽郡又改名雲陽後復爲曲阿武德五年於縣置簡州八年州廢縣屬潤州天寶元年改爲丹陽縣取漢郡名

延陵　漢曲阿縣地晉分置延陵郡隋移郡丹徒武德三年移於今所屬茅州七年廢茅州以縣屬蔣州八年改蔣州爲揚州九年改屬潤州　上元　楚金陵邑秦爲秣陵吳名建業宋爲建康晉分秣陵置臨江縣晉武改爲江寧武德三年於縣置揚州仍置東南道行臺改江寧爲歸化六年輔公祏反據其地七年公祏平置行臺尚書省改揚州爲蔣州廢茅州以句容二縣來屬蔣州八年罷行臺改蔣州置揚州大都督府改歸化縣爲金提揚州領金陵句容丹陽

溧水六縣九年揚州移治江都改金陵爲白下縣以延陵句容白下三縣屬潤
州丹陽溧陽溧水三縣屬宣州移白下治故白下城貞觀七年復移今所九年
改爲江寧縣至德二年二月置江寧郡乾元元年於江寧置昇州割潤州之句
容江寧宣州之當塗溧水四縣置浙西節度使上元二年復爲上元縣還潤州
當塗等三縣各依舊屬　句容　漢縣屬丹陽郡武德四年於縣置茅州領句
容七年州廢以縣屬蔣州九年屬潤州乾元元年屬昇州寶應元年州廢屬潤
州　金壇　垂拱四年分延陵縣置也
常州上　隋毗陵郡武德三年杜伏威歸化置常州領晉陵義興無錫武進四
縣六年復陷輔公祏七年公祏平復置常州於義興置南興州八年州廢義興
來屬省武進入晉陵天寶元年改爲晉陵郡乾元元年復爲常州舊領縣四戶
二萬一千一百八十二口十一萬一千六百六天寶領縣五戶十萬二千六百
三十一口六十九萬六百七十三在京師東南二千八百四十三里至東京一
千九百八十三里

晉陵　漢毗陵縣屬會稽郡吳延陵邑也晉改爲晉陵郡隋省郡於常熟縣置常州武德中移於今治　武進　晉分曲阿縣置武進梁改爲蘭陵隋廢垂拱二年又分晉陵置治於州內　江陰　梁分蘭陵縣置武德三年於縣置暨州領江陰暨陽利城三縣九年省暨陽利城入江陰屬常州　義興　漢陽羨縣屬會稽郡晉立義興郡及縣武德七年置南興州領義興陽羨臨津三縣八年廢興州及陽羨臨津二縣義興復隸常州　無錫　漢縣屬會稽郡隋屬常州

蘇州上　隋吳郡隋末陷賊武德四年平李子通置蘇州六年又陷輔公祏七年平公祏復置蘇州都督督蘇湖杭暨四州治於故吳城分置嘉興縣八年廢嘉興入吳縣九年罷都督貞觀八年復置嘉興縣領吳城崑山嘉興常熟四縣天寶元年改爲吳郡乾元元年復爲蘇州舊領縣四戶一萬一千八百五十九口五萬四千四百七十一天寶領縣六戶七萬六千四百二十一口六十三萬二千六百五十五在京師東南三千一百九十九里至東都二千五百里

吳　春秋時吳都闔閭邑漢爲吳縣屬會稽郡隋平陳置蘇州取州西姑蘇山

爲名　嘉興　漢由拳縣屬會稽郡吳改嘉興隋廢武德七年復置屬蘇州八年廢入吳貞觀八年復置屬蘇州　崑山　漢婁縣屬會稽郡梁分婁縣置信義縣又分信義置崑山取縣界山名　常熟　晉分吳縣置海虞縣梁改常熟縣今崑山縣東一百三十里常熟故城是也隋舊治南沙城武德七年移於今所治城　長洲　萬歲通天元年分吳縣置在郭下分治州界　海鹽　漢縣屬會稽郡久廢景雲二年分嘉興縣復置先天元年復廢開元五年復置治吳禦城

湖州上　隋吳郡之烏程縣武德四年平李子通置湖州領烏程一縣六年復沒于輔公祏七年平賊復置仍廢武州以武康來屬又省雉州以長城縣來屬天寶元年改爲吳興郡乾元元年復爲湖州舊領縣五戶一萬四千一百三十五口七萬六千四百三十天寶領縣五戶七萬三千三百六口十七萬七千六百九十八在京師東南三千四百四十一里至東都二千六百二十四里

烏程　漢縣屬會稽郡梁置震州取震澤爲名隋改湖州取州東太湖爲名皆

治烏程　武康　吳分烏程餘杭二縣立永安縣晉改爲永康又改爲武康武德四年置武州七年州廢縣屬湖州　長城　晉分烏程置長城縣武德四年置雉州領長城原鄉二縣七年州廢及原鄉併入長城屬湖州　安吉　武德四年置屬桃州七年廢入長城麟德元年復分長城縣置　德清　天授二年分武康置武原縣景雲二年改爲臨溪天寶元年改爲德清縣

杭州上　隋餘杭郡武德四年平李子通置杭州領錢塘富陽餘杭三縣六年復沒于輔公祏七年平賊復置杭州八年廢潛州以於潛縣來屬貞觀四年分錢塘置鹽官縣天寶元年改屬餘杭郡乾元元年復爲杭州舊領縣五戶三萬五百七十一口十五萬三千七百二十天寶領縣九戶八萬六千二百五十八口五十八萬五千九百六十三在京師東南三千五百五十六里至東都二千九百一十九里

錢塘　漢縣屬會稽郡隋於餘杭縣置杭州又自餘杭移州理錢塘又移州於柳浦西今州城是貞觀六年自州治南移於今所去州十一里又移治新城戍

開元二十一年移治州郭下二十五年復還舊所　鹽官　漢海鹽縣地有鹽官吳遂名縣武德四年屬東武州七年省入錢塘貞觀四年復分錢塘置　餘杭　漢縣屬會稽郡隋置杭州後徙治錢塘　富陽　漢富春縣屬會稽郡晉改爲富陽隋舊縣　於潛　漢縣屬丹陽郡武德七年置潛州領於潛臨水二縣八年廢潛州及臨水縣於潛還杭州　臨安　垂拱四年分餘杭於潛置於廢臨水縣　新城　永淳元年分富陽置　紫溪　垂拱二年分於潛置萬歲通天元年改爲武隆其年依舊爲紫溪　唐山　萬歲通天元年分紫溪又別置武隆縣神龍元年改爲唐山

越州中都督府　隋會稽郡武德四年平李子通置越州總管管越嵊姚鄞浙綱衢穀麗嚴婺十一州越州領會稽諸暨山陰三縣七年改總管爲都督督越婺鄞嵊麗五州越州領會稽諸暨山陰餘姚四縣八年廢鄞州爲鄮縣嵊州爲剡縣來屬麗州爲永康屬婺州省山陰縣督越婺二州貞觀元年更督越婺泉建台括六州天寶元年改越州爲會稽郡乾元元年復爲越州舊領縣五戶二

萬五千八百九十口十二萬四千一十天寶領縣六戸九萬二百七十九口五十二萬九千五百八十九在京師東南二千七百二十里至東都二千八百七十里

會稽　漢郡名宋置東揚州理於此齊梁不改隋平陳改東揚州爲吳州煬帝改爲越州尋改會稽郡皆立于此縣　山陰　垂拱二年分會稽縣置在州治與會稽分理　諸暨　漢縣屬會稽郡越王允常所都　餘姚　漢縣屬會稽郡隋廢武德四年復置仍置姚州七年州廢縣屬越州　剡　漢縣屬會稽郡武德四年置嵊州及剡城縣八年廢嵊州及剡城以剡縣來屬　蕭山　儀鳳二年分會稽諸暨置永興縣天寶元年改爲蕭山　上虞　漢縣屬會稽郡

明州上　開元二十六年於越州鄮縣置明州天寶元年改爲餘姚郡乾元元年復爲明州取四明山爲名天寶領縣四戸四萬二千二十七口二十萬七千三十二在京師東南四千一百里至東都三千二百五十里

鄮　漢縣屬會稽郡至隋廢武德四年置鄞州八年州廢爲鄮縣屬越州開元

二十六年於縣置明州　奉化　慈溪　翁山　已上三縣皆鄮縣地開元二十六年析置

台州上　隋永嘉郡之臨海縣武德四年平李子通置海州領臨海章安始豐樂安寧海五縣五年改爲台州六年沒于輔公祏七年平賊仍置台州省寧海入章安八年廢始豐樂安三縣入臨海貞觀八年復分置始豐舊管二縣永昌元年置寧海縣神龍二年置象山縣天寶元年改爲臨海郡乾元元年復爲台州舊領縣二臨海始豐戶六千五百八十三口三萬五千三百八十三天寶領縣六戶八萬三千八百六十八口四十八萬九千一十五在京師東南四千一百七十七里至東都三千三百三十里

臨海　漢回浦縣屬會稽郡後漢改爲章安吳分章安置臨海縣武德四年於縣置台州取天台山爲名　唐興　吳始平縣晉改始豐隋末廢武德四年復置八年又廢貞觀八年復爲臨海縣上元二年改爲唐興　黃巖　上元二年分臨海置　樂安　廢縣上元二年分臨海置徙治孟溪　寧海　永昌元年

分臨海置　象山　神龍二年分寧海及越州鄮縣置
婺州　隋東陽郡武德四年平李子通置婺州領華川長山二縣七年廢綱州義烏來屬八年廢麗州爲永康縣衢州信安縣並來屬又廢穀州入信安長山入金華縣貞觀八年復置龍邱縣咸亨五年置蘭溪常山二縣垂拱二年分龍邱信安常山三縣置衢州又置東陽縣天授二年又置武義縣天寶元年改婺州爲東陽郡乾元元年復爲婺州舊領縣五戶三萬七千八百一十九口二十二萬八千九百九十天寶領縣六戶十四萬四千八十六口七十萬七千一百五十二在京師東南四千七十三里至東都三千一百三十五里
金華　漢烏傷縣屬會稽郡後漢分烏傷置長山縣吳置東陽郡隋改長山爲金華取州界山爲名　義烏　晉分烏傷縣置武德四年置綱州仍分置華川縣七年廢綱州及華川縣改烏傷爲義烏以縣屬之婺州　永康　吳分烏傷縣置武德四年置麗州又分置縉雲縣八年廢麗州及縉雲縣以永康來屬
東陽　垂拱二年分烏傷縣取舊郡名　蘭溪　咸亨五年析金華縣西界置

以溪水爲名　武成　天授二年分永康置武義縣又改爲武成　浦陽　新置

衢州　武德四年平李子通於信安縣置衢州七年陷賊乃廢垂拱二年分婺州之信安龍丘置衢州取武德廢州名天寶元年改爲信安郡乾元元年復爲衢州又割常山入信州天寶領縣五戶六萬八千四百七十二口四十四萬四百一十一在京師東南四千七百十三里至東都三千一百四十五里

信安　後漢新安縣晉改爲信安武德四年置衢州縣仍屬焉又分置須江定陽二縣八年廢衢州及須江定陽二縣以信安還屬婺州　龍丘　漢太末縣屬會稽郡晉置龍丘縣以山爲名至隋廢武德四年置穀州及太末白石二縣八年廢穀州及白石太末二縣入信安縣貞觀八年分金華信安二縣置龍丘縣來屬婺州垂拱二年屬衢州　須江　武德四年分信安置以城南有須江八年廢永昌元年分信安復置　盈川　如意元年分龍丘置縣西有刑溪陳時土人留異惡刑字改名盈川因以爲縣名　常山　咸亨五年分信安置屬

婺州垂拱二年改屬衢州乾元元年屬信州又還衢州

信州上　乾元元年割衢州之常山饒州之弋陽建州之三鄉撫州之一鄉置信州又置上饒永豐二縣領縣四戶四萬在京師東南五千八百里至東都二千九百五十里

上饒　乾元元年置州所理也元和七年省永豐縣入弋陽舊屬饒州乾元元年來屬　貴溪　永泰元年十一月分弋陽西界置　玉山　證聖二年分常山須江置屬衢州乾元元年割屬信州

睦州　隋遂安郡武德四年平汪華改爲睦州領雉山遂安二縣七年廢嚴州之桐廬縣來屬又改爲東睦州八年去東字舊管縣三治雉山萬歲登封二年移治建德天寶元年改爲新定郡乾元元年復爲睦州舊領縣三雉山遂安桐廬戶一萬二千六十四口五萬九千六十八天寶領縣六戶五萬四千九百六十一口三十八萬二千五百一十三在京師東南三千六百五十九里至東都二千八百三十一里

建德　漢富春縣地屬會稽郡吳分置建德縣隋廢永淳二年復分桐廬雉山置萬歲通天二年移州治建德縣　清溪　漢歙縣地屬丹陽郡後分置新安縣隋改爲雉山文明元年復爲新安開元二十年改爲還淳永貞元年十二月避憲宗名改爲清溪舊爲睦州治所移建德　壽昌　永昌元年七月分雉山縣置載初元年廢神龍元年復舊治白艾里後移於今所　桐廬　吳分富春縣置武德四年於縣置嚴州領桐廬分水建德三縣七年廢州及分水建德二縣以桐廬屬睦州舊治桐溪開元二十六年移治鍾山　分水　如意元年分桐廬縣之四鄉置威武縣神龍元年改爲分水　遂安　後漢分歙縣南鄉安定里置新定縣晉改新定爲遂安

歙州　隋新安郡武德四年平汪華置歙州總管管歙睦衢三州貞觀元年罷都督府天寶元年改爲新安郡乾元元年復爲歙州舊領縣三戶六千二十一口二萬六千六百一十七天寶領縣五戶三萬八千三百三十口二十六萬九千一百九在京師東南三千六百六十七里至東都二千八百二十六里

歙　漢縣屬丹陽郡縣南省歙浦因爲名隋於縣置新安郡武德改爲歙州

休寧　吳分歙縣置休陽縣後改爲海陽晉武改爲海寧隋改爲休寧　黟

漢縣屬丹陽郡晉同醫縣縣南墨嶺山出石墨故也縣置在黟川　積溪　永徽五年分置北野縣後改爲積溪　婺源　開元二十八年正月九日置

處州　隋永嘉郡武德四年平李子通置括州置總管府管松嘉台三州括州領括蒼麗水二縣七年改爲都督府八年廢松州爲松陽縣來屬省麗水入括蒼貞觀元年廢都督府省嘉州以永嘉安固二縣來屬天寶元年改爲縉雲郡乾元元年復爲括州大曆十四年夏五月改爲處州避代宗諱舊領縣四戶一萬二千八百九十九口十萬一千六百六天寶領縣五戶四萬二千九百三十六口二十五萬八千二百四十八今縣六在京師東南四千二百七十八里至東都三千一十五里

麗水　漢回浦縣地屬會稽郡光武更爲章安隋平陳改永嘉郡爲處州尋改爲括州又分松陽縣東界置括蒼縣大曆十四年夏改爲麗水縣州所治　松

陽　後漢分章安之南鄉置松陽縣縣東南大陽及松樹爲名　縉雲　萬歲登封元年分括蒼及婺州永康縣置　青田　景雲二年分括蒼置　遂昌舊縣武德八年併入松陽景雲二年分松陽縣復置　龍泉　乾元二年越州刺史獨孤嶼奏請於括州龍泉鄉置縣以龍泉爲名從之

温州上　隋永嘉郡之永嘉縣武德五年置嘉州領永嘉永寧安固樂成橫陽五縣貞觀元年廢嘉州以縣屬括州上元二年分括州之永嘉安固二縣置温州天寶元年改爲永嘉郡乾元元年復爲温州天寶領縣四戶四萬二千八百一十四口二十四萬一千六百九十四在京師東南四千七百三十七里至東都三千九百四十里

永嘉　後漢分章安縣之東甌鄉置永嘉縣屬會稽郡晉置永寧郡隋改爲永嘉上元二年置温州治於此縣　安固　後漢章安縣晉改爲安固隋廢武德八年分永嘉縣置屬嘉州貞觀元年廢嘉州安固屬括州上元元年屬温州橫陽　武德五年分安固縣置貞觀元年廢大足元年復分安固置　樂城

武德五年置七年併入永嘉縣載初元年分永嘉復置也

福州中都督府　隋建安郡之閩縣貞觀初置泉州景雲二年改爲閩州置都督府督泉建漳湖五州開元十三年改爲福州依舊都督府仍置經略使二十二年罷漳湖二州令督福建泉汀四州舊屬嶺南道天寶初改屬江南東道尋改爲長樂郡乾元元年復爲福州都督府天寶領縣八戶三萬四千八十四口七萬五千八百七十六在京師東南五千三十三里至東都四千二百三十三里

閩　漢治縣屬會稽郡秦時爲閩中郡漢高立閩越王都於此武帝誅東越徙其人於江淮空其地其逃亡者自立爲治縣後更名東治縣後漢改爲侯官都尉屬會稽郡晉置晉安郡宋齊分之陳置閩州又改爲豐州隋平陳改爲泉州煬帝改爲泉州又爲建安郡開元十三年改爲福州皆治閩縣　侯官　隋縣後廢長安二年又分閩縣置　長樂　隋縣後省武德六年分閩縣置新寧縣其年改爲長樂　福唐　聖曆二年分長樂置萬安縣天寶元年改爲福唐

連江　武德六年分閩縣置温麻縣其年改爲連江　長溪　武德六年置其年併入連江長安二年分連江復置　古田　開元二十九年開山洞置　永泰　永泰年分置　梅青　新置

泉州中　隋建安郡又爲泉州舊治閩縣開元後移治泉州治於南安縣聖曆二年分泉州之南安莆田龍溪三縣置武榮州三年州廢三縣還泉州久視元年又以三縣置武榮州景雲二年改爲泉州開元二十九年割龍溪屬漳州天寶元年改泉州爲清溪郡乾元元年復爲泉州天寶領縣四戶二萬三千八百六口十六萬二百九十五在京師東南六千二百一十六里至東都五千四百一十三里

晉江　開元八年分南安置今爲州之治所　南安　隋縣武德五年置豐州領南安莆田二縣貞觀元年廢豐州縣屬泉州聖曆二年屬武榮州州廢來屬　莆田　武德五年分南安縣置屬豐州州廢來屬　仙遊　聖曆二年分莆田置清源縣天寶元年改爲仙遊

建州中　隋建安郡之建安縣武德四年置建州領綏城吳興建陽沙將樂邵武等縣天寶元年改爲建安郡乾元元年復爲建州舊領縣二戶一萬五千三百三十六口二萬二千八百二十天寶領縣六戶二萬二千七百七十口一十四萬三千七百七十四在京師東南四千九百三十五里至東都三千八百八十八里

建安　漢治縣地吳置建安縣州所治以建溪爲名　邵武　隋縣　浦城　載初元年分建安縣置唐興縣天授二年改爲武寧神龍元年復爲唐興天寶元年改爲浦城隋廢縣名　建陽　隋廢縣垂拱四年分建安置　將樂　隋廢縣垂拱四年五月分邵武復置　沙　隋廢縣永徽六年分建安置

汀州下　開元二十四年開福撫二州山洞置汀州天寶元年改爲臨汀郡乾元元年復爲汀州天寶領縣三戶四千六百八十口一萬三千七百二在京師西南六千一百七十三里至東都五千三百七十里

長汀　州治所　龍巖　寧化　已上三縣並開元二十四年開山洞置

漳州　垂拱二年十二月九日置天寶元年改爲漳浦郡舊屬嶺南道天寶割屬江南東道乾元元年復爲漳州天寶領縣二戶五千三百四十六口一萬七千九百四十在京師東南七千三百里至東都六千五百里

漳浦　垂拱二年十二月與州同置州所治　龍溪　舊屬泉州聖曆二年屬武榮州景雲二年還泉州開元二十九年屬漳州

江南西道

宣州　隋宣城郡武德三年杜伏威歸化置宣州總管府分宣城置懷安寧國二縣六年昭輔公祏七年賊平改置宣州都督督宣潛猷池四州廢姚州以綏安來屬省懷安寧國二縣宣州領綏定二縣八年廢南州以當塗來屬廢猷州以涇縣來屬九年移揚州於江都以溧陽溧水丹陽來屬貞觀元年罷都督府廢池州以秋浦南陵二縣來屬省丹陽入當塗縣開元中析置青陽太平寧國三縣天寶元年改爲宣城郡至德二年又析置至德縣乾元元年復爲宣州永泰元年割秋浦青陽至德三縣置池州舊領縣八戶二萬二千五百三十七口

九萬五千七百五十三天寶領縣九戶一十二萬一千二百四口八十八萬四千九百八十五今縣十在京師東南三千五百五十一里至東都二千五百十里

宣城　漢宛陵縣屬丹陽郡秦屬漳郡梁置南豫州隋改爲宣州煬帝又爲宣城郡皆此治所　當塗　漢丹陽縣地屬丹陽郡晉分丹陽置于湖縣成帝以江北當塗縣流人寓居于湖乃改爲當塗縣屬宣州牛渚山一名采石在縣北四十五里大江中武德三年置南豫州以縣屬八年省南豫州縣屬宣州　涇　漢涇縣屬丹陽郡武德三年置猷州領涇南陽安吳三縣八年廢猷州及南陽安吳二縣屬宣州縣界有陵陽山　廣德　漢故漳縣屬丹陽郡宋分宣城之廣德吳興之故漳置綏安縣至德二年九月改爲廣德以縣界廣德故城爲名　溧陽　漢縣屬丹陽郡上元元年十一月割屬昇州州廢來屬　溧水　漢溧陽地隋爲縣武德三年屬揚州九年屬宣州乾元元年屬昇州州廢還屬　南陵　漢春穀縣地屬丹陽郡梁置南陵縣武德七年屬池州州廢來屬舊

治赭圻城長安四年移理青陽城　太平　天寶十一載正月析涇縣置　寧國　隋縣武德六年廢天寶三載復置　旌德　寶應二年二月析太平縣置

池州下　隋宣城郡之秋浦縣武德四年置池州領秋浦南陵二縣貞觀元年廢池州以秋浦屬宣州永泰元年江西觀察使李勉以秋浦去洪州九百里請復置池州仍請割青陽至德二縣隷之又析置石埭縣並從之後隷宣州領縣四戶一萬九千口八萬七千九百六十七

秋浦　州所治漢石城縣屬丹陽郡隋分南陵置秋浦縣因水爲名　青陽　天寶元年分涇陽南陵秋浦三縣置治古臨城　至德　至德二年析置　石埭　永泰二年割秋浦浮梁黟三縣置治古石埭城

饒州下　隋鄱陽郡武德四年平江左置饒州領鄱陽新平廣晉餘干樂平長城玉亭弋陽上饒九縣七年省上饒入弋陽省玉亭入長城餘干二縣八年又併長城入餘干併新平廣晉入鄱陽舊領縣四戶一萬一千四百口五萬九千八百一十七天寶戶四萬八百九十九口二十四萬四千三百五十在京師東

南三千二百六十三里至東都二千四百一十三里

鄱陽　漢縣屬豫章郡古城在今縣東界有鄱江今爲州所理　餘干　漢餘干縣屬豫章郡古所謂汗越也汗音干隋朝去水　樂平　武德中置九年省後重置　浮梁　武德中廢新平縣開元四年分鄱陽置後改新昌天寶元年復置

洪州上都督府　隋豫章郡武德五年平林士弘置洪州總管府管洪饒撫吉虔南平六州分豫州置鍾陵縣洪州領豫章豐城鍾陵二縣八年廢昌州米州以南昌建昌高安三縣來屬省鍾陵南昌二縣入豫章貞觀二年加洪饒撫吉虔袁江鄂等八州顯慶四年督饒鄂等州洪州舊領縣四永淳二年置新吳縣長安四年置武寧縣又督洪袁吉虔撫五州天寶元年改爲豫章郡乾元元年復爲洪州舊領縣四豫章豐城高安建昌戶一萬五千四百五十六口七萬四千四十四天寶領縣六戶五萬五千五百三十口三十五萬三千二百三十一在京師東南三千九十里至東都二千二百一十一里

鍾陵　漢南昌縣豫章郡所治也隋改爲豫章縣置洪州煬帝復爲豫章郡寶應元年六月以犯肅宗諱改爲鍾陵取地名　豐城　吳分南昌縣高城縣晉改爲豐城　高安　漢建城縣屬豫章郡武德四年改爲高安仍置靖州領高安望蔡華陽三縣七年改靖州爲米州其年又改爲筠州八年廢筠州省華陽望蔡二縣以高安屬洪州　建昌　漢海昏縣屬豫章郡後漢分立建昌武德五年分置南昌州總管府管南昌西吳靖米孫五州南昌州領建昌龍安永修三縣七年罷都督爲南昌州八年廢南昌州及孫州以南昌州新吳永修龍安入建昌縣以孫州之建昌入豫章縣而以建昌屬洪州　新吳　舊廢縣永淳二年分建昌置　武寧　長安四年分建昌置武寧縣景雲元年改爲豫章寶應元年復爲武寧　分寧　貞元十六年二月置

虔州中　隋南康郡武德五年平江左置虔州天寶元年改爲南康郡乾元元年復爲虔州舊領縣四戶八千九百九十四口三萬九千九百一天寶領縣六戶三萬七千六百四十七口二十七萬五千四百一十今縣七在京師東南四

千一十七里至東都三千四百里

贛古濫反州所理漢縣屬豫章郡漢分豫章立廬陵郡晉改爲南康郡隋初爲虔州煬帝爲南康郡皆治贛　虔化　吳分贛立陽都縣晉改爲寧都隋平陳改虔化屬虔州　南康　漢南野縣屬豫章郡吳分南野立南安縣晉改爲南康　雩都　漢縣屬豫章郡　信豐　永淳元年分南康置南安縣天寶元年改爲信豐　太康　神龍元年分南康置　安遠　貞元四年八月四日置

撫州中　隋臨川郡武德五年討平林士弘置撫州領臨川南城邵武宜黃崇仁永城東興將樂八縣七年省東興永城將樂三縣以邵武隸建州八年省宜黃縣天寶元年改爲臨川郡乾元元年復爲撫州舊領縣三戶七千三百五十四口四萬六百八十五天寶領縣四戶三萬六百五口十七萬六千三百九十四在京師東南三千三百一十二里至東都二千五百四十里

臨川　州所理漢南昌縣地後漢分南昌置臨汝縣吳置臨川郡歷南朝不改隋平陳改臨川郡爲撫州仍改臨汝縣爲臨川縣州郡所理皆此縣　南城

漢縣屬豫章郡開元八年分南城置　崇仁　吳分臨汝置新建縣梁改爲巴山縣仍僑置巴山郡隋平陳改巴山爲崇仁縣　南豐　開元八年分南城置

吉州上　隋廬陵郡武德五年討平林士弘置吉州領廬陵新淦二縣七年廢潁州以安福縣來屬八年廢南平州以太和縣來屬天寶元年改爲廬陵郡乾元元年復爲吉州舊領縣四戶一萬五千四十口五萬三千二百八十五天寶領縣五戶三萬七千七百五十二口三十三萬七千三十二

廬陵　漢縣屬豫章郡後漢改爲西昌隋復爲廬陵州所治也舊治子陽城永淳元年移於今所　太和　隋縣武德五年置南州領太和永新廣興東昌四縣八年廢南平州以永新等三縣併太和屬吉州　安福　吳置安城郡於此隋廢爲安復後改爲安福　新淦　漢舊縣屬豫章郡淦音紺又音甘　永新　廢縣顯慶二年分太和置

江州中　隋九江郡武德四年平林士弘置江州領湓城潯陽彭澤三縣五年置總管管江鄂智浩四州幷管昌洪四總管府又分湓城置楚城縣分彭澤置

都昌縣八年廢浩州及樂城縣入彭澤縣又廢溢城入潯陽貞觀元年罷都督府八年廢楚縣入潯陽天寶元年改爲潯陽郡乾元元年復爲江州舊領縣三戶六千三百六十口二萬五千五百九十九天寶戶二萬九千二十五口十五萬五千七百四十四在京師東南二千九百四十八里至東都二千一百九十七里

潯陽　州所理漢縣屬廬江郡晉置江州隋改爲彭蠡縣取州東南五十二里有彭蠡湖爲名煬帝改爲溢城取縣界溢水爲名武德四年復爲潯陽潯水至此入江爲名

都昌　武德五年分彭澤置屬浩州八年廢浩州縣屬江州

彭澤　漢縣屬豫章郡隋爲龍城縣武德五年置浩州又分置都昌樂城二縣八年罷浩州以彭澤屬江州仍省樂城入彭澤

至德　至德二年九月中丞宋若思奏置

袁州下　隋宜春郡武德四年平蕭銑置袁州天寶元年改爲宜春郡乾元元年復爲袁州舊領縣三戶四千六百三十六口二萬五千七百一十六天寶戶

二萬七千九十三口一十四萬四千九十六在京師東南三千五百八十里至東都二千一百六十一里

宜春　州所理漢縣屬豫章郡吳爲安城郡南朝不改晉改爲宜陽隋置袁州煬帝爲宜春郡復改爲宜春宜春泉水名在州西取此水爲酒作貢　萍鄉　吳分宜春置萍鄉縣屬安城郡　新喻　吳分宜春置新喻屬安城郡

鄂州上　隋江夏郡武德四年平蕭銑改爲鄂州天寶元年改爲江夏郡乾元元年復爲鄂州永泰後置鄂岳觀察使領鄂岳蘄黃四州恆以鄂州爲使理所舊領縣四戶三千七百五十四口一萬四千六百一十五天寶領縣五戶一萬九千一百九十口八萬四千五百六十三後併沔州入鄂州以漢陽汊川來屬在京師東南二千三百四十六里至東都一千五百三十里

江夏　漢郡名本漢沙羨縣地屬江夏郡晉改沙羨爲沙陽江漢二水會於州西春秋謂之夏汭晉宋謂之夏口宋置江夏郡治於此隋不改武德四年改爲鄂州取漢縣名　永興　漢鄂縣地屬江夏郡吳分鄂置新陽縣隋改爲永興

武昌　漢鄂縣屬江夏郡吳晉爲重鎮以名將爲鎮守　蒲沂　吳分沙羨縣置　唐年　天寶二年開山洞置　漢陽　漢安陸縣地屬江夏郡晉置沌陽縣隋初爲漢津縣煬帝改爲漢陽武德四年平朱粲分沔陽郡置沔州治漢陽縣貞觀戶一千五百一十七口六千九百五十九至太和七年鄂岳節度使牛僧孺奏沔州與鄂州隔江都管一縣請併入鄂州從之舊屬淮南道　汊川　漢安陸縣地後魏置汊川郡武德四年分漢陽縣置汊川縣屬沔州州廢屬鄂州

岳州下　隋巴陵郡武德四年平蕭銑置巴州領巴陵華容沅江羅湘陰五縣六年改爲岳州省羅縣天寶元年改爲巴陵郡乾元元年復爲岳州舊領縣四戶四千二口一萬七千五百五十六天寶領縣五戶一萬一千七百四十口五萬二千二百九十八在京師東南二千二百三十七里至東都一千八百一十六里

巴陵　漢下雋縣屬長沙郡吳置巴陵縣晉置建昌郡隋改爲巴州煬帝改爲巴陵郡武德置岳州皆置巴陵縣縣界有古巴邱　華容　漢潺陵縣地屬武

陵郡劉表改爲南安隋改爲華容垂拱二年去華字曰容城神龍元年復爲華容　沅江　漢益陽縣屬長沙國隋改爲安樂又改爲沅江屬岳州　湘陰　漢羅縣屬長沙國宋置湘陰縣縣界汨水注入湘江　昌江　神龍三年分湘陰縣置

潭州中都督府　隋長沙郡武德四年平蕭銑置潭州總管府管潭衡永郴連南梁南雲南營八州潭州領長沙衡山醴陵湘鄉益陽新康六縣七年廢雲州改南梁爲邵州南營爲道州省新康縣督潭衡郴連永邵道等七州天寶七年改爲長沙郡乾元元年復爲潭州舊領縣五戶九千三十一口四萬四百四十九天寶領縣六戶三萬二千二百七十二口十九萬二千六百五十七在京師南二千四百四十五里至東都二千一百八十五里

長沙　秦置長沙郡漢爲長沙國治臨湘縣後漢爲長沙郡吳不改晉懷帝置湘州至梁初不改隋平陳爲潭州以昭潭爲名煬帝改爲長沙郡仍改臨湘爲長沙縣武德復爲潭州　湘潭　後漢湘南縣地屬長沙郡吳分湘南立衡陽

縣屬衡陽郡隋廢郡縣屬潭州天寶八年移治於洛口因改爲湘潭縣　湘鄉
漢鍾武縣屬零陵郡後漢改爲重安永建三年又名湘鄉屬長沙郡　益陽
漢縣屬長沙國故城在今縣東八十里武德四年分置新康縣七年省入
醴陵　漢臨湘縣界有醴陵後漢立爲縣屬長沙郡隋廢武德四年分長沙置
瀏陽　吳分長沙置瀏陽縣隋廢景龍二年於故城復置
衡州中　隋衡山郡武德四年平蕭銑置衡州領臨蒸湘潭來陽新寧重安新城六縣七年省重安新城二縣貞觀元年以廢南雲州之攸縣來屬天寶元年改爲衡陽郡乾元元年復爲衡州舊領縣五戶七千三百三十口三萬四千四百八十一天寶領縣六戶三萬三千六百八十八口十九萬九千二百二十八在京師東南三千四百三里至東都二千七百六十里
衡陽　漢蒸陽縣屬長沙國吳分蒸陽立臨蒸縣吳末分長沙東界郡立湘東郡宋齊梁不改隋罷湘東郡爲衡州改臨蒸爲衡陽縣武德四年復爲臨蒸開元二十年復爲衡陽　常寧　吳分來陽立新寧縣屬湘東郡舊治三洞神龍

二年移治麻州開元九年治宜江天寶元年改爲常寧　攸　漢縣屬長沙國
縣北有攸溪故也　茶陵　漢縣屬長沙國隋廢聖曆元年分攸縣置　耒陽
漢縣屬桂陽郡隋改爲耒陰武德四年復爲耒陽　衡山　吳分湘南縣置
舊屬潭州後割屬衡州
澧州下　隋澧陽郡武德四年平蕭銑置澧州領孱陵安鄉澧陽石門慈利崇
義六縣貞觀元年省孱陵縣天寶元年改爲澧陽郡乾元元年復爲澧州天寶
初割屬山南東道舊領縣五戶三千四百七十四口二萬五千八百二十六天
寶領縣四戶一萬九千六百二十口九萬三千三百四十九在京師東南一千
八百九十三里至東都一千五百七十二里
澧陽　漢零陽縣屬武陵郡吳分武陵西界置天門郡晉末以義陽流人集此
僑置南義陽郡隋平陳改南義陽爲澧州皆治此縣　安鄉　漢孱陵縣地屬
武陵郡隋分立安鄉縣貞觀元年廢孱陵併入　石門　吳分零陽縣於此置
天門郡隋平陳廢天門郡以廢州爲石門縣　慈利　本漢零陽縣隋改零陽

爲慈利縣麟德元年省崇義併入
朗州下　隋武陵郡武德四年平蕭銑置朗州天寶元年改爲武陵郡乾元元年復爲朗州天寶初割屬山南東道舊領縣二戶二千一百四十九口一萬九百一十三天寶戶九千三百六口四萬三千七百十六在京師東南二千一百五十九里至東都一千八百五十八里
武陵　漢臨沅縣地屬武陵郡秦屬黔中郡地梁分武陵郡於縣置武州陳改武州爲沅陵郡隋平陳復爲嵩州尋又改爲朗州煬帝爲武陵郡武德復爲朗州皆治於武陵縣　龍陽　隋縣取洲名
永州中　隋零陵郡武德四年平蕭銑置永州領零陵湘源祁陽灌陽四縣七年省灌陽貞觀元年省祁陽縣四年復置天寶元年改爲零陵郡乾元元年復爲永州舊領縣三戶六千三百四十八口二萬七千五百八十三天寶戶二萬七千四百九十四口十七萬六千一百六十八在京師南三千二百七十四里至東都三千六百六十五里

零陵　漢泉陵縣地屬零陵郡漢郡治泉陵縣故城在今州北二里隋平陳改泉陵爲零陵縣仍移於今理梁陳皆爲零陵郡隋置永州煬帝復爲零陵郡皆治此縣　祁陽　吳分泉陵縣於今縣東北九十里置祁陽縣今有古城隋平陳併入零陵武德四年復分置移於今治貞觀元年省四年又置石鷰岡在祁陽西北一百一十里此岡穴出石鷰充貢湘水南自零陵界來　湘源　漢零陵縣地屬故城在今縣南七十八里隋平陳併零陵入湘源縣　灌陽　漢零陵縣地大業末蕭銑析湘源縣置武德七年廢上元二年荊南節度使呂諲奏復於故城置灌陽縣灌水在城西今名灌源

道州中　隋零陵郡之永陽縣武德四年平蕭銑置營州領營道江華永陽唐興四縣五年改爲南營州貞觀八年改爲道州仍省永陽縣貞觀十七年廢永州併入上元二年復析置永州天寶元年改爲江華郡乾元元年復爲道州舊領縣三戶六千六百一十三口三萬一千八百八十天寶領縣四戶二萬二千五百五十一口十三萬九千六十三今領縣五

弘道　漢營浦縣屬零陵郡吳置營陽郡晉改爲永陽郡隋平陳改營浦爲永陽縣武德四年於縣置營州改爲營道縣武德四年置州又加南字貞觀八年改爲道州天寶元年改營道爲弘道　延唐　漢泠道縣屬零陵郡古城在今縣東界南四十里隋平陳廢泠道入營道縣仍於泠道廢城置營道縣武德四年移營道縣於州郭置仍於此置唐興縣長壽二年改名武盛神龍元年復爲唐興天寶元年改爲延康泠水在今縣南六十里　江華　漢馮乘縣屬蒼梧郡武德四年析賀州馮乘縣置江華縣貞觀十七年屬永州上元二年還道州文明元年改爲雲溪縣神龍元年二月復爲江華　永明　隋改漢營浦縣爲永陽置道州後州郭內置營道縣乃移永陽之名於州西南一百一十里置貞觀八年省地入營道天授二年復析營道置天寶元年改爲永明縣　大曆

大曆二年湖南觀察使韋貫之奏請析延唐縣於道州東南二百二十里舂陵侯故城北十五里置縣因以大曆爲名

郴州中　隋桂陽郡武德四年平蕭銑置郴州領盧陽義章臨武平陽晉興六

縣七年廢牽平陽二縣八年省晉興天寶元年改爲桂陽郡乾元元年復爲郴州舊領縣五戶八千六百四十六口四萬九千三百五十五天寶領縣八戶三萬一千三百三在京師東南三千三百里至東都三千五十七里

郴　漢縣屬桂陽郡漢郡理所也後漢郡理耒陽尋還郴宋齊封子弟爲桂陽王皆治於此隋平陳改爲郴州煬帝爲桂陽郡武德四年改郴州皆以郴爲理

義章　大業末蕭銑分郴置武德七年省八年復置長壽元年分義章南界置高平縣開元二十三年廢高平仍移義章治高平廢縣　義昌　晉分郴縣置汝城晉寧二縣陳廢二縣立盧陽郡領盧陽縣開元九年廢郡以盧陽屬郴州天寶元年改爲義昌　平陽　晉分郴置平陽郡及縣陳廢後蕭銑復分郴置武德七年省八年復置資與後漢分郴置漢寧縣吳改爲陽安晉改爲晉寧隋改爲晉興貞觀八年省咸亨三年復置改名資與　高亭　漢便縣地屬桂陽郡晉省陳復置隋廢開元十三年宇文融析郴縣北界四鄉置安陵縣天寶元年改爲高亭取縣東山名　臨武　漢縣屬桂陽郡縣南臨武溪故也　藍

山　漢南平縣屬桂陽郡隋廢咸亨二年復置南平縣天寶元年改爲藍山九
疑山在縣西五十里

召州　隋長沙郡之召陽縣武德四年平蕭銑置南梁州領召陵建興武岡三縣七年省建興入武岡省召陵併召陽貞觀十年改名召州天寶元年改爲召陽郡乾元元年復爲召州舊領縣二戶二千八百五十六口一萬三千五百八十三天寶戶一萬七千七十三口七萬一千六百四十四在京師東南三千四百里至東都二千二百六十八里

召陽　漢召陵縣屬長沙國後漢改爲昭陽晉改爲召陽隋平陳移於今理吳分零陵北部置召陵郡隋平陳廢郡以召陽屬潭州尋又於召陽置建州武德四年改置南州貞觀十年改爲召州皆理召陽縣　武岡　漢都梁縣屬零陵郡晉分都梁置武岡縣隋廢武德四年分召陽復置

連州　隋熙平郡武德四年平蕭銑置連州天寶元年改爲連山郡乾元元年復爲連州舊領縣三戶五千五百六十三口三萬一千九十四天寶戶三萬二

千二百十口一十四萬三千五百三十二在京師南三千六百六十五里至東都三千四百五里

桂陽　漢縣屬桂陽郡今州理是也隋開皇十年於縣置連州大業改爲熙平郡武德四年復爲連州皆以桂陽爲理所　陽山　漢縣屬桂陽郡後漢省晉平吳分浛洭縣復置梁於浛洭縣西置陽山郡以縣屬之隋廢郡縣屬連州神龍元年移於洭水之北今縣理是也一名湟水　連山　晉武分桂陽立廣惠縣隋改爲廣澤仁壽元年改爲連山

黔州下都督府　隋黔安郡武德元年改爲黔州領彭水都上石城三縣二年又分置盈隆洪社相永萬資四縣四年置都督府督務施業辰智牂充應莊等州其年以相永萬資二縣置費州以都上分置夷州十年以思州高富來屬十一年又以高富屬夷州以智州信寧來屬今督思辰施牢費夷巫應播充莊牂琰池矩十五州其年罷都督府置莊州都督景龍四年廢以播州爲都督先天二年廢復以黔州爲都督天寶元年改黔州爲黔中郡依舊都督施夷播思費

珍湊商九州又領充明勞義福建邦琰清莊峨巒牂鼓儒琳鸞令那暉郝總敦
侯免牱契稜添普寧功亮筏龍延訓鄉雙整懸撫次水矩思源逸殷南平勳姜
龍小等五十州皆羈縻寄治山谷乾元元年復以黔中郡爲黔州都督府舊領
縣五戶五千九百一十三口二萬七千四百三十三天寶縣六戶四千二百七
十口二萬四千二百四在京師南三千一百九十三里至東都三千二百七十
一里

彭水　漢西陽縣屬武陵郡吳分西陽置黔陽郡隋於郡置彭水縣周置奉州尋爲黔州貞觀四年於州置都督府　黔江　隋分黔陽縣置石城縣天寶元年改爲黔江　洪社　武德二年分置洪社縣治洪社溪麟德二年移治龔湍

洋水　武德二年分彭水於巴江西置盈隆縣先天元年改爲盈用天寶元年改爲洋水　信寧　隋置信安縣取界內山名武德二年改爲信寧武德五年屬義州州廢來屬　都濡　貞觀二十年分盈隆縣置

辰州下　隋沅陵縣武德四年平蕭銑置辰州領沅陵等五縣九年分大鄉置

大鄉五縣五年分辰溪置漵浦縣貞觀九年分大鄉置三亭縣天授二年分大鄉三亭兩縣置溪州景雲二年置都督府督巫業錦三州開元二十七年罷都督府天寶元年改爲盧溪郡乾元元年復爲辰州取溪名舊領縣七戶九千二百八十三口三萬九千二百二十五天寶領縣五戶四千二百四十一口二萬八千五百五十四在京師南微東三千四百五里至東都三千二百六十里

沅陵　漢辰陽縣屬武陵郡本秦黔中郡縣也隋改辰陽爲辰溪仍分置沅陵縣仍置沅陵郡武德四年改爲辰州以沅陵爲理所　盧溪　武德三年分沅陵縣置　漵浦　漢義陵縣地屬武陵縣武德五年分辰溪置　麻陽　武德三年分沅陵辰溪二縣置垂拱四年分置龍門縣尋廢　辰溪　漢辰陽縣地隋分置辰溪縣

錦州下　垂拱二年分辰州麻陽縣地幷開山洞置錦州及四縣天寶元年改錦州爲盧陽郡乾元元年復爲錦州天寶領縣五戶二千八百七十二口一萬四千三百七十四至京師三千五百里至東都三千七百里

盧陽　招諭　渭陽　常豐　已上四縣並垂拱三年與州同置其常豐本名
萬安天寶元年改爲常豐　洛浦　天授二年分長州之大鄉置屬溪州四年
改屬錦州
施州下　隋清江郡之清江縣義寧二年置施州領清江開夷二縣貞觀八年
廢業州以建始縣來屬麟德元年廢開夷縣入清江天寶元年改爲清化郡乾
元元年復爲施州舊領縣三戶二千三百一十二口一萬八百二十五天寶領
縣二戶三千七百二口一萬六千四百四十四在京師南二千七百九里至東
都二千八百一十里
清江　漢巫縣南郡吳分巫立沙渠縣後周於縣立施州隋爲清江縣州所理
也　建始　後周分巫縣置建始縣義寧二年於縣置業州領建始一縣貞觀
八年廢業州縣屬施州
巫州下　貞觀八年分辰州龍標縣置巫州其年置夜郎渭溪思徵三縣九年
廢思徵縣天授二年改爲沅州分夜郎渭溪縣長安三年割夜郎渭溪二縣置

舞州先天二年又置潭陽縣開元十三年改沅州爲巫州天寶元年改爲潭陽郡乾元元年復爲巫州舊領縣三戶四千三十二口一萬四千四百九十五天寶戶五千三百六十八口一萬二千七百三十八在京師南三千一百五十八里至東都三千八百三十三里

龍標　武德七年置屬辰州貞觀八年置巫州爲理所也　朗溪　貞觀八年置　潭陽　先天二年分龍標置

業州下　長安四年分沅州二縣置舞州開元十三年改爲鶴州二十年又改爲業州天寶元年改龍標郡乾元元年復爲業州領縣三戶一千六百七十二口七千二百八十四在京師南四千一百九十七里至東都三千九百里

峨山　貞觀五年置夜郎縣屬巫州長安四年置舞州開元二十年改夜郎爲峨山縣　渭溪　天授二年分夜郎置屬沅州長安四年改爲業州　梓薑舊於縣置充州天寶三年以充州荒廢以梓薑屬業州其充州爲羈縻州

夷州下　隋明陽郡之綏陽縣武德四年置夷州於思州寧夷縣領夜郎神泉

豐樂綏養雞翁伏遠明陽高富寧夷思義丹川宣慈慈岳等十三縣六年廢雞翁縣貞觀元年廢夷州省夜郎神泉豐樂三縣以伏遠明陽高富寧夷思義丹川六縣隸務州宣慈慈岳二縣隸溪州以綏養隸智州四年復置夷州於黔州都上縣六年又置雞翁縣十一年又以義州之綏陽黔州之高富來屬其年又自都上移於今所天寶元年改爲義泉郡乾元元年復爲夷州舊領縣四戶二千二百四十一口八十六百五十七天寶縣五戶一千二百八十四口七千一十三在京師南四千三百八十七里至東都三千八百八十里

綏陽　漢牂柯郡地隋朝招慰置綏陽縣古徼外夷也武德三年屬義州貞觀十一年改屬夷州

都上　隋置武德元年屬黔州貞觀四年置夷州爲理所十一年州移治綏陽縣

義泉　隋舊於縣置牢州貞觀十七年廢牢州以義泉屬夷州

洋川　武德二年置舊屬牢州貞觀十七年屬夷州

寧夷　舊屬思州開元二十五年屬夷州

播州下　隋牂柯郡之牂柯縣貞觀九年分置郎州領恭水高山貢山柯盈邪

施釋蕩六縣十一年省郎州幷六縣十一年又於其地置播州及恭水等六縣
十四年改恭水等六縣名二十年以夷州之芙蓉琊川來屬顯慶五年廢舍月
胡江羅爲三縣景龍四年廢莊州都督府以播州爲都督府先天二年罷都督
開元二十六年又廢胡刀琊川兩縣天寶元年改爲播川郡乾元元年復爲播
州領縣三戸四百九十口二千一百六十八在京師南四千四百五十里至東
都四千九百六十里
遵義　漢武開西南夷置牂柯郡秦夜郎郡之西南境也貞觀元年置恭水縣
屬郎州十一年省十三年復置屬播州十四年改爲羅蒙十六年改爲遵義顯
慶五年廢舍月併入　芙蓉　舊屬牢州貞觀十六年改爲夷州二十年又改
屬播州開元二十六年廢胡刀琊川兩縣併入　帶水　貞觀九年置柯盈縣
十四年改爲帶水
思州下　隋巴東郡之務川縣武德四年置務州領務川涪川扶陽三縣貞觀
元年以廢夷州之伏遠寧夷思義高富明陽丹州六縣廢思州之丹陽城樂感

化思王多田五縣來屬其年省思義明陽丹田三縣二年又省丹陽四年改務州爲思州其年以涪川扶陽二縣割入費州八年又以多田城陽二縣割入費州其年又廢感化縣十年以高富隸黔州十一年又省伏遠縣天寶元年改爲寧夷郡乾元元年復爲思州舊領縣三戶二千六百三口七千五百九十九天寶戶一千五百九十九口一萬二千二十一在京師南三千八百三十九里至東都三千五百九十六里

務川　州所治漢西陽縣屬武陵郡隋朝招慰置務川縣武德元年招慰使冉安昌以務川當牂柯要路請置務川貞觀八年改爲思州以思邛水爲名

思王　武德三年置屬思州貞觀元年改屬務川四年改屬思州　寧夷　隋置武德四年屬夷州貞觀元年屬思州　思邛　開元四年開生獠置

費州下　隋黔安郡之涪川縣貞觀四年分思州之涪川扶陽二縣置費州其年割黔州之萬資相永二縣來屬八年又割思州之多田城樂來屬十一年廢相永萬資二縣天寶元年復爲涪川郡乾元元年復爲費州舊領縣四戶二千

七百九口六千九百五十天寶戶四百二十九口二千六百九在京師南四千七百里至東都四千九百里

涪川　漢牂柯郡之地久不臣附周宣改元年信州總管龍門公裕招慰生獠王元殊多質等歸國乃置費州以水爲名武德四年置務川貞觀四年置費州治於此

多田　武德四年務州刺史奏置以土地稍平懇田盈畛故以多田爲名貞觀四年屬思州八年改屬費州

扶陽　隋仁壽四年庸州刺史奏置以扶陽水爲名

城樂　武德四年山南道大使趙郡王孝恭招慰生獠始築城人歌舞之故曰城樂

南州下　武德二年置領隆陽扶化隆巫丹溪靈水南川六縣三年改爲僰州四年復爲南州貞觀五年置三溪縣七年又置當山嵐山歸德汶溪四縣八年又廢當山嵐山歸德汶溪四縣十一年又廢扶化隆巫靈水三縣天寶元年改爲南州郡乾元元年復爲南州舊領縣三戶三千五百八十三口一萬三百六十六天寶領縣二戶四百四十三口二千四十三在京師南三千六百里至東

都三千七百里
南川　武德二年置隆陽縣先天元年改爲南川州所治　三溪　貞觀五年
置
溪州下　舊辰州之大鄉天授二年分置溪州舊領縣二又分置洛浦縣長安
四年以洛浦屬錦州天寶元年改溪州爲靈溪郡乾元元年復爲溪州領縣二
戸二千一百八十四口一萬五千二百八十二至京師二千八百九十三里至
東都二千六百九十六里
大鄉　漢沅陵零陵二縣地屬武陵郡梁分置大鄉縣舊屬辰州天授二年來
屬州所理也　三亭　貞觀九年分大鄉置屬辰州天授二年改屬溪州縣界
有黔山大酉小酉二山
溱州下　貞觀十六年置溱州及榮懿扶歡樂來三縣咸亨元年廢樂來縣天
寶元年改爲溱溪郡乾元元年復爲溱州領縣二戸八百七十九口五千四十
五至京師三千四百八十里至東都四千二百里

榮懿　扶歡　已上二縣並貞觀十六年開山洞置

珍州下　貞觀十六年置天寶元年改爲夜郎郡乾元元年復爲珍州領縣三戸二百六十三口一千三十四至京師四千一百里至東都三千七百里

夜郎　漢夜郎郡之地貞觀十七年置於舊播州城以縣界有隆珍山因名珍州　麗皐　樂源　並貞觀十六年開山洞置

牂州領縣二　充州領縣八　應州領縣五　琰州領縣四　牢州領縣七

已上國初置並屬黔中道羈縻州永徽已後併省

隴右道

秦州中都督府　隋天水郡武德二年平薛舉改置秦州仍立總管府管秦渭岷洮疊文武成康蘭宕扶等十三州秦州領上邽成紀秦嶺清水四縣四年分清水置邽州六年廢邽州以清水來屬八年廢文州又以隴成來屬其年又廢伏州以伏羌來屬九年於伏羌廢城置鹽泉縣貞觀元年改鹽泉爲夷賓二年省夷賓縣六年省長川縣十四年督秦成渭武四州治上邽十七年廢秦嶺縣

開元二十二年緣地震移治所於成紀縣之敬親川天寶元年改爲天水郡依舊都督府督天水隴西同谷三郡其年復還治上邽乾元元年復爲秦州舊領縣六戶五千七百二十四口二萬五千七十三天寶領縣五戶二萬四千八百二十七口十萬九千七百在京師西七百八十里至東都一千六百五里

上邽　漢縣屬隴西郡武帝分置天水郡後漢分獂道立南安郡後魏改上邽爲上封隋復於上邽置秦州州前有湘水四時增減故名天水郡　成紀　漢縣屬天水郡舊治小坑川開元二十二年移治敬親川成紀亦徙新城天寶元年州復移治上邽縣　伏羌　漢冀縣屬天水郡晉於此置秦州後魏改爲當亭縣隋復爲冀縣武德三年改爲伏羌縣仍置伏州八年伏州廢縣屬秦州貞觀三年廢夷賓縣併入伏羌　隴城　漢隴縣屬天水郡隋加城字武德二年置文州以隴城隸之八年文州廢來屬貞觀三年省長川縣併入　清水　漢縣屬天水郡武德四年置邽州於清水六年廢邽州以清水來屬

成州下　隋漢陽郡武德元年置成州領上祿長道潭水三縣貞觀元年以潭

水屬宕州又割廢康州之同谷縣來屬州理楊難當所築建安城天寶元年改爲同谷郡乾元元年復爲成州舊領縣三戶一千五百四十六口七千二百五十九天寶戶四千七百二十七口二萬一千五百八在京師西南九百六十里至東都一千八百里

上祿　漢縣屬武都郡白馬氐之所處州南八十里仇池山其上有百頃地可處萬家晉時互酋楊難當據仇池卽此山上也晉朝招慰乃置仇池郡以難當爲守梁置南秦州又改爲成州隋以上祿爲倉泉縣又復爲上祿

長道　元魏分上祿置長道縣於縣置天水郡隋改天水爲漢陽郡又改漢陽縣爲長道

同谷　漢下辨步包反道屬武都郡後魏於此置廣業郡領白石縣又改白水爲同谷

渭州下　隋隴西郡武德元年置渭州天寶元年改爲隴西郡乾元元年復爲渭州四月鄯州都督郭英乂奏請以渭州洮州爲都督府後廢舊領縣四戶一千九百八十九口九千二十八天寶戶六千四百二十五口二萬四千五百二

十在京師西一千一百五十三里至東都二千里

襄武　漢縣屬隴西郡後魏於縣置渭州以水爲名　隴西　漢獂音桓道地屬天水郡後漢分武陽置鄣縣天授二年改爲武陽縣神龍元年復爲鄣縣　渭源　漢首陽縣地屬隴西郡後魏分隴西置渭源郡又改首陽爲渭源縣上元二年改首陽縣仍於渭源故城分置渭源縣儀鳳三年廢首陽併入渭源

鄯州下都督府　隋西平郡武德二年平薛舉置鄯州治故樂都城貞觀中置都督府天寶元年改爲西平郡乾元元年復爲鄯州上元二年九月州爲吐蕃所陷遂廢所管鄯城三縣今河州收管舊領縣二戶一千八百七十五口九千五百八十二天寶領縣三戶五千三百八十九口二萬七千一十九在京師西一千九百一十三里至東都二千五百四十里

湟水　漢破羌縣屬金城郡漢破匈奴取西河地開湟中處月氏卽此湟水俗呼湟河又名樂都水南有涼禿髮烏孤始都此後魏置鄯州改破羌爲西都縣隋改爲湟水縣縣界有浩亹水　龍支　漢允吾縣屬金城郡後漢改爲龍耆

縣後魏改爲金城縣又改爲龍支積石山在今縣南　鄯城　儀鳳三年置漢西平郡故城在西

蘭州下　隋金城郡隋末陷薛舉武德二年平賊置蘭州八年置都督府督蘭阿鄯廓四州貞觀六年又督西鹽州十二年又督涼州今督蘭鄯儒淳六州領金城狄道廣武三縣顯慶元年罷都督府天寶元年改金城郡二載割狄道縣置狄道郡乾元元年復爲蘭州舊領縣三戶一千六百七十五口七千三百五天寶領縣二戶二千八百八十九口一萬四千二百二十六在京師西一千四百四十五里至東都二千二百里

五泉　漢金城縣屬金城郡西羌所處後漢置西海郡乞伏乾歸都此稱涼隋開皇初置蘭州以皋蘭山爲名煬帝改金城郡隋置五泉縣咸亨二年復爲金城天寶元年改爲五泉　廣武　漢枝陽縣屬金城郡張駿置廣武郡隋廢爲縣屬蘭州

臨州下都督府　天寶三載分金城郡置狄道郡乾元元年改爲臨州都督府

督保塞州羈縻之名也領縣二戶二千八百九十九口一萬四千二百二十六
在京師西一千四百四十五里至東都二千二百里

狄道 漢縣屬隴西郡晉改爲武始縣隋復爲狄道屬蘭州天寶三載復置

長樂 舊安樂縣乾元後改爲長樂

河州下 隋枹音桴罕郡武德二年平李軌置河州領枹罕大夏二縣貞觀元年廢大夏縣五年復置十年省米州置米州縣來屬十一年廢烏州以其城置安鄉縣來屬天寶元年改爲安鄉郡乾元元年復爲河州舊領縣三戶三千三百九十一口一萬二千六百五十五天寶領縣三戶五千七百八十二口三萬六千八百八十六在京師西一千四百一十五里至東都二千二百七十里

枹罕 漢縣屬金城郡張駿於縣置河州至後魏不改又名枹罕郡隋初爲河州煬帝爲枹罕郡武德二年改爲河州皆治於枹罕 大夏 漢縣屬隴西郡張駿於縣置大夏郡及縣取西大夏水爲名貞觀元年廢入枹罕五年又置

鳳林 漢白石縣屬金城郡張駿改白水爲永固貞觀七年廢縣置烏州十一

年州廢於城內置安鄉縣天寶元年改爲鳳林取關名也

武州下　隋武都郡武德元年置武州領將利建威覆津盤堤四縣貞觀元年省建威入將利天寶元年改爲武都郡乾元元年復爲武州舊領縣三戶一千一百五十二口五千三百八十一天寶戶二千九百二十三口一萬五千三百一十三在京師西一千二百九十里至東都二千里

將利　秦漢白馬之地漢置武都郡幷縣後魏改武都爲石門縣置武州後周改爲將利縣仍置武都郡隋初廢煬帝復爲郡皆治將利縣　覆津　後魏置武階郡又於今縣東北三十里萬郡故城置覆津縣隋廢武階郡縣屬武都郡

盤堤　漢河池縣地屬武都郡後魏於今縣東南百四十二里移盤堤縣於郡置武州盤堤山爲名

洮州下　隋臨洮郡武德二年置洮州貞觀五年移州治於洪和城後復移還洮陽城今州治也永徽元年置都督府開元十七年廢併入岷州臨潭縣置臨州二十七年又改爲洮州天寶元年改爲臨洮郡管密恭縣党項部落也寄治

州界乾元元年復爲洮州舊領縣二戸二千三百六十三口八千二百六十天寶戸三千七百口一萬五千六十在京師西一千五百六里至東都二千三百九十里

臨潭　秦漢時羌地本吐谷渾之鎮謂之洪和城後周攻得之改爲美相縣屬貞觀四年洮州理於此置臨潭縣屬旭州八年廢旭州來屬其年移理洮陽城今州治也仍於舊洪和城置美相縣隸洮州天寶中廢美相併入

岷州下　隋臨洮郡之臨洮縣義寧二年置岷州武德四年爲總管府管岷宕洮疊旭五州七年加督芳州九年又督文武扶五州貞觀元年督岷宕洮旭四州六年督橋意二州十二年廢都督府神龍元年廢當夷縣天寶元年改爲和政郡乾元元年復爲岷州舊領縣四戸四千五百八十三口一萬九千二百三十九天寶縣三戸四千三百二十五口二萬三千四百四十一在京師西一千三百七十八里至東都二千一百里

溢樂　秦臨洮縣屬隴西郡今州西二十里長城蒙恬所築岷山在縣南一里

崆峒山縣西二十里後魏置岷州仍改臨洮爲溢樂隋復改臨洮義寧二年改名溢樂神龍元年廢當夷縣併入　枯川　後周置基城縣先天元年改爲枯川避玄宗名　和政　後周置洮城郡保定元年置和政縣

廓州下　隋澆河郡武德二年置廓州天寶元年改爲寧塞郡乾元元年復爲廓州舊領縣二戸二千二十口九千七百三十二天寶縣三戸四千二百六十一口二萬四千四百在京師二千三十里至東都二千七百七十二里

廣威　後漢燒當羌之地段熲破羌斬澆河大師卽此也漢末置西平郡此地卽南界也前涼置湟河郡後魏置石城郡廢帝因縣內化隆谷改爲化隆縣後因置廓州先天元年改爲化成縣天寶元年改爲廣威縣縣界有拔延山　達化　後周置達化郡並縣吐渾澆河城在縣西一百二十里　米川　漢枹罕縣地屬京城郡貞觀五年置米州及米川縣十年州廢縣屬廓州

疊州下都督府　隋臨洮郡之合州縣武德二年置疊州領合川樂川疊川三縣五年又置安伏和同二縣以處党項尋省疊川樂川縣十三年置都督督疊

岷洮宕津序壹枯嶂王蓋立橋等州永徽元年罷都督府天寶元年改爲合川郡乾元元年復爲疊州舊領縣一戶一千八十三口四千六十九天寶領縣二戶一千二百七十五口七千六百七十四在京師西南一千一百一十里至東都二千五百六十里

合川　秦漢已來爲諸羌保據後周武帝逐諸羌始有其地置合川縣仍於縣置疊州取郡山重疊之義舊治吐谷渾馬牧城武德三年移於交戍城　常芬　隋同昌郡之常芬縣武德元年置芬州領常芳恆香丹領三縣神龍元年廢芳州爲常芬縣隸疊州

宕州下　隋宕昌郡武德元年置宕州領懷道良恭和戎三縣貞觀三年省和戎入懷道天寶元年改爲懷道郡乾元元年復爲宕州舊領縣二戶一千一百四十口一千四百六十一天寶戶一千一百九十口七千一百九十九在京師西南一千六百五十六里至東都二千二百八十五里

懷道　歷代諸羌所據後魏始附爲蕃國後周置宕昌郡及懷道良恭二縣隋

爲宕昌郡武德初爲宕州理懷道　良恭　後周置陽宕縣隋改爲良恭

貞觀元年分隴坻已西爲隴右道景雲二年以江山闊遠奉使者艱難乃分山南爲東西道自黃河以西分爲河西道

河西道（此又從隴右道分出不在十道之內）

涼州中都督府　隋武威郡武德二年平李軌置涼州總管府管涼甘瓜肅四州涼州領姑臧昌松番禾三縣三年又置神烏縣七年改爲都督府督涼肅甘沙瓜伊芳文八州貞觀元年廢神烏縣總章元年復置咸亨元年爲大都督府督涼甘肅伊瓜沙雄七州上元二年爲中都督府神龍二年置嘉麟縣天寶元年改爲武威郡督涼甘肅三州乾元元年復爲涼州舊領縣三戶八千二百三十一口三萬三千三十天寶領縣五戶二萬二千四百六十二口十二萬二百八十一在京師西北二千一十里至東都二千八百七十里

姑臧　漢縣屬武威郡所理秦月氏戎所處匈奴本名蓋藏城語訛爲姑臧城西魏復置涼州晉末張軌據姑臧稱前涼呂光又稱後涼後入於元魏爲武威

郡武德初平李軌置涼州州界有猪野澤　神烏　漢鸞鳥縣屬武威郡後魏廢總章元年復於漢武威城置武威縣神龍元年改爲神烏於漢鸞鳥古城置嘉麟縣　昌松　漢蒼松縣屬武威郡後涼呂光改爲昌松　天寶　漢番音盤禾縣屬張掖郡縣南山曰天山又名雪山咸亨元年於縣置雄州調露元年廢雄州番禾還涼州天寶三年改爲天寶縣　嘉麟　神龍二年於漢鸞鳥古城置景龍二年廢先天二年復置　吐渾部落　興昔部落　閤門府　皐蘭府　盧山府　金水州　蹛林州　賀蘭州　已上八州府並無縣皆吐渾契苾思結等部寄在涼州界內共有戶五千四十八口一萬七千二百一十二

甘州下　隋張掖郡武德二年平李軌置甘州天寶元年改爲張掖郡乾元元年復爲甘州舊領縣二戶二千九百二十六口一萬一千六百八十天寶戶六千二百八十四口二萬二千九十二在京師西北二千五百里至東都三千三百一十里

張掖　故匈奴昆邪王地屬漢武開置張掖郡及觻音祿得縣郡所治也匈奴王

號也後魏置張掖軍孝文改爲郡及縣州置西涼州尋改爲甘州取州東甘峻山爲名祁連山在州西南二百里也　刪丹　漢縣屬張掖郡後漢分張掖置西海郡晉分刪丹置蘭池萬歲仙提三縣煬帝廢併入刪丹居延海焉支山在縣界刪丹山卽焉支山語訛也

肅州下　武德二年分隋張掖郡置肅州八年置都督府督肅瓜沙三州貞觀元年罷都督府貞觀中廢玉門縣天寶元年改爲酒泉郡乾元元年復爲肅州舊領縣三戸一千七百三十一口七千一百一十八天寶領縣二戸二千三百三十口八千四百七十六在京師西北二千八百五十八里至東都三千七百八十里

酒泉　漢福祿縣屬酒泉郡郡城下有金泉泉味如酒故爲郡名此月支地爲匈奴所滅匈奴令休屠昆邪王守之漢武時昆邪來降乃置酒泉郡張軌李暠沮渠蒙遜皆都于此後魏置酒泉軍復爲郡後周改爲甘州隋分甘州置肅州皆治酒泉義寧元年置酒泉縣　福祿　漢舊縣屬酒泉郡今縣漢樂綰縣地

屬燉煌郡武德二年於樂綰古城置福祿縣

瓜州下都督府　隋燉煌郡之常樂縣武德五年置瓜州仍立總管府管西沙肅三州八年罷都督貞觀中復爲都督府天寶元年爲晉昌郡乾元元年復爲瓜州舊領縣二戶一千一百六十四口四千三百二十二天寶戶四百七十七口四千九百八十七在京師西三千三百一十里至東都四千三百六里

晉昌　漢寘安縣屬燉煌郡寘水名置晉昌郡及寘安縣因改晉昌爲永興隋改爲瓜州改寘安常樂武德七年復爲晉昌　常樂　漢廣至縣屬燉煌郡魏分廣至置宜水縣李暠於此置涼興郡隋廢置常樂鎮武德五年改鎮爲縣

伊州下　隋伊吾郡隋末西域雜胡據之貞觀四年歸化置西伊州六年去西字天寶元年爲伊吾郡乾元元年復爲伊州舊領縣三戶一千三百三十二口六千七百七十八天寶領縣二戶二千四百六十七口一萬一百五十七在京師西北四千四百一十六里至東都五千三百三十里

伊吾　在燉煌之北大磧之外秦漢之際戎居之南去玉門關八百里東去陽

關二千七百三十里漢宣帝時以鄭吉爲都護在玉門關元帝時置戊己校尉皆治車師後漢明帝時取伊吾盧地置宜禾都尉以屯田竇憲班超大破西域始於此築城班勇爲西域長史居此地也後魏後周鄯善戎居之隋始於漢伊吾屯城之東築城爲伊吾郡隋末爲戎所據貞觀四年款附置西伊州始於此天水在州北二十里一名白山胡人呼析羅漫山 柔遠 貞觀四年置取縣東柔遠故城爲名 納職 貞觀四年於鄯善胡所築之城置納職縣

沙州下 隋燉煌郡武德二年置瓜州五年改爲西沙州貞觀七年去西字天寶元年改爲燉煌郡乾元元年復爲沙州舊領縣二戶四千二百六十五口一萬六千二百五十在京師西北三千六百五十里至東都四千三百九里

燉煌 漢郡縣名月氏戎之地秦漢之際來屬漢武開西域分酒泉置燉煌郡及縣周改燉煌爲鳴沙縣取縣界山名隋復爲燉煌武德三年置瓜州取春秋祖吾離於瓜州之義五年改爲西沙州皆治於三危山在縣東南二十里鳴沙山一名沙角山又名神沙山取州名焉在縣七里 壽昌 漢龍勒縣地屬燉

煌郡縣南有龍勒山後魏改爲壽昌縣陽關在縣西六里玉門關在縣西北一百一十八里

西州中都督府　本高昌國貞觀十三年平高昌置西州都督府仍立五縣顯慶三年改爲都督府天寶元年改爲交河郡乾元元年復爲西州舊領縣五戶六千四百六十六天寶領縣五戶九千一十六口四萬九千四百七十六在京師西北五千五百一十六里至東都六千二百一十五里

高昌　漢車師前王之庭漢元帝置戊己校尉於此以其地形高敞故名高昌其故壘有八城張駿置高昌郡後魏因之魏末爲蠕蠕所據後麴嘉稱高昌王於此數代貞觀十四年討平之以其地爲西州其高昌國境東西八百里南北五百里尋置都督府又改爲金山都督府　柳中　貞觀十四年置交河縣界有交河水源出縣北天山一名神連山縣取水名地本漢車師前王庭　蒲昌　貞觀十四年於始昌故城置縣東南有蒲類海胡人呼爲婆悉海　天山　貞觀十四年置取祁連山爲名

北庭都護府　貞觀十四年侯君集討高昌西突厥屯兵於浮圖城與高昌相
響應及高昌平二十年四月西突厥泥伏沙鉢羅葉護阿史那賀魯率衆內附
乃置庭州處葉護部落長安二年改爲北庭都護府自永徽至天寶北庭節度
使管鎮兵二萬人馬五千匹所統攝突騎施堅昆斬又管瀚海天山伊吾三軍
鎮兵萬餘人馬五千匹至上元元年陷吐蕃舊領縣一戶二千三百天寶領縣
三戶二千二百二十六口九千九百六十四在京師西北五千七百二十里東
至伊州界六百八十里南至西州界四百五十里西至突騎施庭一千六百里
北至堅昆七千里東至迴鶻界一千七百里
金滿　流沙州北前後烏孫部舊地方五千里後漢車師後王庭胡故庭有五
城俗號五城之地貞觀十四年平高昌後置庭州以前故及突厥常居之　輪
臺　取漢輪臺爲名　蒲類　海名　已上三縣貞觀十四年與庭州同置
瀚海軍　開元中蓋嘉運置在北庭都護府城內管鎮兵萬二千人馬四千二
百匹　天山軍　開元中置伊州城內管鎮兵五千人馬五百匹在都護府南

五里　伊吾軍　開元中置在伊州西北五百里　甘露州　管鎮兵三千人

馬三百匹在北庭府東南七百里

鹽治州都督府　鹽祿州都督府　陰山州都督府

大漠州都督府　輪臺州都督府　金滿州都督府

玄池州　哥係州　咽麪州

金附州　孤舒州　西鹽州

東鹽州　叱勒州　迦瑟州

馮洛州　已上十六番州新戎胡部落寄於北庭府界內無州縣戶口隨地治

畜牧

安西大都護府　貞觀十四年侯君集平高昌置西州都護府治在西州顯慶二年十一月蘇定方平賀魯分其地置濛池崐陵二都護府分其種落列置州縣於是西盡波斯國皆隸安西都護府仍移安西都護府理所於高昌故地三年五月移安西府於龜茲國舊安西府復爲西州龍朔元年西域吐火羅款塞

乃於于闐以西波斯以東十六國皆置都督督州八十縣一百一十軍府一百二十六仍立碑於吐火羅以志之咸亨元年四月吐蕃陷安西都護府至長壽二年收復安西四鎮依前於龜茲國置安西都護府至德後河西隴右戍兵皆徵集收復兩京上元元年河西軍鎮多爲吐蕃所陷有舊將李元忠守北庭郭昕守安西府二鎮與沙陀迴鶻相依吐蕃久攻之不下建中元年元忠昕遣使間道奏事德宗嘉之以元忠爲北庭都護昕爲安西都護其後吐蕃急攻沙陀迴鶻部落北庭安西無援貞元三年竟陷吐蕃

北庭都護府　本龜茲國顯慶中自西川移府治於此東至焉耆鎮守八百里西至踈勒鎮守二千里南至于闐二千里東北至北庭府二千里南至吐蕃界八百里北至突騎施界鴈沙川一千里安西都護府鎮兵二萬四千人馬二千七百匹都護兼鎮西節度使

安西都護所統四鎮

龜茲都督府　本龜茲國其王姓白理白山之南去瓜州三千里勝兵數千貞

觀二十二年阿史那社尒破之虜龜兹王而還乃於其地置都督府領蕃州之九至顯慶三年賀魯仍自西州移安西府置于龜兹國城

畋沙都督府　本于闐國在葱嶺北二百里勝兵數千俗多機巧其王伏闍信開元二十二年入朝上元二年正月置畋沙都督府初管蕃州五上元元年分爲十在安西都護府西南二千里

疎勒都督府　本疎勒國在白山之南勝兵二千去瓜州四千六百里貞觀九年遣使朝貢自是不絶上元中置疎勒都督府在安西都護府西南二千里

焉耆都督府　本焉耆國其王姓龍名突騎支常役於西突厥俗有魚鹽之利貞觀十八年郭孝恪平之由是臣屬上元中置都督府處其部落無蕃州在安西都護府東八百里

西域十六都督州府

龍朔元年西域諸國遣使來内屬乃分置十六都督府州八十縣一百一十軍府一百二十六皆隸安西都護府仍於吐火羅國立碑以紀之

月氏都督府　於吐火羅國所治遏換城置以其王葉護之於其部內分置二十四州都督統之

太汗都督府　於嚈噠部落所治活路城置以其太汗領之仍分其部置十五州太汗領之

條枝都督府　於訶達羅支國所治伏寶瑟顛城置以其王領之仍於其部分置八州

大馬都督府　於解蘇國所治數瞞城置以其王領之仍分其部置三州

高附都督府　於骨咄施國所治妖沙城置以其王領之仍分其部置三州

修鮮都督府　於罽賓國所治遏紇城置以其王領之仍分其部置十一州

寫鳳都督府　於失苑延國所治伏戾城置以其王領之仍分其部置四州

悅般都督府　於石汗那國所治豔城置以其王領之仍分其部置雙靡州

奇沙州　於護特健國所治遏密城置仍分其部置沛瀳大秦二州

和默州　於恒沒國所治恒城置仍分置粟弋州

拔撥州　於烏拉喝國所治摩竭城置

崐墟州　於護密多國所治抵寶那城置

至拔州　於俱密國所治措瑟城置

鳥飛州　於護密多國所治摸廷城置

王庭州　於久越得犍國所治步師城置

波斯都督府　於波斯國所治陵城置

右西域諸國分置羈縻州軍府皆屬安西都護統攝自天寶十四載已前朝

貢不絕今於安西府事末紀之以表太平之盛業也

舊唐書卷四十

舊唐書卷四十考證

地理志三濠州○舊書屬淮南道新書屬河南道

廬州巢縣分襄安立開城○新書作開成

安州孝昌縣武德四年置環州○新書作溳州弁置溳陽縣以上淮南道

蘇州○領吳嘉興崐山常熟長洲海鹽六縣新書則云析嘉興置華亭

婺州義烏縣武德四年置綢州○新書作綢州因綢巖爲名

信州○舊書屬江南東道新書屬江南西道

睦州清溪縣○新書作青溪

歙州○舊書屬江南東道新書屬江南西道

處州縉雲縣萬歲登封元年分括蒼及婺州永康縣置○新書作聖歷元年

温州上元二年分括州之永嘉安固二縣置温州○新書作上元元年

福州永泰縣永泰年分置○新書咸通二年析連江及閩置以上江南東道

鄂州武昌縣吳晉爲重鎮名將以爲鎮守○沈炳震曰原本文義顛倒應是以

名將爲鎮守已改正

澧州〇舊書屬江南西道新書屬山南東道

朗州〇舊書屬江南西道新書屬山南東道

連州〇舊書屬江南西道新書屬嶺南道

業州〇新書作獎州

天寶元年改龍標郡〇新書作龍溪郡應從新書以上江南西道

成州〇舊書屬隴右道新書屬山南西道

臨州〇　臣宗萬按臨州本漢隴西之狄道地晉置武始郡隋廢郡復爲狄道縣

屬蘭州至天寶三載始分置

河州天寶元年改爲安鄉郡〇新書作安昌

武州〇　臣宗萬按武州本古白馬之地漢武帝置武都郡西魏改曰石門縣置

武州則知武州之置不自武德始也

肅州〇領酒泉福祿二縣沈炳震曰新書有玉門縣係開元中析玉門軍天寶

中廢軍爲縣者舊書應闕以上隴右道

舊唐書卷四十考證

舊唐書卷四十一

後晉司空同中書門下平章事劉昫撰

志第二十一

地理四

劍南道東西道九　嶺南道五管十

劍南道

成都府　隋蜀郡。武德元年，改爲益州，置總管府，管益、綿、陵、遂、資、雅、嘉、瀘、戎、會、松、翼、巂、南寧、昆、恭十七州。益州領成都、雒、九隴、郫、雙流、新津、晉原、青城、陽安、金水、平泉、玄武、綿竹等十三縣。又置唐隆、導江二縣。二年，分置邛、眉、晉、榮、登五州，屬總管府。又置新都、什邡二縣。三年，罷總管，置西南道行臺，仍分綿竹、導江、九隴三縣立濛州，陽安、金水、平泉三縣立簡州，割玄武屬梓州，又析置德陽、新繁、萬春三縣。九年，罷行臺，置都督府，督益、綿、簡、嘉、陵、眉、犍、邛十州，并督巂、南、會、寧都督府。貞觀二年，廢濛州之九隴、綿竹、導江來屬，仍改萬春爲温江。六年，罷南寧都督更置戎州都督屬益州八年兼領南金州都督十年又督益綿閬嘉陵雅眉邛八州茂巂二都督十七年置蜀縣龍朔二年升爲大都督府仍置廣都縣咸亨二年置金堂儀鳳二縣其年又置唐昌濛陽二縣垂拱三年分雒九隴等十三縣置彭蜀二州其年又置犀浦縣聖曆三年又置東陽縣天寶元年改益州爲蜀郡依舊大都督府督劍南三十八郡十五載玄宗幸蜀駐蹕成都至德二年十月駕迴西京改蜀郡爲都府長史爲尹又分爲劍南東川西川各置節度使廣德元年黃門侍郎嚴武爲成都尹復併東西川爲一節度自崔寧鎮蜀後分爲西川自後不改舊領縣十六戶十一萬七千八百八十九口七十四萬三百一十二漢朝蜀郡戶二十六萬八千二百七十口一百二十四萬天寶領縣十戶十六萬九百五十口九十二萬八千一百九十九在京師西南二千三百七十九里至東都三千二百一十六里

成都　漢縣屬蜀郡漢朝成都一縣管戶一萬六千二百五十六蜀三代之時西南夷國或臣或否至秦惠王既霸西戎欲廣其地乃令其相張儀司馬錯伐

蜀取其地立漢中巴蜀三郡蜀王本都廣都之樊鄉張儀平蜀後自赤里街移治於少城今州城是也蜀城張儀所築　華陽　貞觀十七年分成都縣置蜀縣在州郭下與成都分理乾元元年二月改爲華陽　新都　漢縣屬廣漢郡　新繁　漢繁縣屬蜀郡劉禪時加新字　犀浦　垂拱二年分成都縣置　雙流　漢廣都縣地屬蜀郡隋置雙流縣　廣都　龍朔三年分雙流置取隋舊名　郫　漢縣屬蜀郡隋置濛州大業省爲郫縣　温江　漢郫縣地魏蜀郡治於此隋爲萬春縣貞觀元年改爲温江　靈池　久視元年分蜀縣置東陽縣天寶元年改爲靈池

漢州上　垂拱二年分益州五縣置漢州天寶元年改爲德陽郡乾元元年復爲漢州領縣五戶六萬九千五口三十萬八千二百三至京師二千二百里至東都三千一百一十六里

雒　漢縣屬廣漢郡後漢置益州治於雒晉置新都郡宋齊爲廣漢郡垂拱二年置漢州皆治雒縣也　德陽　後周廢縣武德三年分雒置　什邡　漢縣

屬廣漢郡後周改爲方寧武德三年改爲什邡雍齒侯邑在縣北四十步 綿
竹 漢縣屬廣漢郡隋開皇二年置晉熙縣十八年又改爲李冰縣大業三年
改爲綿竹武德三年屬濛州州廢來屬之 金堂 咸亨二年分雒縣新都置
屬益州垂拱二年來屬
彭州上 垂拱二年分益州四縣置彭州天寶元年改爲濛陽郡乾元元年復
爲彭州領縣四戸五萬五千九百二十二口三十五萬七千三百八十七至京
師二千三百三十九里至東都三千一百六十九里
九隴 州所治漢繁縣地宋置晉壽郡古城在縣西北三里梁置東益州後魏
爲天水郡仍改爲九隴初於縣東三里置濛州大業省武德三年復置濛州領
九隴綿竹導江三縣置彭州之名也三縣置屬益州垂拱二年屬彭州長壽二
年改爲周昌神龍初復置 濛陽 儀鳳二年分九隴雒什邡三縣置屬益州
垂拱三年來屬 導江 蜀置都安縣後周改爲汶山武德元年改爲盤龍壽
改爲導江三年割屬濛州廢屬益州舊治灌口城武德元年移治導江郡垂拱

二年來屬

蜀州　垂拱二年分益州四縣置天寶元年改爲唐安郡乾元元年復爲蜀州也領縣四戶五萬六千五百七十七口三十九萬六百九十四至京師三千三百三十二里至東都三千一百七十二里

晉源　漢江源地屬蜀州李雄立江源郡晉改爲多融縣又改爲晉源鶴鳴山在西北十里　青城　漢江源縣地南齊置齊基縣後周改爲青城山在西北三十二里舊青字加水開元十八年去水爲青　唐安　本漢江源縣地後魏於此立犍爲郡及僰道縣隋省武德元年復置改爲唐隆長壽二年爲武隆先天元年改爲唐安　新津　漢武陽縣屬犍爲郡後周改爲新津屬益州垂拱二年屬蜀州也

眉州上　隋眉山郡之通義縣武德二年割嘉州之通義丹稜洪雅青神南安五縣置眉州五年省南安貞觀元年置龍山縣天寶元年改爲通義郡乾元元年復爲眉州也舊領縣五戶三萬六千九口十六萬九千七百五十五天寶戶

四萬三千五百二十九口一十七萬五千二百五十六至京師二千五百五十
里至東都三千二百八十九里
通義　後漢置通縣屬齊通義郡梁改爲青州後魏改爲眉州後改通義爲安
洛又復通義隋初爲廣尋改爲通義武德元年於縣置唐眉州也　彭山　漢
陽武縣地屬犍爲晉於郡置西江陽郡後魏增置隆山郡以界內有鼎鼻山地
形隆故也隋改爲陵州隆山縣先天元年改爲彭山也　丹稜　本南齊二樂
郡後周改爲洪雅縣隋改爲丹稜屬嘉州武德二年來屬也　洪雅　後周洪
雅鎮隋改爲縣武德九年置犍州貞觀初廢屬眉州也　青神　漢南安縣屬
犍爲郡縣臨青衣江西魏置青衣縣本治思蒙水口武德八年移於今治屬眉
州也
綿州上　隋金山郡武德元年改爲綿州領巴西昌隆涪城魏成金山萬安神
泉七縣三年分置顯武隴安文義鹽泉四縣七年省金山縣貞觀元年又省文
義舊領縣九戶四萬三千九百四口十九萬五千五百六十三天寶領縣九戶

六萬五千六十六口二十六萬三千三百五十二至京師二千五百九里至東
都三千二百五十九里
巴西　漢涪縣屬廣漢郡晉置梓郡西魏置潼州隋改爲綿州煬帝改爲金山
郡隋改涪爲巴西縣也　涪城　漢涪縣地東晉置始平郡後魏改爲涪城及
潼縣隋改潼爲涪城　昌明　漢涪縣地晉置漢昌縣後魏爲昌隆先天元年
改爲昌明舊有顯武縣神龍元年改爲興聖開元二年廢併入昌明仍分巴西
涪城萬安三縣地置興聖縣二十七年廢地各還本屬　魏城　隋置　羅江
漢涪縣地晉於梓潼水尾萬安故城置萬安縣後魏置萬安郡隋廢天寶元
年改萬安爲羅江廉泉讓水出縣北平地也　神泉　漢涪城地晉置西園縣
隋改爲神泉以縣西泉能愈疾故也　鹽泉　武德三年分涪城置也　龍安
隋金水縣武德三年復置改爲龍安　西昌　隋金山縣隋末廢永淳元年
復置改爲西昌也
劍州　隋晉安郡武德元年改爲始州領縣七聖曆二年置劍門縣先天二年

改始州爲劒州天寶五年改爲普安郡乾元元年復爲劒州也舊領縣七戶三萬六千七百一十四口十九萬九十六天寶領縣八戶二萬三千五百一十口一十萬四百五十至京師一千六百六十二里至東都二千五百六十里

普安　漢梓潼縣廣漢郡治也宋置南安郡梁州又改爲安州西魏改爲始州兼置普安郡武德三年復爲始州皆治於普安也　黃安　梁分梓潼縣置梁安縣尋改爲黃安　永歸　隋分梓潼縣置　梓潼　漢縣蜀先分廣漢置梓潼西魏改爲潼川郡隋爲梓潼縣後魏自涪縣移梓郡於今縣屬始州仍改郡爲縣也　陰平　晉流人入蜀於縣置北陰平郡山北有十八隴山山有隴十八也　武連　漢梓潼縣地宋置武都郡及下辯縣又改下辯爲武功後魏改爲武連也　臨津　漢梓潼縣地南齊置相厚縣隋改爲臨津也　劒門　聖曆二年分普安永歸陰平三縣地於方期驛城置劒門縣界大劒山即梁山也其北三十里所有小劒山大劒山有劒閣道三十里至劒處張載刻銘之所劒山東西二百三十一里

梓州上　隋新城郡武德元年改爲梓州領郪射洪鹽亭飛烏四縣三年又以益州玄武來屬四年又置永泰縣調露元年置銅山縣天寶元年改爲梓潼郡乾元元年復爲梓州乾元後分蜀爲東西川梓州恆爲東川節度使治所舊領縣七戶四萬五千九百二十九口二十四萬八千三百九十四天寶領縣八戶六萬一千八百二十四口二十四萬六千六百五十二至京師二千九百里至東都二千九百里

郪　漢縣屬廣漢郡歷晉宋齊不改梁於縣置新州西魏改爲昌城郡隋改爲梓州煬帝改爲新城郡二城左帶潼水右挾中江鄰居水陸之要梓州所治以梓潼水爲名也　射洪　漢郪縣地後魏分置射洪縣婁縷灘東六里有射江語訛爲洪　通泉　漢廣漢縣地乃隋縣也　玄武　漢氐道縣屬蜀郡晉改爲玄武武德元年屬益州三年割屬梓州也　鹽亭　漢廣漢縣地梁置鹽亭縣也　飛烏　漢郪縣地隋置飛烏鎮又改爲縣取飛烏山爲名也　永泰　武德四年分鹽亭武安二縣置　銅山　調露元年分飛烏二縣地置也

閬州　隋巴西郡武德元年改爲隆州領閬中南部倉溪南充相如西水三城奉國儀隴大寅屬蓬州十縣其年又立辯丹思恭二縣四年以南充西水屬果州儀隴大寅屬蓬州又置新政七年又以奉國屬西平州還以奉國來屬又省思恭入閬中縣先天元年改爲閬州天寶元年改爲閬中郡乾元元年復爲閬州舊領縣八戸三萬八千九百四十九口二十七萬三千五百四十三今領縣九戸二萬五千五百八十八口十三萬二千一百九十二至京師一千九百一十五里至東都二千七百六十里

閬中　漢縣屬巴郡梁置北巴州西魏置隆州及盤龍郡煬帝改爲巴郡武德爲隆州皆治閬中閬水迂曲經郡三面故曰閬中隋爲閬內也　晉安　漢閬中縣地梁置金匱二又爲金遷郡隋省郡改爲晉城武德改爲晉安也　南部後漢分閬中置充郡國縣屬巴郡又分置南充國郡梁改爲南充郡國隋改爲南部也　蒼溪　後漢分宕渠置漢昌縣屬巴郡隋改漢昌爲蒼溪也　西水　漢閬中縣地梁置掌夫城後周改爲西水縣　奉國　後漢分閬中置武

德七年屬西平州貞觀元年還屬隆州　新井　漢充國縣地武德元年分南部晉安二縣置界內有鹽井　新政　武德四年分南部相如兩縣置　岐坪

舊屬利州開元二十三年來屬也

果州中　隋巴西郡之南充縣武德四年割隆州之南充相如二縣置果州因果山爲名又置西充郎池二縣天寶元年爲南充郡乾元元年復爲果州也舊領縣四戶一萬三千五百一十口七萬五千八百一十一天寶領縣六戶三萬三千九百四口八萬九千二百二十五至京師二千五百五十八里至東都三千四百二十三里

南充　漢安漢縣屬巴郡宋於安漢故城置南宕渠郡隋改安漢爲南充果山在縣南八里　相如　漢安漢縣地梁置梓潼郡周省郡立相如縣以縣城南二十里有相如故宅二相如坪有琴臺　流溪　開耀元年析南充縣於溪水側置也　西充　武德四年分南充置有西充山　郎池　武德四年分相如置　岳池　萬歲通天二年分南充相如二縣置初治思岳池開元二十年移

治今所

遂州中　隋遂寧郡武德元年改爲遂州領方義長江青石三縣二年置總管府管遂梓資普四州貞觀罷總管十年復置都督督遂果普合四州十七年罷都督府天寶元年改爲遂寧郡乾元元年復爲遂州舊領縣三戶一萬二千九百七十七口六萬五千四百六十九天寶領縣五戶三萬五千六百三十二口十萬七千七百一十六至京師二千三百二十九里至東京三千一百六十六里

方義　漢廣漢縣屬廣漢郡宋置遂寧郡齊梁加東字後周改東遂寧爲遂州後魏改廣漢爲方義　長江　東晉巴興縣魏改爲長江舊治靈鷲山上元二年移治白桃川也　蓬溪　永淳元年分方義縣置唐興縣長壽二年改爲武豐神龍初復景龍二年分唐興置唐安縣先天二年廢唐安縣移唐安廢縣置天寶元年改唐興爲蓬溪也　青石　東晉興縣後魏改爲始興隋改始興爲青石以縣界有青石祠也　遂寧　景龍元年分置

普州中　隋資陽郡之安岳縣武德二年分資州之岳隆康居普慈四縣置普州三年又置樂至龍龕二縣天寶元年改爲安樂郡乾元元年復爲普州舊領縣六戶二萬五千八百四十口六萬七千三百二十天寶領縣四戶二萬五千六百九十三口七萬四千六百九十二至京師二千三百六十里至東都三千二百三里

安岳　漢犍爲巴郡地資中牛鞞墊江三縣地李雄亂後爲獠所據梁招撫之置普慈郡後周置普州隋省武德二年復置安岳爲治所安居後周柔剛縣屬安居郡隋改柔剛爲安居柔剛山在縣東二十步舊治柔剛山天授二年移理張柵也　普康　後周永唐縣隋改爲永康移治伏強城尋改爲隆康先天元年改爲普康也　崇龕　後周隆龕城隋隆龕縣舊治整瀨川久視元年移治波羅川先天元年爲崇龕隆龕山在縣西三里也

陵州中　隋隆山郡武德元年改爲陵州領仁壽貴平井研始建隆山五縣貞觀元年割隆山屬眉州天寶元年改爲仁壽郡乾元元年復爲陵州也舊領縣

四戶一萬七千四百四十一口八萬一百一十天寶領縣五戶三萬四千七百二十八口一十萬一百二十八至京師二千五百一十里至東都三千四百八十四里

仁壽　漢武陽縣東境屬犍爲郡晉置西城戍以爲井防後魏平蜀改爲晉寧縣後周置陵州以州南陵井爲名隋改普寧爲仁壽所治也　貴平　漢廣都縣之東南地屬郡後魏置和仁郡仍立平井貴平可疊三縣舊治和仁城開元十四年移治祿川也　井研　漢武陽縣地東晉置西陽郡魏置蒲亭縣隋改爲井研武德四年自擁思范水移治今所也　始建　漢武置建始鎮五年改鎮爲始建縣舊治擁思水聖曆二年移置榮社山　籍　梁席郡一名漢陽戍永徽四年分貴平置

資州上　隋資陽郡武德元年改爲資州領盤石內江安岳普慈安居隆唐割大牢威遠屬榮州二年分安居隆唐普慈安岳四縣屬普州貞觀四年置丹山縣天寶元年改爲資陽郡乾元元年復爲資州乾元二年正月分置昌尋廢也

舊領縣八戶二萬九千三百四十七口十五萬二千一百三十九天寶戶二萬九千六百三十五口十萬二千七百七十五至京師二千五百六十里至東都三千五百一十里

盤石　漢資中縣屬犍爲郡後周於今簡州陽安縣移資州於漢資中故城爲治所仍改資中爲盤石今州治　資陽　後周分資中置縣在資水之陽也

牛鞞必爾反　漢資中縣爲盤地隋分置牛鞞縣漢有牛鞞縣屬犍爲郡此非也

洛水一名牛鞞水　內江　漢資中縣地後漢於中江水濱置漢安戍其年改爲中江縣因其北江乃云中隋改爲內江漢安故城今縣治也　月山　資中地義寧二年置　龍水　資中地義寧二年置　銀山　資中地義寧二年置

丹山　資中地貞觀四年置六年併入內江七年又置

榮州中　隋資陽郡之牢縣武德元年置榮州領大牢威遠二縣貞觀二年置旭川婆日至如三縣二年割瀘州之隆越來屬三年自公井移州治大牢仍割嘉州資官來屬八年又割瀘州之和義來屬廢婆日至如越隆三縣永徽二年

移州治旭川天寶元年改爲和義郡乾元元年復爲榮州舊領縣六戶一萬二千二百六十二口五萬六千六百一十四天寶戶五千六百三十九口一萬八千二十四至京師二千九百七十二里至東都二千七百十九里

大牢　漢南安縣屬犍爲郡隋置大牢鎮尋改爲縣武德元年割資州之大牢威遠二縣於公井鎮置榮州取界內榮德山爲名又改公井爲縣六年自公井移州治於大牢縣也　公井　漢江陽縣屬犍爲郡後周置公井鎮武德元年鎮置榮州改爲公井縣貞觀六年治移於大牢也　威遠　漢安縣地屬犍爲郡隋於舊威戎置縣武德初屬資州其年割屬榮州也　旭川　貞觀元年分大牢縣置　資官　漢南安地晉置資官縣武德初屬嘉州六年來屬　和義　漢安仁縣地隋置和義縣

簡州　隋蜀郡之陽安縣武德三年分益州置天寶元年改爲陽安郡乾元元年復爲簡州舊領縣三戶一萬三千八百五口七萬五千一百三十三天寶戶二萬三千六十六口十四萬三千一百九十至京師西南二千七百里至東都

三千六百里

陽安　漢牛鞞縣屬犍爲郡後魏置陽安縣又分陽安平泉資陽三縣置簡州取界內賴簡池爲名

金水　漢新都縣屬廣漢郡晉將朱齡石於東山立金水戍後魏立金水郡分置金水白年二縣隋改爲金潤屬蜀郡武德初爲金水三年屬簡州縣有金堂山

平泉　漢牛鞞縣地後魏置婆潤縣隋移縣治於賴黎池仍改爲平泉縣縣之旁池湧泉故也

嘉州中　隋眉山郡武德元年改爲嘉州領龍遊平羌夾江峨眉玉津綏山通義洪雅丹稜青神南安五縣置眉州貞觀六年改資官屬榮州上元元年以戎州之犍爲來屬天寶元年改爲犍爲郡乾元元年復爲嘉州三月劍南節度使盧元裕請升爲中都督府尋罷舊領縣六戶二萬五千八十五口七萬五千三百九十一天寶領縣八戶三萬四千二百八十九口九萬九千五百九十一至京師二千七百二十里至東都三千五百里

龍遊　漢南安縣地屬犍爲郡後周置平羌縣隋初爲峨眉縣又改爲青衣縣

隋伐陳時龍見於中江引舟乃改爲龍遊縣也州臨大江爲名　平羌　後周
置也　峨眉　漢南安縣隋置峨眉縣取西山名也　夾江　漢南安縣地隋
分龍遊平羌三縣於涇上置夾江縣今北八十里有夾江廢戍即涇上地也舊
治涇上武德元年移於今治也　玉津　漢南安縣地隋置玉津縣江中出璧
故也　綏山　隋招致生獠於榮樂城置綏山縣取旁山名也　羅目　麟德
二年開生獠置沐州及羅目縣上元三年俱廢儀鳳三年又置治淹和城屬嘉
州如意元年又自峨眉縣界移羅目治於今所也　犍爲　本漢都因山立名
舊屬戎州上元元年改屬嘉州
邛州上　隋臨邛郡之依政縣武德元年割雅州之依政臨邛蒲江火井五縣
置邛州於依政縣三年又置安仁縣顯慶三年移州治於臨邛天寶元年改爲
臨邛郡乾元元年復爲邛州舊領縣六戸一萬五千八百八十六口七萬二千
八百五十九天寶領縣七戸四萬二千一百七口十九萬三百二十七在京師
西南二千五百一十五里至東都三千三百七十一里

臨邛　漢縣屬蜀郡邛水出嚴道邛來山入青衣江故云臨邛晉於益州唐隆縣置臨邛縣後魏平蜀自唐隆移臨邛縣治於漢臨邛縣西立臨邛郡隋罷郡移臨邛縣於今所治有火井銅官山也　依政　秦蒲陽縣漢臨邛縣梁置邛州於蒲州領後魏改爲蒲陽郡置依政縣隋改爲臨邛郡治依政梁魏邛州在今縣西南二里後周移治於今所後移治於臨邛　安仁　秦臨邛縣地武德三年置安仁縣貞觀十七年廢咸亨初復置　大邑　咸亨二年分益州晉原縣置也　蒲江　漢臨邛縣地後魏置廣定縣隋改爲蒲江南枕蒲水故也　臨溪　後魏分臨邛縣置也　火井　漢臨邛縣地周置火井鎭隋改鎭爲縣也

雅州下都督府　隋臨邛郡武德元年改爲雅州領嚴道名山盧山依政臨邛蒲江臨溪蒙陽漢源火井長松靈關楊啓嘉良大利陽山十六縣其年割依政臨邛蒲江臨溪火井五縣置邛州漢源陽山二縣置登州二年置榮經縣六年省嘉良楊啓大利靈關蒙陽長松六縣九年廢登州還以陽山漢源來屬貞觀

二年又以陽山漢源屬巂州八年又置百丈縣永徽五年以巂州漢源來屬儀鳳四年置飛越大渡二縣大足元年又割漢源飛越二縣置黎州神龍三年廢黎州漢源飛越屬雅州開元三年又割二縣置黎州又置都督府天寶元年改爲盧山郡乾元元年復爲雅州都督羈縻一十九州也舊領縣五戶一萬三百六十二口四萬一千七百二十三天寶戶一萬八百九十二口五萬四千四百一十九在京師西南二千七百二十三里至東都三千五百一里

嚴道　漢縣屬蜀郡晉末大亂夷獠據之後魏開生獠於此置蒙山郡領始陽蒙山二縣隋改始陽爲嚴道蒙山爲名山仁壽四年置雅州煬帝改爲嚴道

盧山　漢嚴道地隋置盧山鎮又改爲縣盧山在縣西北六十里章盧山下有山硤口開三丈長二百步俗呼爲盧關關外卽生獠也　名山　嚴道縣地魏置蒙山縣隋改爲名山也　百丈　漢嚴道縣地在漢臨邛南百二十里有百丈山武德置百丈鎮貞觀八年改鎮爲縣　榮經　漢嚴道縣地武德三年置榮經縣縣界有邛來山九折故銅山也

雅州都督一十九州並生羌生獠羈縻州無州縣

壽梁州　東石孔州　西石孔州　林波州　涉邛州　汶東州

金林州　費林州　徐渠州　會野州　雅州　中川州

鉗矢州　強雞州　長臂州　楊常州　林燒州　當仁州

當馬州

皆天寶已前歲時貢奉屬雅州都督

黎州下　雅州之漢源縣大足元年割漢源飛越二縣及巂州之陽山置黎州天寶元年改爲洪源郡乾元元年復爲黎州領羈縻五十五州也領縣三戶一千七百三十一口七千六百七十八至京師二千九百五十里至東都三千七百里

漢源　越巂郡之地隋漢源縣長安四年巡察使奏置黎州後使宋乾徽奏廢入雅州大足元年又置黎州神龍三年廢開元三年又置黎州取蜀南沈黎地爲名州所治　飛越　儀鳳四年分漢源於飛越水置縣屬雅州大足元年屬

黎州長安二年廢大渡縣併入神龍三年屬雅州開元三年又屬黎州也 通
望 舊陽山縣屬嶲州大足元年屬黎州神龍二年又屬嶲州開元元年卻屬
黎州天寶元年改爲通望也

黎州統制五十四州皆徼外生獠無州縣羈縻而已

羅巖州 索古州 秦上州 輒榮州 劇川州 合欽州
蓬州 柏坡州 博盧州 明川州 胣皮州 蓬矢州
大渡州 米川州 木屬州 河東州 諾柞州 甫嵐州
昌明州 歸化州 象川州 叢夏州 和良州 和都州
附樹州 東川州 上貴州 滑川州 比川州 吉川州
甫蘗州 比地州 蒼榮州 野川州 邛陳州 貴林州
護川州 牒琮州 浪彌州 郎郭州 上欽州 時蓬州
儼馬州 橛查州 邛川州 護邛州 腳川州 開望州
上蓬州 北蓬州 剝重州 久護州 瑤劍州 明昌州

瀘州下都督府　隋瀘川郡武德元年改爲瀘州領富井江安綿水合江來鳳和義七縣武德三年置總管府一州九年省來鳳貞觀元年置思隸思逢施陽三縣仍置涇南縣又省施陽縣十三年省思隸思逢二縣十七年置溱珍二州儀鳳二年又置晏納奉浙鞏薛六州載初二年置州天授元年置思朶州久視元年置淸州二年罷州並屬瀘州都督凡十州天寶元年改爲瀘川郡依舊都督乾元元年復爲瀘州舊領縣六戸一萬九千一百一十六口六萬六千八百二十八天寶戸一萬六千五百九十四口六萬五千七百一十一在京師西南三千三百里至東都四千一百九十六里

瀘川　漢江陽縣地屬犍爲郡梁置瀘川故以江陽爲瀘川縣州所治也　富義　隋富世縣貞觀二十三年改爲富義縣界有富世鹽井井深二百五十尺以達鹽泉俗呼玉女泉以其井出鹽最多人獲厚利故云富世　安江　漢陽縣地晉時生獠攻郡破之又置漢安縣隋改爲江安也　合江　漢江符縣地屬犍爲郡晉置安樂縣後周改爲合江也　綿水　漢江陽縣地晉置綿水縣

當綿水入江之口也　涇南　貞觀八年分瀘川置在涇水之南
瀘州都督十州皆招撫夷獠置無戶口道里羈縻州
納州　儀鳳二年開山洞置天寶元年改爲都寧郡乾元元年復爲納州領縣
八並與州同置
羅圍　播羅　施陽　都寧　羅當　羅藍　都䦨　胡茂
薛州　儀鳳二年招生獠置天寶元年改爲黃池郡乾元元年復爲薛州也領
縣三與州同置　枝江　黃池　播陵
晏州　儀鳳二年開山洞置天寶改爲羅陽郡乾元元年復爲晏州也領縣七
與州同置　思峨　柯陰　新賓　扶來　思晏　多岡　羅陽
鞏州　儀鳳二年開山洞置天寶改爲因忠郡乾元元年復爲鞏州也領縣四
與州同置　多樓　波員　比求　播郎
順州　載初二年置領縣五與州同置　曲水　順山　靈巖　來猿　龍池
奉州　儀鳳二年置領縣三與州同置　柯理　柯巴　羅蓬

思峨州　天授三年置領縣二與州同置　多溪　洛溪

龍州　大足元年置領縣四與州同置　寧　來銀　菊池　猿山

湞州　久視元年置領縣四與州同置　新定　湞川　固城　居牢

淅州　儀鳳二年置領縣四與州同置　淅源　越賓　洛川　鱗山

茂州都督府　隋汶山郡武德元年改爲會州領汶山北山汶川左封通化翼針交州翼水九縣其年割翼針左封翼水三縣置翼州以交川屬松州三年置總管府管會翼二州四年改爲南會州七年改爲都督府督南會翼向維州窮炎徹笮十州貞觀八年改爲茂州以郡界茂濕山爲名仍置石泉縣天寶元年改爲通化郡乾元元年復爲茂州也舊領縣四戶三千三百八十六口五萬三千七百六十一天寶戶二千五百一十口一萬三千二百四十二至京師西南二千七百九十四里至東都三千一十四里

汶山　漢汶江縣屬蜀郡故城在今縣北二里舊駹冉地晉汶山郡宋廣陽縣周爲汶州置汶山縣隋初改爲蜀州又改爲會州貞觀八年改爲茂州　汶川

漢綿虎縣地屬蜀郡晉置汶川縣後周移汶川於廣陽縣齊州置即今治也

玉壘山在縣東北四里石紐山亦在縣界永徽二年廢汶川縣併入　石泉

漢岷山縣屬蜀郡貞觀八年置石泉縣也　通化　漢廣柔縣地屬蜀郡後周置石門鎮隋改爲金山鎮尋改爲通化也

茂州都督府羈縻州十維翼兩州後進爲正州相次爲正者七今附於都督之下

翼州下　隋汶山郡之翼斜縣武德元年分置翼州六年自左封移州治於翼斜咸亨三年置都督府移就悉州城內上元二年罷都督舊領縣移還舊治天寶元年改爲臨翼郡乾元元年復爲翼州也舊領縣三戶一千六百二口三千八百九十八天寶領縣三戶七百一十一口三千六百一十八在京師西南二千九百三十里至東都三千二百七十八里

衞山　漢蠶陵縣屬蜀郡故城在縣西有蠶陵山隋改爲翼斜縣治七項城貞觀十七年移治七里溪天寶元年改爲衞山　翼水　漢蠶陵縣隋置翼水縣

也　雞川　昭德二縣開生獠新置

維州下　武德元年白苟羌降附乃於姜維故城置維州領金川定廉二縣貞觀元年羌叛州縣俱罷二年生羌首領芷占者請吏復立維州移治於姜維城東始屬茂州爲羈縻州麟德二年進爲正州尋叛羌降爲羈縻州垂拱三年又爲正州天寶元年改爲維川郡乾元元年復爲維州上元元年後河西隴右州縣皆陷吐蕃贊普更欲圖蜀川累急攻維州不下乃以婦人嫁維州門者二十年中生二子及蕃兵攻城二子內應城遂陷吐蕃得之號無憂城累入兵寇擾西川韋皋在蜀二十年收復不遂至大中末杜悰鎮蜀維州首領內附方復隸西川舊領縣三戶二千一百四十二無口天寶領縣二戶二千一百七十九口三千一百九十八至京師二千八百三十里至東都三千五百六十三里

薛城　漢巳前徼外羌冉駹之地蜀劉禪時蜀將姜維馬忠等討汶山叛羌卽此地也今州城卽姜維故壘也隋初蜀師討叛羌於其地置薛城戍大業末又沒於羌武德七年白苟羌酋鄧賢佐內附乃於姜維城置維州領金川定廉二

縣貞觀元年賢佐叛罷郡縣三年左上封生羌酋董屈占等舉族內附復置維州及二縣薛城在州西南二百步也　小封　咸亨二年刺史董弄招慰生羌置也

塗州下　武德元年臨塗羌歸附置塗州領端源婆覽二縣貞觀二年州縣俱省五年又分茂州之端源戍置塗州也領縣三與州同置　端源　臨塗　悉憐　戶二千三百三十四口四千二百六十一至京師西南二千六百八十九里

炎州下　貞觀五年六羌歸附置西封州八年改爲炎州領縣三與州同置　大封　慕仙　義川　戶五千七百無口數在京師西南三千三百七十六里

徹州下　貞觀五年西羌首領董凋貞歸化置領縣三與州同置　文徹　俄耳　文進　戶三千五百無口數在京師西南三千四百一十八里

向州下　貞觀五年生羌歸化置也領縣三與州同置　貝　左　向貳　戶一千六百二口三千八百九十八在京師西南二千八百六十九里

冉州下　本徼外斂才羌地貞觀五年置西冉州九年去西字領縣四與州同
置　冉山　磨山　玉溪　金水　戶一千三百七十無口在京師西南三千
七百三十九里
穹州下　貞觀五年生羌歸附置西博州八年改爲穹州領縣五與州同置戶
三千四百三十六無口在京師西南三千二百六十七里
笮州下　貞觀七年白苟羌降附置西恭州八年改爲笮州也領縣三與州同
置　遂都　亭勸　北思　無口戶在京師西南二千九百四十五里　右九
州皆屬茂州都督永徽後又析爲三十一州今不錄
戎州中都督府　隋犍爲郡武德元年改爲戎州領僰道犍爲南溪開邊郁鄢
五縣貞觀四年以開邊屬南通州六州置都督府督戎郎昆曲協黎盤曾鈎髳
尹匡哀宗靡姚徽十七州八年置撫來縣仍改南通州爲賢州以開邊來屬天
寶元年改爲南溪郡依舊都督羈縻三十六州一百三十七縣並荒梗無戶口
乾元元年復爲戎州舊領縣六戶三萬一千六百七十口六萬一千二十六天

寶領縣五戸四千三百五十九口一萬六千三百七十五在京師西南三千一
百四里至東都四千四百八十里
僰道　漢縣犍爲郡治所故僰侯國梁置戎州也　南溪　漢南廣縣屬犍爲
郡後周於廢郡置南武戍隋改龍源戍又置爲南溪縣也　義賓　本漢南安
縣屬犍爲郡隋改爲郁鄢縣治天寶元年改爲義賓　開邊　漢僰道地隋置
開邊縣也　歸順　聖曆二年分郁鄢縣置以處生獠也
協州下　隋犍爲郡之地古夜郎侯國武德元年開南中置也領縣三與州同
置　東安　西安　湖津　領戸三百二十九在京師西南四千里北接戎州
曲州下　武德元年開南中置恭州八年改爲曲州領縣二與州同置　朱提
　武德元年置安上縣七年改爲朱提　唐興　領戸一千九十四在京師西
南四千三百三十里北接協州
郎州下　武德元年開南中置南寧州乃立味同樂升麻同起新豐隴隄泉麻
梁水降九縣武德四年置總管府管南寧恭協昆尹曾姚西濮西宋九州五年

罷總管其年冬復置寄治益州七年改爲都督督西寧豫西利南雲磨南籠七州幷前九州合十六州仍割南寧州之降縣屬西寧州八年自益州移都督於今治貞觀六年罷都督置刺史八年改南寧爲郎州也領縣七　味　隋廢同樂縣武德元年復置改名　同樂　升麻　同起　新豐　隴隄　泉麻　並與州同置戶六千九百四十二在京師西南五千六百七十里北接曲州

昆州下　漢益州郡地武德初招慰置領縣四與州同置　益寧　晉寧　有滇池周三百里　安寧　秦藏　漢縣　領戶一千二百六十七在京師西南五千三百七十里北接巂州

盤州下　武德七年開置西平州貞觀八年改爲盤州領縣三與州同置　附庸　平夷　盤水　卽舊興古郡也　領戶一千九百六十在京師西南五千三十里北接郎州南接交州

黎州下　武德七年析南寧州置西寧州貞觀八年改爲黎州領縣二二縣本屬南寧　梁水　絳　領戶一千至京師無里數北接昆州

匡州下　武德七年開置南雲州貞觀三年改爲匡州也領縣二與州同置
勃弄　匡川　縣界有永昌故城也　領戶四千八百在京師西南五千一百
六十五里
髳州下　武德四年置西濮州貞觀十一年改爲髳州也領縣四與州同置
濮水　青蛉　舊屬越巂郡　岐星　銅山　領戶一千三百九十在京師西
南四千八百五十里南接姚州
尹州下　武德四年置領縣五與州同置　馬邑　天池　鹽泉　甘泉　涌
泉　領戶一千七百無里數接髳州
曾州下　武德四年置領縣五與州同置　曾　三部　神泉　龍亭　長和
　領戶一千二百七在京師西南五千一百四十五里西接匡州
鉤州下　武德七年置南龍州貞觀十一年改爲鉤州也領縣二與州同置
望水　唐封　領戶一千在京師西南五千六百五十里北接昆州
靡州下　武德七年置西豫州貞觀三年改爲靡州領縣二與州同置　磨豫

七部　領戶一千二百在京師西南四千九百四十五里南接姚州
裒州下　武德四年置領縣二與州同置　揚彼　強樂　領戶六千四百七十在京師西南四千九百七十里南接姚州
宋州　武德四年置西宋州貞觀十一年去西字領縣三與州同置　宗居　石塔　河西　領戶一千九百三十在京師西南五千一十里北接姚戶
徽州下　武德四年置利州貞觀十一年改爲徽州領縣二與州同置　深利　十部　領戶一千一百五十在京師西南四千九百七十里東接靡州
姚州　武德四年置在姚府舊城北百餘步漢益州郡之雲南縣古滇王國楚頃襄王使大將莊蹻泝沅水出苴蘭以伐夜郎屬秦奪楚黔中地蹻無路能還遂自王之秦𢍰蜀通五尺道置吏漢武開西南夷置益州郡雲南卽屬邑也後置永昌郡雲南哀牢博南皆屬邑也蜀劉氏分永昌爲建寧郡又分永昌建寧置雲南郡而治於弄揀晉改爲晉寧郡又置寧州武德四年安撫大使李英以此州內人多姓姚故置姚州管州二十二麟德元年移姚州治於弄揀川自是

朝貢不絶天寶末楊國忠用事蜀帥撫慰不謹蠻王閤羅鳳不恭國忠命鮮于仲通興師十萬渡瀘討之大爲羅鳳所敗鎮蜀蠻帥異牟尋歸國遂以韋臯爲雲南安撫大使命使冊拜謂之南詔太和中杜元穎鎮蜀蠻王嵯顛侵蜀自是或臣或否咸通中結構南海蠻深寇蜀部西南夷之中南詔蠻最大也領縣二

瀘南　縣在瀘水之南　長明　闕　戶三千七百至京師四千九百里

右上十六州舊屬戎州都督天寶已前朝貢不絶

巂州中都督府　隋越巂郡武德元年改爲巂州領越巂邛都可蘇祁臺登六縣二年又置昆明縣三年置總管府管一州貞觀二年割雅州陽山漢源二縣來屬八年又置和集縣天寶元年越巂郡依舊都督府乾元元年復爲巂州也舊領縣十戶二萬三千五十四口五萬三千六百一十八天寶領縣七戶四萬七百二十一口七萬五千二百八十在京師西南三千六百五十四里

越巂　漢郡名武帝置今縣漢邛都縣地屬越巂郡有越水巂水後周於越城置嚴州隋改爲西寧州尋改巂州仍分邛都置越巂縣州所治也　邛都　後

漢屬越巂郡漢蘭縣地屬沈黎郡後周置邛都縣也　臺登　漢縣屬越巂郡

蘇祁　漢蘇夷縣屬越巂郡後周平南夷於故城復置也　西瀘　漢邛都縣地梁置可縣隋治姜磨戍武德七年移於今天寶末年改爲西瀘也　昆明　漢定莋縣屬越巂郡後周置定莋鎮武德二年鎮爲昆明縣蓋南接池故也

會川　上元二年移邛都縣於會川置因改爲會川也

松州下都督府　隋同昌郡之嘉誠縣武德元年置松州貞觀二年置都督府督崌懿嵯閶麟雅叢可遠奉嚴諾峨彭軌蓋直肆位玉璋祐臺橋序二十五羈縻等州永徽之後生羌相繼忽叛屢有廢置儀鳳二年復加整比督文扶當祐靜翼六州都督羈縻三十州硏州劍州探那州悒州昆州河州幹州瓊州犀州拱州龕州陪州如州麻州霸州瀾州光州至涼州鱉州曄州梨州思帝州成州統州轂州卭州樂客州達違州卑州慈州據天寶十二載簿松州都督府一百四州其二十五州有額戶口但多羈縻逃散餘七十九州皆生羌部落或臣或否無州縣戶口但羈縻統之天寶元年改松州爲交州郡乾元元年復爲松州

據貞觀初分十道松文扶當悉柘靜等屬隴右道永徽之後據梁州之境割屬劒南道也舊領縣三戶六百一十二口六千三百五天寶戶一千七十六口五千七百四十二南至翼州一百八十里東至扶州三百三十八里東至茂州三百里西南至當州三百里西北至吐蕃界九十里至京師二千二百五十里至東都三千五十里

嘉誠　歷代生羌之地漢帝招慰之置護羌校尉別無州縣至後魏白水羌象舒活自稱至之據此地其子舒彭遣使朝貢乃拜龍驤將軍甘松縣子始置甘松縣魏末大亂又絶後周復招慰之於此置龍涸防天和六年改置扶州領龍涸郡隋改甘松爲嘉誠縣屬同昌郡武德元年於縣置松州取州界甘松嶺爲名　交州　後周置龍涸郡隋廢爲交州縣也　平康　垂拱元年割交州及當州通軌翼斜三縣置平康縣屬當州天寶元年改爲交川郡也

文州　隋武都郡之曲水縣義寧二年置陰平郡領曲水長松正西三縣武德改文州貞觀元年省正西入曲水天寶元年改爲陰平郡乾元元年復爲文州

舊屬隴右道隸松州都督永徽中改屬劍南道也舊領縣二戶一千九百八口八千一百四十七天寶戶一千六百八十六口九千二百五在京師西南一千四百九十里至東都二千二百九十里

曲水　漢陰平道屬廣漢晉亂楊茂搜據爲仇池互羌相傳疊代後魏平互羌始置文州隋爲曲水縣武德後置文州治於曲水也　長松　後魏置蘆北郡郡置建昌縣後周移郡於此置隋廢郡改縣爲長松以白馬水在縣北也

扶州　隋同昌郡武德元年改爲扶州天寶元年復爲同昌郡乾元元年復爲扶州舊屬隴右道隸松州都督永徽後改爲劍南道舊領縣四戶一千九百二十八口八千五百五十六天寶戶二千四百一十八口一萬四千二百八十五在京師西南一千六百九十里至東都二千四百四十九里

同昌　歷代吐谷渾所據西魏逐吐谷渾於此置鄧州及鄧寧郡蓋以平定鄧至羌爲名隋初改置扶州及同昌縣煬帝又爲同昌郡流於此也　帖夷　後魏置帖夷郡隋罷爲縣萬歲通天二年改爲武進神龍依舊爲帖夷　萬全

後魏置武進郡又改爲上安郡隋廢郡爲尙安縣舊治刺利村長安二年移治
黑水堡至德二年八月改爲萬全也　鉗川　後魏置鉗川郡隋罷郡復爲縣
龍州下　隋平武郡武德元年改爲龍門郡其年加西字貞觀元年改爲龍門
州天寶元年改爲油江郡乾元元年復爲龍州舊屬隴右道永徽後割屬劍南
也舊領縣二戶一千一十七口六千一百四十九天寶戶二千九百九十二口
四千二百二十八在京師西南二千六百六十里至東都三千一十五里
油江　秦漢曹魏爲無人之境鄧艾伐蜀由陰道景谷行無人之地七百里鑿
山通道攀木緣崖魚貫而進以至江卽此城也晉始置陰平郡於此置平武縣
至梁有楊李二姓大豪分據其地後魏平蜀置龍州隋初廢郡改平武爲油江
縣界有石門山　清川　後魏爲盤縣天寶元年改爲清川也
當州下　本松州之通軌縣貞觀二十一年析置當州以土出當歸爲名州治
利川鎭通軌左封二縣顯慶二年又析左封置悉州儀鳳二年移治逢臼橋天
寶元年改爲油江郡乾元元年復爲當州本屬隴右道也領縣三戶二千一百

四十六口六千七百一十三至京師三千一百里至東都三千九百里東北至松州九百里

通軌　本屬松州歷代生羌之地貞觀二十年松州首領董和那蓬固守松府特敕於通軌縣置當州以蓬爲刺史顯慶元年蓬嫡子屈寗襲繼爲刺史又置和利谷利平唐三縣也　和利　顯慶二年分通軌置　谷利　文明元年開生羌置也

悉州　本翼州之左封縣顯慶元年置悉州領悉唐左封識臼三縣治唐城咸亨元年移治左封儀鳳二年羌叛又寄治當州城內尋歸舊治垂拱二年置歸誠縣載初元年移治匪平川天寶元年改爲歸誠郡割識臼屬臨翼郡乾元元年復爲悉州舊屬隴右道松州都督後屬劍南道領縣一戶八百一十六口三千九百一十四至京師二千七百五十里至東都三千八百里至西靜州六十里西北至當八十里也

左封　本屬翼州在當州東南四十里顯慶元年生羌首領董係比射內附乃

於地置悉州州在悉當川故也以董係比爲刺史領左封歸誠二縣載初元年又移州理東南五十里匪平川置也　歸誠　垂拱二年分左封置

靜州　本當州之悉唐縣顯慶元年於縣置悉州咸亨元年於悉州置翼州都督府移悉州理左封置儀鳳二年罷都督府翼州却還治於翼斜縣於悉唐縣置南和州天授二年改爲靜州北屬隴右道隸松州都督後割屬劍南領縣二戶一千五百七十七口六千六百六十九東北至當州六十里至悉州八十里至京師與當州道里數同也

悉唐　縣置在悉唐川舊屬當州顯慶中來屬也　靜居　縣界有靜川也

恭州下　開元二十四年分靜州廣平縣置恭州仍置博恭烈山二縣天寶元年改爲恭化郡乾元元年復爲恭州本屬隴右道後割屬劍南領縣三戶一千一百八十九口六千二百二十二迤東至柘州一百里東北至靜州界至京師三千一百二十里

和集　舊廣平縣屬靜州開元二十四年於縣置恭州天寶元年改爲和集

恭博　開元二十四年分廣平置也　烈山　開元二十四年分廣平置

柘州下　永徽後置天寶元年改爲蓬山郡乾元元年復爲柘州本屬隴右道

松州都督後割屬劍南也

保州下　本維州之定廉縣開元二十八年置奉州以董晏立爲刺史領定廉一縣天寶元年改爲雲山郡八載移治所於天保軍乃改爲天保郡乾元元年二月西山子弟兵馬使嗣歸誠王董嘉俊以西山管內天保郡歸附乃爲保州以嘉俊爲刺史領縣二戶一千二百四十五口四千五百三十六至京師二千九百四十里至東都三千七百九十里東至維州風流鎮四十五里也

定廉　隋置定廉鎮隋末陷羌武德七年招白苟羌置維州及定廉縣以界水名永徽元年廢鹽城併入開元二十八年改爲奉州天寶八載改爲天寶郡也

歸順　雲山　天寶八年分定廉置此二縣也

真州下　天寶五載分臨翼郡之昭德雞川兩縣置昭德郡乾元元年改爲真州取真符縣爲名也領縣三戶六百七十六口三千一百四十七至京師三千

里至東都三千八百五十里

真符　天寶五載分雞川昭德二縣置州所治也　雞川　先天二年割翼州翼水縣置屬翼州天寶五載改真州　昭德　本識臼縣屬悉州天寶初改屬翼州仍改名昭德縣五年改屬真州也

霸州下　天寶元年因柘附生羌置靜戎郡乾元元年改爲霸州也領縣一戶一百七十一口一千八百六十一至京師二千六百三十二里至東都三千二百七十一里

信安　與郡同置州所治也

已上十一州舊屬隴右道永徽已後割屬松州都督入劍南道諸州隸松州都督相繼屬劍南也

松州都督府督羈縻二十五州舊督一百州領州無縣戶口惟二十五有名額皆招撫生羌置也

琚州下　貞觀元年招慰党項置州處也領縣二與州同置　江源　洛稽

領戸一百五十五至京師西南二千二百四十六里

懿州下　貞觀五年置西吉州八年改爲懿州處党項也領縣二與州同置

吉當　唐位　無戸口至京師西南二千二百五十里

闊州下　貞觀五年置處党項領縣二與州同置　闊源　落吳　無戸口至

京師西南二千五百一十里

麟州下　貞觀五年置西麟州處生羌歸附八年去西字領縣七與州同置

硤川　和善　欽具　硤源　三交　利恭　東陵　無戸口至京師四千五

百里

雅州下　貞觀五年處生羌置西雅州八年去西字領縣三與州同置　新城

三泉　石瀧　無戸口至京師西南二千六百六十里

叢州　貞觀五年党項歸附置也領縣五與州同置　都流　厥調　湊般　匐器　邇

率鍾並爲諸羌部落遙立無縣　寧遠　臨泉　臨河　無戸口至京師西南

一千八百里

可州　貞觀四年處党項西羌八年改爲可州也領縣三與州同置　義誠

清化　靜方　無戸口至京師西南一千四十里

遠州　貞觀四年生羌歸附置也領縣二與州同置　羅水　小部川　無戸

口至京師西南二千三百六十里

奉州　貞觀三年處生羌置西仁州八年改爲奉州也領縣三與州同置　奉

德　思安　永慈　無戸口至京師西南二千一百六里

巖州　貞觀五年置西金州八年改爲巖州領縣三與州同置　金池　甘松

舟巖　無戸口至京師西南二千一百里

諾州　貞觀五年處降羌置領縣三與州同置　諾川　歸德　籬滑　無戸

口至京師西南二千六百四十三里

蛾州　貞觀五年處降羌置領縣二與州同置　常平　那川　無戸口至京

師二千七百里

彭州　貞觀三年處降党項置洪州七年改爲彭州領縣四與州同置　洪川

歸遠　臨津　歸正　無戶口至京師西南一千七百八十里
軌州都督府　貞觀二年處党項置領縣四與州同置　通川　玉城　金源
俄徹　無戶口至京師西南二千三百九十里
盍州　貞觀四年置西唐州八年改爲盍州處降羌也領縣四與州同置　湘
水　河唐　曲嶺　枯川　戶二百二十無口至京師西南二千六百三十里
直州　貞觀五年置西集州八年改爲直州處降羌領縣二與州同置　集川
新川　戶一百無口至京師二千五百里
肆州　貞觀五年處降羌置領縣四與州同置　歸唐　芳叢　鹽水　磨山
無戶口至京師二千六百里
位州　貞觀四年降生羌置西鹽州八年改爲位州領縣二與州同置　位豐
西使　戶一百無口至京師二千四百一十里
玉州　貞觀五年處降羌置領縣二與州同置　玉山　帶河　戶二百一十
五無口至京師二千八百七十八里

嶂州　貞觀四年處降羌置領縣四與州同置　洛平　顯川　桂川　顯平

祐州　貞觀四年處降羌置領縣二與州同置　廓川　歸定　無戶口至京師二千九百里

臺州　貞觀六年處党項置西滄州八年改爲臺州無縣至京師二千一百三十五里

橋州　貞觀六年處降羌置無縣至京師二千四百里

序州　貞觀十年處党項置無縣至京師二千四百里

右二十五州舊屬隴右道隸松州都督府貞觀中招慰党項羌漸置永徽已後羌戎叛臣制置不一今存招降之始以表太平之所至也

嶺南道

南海節度使領是十七州也

廣州中都督府　隋南海郡武德四年討平蕭銑置廣州總管府管廣東衡涯

南綏岡五州併南康總管其廣州領南海增城清遠政賓寶安五縣六年又置高循二總管隸廣州七年改總管爲大都督九年廢南康都督以端封宋洭瀧建齊威扶義勤十一州隸廣府其年又省勤州貞觀改中都督府省威齊宋洭四州仍以廢洭州之湞陽湞匡二縣來屬改東衡爲韶州仍以南康州及崖州都督並隸廣州二年省循州都督以循潮二州隸廣府八年改建州爲樂州南波州爲湞州扶風州爲竇州十二年改南康州十三年省湞州以四會化蒙懷集洊安四縣來屬省岡州以義寧新會二縣並屬廣州其年又以有經略軍管鎮兵五千四百人其衣糧輕稅本道自給廣州刺史充嶺右五府經略使天寶元年改爲南海郡乾元元年復爲廣州舊領縣十戸一萬二千四百六十三口五萬九千一百一十四天寶領縣十三戸四萬二千二百三十五在京師東南五千四百四十七里至東都四千九百里

南海　五嶺之南漲海之北三代已前是爲荒服秦滅六國始開越置三郡曰南海桂林象郡以謫戍守之秦亡南海尉任囂病且死召南海龍川令趙佗付

以尉事佗乃聚兵守五嶺擊幷桂林象郡自稱南越武王子孫相傳五代九十三年漢武帝命伏波將軍路博德樓船將軍楊僕兵踰嶺南滅之其地立九郡曰南海蒼梧鬱林合浦交阯九真日南儋耳珠崖後漢廢珠崖儋耳入合浦郡交州刺史領七郡而已今南海縣卽漢番禺縣南海郡隋分番禺置南海縣番山在州東三百步禺山在北一里貪泉州西二十里越王井州北四里

番禺 漢縣名秦屬南海郡江漢置交州領郡七吳置廣州皆治番禺也

增城 後漢番禺縣地吳於縣置東官有增江

四會 漢縣屬南海武德五年於縣治北置南洊州領四會化蒙新招化穆化注五縣貞觀元年省新招化注二縣以廢威州之懷集廢齊州之游安二縣來屬八年改爲湞州十三年省州及化穆縣以四會化蒙懷集洊安四縣屬廣州也

化蒙 隋縣武德五年屬南洊州貞觀元年省化注入八年改洊州爲湞州縣仍屬十三年改屬廣州

懷集 晉懷化縣隋爲懷集武德五年於縣置威州領與平懷集霍清威成四縣貞觀元年州廢以懷集屬南綏省與平霍清威成三縣八年改洊州爲湞州縣仍

屬十三年屬廣州　東莞　隋寶安縣至德二年九月改爲東莞郡於嶺外其爲名也　清遠　隋縣武德六年廢故賓縣併入所治也　浛水　漢封陽縣屬蒼梧郡南齊改爲浛安武德四年於縣置齊州領浛安宣樂宋昌三縣貞觀元年省齊州及安樂宋昌二縣以浛安屬滎州八年改滎州爲湞州縣仍屬十三年湞州廢屬賓州至德二年九月改爲浛水也　湞陽　縣屬桂陽郡隋爲直陽五年屬洭州貞觀初州廢改真陽湞陽屬廣州湞山在縣北三十里

韶州　隋南海郡之曲江縣武德四年平蕭銑置番州領曲江始興樂昌臨瀧良化五縣貞觀元年改爲韶州仍割洭州之翁源來屬八年廢臨瀧良化二縣天寶元年改爲始興郡乾元元年復爲韶州舊領縣四戶六千九百六十口四萬四百一十六天寶領縣六戶三萬一千口十六萬八千九百四十八南至廣州八百里西至郴州五百里東南至度州七百里至京師四千九百三十二里至東都四千一百四十二里

曲江　漢縣屬桂陽郡在曲江川州所治也　始興　漢南野縣地屬豫章郡

孫晧分南康郡之南鄉始興縣置縣界　東嶠　一名大庾嶺南越之北塞漢
討南越時有將軍城於此五嶺之最東故曰東嶠也　樂昌　隋置　翁源
翁水在縣界隋縣武德五年置湞州貞觀初廢以屬韶州　仁化　湞昌　已
上二縣天寶後新置
循州　隋龍川郡武德五年改爲循州總管府管循潮二州循州領歸善河源
博羅興寧海豐羅陽省龍川歸善石城入河源齊昌入興寧貞觀二年廢都督
府天寶元年改爲海豐郡乾元元年復爲循州舊領縣五戶六千八百九十一
口三萬六千四百三十六天寶領縣六戶九千五百二十五無口數南至廣州
四百里東至潮州五百一十七里北至𨛦州隔山嶺一千六百五十里至東都
四千八百里
歸善　秦漢龍川縣地屬南海郡宋置歸善縣縣界羅浮山貞觀元年省龍川
縣併入　博羅　漢舊縣屬南海郡也　河源　隋縣循江一名河源水自虔
州雩都縣流入龍川在河源縣云有龍穿地而出卽水流漢因置龍川縣貞觀

元年省西城併入　海豐　宋縣屬東莞郡南海豐縣南五十里卽漲海渺漫無際武德五年分置陸安縣貞觀初併入也　興寧　漢龍川縣地貞觀元年省齊昌併入　雷鄉　新置

岡州　隋南海郡之新會縣武德四年平蕭銑置岡州領新會封平義寧三縣貞觀五年州廢以新會義寧屬廣州省封平封樂二縣其年又立南州割廣州之新會義寧來屬又立封樂縣天寶元年改爲義寧郡乾元元年復爲岡州也舊領縣二戶二千三百五十八口八千六百六十二天寶戶五千六百五十無口數在京師西南六千三百五里

新會　漢南海縣地晉置新會郡改置封州又改爲冈州又改爲岡州隋末廢併入廣州武德四年復爲岡州舊治盆源城貞觀十三年廢岡州縣屬廣州其年復置州於今治也　義寧　漢番禺縣地宋置義寧縣屬新會郡

賀州　隋蒼梧郡之臨賀縣武德四年平蕭銑置賀州天寶元年改爲臨賀郡乾元元年復爲賀州也舊領縣五戶六千七百一十三口一萬八千六百二十

八天寶領縣六戶四千五百無口數在京師東南四千一百三十里至東都三千五百七十二里東南至廣州八百七十六里東至連州二百六十里南至封州三百六十里北至道州四百里北至富州三百二十里西南至梧州四百二十二里也

臨賀　州所治漢縣屬蒼梧郡臨賀水吳置臨賀郡宋改爲臨慶國齊復爲臨賀郡隋置賀州隋末廢爲縣武德四年復置賀州　桂嶺　漢臨賀縣地隋舊也　馮乘　漢縣屬蒼梧郡有荔平關　封陽　漢縣屬蒼梧郡　富川　漢富川縣天寶改爲富水後復爲富川也　蕩山　新置

端州　隋信安郡武德元年置端州領高要樂城銅陵平興博林五縣其年以樂城屬康州銅陵屬春州七年置清泰縣貞觀十三年省博林清泰二縣天寶元年爲高要郡乾元元年復爲端州舊領縣二戶四千四百九十一口二萬四千三百三天寶戶九千五百口二萬一千一百二十東至廣州二百四十里南至新州一百四十里西至康州一百六里至京師四千九百三十五里至東都

四千七百里

高要　州所治漢縣屬蒼梧郡齊屬南海郡陳置高要郡隋置端州縣北五里有石室山縣西有鵠奔亭卽漢交州刺史行部到鵠亭夜女子鬼訴寃之亭

平興　漢高要縣地隋分置武德七年分置清泰縣貞觀十三年督清泰併入

新州　隋信安郡之新興縣武德四年平蕭銑置新州天寶元年改爲新昌郡乾元元年復爲新州舊領縣四戶七千三百八十八口三萬五千二十五天寶領縣三戶九千五百東至廣州義寧縣四十一里北至端州一百四十里西北至康州二百七十里西南至勤州一百七十里至京師五千五十二里至東都五千里

新興　漢臨元縣屬合浦郡晉置新寧郡梁置新州　索盧　武德四年析新興縣置　永順　新置

康州　隋信安郡之端溪縣武德四年置康州都督府督端康封新宋瀧等州九年廢都督府及康州貞觀元年又置南康州十一年廢十二年又置康州天

寶元年改爲晉康郡乾元元年復爲康州舊領縣四戸四千一百二十四口一萬三千五百四天寶戸一萬五千一十口一萬七千二百一十九東北至廣州三百四十里西南至梧州二百八十四里東至端州一百六十里南至瀧州二百三十里西至封州一百三十里南至新州二百七十里至京師五千七百五十里至東都五千一百五十里

端溪　漢縣屬蒼梧郡晉於縣分置晉康郡隋廢郡併入信安郡武德復置康州縣界有端山山下有溪也

晉康　隋遂安縣至德二年改爲晉康縣

悅城　隋樂城縣武德五年屬端州又割屬康州改爲悅城

都城　漢端溪縣東百步有程溪亦名零溪温媼養龍之溪也

封州下　隋蒼梧郡之封川縣武德四年平蕭銑置封州天寶元年改爲臨封郡乾元元年復爲封州舊領縣四戸二千五百五十五口一萬三千七百七十七天寶領縣二戸三千九百口一萬一千八百二十七東北至廣州九十里西

北至梧州五十五里東至廣州一百三十里北至賀州三百六十六里至京師

水陸四千五百一十里也

封川　州所治漢廣信縣地屬蒼梧郡在封水之陽梁置梁信郡隋平陳改爲

成州又改爲封州隋末州廢爲封川縣屬蒼梧郡武德初置封州隋移州於封

川口卽今縣治也　開建　漢封陽縣地屬蒼梧郡隋舊也

瀧州　隋永熙郡之瀧水縣武德四年平蕭銑置瀧州天寶元年改爲開陽郡

乾元元年復爲瀧州舊領縣四戶三千六百二十七口九千四百三十九天寶

領縣五

瀧水　州所治漢端溪縣地屬蒼梧郡晉分端溪立龍鄉卽今州治梁分廣熙

郡置建州又分建州之雙頭洞立雙州隋改龍鄉爲平原縣又改爲瀧水　開

陽　隋廢縣武德四年分瀧水置　永寧　武德四年於安遂縣置藥州領安

遂永寧安南永業四縣貞觀中廢藥州以永寧屬瀧水本隋永熙縣武德五年

改爲永寧縣　鎮南　隋安南縣至德二年九月改爲鎮南　建水　新置

恩州　隋高梁郡武德四年平蕭銑置高州都督府管高春羅辯雷崖儋新八州七年割崖儋雷新屬廣州貞觀二十三年廢高州都督府置恩州天寶元年改爲恩平郡乾元元年復爲恩州內有清海軍管戍兵三千人也領縣三戶九千無口數至京師東南六千五百里西北六十里接廣州界

恩平　州所治漢合浦郡也隋置海安縣武德五年改爲齊安至德二年九月改爲恩平也　杜陵　隋杜縣武德五年改爲杜陵也　陽江　隋舊置也

春州　隋高梁郡之陽春縣武德四年平蕭銑置春州天寶元年改爲南陵郡乾元元年復爲春州舊領縣一戶五千七百一十四口二萬一千六十一天寶領縣二戶一萬一千二百一十八至京師東南六千四百四十八里東至廣州六百四十二里南至恩州九十三里西至高州三百三十里東北至新州二百六十里西北至瀧州界也

陽春　州所治漢高縣地屬合浦郡至隋不改也　羅水　天寶後置

高州　隋高梁郡舊治高梁縣後改爲西平縣貞觀二十三年分西平杜陵置

恩州高州移治良德縣天寶元年改爲高梁郡乾元元年復爲高州領縣三戶
一萬二千四百西北至竇州九十二里北至瀧州界三百五十里西南至藩州
九十里東至春州三百三十里至京師六千二百六十二里至東都五千五百
二十里

良德　漢合浦縣地屬合浦郡吳置高梁郡宋齊不改　電白　梁置電白郡
隋改爲縣也　保定　舊保安縣至德二年改爲保定

藤州下　隋永平郡武德四年置藤州領永平猛陵安基武林隋建陽安普寧
戎城寧人淳人大賓貧川十二縣貞觀七年以武林屬潯州安普屬燕州普寧
屬容州八年以猛陵屬梧州十二年以隋建屬龔州天寶元年改爲感義郡乾
元元年復爲藤州也舊領縣六戶九千二百三十六口一萬三百七十二天寶
領縣三戶三千九百八十至京師五千五百九十六里至東都五千二百里南
至義州二百里西至龔州一百四十九里北至梧州九十七里

鐔津　漢猛陵縣屬蒼梧郡晉置永平郡隋置藤州及鐔津感義　義昌　本

安昌縣至德二年九月改爲義昌

義州下　隋永熙郡之永業縣武德五年置南義州及四縣貞觀元年州廢以所領縣入建州二年復置義州還以故縣來屬五年廢義州縣屬南建州六年復置義州又改縣來屬天寶元年改爲連城郡乾元元年復爲義州舊領縣四戶三千二百二十五無口天寶領縣三戶一千一百一十口七千二百三至京師五千七百五十里至東都四千六百九十里東至梧州隔鄣嶺一百七十里北至藤州二百里西至容州九十里東南至竇州一百七十二里東北至瀧州二百七里

岑溪　州所治漢猛城縣屬蒼梧郡武德四年置龍城縣置南義州貞觀初廢二年復置義州領龍城安義連城義城四年至德中改安城爲永業龍城爲岑溪　永業　舊安義縣至德年改　連城　武德初分瀧州之正義縣置

竇州下　隋永熙郡懷德縣武德四年置南扶州及五縣以獠反寄瀧州貞觀元年廢以所管縣並屬瀧州二年獠平復置南扶州自瀧州還其故縣五年復

廢縣隸瀧州六年復置以故縣來屬其年改南扶爲竇州天寶元年改爲懷德
郡乾元元年復爲竇州舊領縣五戸三千五百五十天寶領縣四戸一千一十
九至京師水陸六千一百里至東都水陸五千四百里西至容州二百里東至
瀧州一百八十里南至潘州一百五十里東南至高州九十二里北至義州二
百三十里西南至禺州一百九十里

信義　漢端溪縣地屬蒼梧隋爲懷德縣武德四年析懷德縣置信義縣仍置
南扶州貞觀中改爲竇州取州界有羅竇洞爲名也　懷德　本屬瀧州後來
屬也　潭峨　武德四年分信義縣置也　特亮　武德四年分信義置也

勤州　隋信安郡之高梁縣地武德四年置勤州隸南康州總管九年改隸廣
州其年廢縣屬春州後置勤州以銅陵來屬仍析置富林縣領縣三戸六百八
十二口一千九百三十三至京師五千三百九十里至東都五千里東至新州
一百七十里西至瀧州二百六十里南至廣州六百三十五里西北至康州二
百七十三里

富林　州所治析銅陵置　銅陵　漢允吳縣地屬合浦郡宋立瀧潭縣隋改
爲銅陵以界內有銅山也

桂管十五州在廣州西

桂州下都督府　隋始安郡武德四年平蕭銑置桂州總管府管桂象靜融賀樂荔南昆龍九州幷定州一總管其桂州領始安福祿純化興安臨源永福陽朔歸義宣風象十縣尋改定州爲南尹州其年又置欽州總管隸桂府五年置南恭燕梧三州隸桂府九年置晏州隸桂府貞觀元年以欽玉南亭三州隸桂府二年省玉州南亭州五年置賓州隸桂府六年又以尹藤越白相繡鬱姜南宏南方南簡南晉十二州隸桂府其年置龔州都督亦隸桂府其年廢龍鬱二州八年改越州爲廉州南簡爲橫州南方爲登州南宏爲潘州南晉爲邕州尹州爲貴州靜州爲富州樂州爲昭州南昆爲柳州銅州爲容州廢福祿歸義二縣十年廢姜州十二年廢晏州以建陵縣來屬廢荔州以荔浦崇仁二縣來屬省宣風縣令督桂昭賀富梧藤容潘白廉繡欽橫邕融柳貴十七州天寶元年

改爲始安郡依舊都督府至德二年九月改爲建陵郡乾元元年復爲桂州刺史充經略軍使管戍兵千人衣糧稅本管自給也舊領縣十戶三萬二千七百八十一口五萬六千五百二十六天寶領戶一萬七千五百口七萬一千一十八至京師水陸路四千七百六十里至東都水陸路四千四十里東至道州五百里西至容州四百九十三里南至昭州二百一十里北至邵州六百八十五里東南至賀州五百三十里西南至柳州八百里東北至永州五百五十里

臨桂　州所治漢始安縣地屬零陵郡吳分置始安郡宋改爲始建國南齊始安郡梁置桂州隋末復爲始安郡江源多桂不生新米故秦時立爲桂林郡也

理定　漢始安縣隋分置與安近改爲理定　靈川　武德四年分始安置

陽朔　隋舊貞觀元年廢歸義縣併入　荔浦　漢縣屬蒼梧郡武德四年置荔浦建陵隋化棠仁純義五年以隋化屬南恭州貞觀元年以建陵屬晏州十三年廢荔州以荔浦崇仁屬桂州純義屬象州也　豐水　舊永豐縣元和初改爲豐水縣　修仁　隋置建陵縣貞觀元年於縣置晏州領武龍建陵二

縣十二年廢晏州及武龍縣以建陵屬桂州長慶元年改爲修仁縣　恭化

武德四年分始安置純化縣元和初改爲恭化也　永福　武德四年分始安

置　臨源　武德四年分始安置　全義　新置

昭州　隋始安郡之平樂縣武德四年平蕭銑置樂州領平樂永豐恭城沙亭

四縣貞觀七年省沙亭縣八年改爲昭州以昭岡潭爲名天寶元年改爲樂平

郡乾元元年復爲昭州也舊領縣三戶四千九百一十八口一萬二千六百九

十一天寶戶三千五百至京師四千四百三十六里至東都四千二百一十九

里西至桂州二百二十里東北至道州四百里北至永州六百三十九里南至

富州一百六十六里也

平樂　州所治漢荔浦地屬蒼梧郡晉置平樂縣貞觀二年省沙亭併入也

恭城　武德四年析平樂置　永平　隋縣舊屬藤州

富州下　隋始安郡之龍平縣武德四年平蕭銑置靜州領龍平博勞歸化安

樂開江豪靜蒼梧七縣尋又分蒼梧豪靜開江三縣置富州九年省安樂縣貞

觀八年改爲富州以富川水爲名天寶元年改爲開江郡乾元元年復爲富州舊領縣三戶三千三百四十九口四千三百一十九天寶戶一千二百九十至京師五千一百三十里至東都四千八百五十里西北至桂州界八十里東南至梧州界九十里北至昭州一百六十里

龍平　漢臨賀縣地屬蒼梧郡吳置臨賀郡梁分臨賀置南靜郡又改爲靜州改南靜郡爲龍平縣貞觀八年改爲富川因水爲名也　思勤　新置　馬江

隋開江縣長慶元年改爲馬江皆漢臨賀縣地

梧州下　隋蒼梧郡武德四年平蕭銑置梧州領蒼梧豪靜開江三縣貞觀八年割藤州之孟陵賀州之綏越來屬十三年廢豪靜縣天寶元年改爲蒼梧郡乾元元年復爲梧州也舊領縣四戶三千八十四口五千四百二十三天寶領縣三戶五千至京師五千五百里至東都五千一百里東至封州八十里東北至賀州四百一十里北接富州界正西至藤州一百九十里

蒼梧　漢蒼梧郡治廣信縣卽今治隋立蒼梧縣於此置郡　戎城　隋縣舊

屬藤州今來屬　孟陵漢孟陵縣屬蒼梧郡

蒙州　隋始安郡之隨化縣武德四年置南蒙州割荔州之立山東區純義三縣分置嶺政縣貞觀八年改爲蒙州取州東蒙山爲名十二年省嶺政入立山天寶元年改爲蒙山郡乾元元年復爲蒙州舊領縣三戶一千六十九天寶戶一千五十九至京師五千一百里至東都四千七百里南至桂州二百四十九里至東富州九十七里西南至象州一百七十六里

立山　州所治漢荔浦縣屬蒼梧郡隋分荔浦置隨化縣武德四年改爲立山於縣置荔州尋改爲恭州貞觀八年改爲蒙州州東蒙山山下有蒙水居人多姓蒙故也　東區　武德五年分立山置荔州貞觀六年屬鷰州十年改爲蒙州　正義　貞觀五年置純義縣屬荔州乾元初改爲正義也

龔州下　隋永平郡之武林縣貞觀三年置鷰州七年移鷰州於今州東仍於鷰州之舊所置龔州都督府督龔潯蒙賓澄鷰七州割藤州之武林鷰州之秦川來屬又立南平西平歸政大同四縣十二年廢潯州以桂平陵江大賓皇化

四縣來屬其年省秦川入南平省陵江入桂平省歸政入西平又割藤州之隋建來屬天寶元年改爲臨江郡乾元元年復爲龔州舊領縣八戶一萬三千八百二十一口一萬一千一百三十八天寶領縣六戶九千口二萬一千至京師五千七百二十里至東都五千三百六十一里東至藤州一百四十九里南至繡州九十五里西至潯州一百三十里北至蒙州二百四十里

南平　州所治漢猛陵縣地屬蒼梧郡晉分蒼梧置永郡乃置武城縣貞觀七年分置南平縣後自武林移龔州治於此也　武林　猛陵縣地隋分置武林縣屬藤州貞觀七年屬龔州　隋建　猛陵縣地武德年屬藤州貞觀年屬龔州也　大同　貞觀元年分置　陽川　本陽建縣後改爲陽川也

潯州下　隋永平郡之桂平縣貞觀七年置潯州領桂平陵江大賓皇化四縣十二年廢潯州以四縣屬龔州後復置潯州以桂平大賓皇化來屬又省陵江入桂平天寶元年改爲潯江郡乾元元年復爲潯州也舊領縣三戶二千五百口六千八百三十六至京師五千九百六十里至東都五千七百里東至龔州

一百三十里西至潘州二百五十里西南至貴州一百五十里西北至蒙州三
百六十里西南接鬱林州界
桂平　漢布山縣鬱林郡所治也隋為桂平縣武德年屬貴州貞觀初屬蔦州
七年屬潯州十二年州廢屬龔州復置潯州　宣化　漢河林縣屬鬱林郡隋
置皇化縣後廢貞觀六年復置屬潯州州廢屬龔州又後屬潯州
鬱林州下　隋鬱林郡之石南縣貞觀中置鬱林州領石南興德天寶元年改
為鬱林郡乾元元年復為鬱林州也領縣五戶一千九百一十八口九千六百
九十九至京師五千五百七里至東都五千一百六十里東至平琴州九十里
南至牢州一百二里西南至昭州一百一十里北至貴川一百五十里
石南　州所治漢鬱林郡之地梁置定州隋改尹州煬帝為鬱林郡皆治於此
陳時置石南郡隋改為縣也　鬱林　隋縣屬桂州後來屬興業　興德　武
德四年分鬱林置　潭栗　闕
平琴州下　漢鬱林郡地唐置平琴州無年月領縣四天寶元年改為平琴郡

乾元元年復爲州建中併入黨州今存領縣四戶一千一百七十四至京師六千四百八十里至東都五千八百三十里西至鬱林州九十里東南至牢州一百一十里北至貴州一百五十里北至繡州九十二里東至黨州二十二里

容山　州所治本名安仁至德年改也　懷義　福陽　古符　三縣與州同置

賓州下　隋鬱林郡之嶺方縣貞觀五年析南方之嶺方思干琅邪南尹州之安縣置賓州十二年省思干縣天寶元年改爲安城縣至德二年九月改爲嶺方郡乾元元年復爲賓州舊領縣三戶七千四百八十五天寶戶一千九百七十六口八千五百八十至京師四千三百里至東都四千一百里南至淳州二百里東南至貴州一百七十里西至邕州二百五十七里東南至蒙州三百二十里西北至澄州一百二十里也

嶺方　漢縣屬鬱林郡武德四年屬南方州貞觀五年改爲賓州　琅邪　武德四年析嶺方縣置　保城　梁置安城縣至德二年改爲保城也

澄州下　隋鬱林郡之嶺方縣地武德四年平蕭銑置方州領無虞琅邪思干上林止戈賀水嶺方七縣貞觀五年以上林止戈琅邪領方屬賓州八年改南方州爲澄州天寶元年改爲賀水郡乾元元年復爲澄州舊領縣四戶一萬八百六十八天寶後戶一千三百六十八口八千五百八十至京師四千六百里至東都四千三百里南至邕州三百里北至賓州四百三十里東南至賓州一百二十里西至古州五百七十九里

上林　州所治漢嶺方縣地武德四年析置上林縣也　無虞　武德四年析嶺方置　賀水　武德四年析柳州馬平縣置

繡州下　隋鬱林郡之阿林縣武德四年置林州領常林阿林皇化歸誠羅繡盧越等縣六年改爲繡州貞觀六年省歸誠盧越七年以皇化屬潯州天寶元年改爲常林郡乾元元年復爲繡州領縣三戶九千七百七十三至京師六千九十里至東都五千五百里南至黨州五十里北至貴州一百里也

常林　漢阿林縣地屬鬱林郡武德四年析貴州之鬱平縣置林州及常林縣

貞觀六年省歸誠縣入常林縣移治廢歸誠縣故城又改林州爲繡州　阿林
漢縣屬鬱林郡　羅繡　武德四年析阿林置
象州下　隋始安郡之桂林縣武德四年平蕭銑置象州領陽壽西寧桂林武
仙武德五縣貞觀十二年省西寧縣割廢晏州武化長風來屬天寶元年改爲
象山郡乾元元年復爲象州舊領縣六戶一萬一千八百四十五口一萬二千
五百二十一天寶領縣三戶五千五百口一萬八百九十至京師四千九百八
十九里北至桂州四百里東至象州一百七十六里南至賓州三百里西北至
柳州二百里東南至潯州三百六十里西南至嚴州二百九十里也
武化　州所治漢潭中縣地屬鬱林郡隋建陵縣屬桂州武德四年析建陵置
武化縣屬晏州貞觀十二年廢晏州來屬仍自武德縣移象州於縣置非秦之
象郡秦象郡今合浦縣　武德　漢中溜縣地屬鬱林郡吳於縣置鬱林郡仍
分中溜置桂林縣武德四年改爲武德於縣界置象州　陽壽　隋縣　武仙
武德四年析桂林置

柳州　隋始安郡之馬平縣武德四年平蕭銑置昆州領馬平新平文安賀水歸德五縣其年改歸德爲修德改文安爲樂沙仍加昆州爲南昆州八年以賀水屬澄州貞觀七年省樂沙入新平縣以廢龍州之龍城來屬八年改南昆爲柳州九年置崖山縣十二年省新平入馬平天寶元年改爲龍城郡乾元元年復爲柳州以州界柳嶺爲名舊領縣四戸六千六百七十四口七千六百三十七天寶領縣五戸二千二百三十二口一萬一千五百五十至京師水陸相乘五千四百七十里至東都水陸相乘五千六百里東至桂州四百七里至粵州二百九十里北至融州二十里東南至象州二百里北至柳州三十里

馬平　州所治漢潭中縣地屬鬱林郡隋置馬平縣武德四年於縣置昆州又改爲柳州也　龍城　隋縣武德四年置龍州領龍城柳嶺二縣貞觀七年廢龍州省柳嶺縣　象　貞觀中置　洛曹　舊洛封縣元和十二年改　洛容　皆漢潭州地貞觀後析置

融州下　隋始安郡之義熙縣武德四年平蕭銑置融州復開皇舊名領義熙

臨牂黃水安修四縣六年改義熙爲融水貞觀十二年省安修入臨牂天寶元年改爲融水郡乾元元年復爲融州舊領縣三戶二千七百九十四口三千三百三十五天寶戶一千二百三十二至京師五千二百七十里至東都四千四百七十里東至桂州四百九十一里南至柳州三十里至武零山二百里也

融水　漢潭中地與柳州同隋置義熙縣武德四年改爲融水州所治也　武陽　舊黃水臨牂二縣析融水置後併入改爲武陽

邕管十州在桂府西南

邕州下都督府　隋鬱林郡之宣化縣武德四年置南晉州領宣化一縣貞觀六年改爲邕州都督府天寶元年改爲朗寧郡乾元元年復爲邕州上元後置經略使領邕貴黨橫等州後又罷長慶二年六月復置經略使以刺史領之刺史充經略使管戍兵一千七百人衣糧稅本管自給舊領縣五戶八千二百二十五天寶後戶二千八百九十三口七千三百二至京師五千六百里至東都五千三百二十七里東南至欽州三百五十里東北至賓州二百五十里西南

至羈縻左州五百里
宣化　州所治漢嶺方縣地屬鬱林郡秦爲桂林郡地驩水在縣北本牂柯河俗呼鬱狀江卽駱越水也亦名温水古駱越地也　武緣　隋廢縣武德五年復置也　晉與　晉於此置晉興郡隋廢爲縣　朗寧　武德五年分置　思龍　如和　封陵　三縣開磎洞漸置也

貴州下　隋鬱林郡武德四年平蕭銑置南尹州總管府管南尹南晉南簡南方藤南容越繡九州南尹州領鬱林馬嶺安城鬱平石南桂平嶺山與德湖水懷澤十一縣五年以桂平屬鷰州嶺山屬南横州貞觀五年以安城屬賓州七年罷都督府九年改南尹爲貴州天寶元年改爲懷澤郡乾元元年復爲貴州也舊領縣八戸二萬八千九百三十口三萬一千九百九十六天寶領縣四戸三千二十六口九千三百至京師五千三百八十里至東都五千一百二十里東至繡州一百里南至鬱林州一百五十里西至横州二百里北至象州三百里西南至賓州九十四里東北至潯州一百五十里

鬱平　漢廣鬱縣地屬鬱林郡古西甌駱越所居後漢谷永爲鬱林太守降烏滸人十萬開七縣卽此也烏滸之俗男女同川而浴生首子食之云宜弟娶妻美讓兄相習以鼻飲秦平天下始招慰之置桂林郡漢改爲鬱林郡地在廣州西南安南府之地邕州所管郡縣是也隋分鬱平縣鬱江在州東也　懷澤　宋廢縣武德四年又置　潮水　武德四年分鬱林置　義山　新置

黨州下　古西甌所居秦置桂林郡漢爲鬱林郡唐置黨州失起置年月與平琴州同土俗西至平琴治所二十二里天寶元年以黨州爲寧仁郡乾元元年復爲黨州建中二年二月廢平琴州併入領縣四戶一千三百口七千四百至京師地理與平琴州同南至牢州一百里北至繡州五十里東南至容州一百五十里北接繡州界百餘里也

橫州下　隋鬱林郡之寧浦縣武德四年置簡州領寧浦樂山蒙澤浮風嶺山五縣六年改爲南簡州貞觀八年改橫州天寶元年改爲寧浦郡乾元元年復爲橫州也舊領縣四戶一千一百二十八口一萬七百三十四天寶領縣三戶

二千九百七十八口八千三百四十二至京師五千五百三十九里至東都四千七百五里南至欽州三百五十里西至巒州一百五十里北至貴州二百六十里也

寧浦　鬱州所治漢廣鬱縣地屬鬱平郡吳分置寧浦郡晉宋齊不改梁分置簡陽郡隋平陳郡並廢置簡州不改煬帝廢州置寧浦縣鬱林郡武德復置改爲橫州　從化　漢高梁縣地屬合浦縣武德四年分寧浦置淳風縣貞觀元年改爲從化也　樂山　漢高梁縣地隋置樂山縣

田州　土地與邕州同失廢置年月疑是開元中置天寶元年改爲橫山郡乾元元年復爲田州舊領縣五戶四千一百六十八舊圖無四至州郡及兩京道里數　都救　惠性　武籠　橫山　如賴　並與州同置也

嚴州　秦桂林郡地後爲獠所據乾封元年招致生獠置嚴州及三縣天寶元年改爲修德郡乾元元年改爲嚴州領縣三戶一千八百五十九口七千五十一至京師五千三百二十七里至東都四千八百九十三里東北至關州三百

四十里東南接象州界西北接澄州界也

夾賓　州所治也　循德　歸化　與州同置

山州　失起置年月天寶元年改爲龍池郡乾元元年復爲山州領縣二戶一千三百二十無四至及京洛里數

龍池　州所治也

巒州　秦桂林郡唐置淳化失起置年月天寶元年改爲永定郡乾元元年復爲淳州永貞元年改爲巒州也領縣三戶七百七十口三千八百三至京師五千三百里至東都四千九百里南至橫州一百四十里西至邕州三百里北至賓州二百五十五里

永定　州所治也　武羅　靈竹　二縣與州同置

羅州　隋高涼郡之石龍縣地武德五年於縣置羅州領石龍吳川陵羅梁龍辯南河石城招義零綠慈廉羅肥十一縣六年移羅川於石城縣於舊所置南石州割石龍陵羅龍化羅辯慈廉羅肥屬南石州天寶元年改羅州爲招義郡

乾元元年復爲羅州舊領縣五戸五千四百六十口八千四十一至京師六千五百二十二里至東都五千七百五里東至大海一百三十九里南至雷州二百五十里西至廉州二百五十里北至辯州一百五十里西南至零緣縣大海一百二十里西北至白州二百三十里東北至新州五十里

石城　州所治漢合浦郡地宋將檀道濟於陵羅江口築石城因置羅州屬高涼郡唐復置羅州於縣　吳川　隋義　招義　武德五年析石龍縣置也

南河　武德五年析石龍縣置也

潘州下　隋合浦郡之定川縣武德四年置南宕州領南昌定川鄰川思城温水宕川六縣治南昌縣貞觀六年移治定川八年改爲潘州仍廢思城縣天寶元年改爲南潘郡乾元元年復爲潘州也舊領縣五戸一萬七百四十八天寶後領縣三戸四千三百口八千九百六十七至西京七千一百六十一里至東都六千三百八十九里至高州九十里南至大海五十六里至辯州一百二十里北至竇州一百五十一里

茂名　州所治古西甌駱越地秦屬桂林郡漢爲合浦郡之地隋治定川縣武德四年平嶺表於縣置宕州改爲潘州仍改縣茂名也　南巴　隋廢縣武德五年置　潘州　以縣水爲名武德五年分置也

容管十州在桂管西南

容州下都督府　隋合浦郡之北流縣武德四年平蕭銑置銅州領北流豪石宕昌渭龍南流陵城普寧新安八縣貞觀元年改爲容州以容山爲名十一年省新安縣開元中升爲都督府天寶元年改爲普寧郡乾元元年復爲容州都督府仍舊置防禦經略招討等使以刺史領之刺史充經略軍使管鎮兵一千一百人衣糧稅本管自給舊領縣七戶八千八百九十天寶後領縣五戶四千九百七十口一萬七千八十七至京師五千九百一十里至東都五千四百八十五里東至藤州二百五十九里南至竇州二百里西至禺州十五里北至龔州二百里西至隋建縣一百九十里西北至黨州一百五十里東北接義州界

北流　州所治漢合浦縣地隋置北流縣縣南三十里有兩石相對其間闊三

十步俗號鬼門關漢伏波將軍馬援討林邑蠻路由於此立碑石龜尚在昔時趨交趾皆由北關其南尤多瘴癘去者罕得生還諺曰鬼門關十人九不還其土少鐵以磐石燒爲器以烹魚鮭北人名五侯燋石一經火久之不冷卽今之滑石也亦名冷石　普寧　隋置　陵城　武德四年析北流置　渭龍　武德四年析普寧置　欣道　新置

辯州下　隋高涼郡之石龍縣武德五年置羅州移置石城於舊所置南石州領石龍陵羅龍化羅辯慈廉羅肥六縣貞觀九年改石南州爲辯州省慈廉羅肥二縣天寶元年改陵水郡乾元元年復爲辯州也舊領縣四戶一萬三百五十天寶後領縣三戶四千八百五十八口一萬六千二百九至京師五千七百一十八里至東都五千三百七十里東至廣州一千一百四十四里南至羅州吳川縣界五十里南至白州博白縣二百三十里北至禺州三百八十二里南至潘州四十里西南至羅州一百五十里西北至白州三百里

石龍　州所治漢高涼縣地屬合浦郡秦象郡地武德五年屬羅州六年改屬

辯州陵羅武德五年置羅州六年改爲南石州也　龍化　武德五年分置也

白州下　隋合浦郡之合浦縣地武德四年置南州領博白郎平周羅龍豪淳良建寧六縣六年改爲白州貞觀十二年省郎平淳良二縣天寶元年改爲南昌郡乾元元年復爲白州舊領縣四戶八千二百六天寶領縣五戶二千五百七十四口九千四百九十八至京師六千一百七十五里至東都五千九百一十九里東至辯州二百里南至羅州二百二十里西至州界郎平山八十里北至牢州一百里西南至廣州二百里東北至禺州二百里

博白　州所治漢合浦郡地武德五年析合浦縣置　建寧　武德四年析合浦縣置貞觀十二年省淳良併入　周羅　武德四年析合浦置　龍豪　武德四年析合浦置　南昌　隋縣舊屬潘州又來屬也

牢州下　本巴蜀徼外蠻夷地漢牂柯郡地武德二年置義州五年改爲智州貞觀十二年改爲牢州以牢石爲名天寶元年改爲定川郡乾元元年復爲牢州也舊領縣三戶一千六百四十一口一萬一千七百五十六去京師與容州

道里同東至容州一百二十五里南至白州一百里西至鬱林州一百一十里
北至黨州一百里

南流　武德四年析容州北流縣置屬容州貞觀十一年改智州爲牢州以牢石爲名牢石高四十丈周二十里在州界也　定川　宕川　貞觀十一年分南流置也

欽州下　隋寧越郡武德四年平蕭銑改爲欽州總管府管一府領欽江安京南賓遵化內亭五縣五年置如和縣其年置五川南亭州並隸欽府以內亭遵化二縣屬亭州貞觀元年罷都督府二年廢亭州復以內亭遵化並來屬十年省海平縣天寶元年改爲寧越郡乾元元年復爲欽州也舊領縣七戶一萬四千七十二口一萬八千一百二十七天寶領縣五戶二千七百口一萬一百四十六至京師五千二百五十一里東至嚴州四百里南至大海二百五十里西至瀼州六百三十里至橫州三百五十里東南至廣州七百里西南至陵州六百里西至容州三百五十里東北至貴州四百里

欽江　州所治漢合浦縣地宋分置宋壽郡及宋壽縣梁置安州隋改爲欽州仍改宋壽縣爲欽江煬帝改爲寧越郡皆治欽江也　保京　隋安京縣至德二年改爲保京縣北十里安京山下有如和山似循州羅浮山形勢　遵化隋舊置　內亭　隋縣武德五年於縣置南亭州貞觀元年州廢復屬欽州也

靈川　已上縣並漢合浦縣也

禺州　隋合浦郡之定川縣武德四年置南宕州領南昌定川陸川思城温水宕川六縣治南昌縣貞觀六年移治定川八年改爲潘州仍廢思城總章元年改爲東峨州移治峨石縣二年改爲昌州天寶元年改爲温水郡乾元元年復爲禺州舊領縣五戶一萬七百四十八天寶領縣四戶三千一百八十至京師五千三百五十里至東都五千里至義州一百九十里南至辯州三百里西至白州二百里北至容州一百一十里

峨石　秦象郡地晉南昌郡之邊邑爲禺州所治也　温水　武德四年析南昌置　陸川　隋廢縣武德四年置　扶桑　武德四年置

湯州下　秦象郡地唐置湯州失起置年月天寶元年改爲温泉郡乾元元年復爲湯州也領縣三無戶口及無兩京道里四至州府　湯泉　州所治也　淥水　羅韶　與州同置

瀼州下　貞觀十二年清平公李弘節遣欽州首領甯師京尋劉方故道行達交趾開拓夷獠置瀼州天寶元年改爲臨潭郡乾元元年復爲瀼州領縣四戶一千六百六十六無兩京地理東至欽州六百三十里北至容州二百八十二里在安南府之東北鬱林之西南

臨江　州所治也　波零　鵠山　弘遠　與州同置

巖州下　土地與合浦郡同唐置巖州失起置年月天寶元年改爲安樂郡至德二年改爲常樂郡乾元元年復爲巖州領縣四戶一千一百一十無兩京道里四至州府也

常樂　本安樂縣至德二年改州所治　思封　高城　石巖　與州同置

古州　土地與瀼州同年置天寶元年改爲樂古郡乾元元年復爲古州

安南府在邕管之西

安南都督府　隋交趾郡武德五年改爲交州總管府管交峯愛仙鳶宋慈險道龍十州其交州領交趾懷德南定宋平四縣六年澄慈道宋並加南字七年又置玉州隸交府貞觀九年省南宋州以宋平縣省隆州以陸平縣及朱鳶縣省龍州以龍編縣並隸交府仍省懷德縣及南慈州二年廢玉州入欽州六年改南道州爲仙州十一年廢仙州以平道縣來屬今督交峯愛驩四州調露元年八月改交州都督府爲安南都護府大足元年四月置武安州南登州並隸安南府至德二年九月改爲鎮南都護府後爲安南府刺史充都護管兵四千二百舊領縣八戶一萬七千五百二十三口八萬八千七百八十八天寶領縣七戶二萬四千二百三十口九萬九千六百五十二至京師七千二百五十三里至東都七千二百二十五里西至愛州界小黄江口水路四百一十六里西南至長州界文陽縣靖江鎮一百五十里西北至峯州嘉寧縣論江口水路一百五十里東至朱鳶縣界小黄江口水路五百里北至朱鳶州阿勞江口水路

五百四十九里北至武平縣界武定江二百五十二里東北至交趾縣界福生去十里也

宋平　漢西捲（音拳）縣地屬日南郡自漢至晉猶爲西捲縣宋置宋平郡及宋平縣隋平陳置交州煬帝改爲交趾刺史治龍編交州都護制諸蠻其海南諸國大抵在交州南及西南居大海中洲上相去或三五百里三五千里遠者二三萬里乘舶舉帆道里不可詳知自漢武已來皆朝貢必由交趾之道武德四年於宋平置宋州領宋平弘義南定三縣五年又分宋平置交趾懷德二縣自貞觀元年廢南宋州以弘教懷德交趾三縣省入宋平縣移交趾縣名於漢故交趾城置以宋平南定二縣屬交州

交趾　漢交趾郡之羸𨻻（二字並音來口反）地隋爲交趾縣取漢郡名武德四年置慈廉烏延武立三縣六年改爲南慈州貞觀初州廢并廢三縣併入交趾

朱鳶　漢縣名交趾郡今縣吳軍平縣地舊置武平縣

龍編　漢交趾郡守治羸𨻻後漢周敞爲交趾太守乃移治龍編言立城之始有蛟龍盤編津之間因爲城名武德四年於縣置龍川武寧平樂三

縣貞觀初廢龍川以武寧平樂入龍編割屬仙州十年廢仙州以龍編屬交州

也　平道　漢封溪縣地又南齊置昌國縣南越志交趾之地最爲膏腴舊有君長曰雄王其佐曰雄侯後蜀王將兵三萬討雄王滅之蜀以其子爲安陽王治交趾其國地在今平道縣東其城九重周九里士庶蕃阜尉佗在番禺遣兵攻之王有神弩一發殺越軍萬人趙佗乃與之和以其子始爲質安陽王以媚珠妻之子始得弩毀之越兵至乃殺安陽王兼其地武德四年於縣置道州領平道昌國武平三縣六年改爲南道州又改爲仙州貞觀十年廢仙州以昌國入平道屬交州　武平　吳置武平郡隋爲縣本漢封溪縣後漢初麊泠縣女子徵側叛攻陷交趾馬援率師討之三年方平光武乃增置望海封溪二縣卽此也隋曰隆平武德四年改爲武平

武峨州下　土地與交州同置武峨州失起置年月天寶元年改爲武峨郡乾元元年復爲武峨州領縣五戶一千八百五十無口無兩京道里及四至州府也

武峨　州所治也　武緣　武勞　梁山　皆與州同置也
粵州下　土地與交州同唐置粵州失起置年月天寶元年改爲龍水郡乾元
元年復爲粵州領縣四無戶口數亦無兩京道里及四至州府也
龍水　州所治也　崖山　東璽　天河　皆與州同置
芝州下　土地與交州同唐置芝州失起置年月天寶元年改爲忻城郡乾元
元年復爲芝州領縣一　忻城　州所治無戶口及兩京道里四至州府最遠
惡處
愛州　隋九真郡武德五年置愛州領九真松源楊山安順四縣又於州界分
置積順永胥前真山七州改永州爲都州九年改積州爲南陵州貞觀初廢都
州入前真州其年廢真胥二州入南陵州又廢安州以隆安縣廢山州以建初
縣並屬州又廢楊山安順二縣入九真縣改南陵州復爲真州八年廢建初入
隆安九年廢松源入九真九年廢真州以胥浦軍安日南移風四縣屬愛州天
寶元年改爲九真郡乾元元年復爲愛州九真南與日南接界西接牂柯界北

與巴蜀東北接與鬱林州山險溪洞所居舊領縣七戶九千八十口三萬六千五百一十九天寶領縣六戶一萬四千七百至京師八千八百里至東都八千一百里在交州西不詳道里遠近其南卽驩州界

九真　漢武帝開置九真郡治於胥浦縣領居風都能餘發咸歡無功無編等今七縣九真縣卽漢地吳改爲移風隋改爲九真州所治自漢至南齊爲九真郡梁置愛州隋爲九真郡　安順　隋舊武德三年置順州又分置東河建昌邊河並屬順州州廢及三縣皆併入安順屬愛州也　崇平　隋陸安縣武德五年於縣置安州及山州又分隆安立教山建道都握三縣並屬安州領四縣又置岡山真潤古安西安建功五縣屬山州貞觀元年廢安州及三縣又廢山州及五縣以隆安隸愛州先天元年改爲崇安至德二年改爲崇平　軍寧　隋軍安縣武德五年於縣界置永州七年改爲都州貞觀元年改爲前真州十年改屬愛州至德二年改爲軍寧　日南　漢屬風地縣界有屬風山上有風門常有風其山出金牛往往夜見照耀十里時鬭則海水沸溢有霹靂人家牛聚

皆怖號曰神牛隋爲日南縣　無編　漢舊縣屬九真郡又有漢西于縣故城

在今縣東所置也

福祿州下　土俗同九真郡之地後爲生獠所據龍朔三年智州刺史謝法成

招慰生獠昆明北樓及生獠等七千餘落總章二年置福祿州以處之天寶元

年改爲福祿郡至德二年改爲唐杜郡乾元元年復爲福祿州領縣二無戸口

及兩京道里四至州郡

柔遠　州所治與州同置本名安遠至德二年改爲柔遠也

長州　土俗與九真同唐置長州失起置年月天寶元年改爲文陽郡乾元元

年復爲長州領縣四戸六百四十八無口及兩京道里四至州府也

文陽　銅蔡　長山　其常　皆與州同置

驩州　隋日南郡武德五年置南德州總管府領德明智驩林源景海八州南

德州領六縣八年改爲德州貞觀初改爲驩州以舊驩州爲演州二年置驩州

都督府領驩演明智林源景海八州十二年廢明源海三州天寶元年改爲日

南郡乾元元年復爲驩州也舊領縣六戶六千五百七十九口一萬六千六百八十九天寶領縣四戶九千六百一十九口五萬八百一十八至京師陸路一萬二千四百五十二里水路一萬七千里至東都一萬一千五百九十五里水路一萬六千二百二十里東至大海一百五十里南至林州一百五十里西至環王國界八百里北至愛州界六百三里南至盡當郡界四百里西北到靈跋江四百七十里東北至辯州五百二里

九德　州所治古越裳氏國秦開百越此爲象郡漢武元鼎六年開交趾已南置日南郡治於朱吾領北景盧容西捲象林五縣吳分日南置九德郡晉宋齊因之隋改爲州廢九德郡爲縣今治也後漢遣馬援討林邑蠻援自交趾循海隅開側道以避海從蕩昌縣南至九真郡自九真至其國開陸路至日南郡又行四百餘里至林邑國又南行二千餘里有西屠夷國鑄二銅柱於象林南界與西屠夷分境以紀漢德之盛其時以不能還者數十人留於其銅柱之下至隋乃有三百餘家南蠻呼爲馬留人其水路自安南府南海行三千餘里至林

邑計交趾至銅柱五千里 浦陽 晉置 懷驩 隋爲咸歡縣屬九真郡武德五年於縣置驩州領安人扶演相景西源四縣治安人貞觀九年改爲演州十三年省相景縣入扶演二十六年廢演州其所管四縣廢入咸驩後隋改爲懷驩 越裳 吳置武德五年於縣置明州析置萬安明弘明定二縣隸之又分日南郡文谷金寧二縣置智州領文谷新鎮闍員金寧四縣貞觀十三年廢明州越裳屬智州後又廢智州以越裳屬驩州

林州 隋林邑郡貞觀九年於綏懷林邑置林州寄治於驩州南界今廢無名

領縣三無戶口去 京師一萬二千里

林邑 州所治漢武帝開百越於交趾郡南三千里置日南郡領縣四治於朱吾其林邑即日南郡之象林縣縣在南故曰日南郡南界四百里後漢時中原喪亂象林縣人區連殺縣令自稱林邑王後有范熊者代區連相傳累世遂爲林邑國其地皆開北戶以向日晉武時范氏入貢東晉末范攻陷日南郡告交州刺史告蕃求以日南郡北界橫山爲界其後又陷九真郡自是屢寇交趾南

界至貞觀中其主修職貢乃於驩州南僑置林邑郡以羈縻之非正林邑國

金龍　隋文帝時遣大將劉方率兵萬人自交阯南伐林邑國敗之其王梵志遁走方收其廟主一十八人皆鑄金爲之方盡虜其人空其地乃班師因方得其龍乃爲縣名　海界　三縣並貞觀九年置

景州　隋北景郡貞觀二年置南景州寄治驩州南界八年改爲景州後亦廢無其名領縣三無戶口至京師一萬一千五百里　北景　漢縣名屬日南郡在安南府南三千里北景在南晉將灌邃攻林邑王范佛破其國遂於其國五月五日立表北景在表南九寸一分故自北景已南皆北戶以向日也北字或單爲七

由文　貞觀二年置也　朱吾　漢日南郡所治之縣也前志曰朱吾人不粒食依魚資魚爲生託去朱吾在日南郡北僑立名也

峯州下　隋交阯郡之嘉寧縣武德四年置峯州領嘉寧新昌安仁竹輅石堤封溪六縣貞觀元年廢石堤封溪入嘉寧竹輅入新昌天寶元年改爲承化郡

乾元元年復爲峯州也舊領縣三戶五千四百四十四口六千四百三十五天寶領縣五戶一千九百二十州在安南府西北至京師七千七百一十里

嘉寧　州所治漢麋泠縣地屬交趾郡古交阯夷之地秦屬象郡吳分交趾置新興郡晉改爲新昌宋齊因之改爲興州隋初改爲華州煬帝廢併入交趾武德復置峯州也

承化　新昌　嵩山　珠綠　嵩山珠綠新置

陸州　隋寧越郡之玉山縣武德五年置玉山領安海海平二縣貞觀二年廢玉州上元二年復置改爲陸州以州界山爲名天寶元年改爲玉山郡乾元元年復爲陸州領縣三戶四百九十四口二千六百七十四至京師七千二十六里至東都七千里東至廉州界三百里南至大海北至思州七百六十二里東南際大海西南至當州寧海二百四十里也

烏雷　州所治也　華清　舊玉山縣天寶年改　寧海　舊安海縣至德二年改爲寧海縣也

廉州下　隋合浦郡武德五年置越州領合浦其年置安昌高城大廉大都五縣貞觀六年置珠池其年改大都屬白州八年改越州爲姜州十二年廢姜州入封山東羅萊龍三縣來屬十二年廢安昌珠池二縣入合浦廢高城入蔡龍天寶元年改爲合浦郡乾元元年復爲廉州舊領縣五戶一千五百二十二天寶戶三千三十二口一萬三千二十九至京師六千五百四十七里至東都五千八百三十六里東至白州二百里南至羅州三百五十里西北至南安府一千里北至領州七百里

合浦　漢縣屬合浦郡秦之象郡地吳改爲珠官宋分置臨鄣郡及越州領郡三治於此時西江都護陳伯紹爲刺史始立州鎮鑿山爲城以威俚獠隋改爲祿州及爲合州又改爲合浦唐置廉州大海在西南一百六十里有珠母海郡人採珠之所云合浦也州界有瘴江名合浦江也　封山　隋縣武德五年置姜州領封山東羅蔡龍三縣貞觀十年廢州以三縣入廉州　蔡龍　武德五年分置也　大廉　武德五年置四縣皆合浦縣地

雷州下　隋合浦郡之海康縣武德五年平蕭銑置南合州領海康隋康鐵杷椹川四縣貞觀元年改爲東合州二年改隋康爲徐聞縣八年改東合州爲雷州天寶元年改爲海康郡乾元元年復爲雷州也舊領縣四戸二千四百五十八天寶領縣三戸四千三百二十口二萬五百七十二至京師六千五百一十二里至東都五千九百三十一里東至大海二十里西至大海一百里東南至大海十五里西南至大海一百里隔海至崖州四百三十里東北及西北與羅州接界

海康　漢徐聞縣地屬合浦郡秦象郡地梁分置南合州隋去南字煬帝廢合州置海康縣　遂溪　舊齊鐵杷椹川二縣後廢改爲遂溪也　徐聞　漢縣名隋置貞觀二年改爲徐聞漢志曰合浦郡徐聞南入海達珠崖郡卽此縣

籠州　貞觀十二年清平公李弘節遣龔州大同縣人龔固興招慰生蠻置籠州天寶元年改爲扶南郡乾元元年復爲扶州領縣七戸三千六百六十七無四至州縣兩京道里扶南國在日南郡之南海西大島中去日南郡約七千里

在林邑國西三千里其王貞觀中遣使朝貢故籠州招置之遙取其名非正扶南國也

武勒　州所治　武禮　羅龍　扶南　龍賴　武觀　武江　皆與州同置

環州下　貞觀十二年清平公李弘節開拓生蠻置環州以環國爲名天寶元年改爲平郡乾元元年復爲環州領縣八無戶口及兩京道里并四至州府

正平　州所治　福零　龍源　饒勉　思恩　武石　歌良　蒙都　與州同置

德化州　永泰二年四月於安南府西界牂柯南界置領縣二　德化　歸義　與州同置

郎茫州　永泰二年四月於安南府西界置領縣二　龍然福守　與州同置

崖州下　隋珠崖郡武德四年平蕭銑置崖州領舍城平昌澄邁顏羅臨機五縣貞觀元年置都督府督儋振三州其年改爲顏城平昌爲文昌三年割儋州

屬廣府五年又置瓊州十三年廢瓊州以臨機萬安三縣來屬天寶元年改爲珠崖郡乾元元年復爲崖州在廣府東南舊領縣七戶六千六百四十六天寶戶十一鄉至京師七千四百六十里至東都六千三百里廣府東南二千餘里雷州徐聞縣南舟行渡大海四百三十里達崖州漢武帝元封元年遣使自徐聞南入海得大洲東西南北方一千里略以爲珠崖儋耳二郡民以布單如被穿中從頭穿之民種禾稻紵麻女子蠶織無馬與虎有牛羊豕雞犬兵則矛盾木弓竹矢骨鏃郡縣吏卒多侵淩之故率數歲一反昭帝省儋耳併珠崖元帝用賈捐之之言乃棄之唐武德初復析珠崖郡置儋瓊振萬安五郡於崖州置都督府領之後廢都督隸廣州經略使後又改隸安南都護府也

舍城　州所治隋舊縣其崖儋振瓊萬安五州都在海中洲之上方千里四面抵海北渡海揚帆一日一夜至雷州也澄邁　隋縣　文昌　武德五年置平昌縣貞觀元年改爲文昌

儋州下　隋儋耳郡武德五年置儋州領義倫昌化感恩富羅四縣貞觀元年

分昌化置普安天寶元年改爲昌化郡乾元元年復爲儋州也舊領縣五戶三
千九百五十六天寶戶三千三百九至京師七千四百四十二里與崖州同在
海中洲上東至振州四百里
義倫　本漢儋耳郡城卽此縣隋爲義倫縣州所治也昌化　隋縣　感恩
洛場　新置　富羅　隋之毗善縣　武德五年改置
瓊州　本隋珠崖郡之瓊山縣貞觀五年置瓊州領瓊山萬安二縣其年又割
崖臨機來屬十三年廢瓊州以屬崖州尋復置瓊州領曾口樂會顏羅五縣天
寶元年改爲瓊山郡乾元元年復爲瓊州貞元五年十月嶺南節度使李復奏
曰瓊州本隸廣府管內乾封年山洞草賊反叛遂茲淪陷至今一百餘年臣令
判官姜孟京崖州刺史張少逸併力討除今已收復舊城且令降人權立城相
保以瓊州控壓賊洞請昇爲下都督府加瓊崖振儋萬等五州招討遊奕使其
崖州都督請停從之領縣五戶六百四十九兩京與崖州道里相類西南至振
州四百五十里與崖州同在大海中也

瓊山　州所治貞元七年十一月省容瓊縣併入　臨高　本屬崖州貞觀七年割屬瓊州　曾口　樂會　顏羅　後漸析置

振州　隋臨振郡武德五年置振州天寶元年改爲臨振郡乾元元年復爲振州也領縣四戸八百一十九口二千八百二十一至京師八千六百六里至東都七千七百九十七里東至萬安州陵水縣一百六十里南至大海西北至儋州四百二十里北至瓊州四百五十里東南至大海二十七里西南至大海千里西北至延德縣九十里與崖州同在大海洲中

寧遠　州所治隋舊　延德　隋縣　吉陽　貞觀二年分延德置　臨川　隋縣　落屯　新置

萬安州　與崖儋同在大海洲中唐置萬安州失起置年月天寶元年改爲萬安郡至德二年改爲萬全郡乾元元年復爲萬安州領縣四無戸口西接振州界兩京道里與振州相類也

萬安　州所治至德二年改爲萬全後復置　陵水　富雲　博遼　與州同

置

赤土國　州南渡海便風十四日至雞籠島卽至其國赤海中之一州

丹丹國　振州東南海中之一洲舟行十日至

舊唐書卷四十一

地理志四綿州鹽泉縣鹽泉武德三年分涪城置○新書析魏城置

綿州西昌縣本隋金山縣隋末廢○沈炳震曰按金山武德七年廢非隋末也

閬州○舊書屬劍南道新書屬山南西道

果州○舊書屬劍南道新書屬山南西道

普州崇龕縣崇龕後周隆龕城○新書作龍龕

邛州顯慶三年移州治于臨邛○新書作二年

雅州儀鳳四年置飛越大渡二縣○新書作二年置大渡縣長安二年省

黎州飛越縣儀鳳四年分漢源于飛越水置縣○新書作二年

巂州○沈炳震曰舊書領衞山翼水雞川昭德四縣無峨和新書領衞山翼水峨和三縣無雞川昭德互異

維州○沈炳震曰舊書領薛城小封二縣新書有薛城通化歸化三縣通化卽小封後更名者惟多歸化一縣

黎州○沈炳震曰此州秖領梁水絳二縣與前黎州領漢源飛越通望三縣兼統制五十四羈縻州者大小逈別蓋名同而地各異者也

姚州國忠命鮮于仲通興師十萬渡瀘討之大爲羅鳳所敗○沈炳震曰按本文下云鎭蜀蠻帥異牟尋歸國遂以韋皋爲雲南安撫大使事與文不相聯屬蓋闕文也

靜州○領悉唐靜居二縣新書多清道一縣

柘州○闕戶口領縣

保州○領定廉歸順雲山三縣新書多安居一縣

真州○領真符雞川昭德三縣新書多昭遠一縣

霸州○止領信安一縣新書領安信牙利保寧歸化四縣而信安又作安信互異二志未知孰是以上劍南道

韶州仁化湞昌二縣天寶後新置○新書光宅元年析始興置 臣德潛按嶺南道中韶州後應及潮州舊書闕

康州武德四年置康州○新書作六年

瀧州建水縣新置○沈炳震曰新書武德五年曰永寧天寶元年更名建水是合二縣爲一故領縣四也舊書各爲一縣故領縣五

高州隋高梁郡○新書作高涼

保定縣舊保安縣至德二年改爲保定○新書本連江開元五年曰保寧至德二載改据通鑑當從舊書

藤州領鐔津感義義昌三縣○新書多寧風一縣

富州馬江縣隋開江縣長慶元年改爲馬江○新書作長慶三年

貞觀中置鬱林州○新書麟德二年析貴州之石南興德鬱平置

平琴州○即新書黨州建中二年併入者也新書多撫安善勞善文寧仁四縣

澄州領上林無虞賀水三縣○新書多止戈一縣

貞觀六年改爲邕州○新書八年更名

貞觀元年改爲容州○新書作貞觀八年

白州龍豪縣武德四年析合浦置○新書龍豪屬順州

禺州扶桑縣武德四年置○新書作扶萊以扶萊水名之應從新書

愛州又分隆安立教山建道都掘三縣○都掘新書作都握

福祿州領柔遠一縣○新書多唐林福祿二縣以上嶺南道

舊唐書卷四十一考證

舊唐書卷四十二

後晉司空同中書門下平章事劉昫撰

志第二十二

職官一

高祖發迹太原官名稱位皆依隋舊及登極之初未遑改作隨時署置務從省便武德七年定令以太尉司徒司空爲三公尚書門下中書祕書殿中內侍爲六省次御史臺次太常光祿衞尉宗正太僕大理鴻臚司農太府爲九寺次將作監次國子學次天策上將府次左右衞左右驍衞左右領軍左右武候左右監門左右屯左右領爲十四衞府東宮置三師三少詹事府門下典書兩坊次內坊次家令率更僕三寺次左右衞率府左右宗衞率府左右虞候率府左右監門率府左右內率府爲十率府王公以下置府佐國官公主置邑司已下並爲京職事官州縣鎮戍岳瀆關津爲外職事官又以開府儀同三司從一品特進正二品左光祿大夫從一品右光祿大夫正二品散騎常侍從三品太中大夫正四品通直

散騎常侍正四品 中大夫從四品上 員外散騎常侍從四品下 中散大夫正五品上 散騎侍郎正五品下 通直散騎侍郎從五品上 朝議郎承議郎正六品 通議郎通直郎從六品 朝請郎宣德郎正七品 朝散郎宣義郎從七品 給事郎徵事郎正八品 承奉郎承務郎從八品 儒林郎登仕郎正九品 文林郎將仕郎從九品 並爲文散官輔國正二品 鎮軍從二品 二大將軍冠軍正三品 雲麾從三品 忠武壯武宣威明威信遠游騎游擊自正四品上至從五品下 十將軍爲散號將軍以加武士之無職事者改上開府儀同三司爲上輕車都尉開府儀同三司爲輕車都尉儀同三司爲騎都尉秦王齊王下統軍爲護軍副統軍爲副護軍上大都督爲驍騎尉大都督爲飛騎尉帥都督爲雲騎尉都督爲武騎尉車騎將軍爲游騎將軍親衛驃騎將軍爲親尉中郎將其勳衛驃騎準此親衛車騎將軍爲親衛中郎將其勳衛翊衛車騎並準此監門府郎將爲監門中郎將領左右郎將準此諸軍驃騎將軍爲統軍其秦王齊王下領三衛及庫直驅咥直車騎並準此諸軍車騎將軍爲別將其散官文騎尉爲承議郎屯騎尉爲通直郎雲騎尉爲登仕郎羽騎尉爲將仕郎武德九年罷天策上將府貞

觀元年改國子學爲國子監分將作爲少府監通將作爲三監八年七月始以雲麾將軍爲從三品階九月以統軍正四品下別將正五品上十一年改令置太師太傅太保爲三師其三公已下六省一臺九寺三監十二衛東宮諸司並從舊定又改以光祿大夫爲從二品金紫光祿大夫爲正三品銀青光祿大夫爲從三品正議大夫爲正四品上通議大夫爲正四品下太中大夫爲從四品上中大夫爲從四品下中散大夫爲正五品上朝議大夫爲正五品下朝請大夫爲從五品上朝散大夫爲從五品下其六品下唯改通議郎爲奉議郎自餘依舊更置驃騎大將軍爲從一品武散官輔國鎮軍二大將軍爲從二品武散官冠軍將軍加大字及雲麾已下游擊已上改爲五品已上武散官又置昭武振威致果翊麾宣節禦武仁勇陪戎八校尉副尉（自正六品至從九品上爲六階爲校尉下階爲副尉）品已下武散官凡九品已上職事皆帶散位謂之本品職事則隨才錄用或從閑入劇或去高就卑遷徙出入參差不定散位則一切以門蔭結品然後勞考進敘武德令職事解散官欠一階不至爲兼職事卑者不解散官貞觀令以職

事高者爲守職事卑者爲行仍各帶散位其欠一階依舊爲兼與當階者皆解散官永徽已來欠一階者或爲兼或帶散官或爲守參而用之其兩職事者亦爲兼頗相錯亂（其欠一階之兼古念反其兩職事之兼古恬反字同音異耳）咸亨二年始一切爲守自高宗之後官名品秩屢有改易今錄永泰二年官品其改易品秩者注於官品之下若改官名及職員有加減者則各附之於本職云唐初因隋號武德三年三月改納言爲侍中內史令爲中書令給事郎爲給事中內書省爲中書省貞觀二十三年六月改民部尚書爲戶部尚書七月改治書侍御史爲御史中丞改諸州治中爲司馬別駕爲長史治禮郎爲奉禮郎顯慶元年改戶部尚書爲度支尚書侍郎爲度支侍郎又置驃騎大將軍員從一品龍朔二年二月甲子改百司及官名改尚書省爲中臺僕射爲匡政左右丞爲肅機左右司郎中爲成務吏部爲司列主爵爲司封考功爲司績禮部爲司禮祠部爲司禋膳部爲司膳主客爲司蕃戶部爲司元度支爲司度倉部爲司倉金部爲司珍兵部爲司戎職方爲司域駕部爲司輿庫部爲司庫刑部爲司刑都官爲司僕比部爲司計

工部爲司平屯田爲司田虞部爲司虞水部爲司川餘司依舊尚書爲太常伯侍郎爲少常伯郎中爲大夫中書門下爲東西臺侍中爲左相黃門侍郎爲東臺侍郎給事中爲東臺舍人散騎常侍爲左右侍極諫議大夫爲正諫大夫中書令爲右相侍郎爲西臺侍郎舍人爲西臺舍人祕書省爲蘭臺監爲太史少監爲侍郎丞爲大夫著作郎爲司文郎太史令爲祕閣郎中御史臺爲憲臺御史大夫爲大司憲御史中丞爲司憲大夫殿中省爲中御府丞爲大夫尚食爲奉膳尚藥爲奉醫尚衣爲奉冕尚舍爲奉扆尚乘爲奉駕尚輦爲奉御並爲大夫內侍省爲內侍監太常爲奉常光祿爲司宰衞尉爲司衞宗正爲司宗太僕爲司馭大理爲詳刑正爲大夫鴻臚爲司文司農爲司稼太府爲外府卿並爲正卿少府監爲內府監將作監爲繕工監大匠爲大監少匠爲少監國子監爲司成館國子祭酒爲大司成司業爲少司成博士爲宣業都水爲司津監左右衞府左右驍衞府左右武衞府並除府字左右屯衞府爲左右威衞左右領軍衞爲左右戎衞武候爲金吾衞千牛爲奉宸衞屯營爲羽林軍詹事爲端尹府

門下典書爲左右春坊左右庶子爲左右中護中允爲左贊善大夫洗馬爲司
經大夫中舍人爲右贊善大夫家令寺爲宮府寺率更寺爲司更寺僕寺爲馭
僕寺長官並爲大夫左右衛率府爲典戎衛率府爲司禦衛左右虞候率府爲
清道衛監門率府爲崇掖衛內率府爲奉裕衛七日又制廢尚書令改起居郎
爲左史起居舍人爲右史著作佐郎爲司文郎太史丞爲祕閣郎左右千牛爲
奉宸司議郎爲左司議郎太子舍人爲右司議郎典膳藥藏內直監宮門大夫
並改爲郎太子千牛爲奉裕總章二年置司列司戎少常伯各兩員咸亨元年
十二月詔龍朔二年新改尚書省百司及僕射已下官名並依舊其東宮十率
府有異上臺諸衛各宜依舊爲率府其左司議郎除左字其左右金吾左右威
衛依新改永淳元年七月置州別駕光宅元年九月改尚書省爲文昌臺左右
僕射爲文昌左右相吏部爲天官戶部爲地官禮部爲春官兵部爲夏官刑部
爲秋官工部爲冬官門下省爲鸞臺中書省爲鳳閣侍中爲納言中書令爲內
史太常爲司禮鴻臚爲司賓宗正爲司屬光祿爲司膳太府爲司府太僕爲司

僕衛尉爲司衛大理爲司刑司農依舊左右驍衛爲左右威衛左右武衛爲左右鷹揚衛左右威衛爲左右豹衛左右領軍衛爲左右玉鈐衛左右金吾衛依舊御史臺改爲左肅政臺專知京百官及監諸軍旅并承詔出使更置右肅政臺專知諸州案察垂拱元年二月改黃門侍郎爲鸞臺侍郎文昌都省爲都臺主爵爲司封祕書省爲麟臺內侍省爲司宮臺少府監爲尚方監其左右尚方兩署除方字將作監爲營繕監國子監爲成均監都水監爲水衡監其詹事府爲宮尹府詹事爲太尹少詹事爲少尹左右內率府爲左右奉裕率府千牛爲左右奉裕左右監門率府爲左右控鶴禁率府諸衛鎧曹改爲冑曹司膳寺饎藏署改爲珍羞署十月增置天官侍郎二員又置左右補闕拾遺各二員三年加秋官侍郎一員永昌元年置左右司員外郎各一員天授二年增置左右補闕拾遺各三員通滿五員長壽二年增夏官侍郎三員大足元年加營繕少匠一員左右羽林衛各增置將軍一員洛雍并荆揚益六州置左右司馬各一員長安三年增置司勳員外郎一員地官依舊置侍郎一員洛并及三大都督府

司馬宜依舊置一員神龍元年二月臺閣官名並依永淳已前故事廢左右司員外郎左右千牛衛各置大將軍一員東都置太廟官吏增置太常大理少卿各一員二年又置員外郎凡一千餘人超授闍官七品已上員外者又千餘人十二月復置左右司員外郎各一員景雲二年復置太子左右諭德太子左右贊善大夫各兩員雍洛及大都督府長史加爲三品階別駕致敬依前太極元年光祿大理鴻臚太府衛尉宗正各增置少卿一員祕書少監國子司業少府少監將作少匠左右臺中丞各增置一員雍洛二州及益幷荊揚四大都督府各增置司馬一員分爲左右司馬開元元年十二月改尚書左右僕射爲左右丞相中書省爲紫微省門下省爲黃門省侍中爲監雍州爲京兆府洛州爲河南府長史爲尹司馬爲少尹錄事參軍爲司錄參軍餘司改司爲曹五年九月紫微省依舊爲中書省黃門省爲門下省黃門監爲侍中二十四年九月改主爵爲司封天寶元年二月侍中改爲左相中書令改爲右相左右丞相依舊爲僕射黃門侍郎爲門下侍郎改州爲郡刺史爲太守十一載正月改吏部爲文

部兵部爲武部刑部爲憲部其行內諸司有部者並改改駕部爲司駕改庫部爲司庫金部爲司金倉部爲司儲比部爲司計祠部爲司禋膳部爲司膳虞部爲司虞水部爲司水將作大匠爲監少匠爲少監至德二載十二月勅近日所改百司額及郡名幷官名一切依故事於是侍中中書令兵吏部等並仍舊罷郡爲州復以太守爲刺史

正第一品

太師太傅太保太尉司徒司空（已上職事官）王（爵武德令有天策上將九年省）

從第一品

開府儀同三司（文散官開府儀同三司及特進不帶職事官者朝參祿俸並同職事仍隸吏部也）太子太師太子太傅太子太保（已上職事官）驃騎大將軍（武散官）嗣王郡王國公（爵）

正第二品

特進（文散官）輔國大將軍（武散官）開國郡公（爵武德令唯有公侯伯子男貞觀十一年加開國之稱也）上柱國（勳官）

武德令有尚書令龍朔二年省自是正第二品無職事官

從第二品

尚書左右僕射太子少師太子少傅太子少保京兆河南太原等七府牧大都督揚幽潞陝靈大都護單于安西已上職事官 光祿大夫文散官 鎮軍大將軍武散官 開國縣公爵

柱國勳官

正第三品

侍中中書令吏部尚書舊班在左相上開元令移在下門下侍郎中書侍郎舊班正四品上大曆二年升左右衛左右驍衛左右武衛左右威衛左右領軍衛左右金吾衛左右監門衛左右羽林軍左右龍武左右英武六軍大將軍左右千牛衛大將軍自左右衛已下並爲武職事官戶部禮部兵部刑部工部尚書武德令禮部次吏部兵部次之民部次之貞觀年改以民部次禮部兵部次之則天初又改以戶部次吏部禮部次之兵部次之 太子賓客舊兼職無品開元前令定入官品也 太常卿宗正卿天寶初昇入正三品也

太子詹事左右散騎常侍舊班從三品廣德年昇 內侍監唐初舊制內侍省無三品官內侍四員秩四品天寶十三年十二月玄宗以中官高力士袁思藝承恩遇特置內侍監兩員秩三品以授之 中都督上都護已上除入大將軍並爲文職事官 金紫光祿大夫文散官 冠軍大將軍武散官 懷化大將軍顯慶三年置以授初附首領仍隸諸衛也 上護軍勳官

從第三品

御史大夫舊班在祕書監九卿下開元令移在上 祕書監光祿衞尉太僕大理鴻臚司農太府卿國子祭酒殿中監少府監將作監諸衞羽林入正三品千牛龍武將軍下都督上州刺史京兆河南太原等七尹舊雍洛長史從四品上景雲二年加秩爲從三品也 五大都督府長史舊從四品上景雲三年加秩爲從三品 大都護府副都護舊正四品上開元令加入從三品 親王傅已上並職事諸官衞羽林千牛龍武將軍爲武餘並爲文 銀青光祿大夫文散官 開國侯爵 雲麾將軍武散官 歸德將軍顯慶三年置以授初附首領仍隸諸衞也 護軍勳官武德令有天策上將府長史司馬九年省也

正第四品上階

門下侍郎中書侍郎舊正四品下階開元令加入上階也 尚書左丞永昌元年進爲正三品如意元年復舊 吏部侍郎武德七年省諸司侍郎吏部郎中爲正四品上貞觀三年復置侍郎其吏部郎中復舊爲五品下 太常少卿太子左庶子太子少詹事太子左右衞左右司禦左右清道左右內率左右監門率府率中州刺史軍器監武德初改正三品七年省八年復置九年又省十年復置北都軍器監 上都護府副都護上府折衝都尉武德令統軍正四品下後改爲折衝都尉垂拱令始分爲上中下府改定官品自此已上職事官率及折衝爲武餘並爲文也 正議大夫

文散官也開國伯爵忠武將軍武散官上輕車都尉勳官

正第四品下階

尚書右丞永昌元年進爲從三品如意元年復舊諸司侍郎太子右庶子左右諭德左右千牛衛左右監門衛中郎將親勳翊衛羽林中郎將下州刺史武德令中州刺史正四品下州刺史從四品上貞觀令一切爲下州加入正四品下自此已上職事官中郎將爲武餘並爲文也通議大夫文散官壯武將軍武散官

從第四品上階

祕書少監八寺少卿殿中少監太子左右衞司禦清道內率監門副率太子親勳翊衞中郎將太子家令太子率更令太子僕內侍大都護親王府長史已上職事官府率中郎將爲武餘並爲文太中大夫文散官宣威將軍武散官輕車都尉勳官

從第四品下階

國子司業少府少監將作少匠京兆河南太原府少尹大都督府大都護府親王府司馬尚州別駕已上職事文官武德令上州別駕正五品上二十三年爲長史前上元年復置別駕定入從四品也中府折衝都尉武職事官中大夫文散官明威將軍武散官武德令有天策上將府從事中郎九年省

正第五品上階

諫議大夫 御史中丞武德令從五品上貞觀令加入正五品上五年又加入四品如意元年復舊也 國子博士 給事中

中書舍人 太子中允 太子左右贊善大夫 都水使者 萬年長安河南洛陽太原晉陽奉先會昌縣令武德元年勑萬年長安令爲正五品上七年定令改爲從五品貞觀初復舊也 親勳翊衞羽林郎將 中都督府上都護府長史 親王府諮議參軍事武德令正五品下也 軍器少監 太史少監 親王府典軍已上職事官郎將典軍爲武餘並爲文永徽令親王典軍從四品下垂拱令改入五品也 中散大夫文散官 開國子爵 定遠將軍武散官 上騎都尉勳官

正第五品下階

太子中舍人 尚食尚藥奉御 太子親勳翊衞郎將 內常侍 中都督上都護府司馬 中州別駕 下府折衝都尉已上職事官郎將折衝爲武餘並爲文也 朝議大夫文散官 寧遠將軍武散官武德令有天策上將軍諮祭酒九年省

從第五品上階

尚書左右諸司郎中武德令吏部郎中正四品上諸司郎中正五品上貞觀二年並改爲從五品上也 祕書丞武德令正五品

上永徽令改也著作郎太子洗馬殿中丞尚衣尚舍尚乘尚輦奉御獻陵昭陵恭陵橋陵八陵令武德諸陵令從七品下永徽二年加獻昭二陵令爲從五品已後諸陵並相承依獻昭二陵也親王府副典軍下都督府長史下州別駕已上職事官典軍爲武餘並爲文也朝請大夫文散官開國男爵游擊將軍武散官騎都尉勳官舊有太公廟令武德年七品下永徽二年加從五品上開元二十四年省也

從第五品下階

大理正太常丞太史令內給事太子典內舊正六品上開元令改下都督府上州司馬武德令上州治中正五品下貞觀初改親王友武德令正五品下也宮苑總監上牧監上府果毅都尉已上職事官果毅爲武散餘並爲文駙馬都尉奉車都尉並武散官駙馬自近代已來唯尚公主者授之奉車有唐已來無其人朝散大夫文散官游擊將軍武散官武德令有天策上將府主簿記室參軍九年省神龍令有庫谷斜谷監也

正第六品上階

太學博士武德令從六品已上貞觀年改太子詹事府丞太子司議郎太子舍人中郡長史武德令中州別駕從五品上貞觀年改也太子典膳藥藏郎京兆河南太原府諸縣令武德元年勅雍州諸縣令階從五品上七年定令改親王府掾屬武德令從五品下也武庫中尚署令武德令依上署令從七品下太極年改武庫令階開元年

改中尚令階諸衛左右司階中府果毅都尉鎮軍兵滿二萬人已上司馬已上職事官司階果毅爲武餘並爲文也親勳翊衛校衛衛官朝議郎文散官昭武校尉武散官驍騎尉勳官

正第六品下階

千牛備身左右衛官已上王公已下高品子孫起家爲之太子文學下州長史武德中下州別駕正六品貞觀二十三年改爲長史丞永淳元年諸州置別駕官天寶八載停別駕下郡置長史後上元二年諸州置別駕不廢下府長史也中州司馬武德令中州治中從五品下貞觀令改內謁者監中牧監上牧副監已上文職事官上鎮將武職事官武德令從四品下也承議郎文散官昭武副尉武散官武德令有天策上將府諸曹參軍事九年省也

從第六品上階

起居郎起居舍人尚書諸司員外郎武德令吏部員外郎正六品上諸司員外郎正六品下貞觀二年改八寺丞大理司直國子助教武德令從七品上城門符寶郎通事舍人祕書郎武德令正七品上著作佐郎武德令正七品上侍御醫武德乾封令正七品上神龍令從六品下開元改諸衛羽林長史兩京市署令武德四年進從五品上七年定令復舊也下州司馬武德令中下州治中正六品下親王文學主簿記室錄事參軍武德令親王府文學已上並正六品下也諸州上縣令已上文職事官諸率府左右司階武職事官鎮軍兵不

滿二萬人司馬（文職事官）左右監門校尉親勳翊衛旅帥（衛官）奉議郎（文散官）振威校尉（武散官）飛騎尉（勳官）

從第六品下階

侍御史（舊從七品上垂拱令改）少府將作國子監丞太子內直典設宮門郎太公廟令司農寺諸園苑監沙苑監下牧監宮苑總監副互市監中牧副監（已上文職事官）下府果毅都尉（武職事官）親王府校尉（衛官）通直郎（文散官）振威副尉（武散官）

正第七品上階

四門博士詹事司直左右千牛衛長史尚食尚藥直長太子左右衛司禦清道率府長史軍器監丞諸州中縣令京兆河南太原府司錄參軍事大都督大都護府錄事參軍事親王府諸曹參軍（已上文職事官武德令親王府功曹倉曹戶曹兵曹參軍事從五品下騎曹鎧曹田曹士曹水曹參軍事等七品下也）中鎮將（武職事官武德令從五品下）太子千牛親勳翊衛隊正副隊正（已上衛官）朝請郎（文散官）致果校尉（武散官）雲騎尉（勳官）

正第七品下階

尚衣尚舍尚乘尚輦直長太子通事舍人內寺伯京兆河南太原府大都督大都護府諸曹參軍中都督上都護府錄事參軍事諸倉諸冶司竹溫湯監諸衛左右中候上府別將（武德令別將正五品上後改為果毅聖曆三年復置別將）上府長史（武德令統軍長史正八品下也）上鎮副（武德令從五品下）下鎮將（武德令正六品下）下牧副監（已上職事官中候別將鎮副鎮將為武餘並為文也）宣德郎（文散官）致果副尉（武散官武德令又有天策上將府參軍事九年省又有鹽池鹽井監諸王百司問事謁者）

從第七品上階

殿中侍御史（武德至乾封令並正八品上垂拱年改）左右補闕太常博士太學助教（武德令從八品下也）門下錄事中書主書尚書都事九寺主簿太子詹事主簿太子左右內率監門率府長史太子侍醫太子三寺丞都水監丞諸州中下縣令親王府東西閤祭酒（武德令正六品下）京縣丞（萬年長安河南洛陽奉先會昌太原晉陽）下都督府上州錄事參軍中都督上都護府諸曹參軍事中府別將長史中鎮副（武德令正六品下已上職事官別將鎮副為武餘並為文）左右監門直長勳衛太子親衛（已上衛官）朝散郎（文散官）翊麾校尉（武散官）武騎尉（勳官）

從第七品下階

太史丞監局同御史臺少府將作國子監主簿御史臺國子監主簿舊正八品垂拱令改掖庭令宮闈
令上署令郊社太樂鼓吹太醫太官左藏令乘黃典客上林太倉平準常平左尚右尚典牧武德令有太廟諸陵典農中尚都水常平其左尚典牧
本中署右尚本下署開元初改之也諸州下縣令天寶五載一切爲中下縣諸陵署丞永徽二年加秩舊有太廟署丞武德爲九品永
徽二年加秩從七品上開元年省也司農寺諸園苑副監神龍令有諸冶副監宮苑總監丞下都督府諸曹
參軍太子內坊丞舊正八品上開元初改親王國令舊規流內正九品太極年改公主家令舊規流內正八品太
極年改上州諸參軍事下府別將長史下鎮副武德令從六品下諸屯監武德令有芳醞監神武令有漆
園監諸率府左右中候鎮軍滿二萬人以上諸曹判司已上職事官別將鎮副太中候爲武餘並爲文也
子左右監門直長親王府旅帥諸折衝府校尉已上衛官武德令諸府校尉正六品下也宣議郎文散
官翊麾副尉武散官

正第八品上階

監察御史舊從八品上垂拱令改協律郎諸衛羽林龍武軍錄事參軍事中署令鉤盾右藏織染
掌冶武德令有衣冠署令中州錄事參軍事太醫博士太子典膳藥藏丞軍器監主簿武庫
署丞舊從八品下開元初改兩京市署丞上牧監丞武德令從八品下神龍令有庫谷斜谷太尹陰陽監丞鎮軍不

滿二萬人以上諸曹判司（已上文職事官）翊衛太子勳衛親王府執仗執乘親事（已上衛官）

給事郎（文散官）宣節校尉（武散官。武德令有天策上將府典籤，九年省）

正第八品下階

奚官內僕內府局令下署令（太卜廩犧珍羞良醞掌醢守宮武器車府司儀崇玄導官中右校左校甄官河渠坊甲坊神龍令又有干檝二署令也）諸衛羽林龍武諸曹參軍事中州諸司參軍事親王府京兆河南太原府大都督大都護府參軍事（武德令親王府參軍從七品下雍州行參軍正八品上）尚藥局司醫京兆河南太原府諸縣丞太子內直宮門丞太公廟丞諸宮農圃監互市監丞司竹副監司農寺諸園苑監丞靈臺郎（已上文職事官）諸衛左右司戈上戍主（已上武職事官武德令有中鎮長史）備身（衛官）徵事郎（文散官）宣節副尉（武散官）

從第八品上階

左右拾遺太醫署針博士四門助教（武德令從九品上）左右千牛衛錄事參軍下州錄事參軍（武德令有中下州諸司參軍事）諸州上縣丞中牧監丞（武德令正八品上）京縣主簿太子左右衛司禦清道率府錄事參軍中都督府上都護府參軍親王府行參軍（武德令正八品上）

上京兆河南太原大都督府博士 武德令雍州博士從八品下 諸倉諸冶司竹溫湯監丞 武德
令有鹽池鹽井監丞神龍令有太和監丞 保章正 已上文職事官 太子翊衛諸府旅帥 已上衛官武德乾封令諸府旅帥正七品
下 承奉郎 文散官 禦侮校尉 武散官

從第八品下階

大理評事律學博士太醫署醫監太子左右春坊錄事左右千牛衛諸曹參軍
內謁者太子左右衛司禦淸道率府諸曹參軍事太子諸署令掖庭宮闈局丞
太史都水監主簿 太史爲局則省主簿 中書門下尚書都省兵吏部考功禮部主事 舊從九品
上開元二十四年改七司入八品其省內諸司依舊 上署丞 武德令有芳醞監丞 下都督府上州參軍事中都督府
上州博士諸州中縣丞諸王府典籤 武德令八品下 正 京縣尉親王國大司農 舊規流內正第
七品開元初改 公主家丞 舊規流內正第九品開元初改 諸屯監丞上關令上府兵曹上鎭倉曹兵曹
參軍事 武德令有下鎭長史 挈壺正 已上文職事官 中戍主上戍副率府左右司戈 已上武職事官 太子
備身親王府隊正 已上衛官 承務郎 文散官 禦侮副尉 武散官

正第九品上階

校書郎永徽令加入從八品下垂拱令復舊太祝太子左右內率監門府錄事參軍太子內方典直中署丞典客署掌客親勳翊衛府羽林兵曹參軍事岳瀆令諸津令下牧監丞武德令正八品下神龍令有漆園丞開元前令有沙苑丞諸州中下縣丞中郡博士武德令正九品下京兆河南太原府諸縣主簿武庫署監事已上並文職事官武德令有天策上將府錄事其武軍監事從九品下太極年改也儒林郎文散官仁勇校尉武散官

正第九品下階

正字永徽令改入上階垂拱令復舊太子校書永徽令改入上階垂拱令復舊奚官內僕內府局丞下署丞尚食局尚醫尚藥局醫佐尚乘局奉乘司庫司廩太司局司辰典廄署主乘太子左右內率監門率府諸曹參軍事太子三寺主簿詹事府錄事龍朔年置桂坊錄事咸亨年省太子親勳翊府兵曹參軍事諸州下縣丞諸州上縣中縣主簿中州參軍事武德令正九品上下州博士武德令中下州博士從九品上下州博士從九品下京兆河南太原府諸縣尉上牧主簿諸宮農圃監丞中關令中府兵曹親王國尉舊規流內正八品開元初改武德令有親王府鎮事及司閣上關丞武德令有上津尉諸衛左右執戟中鎮兵曹參軍下戍主已上職事官執戟戍主為武餘並為文

諸折衝府隊正衛官 發仕郎文散官 仁勇副尉武散官

從第九品上階

尚書諸司御史臺祕書省殿中省主事奉禮郎律學助教太子正字弘文館校書太史司曆太醫署醫助教京兆河南太原府九寺少府將作監錄事都督都護府上州錄事市令宮苑總監主簿中牧監主簿永徽令有監漕諸州中下縣主簿上縣中縣尉下府兵曹已上並職事文官 文林郎文散官 陪戎校尉武散官

從第九品下階

內侍省主事國子監親王府錄事太子左右春坊主事崇文館校書書學博士算學博士門下典儀太醫署按摩呪禁博士太卜署博士太醫署針助教太醫署醫正太卜署卜正太史局監候親王國丞舊規流內正第九品開元初改從正流內掖庭局宮教博士太子諸署丞太子典食署丞太子典廄牧署典乘諸監作諸監事計官太官署監膳太樂鼓吹署樂正大理寺獄丞下州參軍事武德令中下州行參軍正九品下州參軍從九品上中州下州醫博士諸州中縣下縣尉京縣錄事下牧監主簿下關令中關丞

諸衛羽林長上公主邑司錄事諸津丞下鎮兵曹參軍（武德令有諸橋諸堰丞）諸率府左右執戟已上（職事官長上執戟為武餘並為文）親王府隊副諸折衝府隊副（已上衛官）將佐郎（文散）陪戎副尉（武散官）

流內九品三十階之內又有視流內起居五品至從九品初以薩寶府親王國官及三師三公開府嗣郡王上柱國已下護軍已上勳官帶職事者府官等品開元初一切罷之今唯有薩寶祆正二官而已又有流外自勳品以至九品以為諸司令史贊者典謁亭長掌固等品視流外亦自勳品至九品開元初唯留薩寶祆祝及府史餘亦罷之職事者諸統領曹事供命王命上下相攝以持庶績近代已來又分為文武二職分曹置員各理所掌五品已上舊制吏部尚書進用自隋已後則中書門下知政事官訪擇聞奏然後下制授之三品已上德高委重者亦有臨軒冊授自神龍之後冊禮廢而不用朝廷命官制敕而已六品已上吏部選擬錄奏書旨授之有唐已來出身入仕者著令有秀才明經進士明法書算其次以流外入流若以門資入仕則先授親勳翊衛六番隨文武

簡入選例又有齋郎品子勳官及五等封爵屯官之屬亦有番第許同揀選天寶三載又置崇玄學習道德等經同明經例自餘或臨時聽勅不可盡載其秀才有唐已來無其人職事官資則清濁區分以次補授又以三品已下官及門下中書侍郎尚書左右丞諸司侍郎太常少卿太子少詹事左右庶子祕書少監國子司業爲清望官太子左右諭德左右衛左右千牛衛中郎將太子左右率府左右內率府率及副太子左右衛率府中郎將已上四品諫議大夫御史中丞給事中中書舍人太子中允中舍人左右贊善大夫洗馬國子博士尚書諸司郎中祕書丞著作郎太常丞左右衛郎將左右衛率府郎將已上五品起居郎起居舍人太子司議郎尚書諸司員外郎太子舍人侍御史祕書郎著作佐郎太學博士詹事丞太子文學國子助教已上六品左右補闕殿中侍御史太常博士四門博士詹事司直太學助教已上七品左右拾遺監察御史四門助教已上八品爲清官自外各以資次遷授開元中裴光庭爲吏部尚書始用循資格以注擬六品已下選人其後每年雖小有移改然相承至今用之武散官舊謂之散位不理職務

加官而已後魏及梁皆以散號將軍記其本階自隋改用開府儀同三司已下貞觀年又分文武入仕者皆帶散位謂之本品以門資出身者諸嗣王郡王出身從四品下親王諸子封郡公者從五品上國公正六品上郡公正六品下縣公從六品上侯正七品上伯正七品下子從七品上男從七品下皇帝緦麻以上親皇太后周親出身六品上皇太后大功親皇后周親從六品上皇帝袒免親皇太后小功緦麻親皇后大功親正七品上皇后小功緦麻親皇太子妃周親從七品上其外戚各依服屬降宗親二階敘諸娶郡主者出身六品上娶縣主者正七品上郡主子出身從七品上縣主子從八品上一品子正七品上二品子正七品下三品子從七品上從三品子從七品下正四品子正八品上從四品子正八品下正五品子從八品上從五品及國公子從八品下三品以上蔭曾孫五品以上蔭孫孫降子一等曾孫降孫一等諸秀才出身上上第正八品上上中第正八品下上下第從九品上明經出身上上第從八品下上中第從九品上進士明經出身甲第從九品上乙第從九品下若通二經已外每一

經加一等勳官預文武選者上柱國正六品上敘以下遞降一階凡入仕之後
遷代則以四考爲限四考中中進年勞一階敘每一考中上進一階一考上下
進二階五品已上非恩制所加更無進之令自武德至乾封未有泛階之恩應
入三品者皆以恩舊特拜入五品者多依選敘計階至朝散大夫已上奏取進
止每年量多少進敘餘並依本品授官若滿三計至即一切聽入至乾封元年
文武普加二階永淳元年二月勅文武官累積勞効計三品一計至者多未甄
擢再計至者隨例必昇賢愚一貫自今已後一計至已上有在官清慎狀迹灼
然材堪應務者所司具狀錄奏當與進階若公正無聞循默自守及未經任州
縣官者雖頻經計至不在加階之限即爲恆例弘道元年又普加一階乃有九
品職事及三衛階高者並入五品則天朝泛階漸多始令仕經八考職事六品
者許入萬歲通天元年勅自今已後文武官加階應入五品者並取出身已歷
十二考已上進階之時見居六品官其應入三品人出身已二十五考以上進
階見居三品官無幾入五品又加至十六考神功元年制勳官品子流外國官

出身不得任清資要官應入三品不得進階開元已來伎術者經二十考三省
都事及主事錄事十八考亦聽敘吏部檢勘歷任階考判成錄奏每制之日應
入三品五品者皆令人參趁或是遠方牧宰諸司閑職齎持金帛贈遺主典知
加階令史乃有受納萬數者臺省要職以加位爲榮亦有遺主典錢帛者舊例
開府及特進雖不職事皆給俸祿預朝會行立在於本品之次光祿大夫已下
朝散大夫已上衣服依本品無祿俸不預朝會朝議郎已下黃衣執笏於吏部
分番上下承使及親驅使甚爲猥賤每當上之時至有爲主事令史守局鑰執
鞭帽者兩番已上則隨番許簡通時務者始令參選一登職事已後雖官有代
滿即不復番上勳官者出於周齊交戰之際本以酬戰士其後漸及朝流階爵
之外更爲節級周置上開府儀同三司開府儀同三司上儀同三司儀同三司
等十一號隋文帝因周之舊更增損之有上柱國柱國上大將軍大將軍上開
府儀同三司開府儀同三司上儀同三司儀同三司大都督帥都督都督起正
二品至七品總十一等用賞勳勞煬帝又改爲左光祿大夫右光祿大夫金紫

光祿大夫銀青光祿大夫正議大夫朝請大夫朝散大夫建節奮武尉宣惠尉十一等以代都督已上又增置綏德懷仁守義奉誠立信等五尉以至從九品武德初雜用隋制至七年頒令定用上柱國柱國上大將軍大將軍上輕車都尉輕車都尉上騎都尉騎都尉驍騎尉飛騎尉雲騎尉武騎尉凡十二等起正二品至從七品貞觀十一年改上大將軍爲上護軍大將軍爲護軍自外不改行之至今永徽已後以國初勳名與散官名同年月既久漸相錯亂咸亨五年三月更下詔申明各以類相比武德初光祿大夫比今日上柱國左光祿大夫比柱國右光祿大夫及上大將軍比上護軍金紫光祿大夫及將軍比護軍銀青光祿大夫及上開府比上輕車都尉正議大夫及開府比輕車都尉通議大夫及上儀同三司比上騎都尉朝請大夫及儀同比騎都尉上大都督比驍騎尉大都督比飛騎尉帥都督比雲騎尉都督比武騎尉自是已後戰士授勳者動盈萬計每年納課亦分番於兵部及本郡當上省司又分支諸曹身應役使有類僮僕據令乃與公卿齊班論實在於胥吏之下蓋以其猥多又出自兵卒

所以然也武德初以諸道軍務事繁分置行臺尚書省其陝東道大行臺尚書省令一人（正第二品）掌管內軍人總判省事僕射一人（從第二品三品任置）掌貳令事左丞一人（正第四品下）右丞一人（正第四品下）掌分司糾正省內都事一人（從第七品上）主事四人（從第九品上諸司主事並同）並掌同京省兵部尚書一人（正第四品諸尚書並同）兼掌吏部事司勳郎中一人（正第五品上諸郎中並同）主事一人考功郎中一人主事一人兵部郎中一人主事二人駕部郎中一人主事二人民部尚書一人兼掌禮部事禮部郎中一人主事一人膳部郎中一人主事一人度支郎中一人主事二人倉部郎中一人主事二人工部尚書一人兼掌刑部事刑部郎中一人主事一人都官郎中一人主事一人工部郎中一人主事一人屯田郎中一人主事一人每郎中兼京省二司（各有令史書令史及掌固並流外）食貨監一人（正第八品下諸監同）掌膳羞財物賓客鋪設音樂醫藥事丞二人（正第九品下諸監丞同）農圃監一人掌倉廩園圃柴炭芻藁運漕之事丞四人武器監十人掌兵仗廐牧之事丞二人百工監一人掌舟車及營造雜作之事丞四人（各有錄事及府史典事掌固等並流外）諸道行臺尚書省（益州道襄州道東南道河東道河北道）令一人（從第

二品掌同陝東道大行臺僕射一人正第三品左右任置丞一人左右任置左丞從四品上右丞從四品下都事二人正第八品上主事二人兵部尚書一人從第三品諸尚書同兼掌吏部禮部事考功郎中一人從第五品上諸郎中並同主事二人從第九品下諸主事同膳部郎中一人主事二人兵部郎中二人主事二人民部尚書一人兼掌刑部工部倉部郎中二人主事二人刑部郎中一人主事二人屯田郎中一人主事二人每郎中兼掌京省三司各有令史書太史掌固並流外也倉貨監一人從八品上武器監同兼掌農圃監事丞一人監掌百工監事丞二人兩監各有錄事府史典事掌固等並流外時秦王齊王府官之外又各置左右六護軍府及左右親掌帳內府其左一右一護軍府護軍各一人正第四品下掌率統軍已下侍衛陪從副護軍各二人從四品下長史各一人從七品下錄事參軍各一人從八品有錄事及府史並流外倉曹參軍事各一人兵曹參軍事各一人鎧曹參軍事各一人並正九品下各有府史並流外統軍各五人別將各十人分掌領親勳衛及外軍左二右二護軍府左三右三護軍府各減統軍三人別將六人餘職員同左一右一府其左右親軍府統軍各一人正四品下掌率左右別將侍衛陪從長史一人正八品下錄事參軍事各一人正九品上有錄事及府史並流外

兵曹參軍事各一人鎧曹參軍事各一人並正九品下各有府史並流外左別將各一人右別將各一人正五品下掌率親事以上侍衛陪從其帳內府職員品秩與統軍府同又有庫直及驅咥直庫直隸親事府驅咥直隸帳內府各於左右內選才堪者量事置之武德四年太宗平洛陽之後又置天策上將府官員天策上將一人掌國之征討總判府事長史司馬各一人從事中郎二人並掌通判府事軍諮祭酒二人謀軍事贊相禮儀宴接賓客典籤四人掌宣傳導引之事主簿二人掌省覆教命錄事二人記室參軍事二人掌書疏表啓宣行教命功曹參軍事二人掌官員假使儀式醫藥選舉考課祿恤鋪設等事倉曹參軍二人掌糧廩公廨田園廚膳過所等事兵曹參軍事二人掌兵士簿帳差點等事騎曹參軍事二人掌馬驢雜畜簿帳及牧養支料草粟等事鎧曹參軍事二人掌戎仗之事士曹參軍事二人掌營造及罪罰之事六曹並有令史書令史參軍事六人掌出使及雜檢校之事其陝東道大行臺尚書令及天策上將太宗在藩爲之及升儲並省之山東道行臺武德五年省餘道九年省

舊唐書卷四十二

舊唐書卷四十二考證

職官志一玄宗以中官高力士袁思藝承恩遇特置內侍監兩員秩正三品以授之○新書作從三品

御史大夫舊班在祕書監九卿下開元令移在上○新書會昌三年升正三品

黃門侍郎中書侍郎舊正四品下階開元令加入上階○新書大曆二年升正三品

諫議大夫御史中丞正五品上○新書會昌二年升入正四品下

太史丞從第七品下○新書正六品上乾元元年升從四品上

監察御史舊從八品上垂拱令改正八品上○新書正八品下

每制之日應入三品五品者皆令人參趁○每制之日句疑有脫譌

舊唐書卷四十二考證

舊唐書卷四十三

後晉司空同中書門下平章事劉昫撰

職官志第二十三

職官二

太師太傅太保各一員謂之三師並正一品後漢初太傅置府寮至周隋三師不置府寮初拜於尚書省上隋煬帝廢三師之官武德復置一如隋制三師訓導之官天子所師法大抵無所統職然非道德崇重則不居其位無其人則闕之

太尉司徒司空各一員謂之三公並正一品魏晉至北齊三公置府寮隋初亦置府寮初拜於尚書省上唐因之武德初太宗爲之其後親王拜三公皆不視事祭祀則攝者行也三公論道之官也蓋以佐天子理陰陽平邦國無所不統故不以一職名其官大祭祀則太尉亞獻司徒奉俎司空掃除

尚書都省龍朔二年改爲中臺光宅元年改爲文昌臺神龍初復尚書省領二十四司六尚書各分領四司尚書令一員正二品武德中太宗爲之自是闕而不置令總領百官儀刑端揆其屬有六尚書一曰吏部二曰戶部三曰禮部四曰兵部五曰刑部六曰工部凡庶務皆會而決之左右僕

射各一員從二品龍朔二年改爲左右匡政光宅元年改爲文昌左右相開元元年改爲左右丞相天寶元年復爲左右僕射掌統理六官綱紀庶務以貳令之職自不置令僕射總判省事御史糺劾不當兼得彈之左右丞各一員左丞正四品上右丞正四品下龍朔改爲左右肅機咸亨復永昌元年昇爲從三品也如意元年復四品也左丞掌管轄諸司糺正省內勾吏部戶部禮部十二司通判都省事若右丞闕則併行之右丞管兵部刑部工部十二司若左丞闕右丞兼知其事御史有糺劾不當兼得彈之左右司郎中各一員並從五品上隋置武德初省貞觀初復置龍朔二年改爲左右丞務咸亨復也左司郎中副左丞所管諸司事省署鈔目勘稽失知省內宿直之事若右司郎中闕則併行之左右司員外郎各一員天后永昌元年置左右司員外郎各一人神龍初省後復置左右司郎中員外郎各掌副十有二司之事以舉正稽違省署符目焉凡都省掌舉諸司之綱紀與百寮之程式以正邦理以宣邦教凡上之所以逮下其制有六曰制勅冊令教符天子曰制曰勅曰冊皇太子曰令親王公主曰教尚書省下於州州下縣縣下鄉皆曰符也凡下之所以達上其制亦有六曰表狀牋啓辭牒表上於天子其近臣亦爲狀牋啓上皇太子然於其長亦爲之非公文所施有品已上公文皆曰牒庶人言曰辭也諸司自相質問其義有三關刺移關謂關通其事刺謂刺舉之移謂移其事於他司移則通判之官皆連署也

凡內外百司所受之事皆印其發日為之程限凡尚書省施行制敕案成則給程以鈔之若急速者不出其日若諸州計奏達于京師量事之大小與多少以為之節凡京師諸司有符移關牒下諸州者必由於都省以遣之凡文案既成勾司行朱訖皆書其上端記年月日納諸庫凡施行公文應印者監印之官考其事目無差然後印之必書於曆每月終納諸庫凡尚書省官每日一人宿直都司執直簿轉以為次凡內外百寮日出而視事既午而退有事則直官省之其務繁不在此例凡天下制敕計奏之數省符宣告之節率以歲終為斷京師諸司皆以四月一日納于都省其天下諸州則本司推校以授勾官勾官審之連署封印附計帳使納于都省常以六月一日都事集諸司令史對覆若有隱漏不同皆附于考課焉主事六人(從九品上)令史十八人書令史三十六人亭長六人掌固十四人(凡令史掌案文簿亭長掌固檢校省門戶倉庫廳事陳設之事也)

吏部尚書一員(正三品龍朔二年改為司列太常伯光宅元年改為天官尚書神龍復為吏部尚書也)侍郎二員(正四品上隋煬帝大業三年尚書六曹各置侍郎一人以二尚書之職並正四品國家定令諸曹侍郎降為正四品下唯吏部侍郎為正四品上龍朔改為司列少常伯咸亨

復總章元年吏部兵部各增置侍郎一員也尚書侍郎之職掌天下官吏選授勳封考課之政令其屬有四一曰吏部二曰司封三曰司勳四曰考功總其職務而行其制命凡中外百司之事由於所屬皆質正焉凡選授之制每歲集於孟冬去王城五百里之內以上旬千里之內以中旬千里之外以下旬尚書侍郎分爲三銓尚書爲尚書銓侍郎二人分爲中銓東銓也凡擇人以四才校功以三實四才謂身言書判其優長者有可取焉三實謂德行才用勞効德均以才才均以勞勞必考其實而進退之較之優劣而定其留放所以正權衡明與奪抑貪冒進賢能然後據其官資量其注擬五品已上以名上中書門下聽制授其官六品已下量資任定其才職頗高可擢爲拾遺補闕監察御史者亦以名送中書門下聽勅授其有歷職清要考第頗深者得隔品授之不然即否凡出身非清流者不注清資官凡注官若官資未相當及以爲非便者聽至三注凡伎術之官皆本司定送吏部附甲凡同司聯事勾檢之官皆不得注大功已上親凡皇親諸親及軍功兼注員外郎凡注擬必先具官階團甲送門下以聞注官階高擬卑曰行階卑擬高曰守三銓注擬訖皆當銓團甲過左右僕射若中銓東銓則過尚書訖乃上門下省給事中讀黃門侍郎省侍中審然後進甲以聞聽旨授而施行焉若左右僕射門下批官不當者別改注亦當重職而上者也凡大選終於季春之月若選人有身在軍旅則軍中試

書判封送吏部亦有春中下解而後集謂之春選若優勞人有勑則有處分及卽與官者並聽非時選一百日內注擬之所以定九流之品格補萬方之闕政官人之道備焉郎中二員並從五品上龍朔爲司列大夫咸亨光宅並隨曹改也員外郎二員並從六品上令史三十人書令史六十人亭長八人掌固十二人郎中一人掌考天下文吏之班秩階品凡敘階二十有九品在都序自一品至九品有上下凡散官四品已下九品已上並於吏部當番上下其應當番四十五日若都省須人送符諸司須人者並兵部吏部散官上經兩番已上聽簡入選不第者依番名不過五六也凡敘階之法有以封爵有以親戚有以勳庸有以資蔭有以秀孝有以勞考有除免而復敘者皆循法以申之無或枉冒凡應入三品五品者皆待別制而進之不然則否凡文武百寮之班序官同者先爵爵同者先齒凡京司有常參者謂五品以上職事官八品已上供奉官員外郎監察御史太常博士供奉官兩省自侍中中書令已下盡名供奉官諸司長官清望官四品已下八品已上清官每日以六品已上清官兩人待制於衙供奉官宿衞官不在此例凡授四品已下清望官才職相當不應退讓凡職事官應覲省及移疾不得過程年七十已上應致仕若齒力未衰亦聽釐務凡官人身及同居大功已上親自執工商家專其業及風疾使酒

皆不得入仕凡內外官有清白著聞應以名薦則中書門下改授五品已上量加升進六品已下有付吏部卽量等第遷轉若第二第三等人五品已上改日稍優之六品已下秩滿聽選不在放限其嶺南黔中三年一置選補使號爲南選凡天下官吏各有常員凡諸司置直皆有定數（諸司諸色有品直官）內外官吏則有假寧之節行李之命簿書景迹功賞殿最具員與員外郎分掌之郎中一人掌小銓亦分爲九品通謂之行署以其在九流之外故謂之流外銓亦謂之小選其校試銓注與流內銓略同其吏部兵部禮部考功都省御史臺中書門下謂之前八司其餘則曰後行凡擇流外取工書計兼頗曉時務（三事中有一優長則在敘限）每經三考轉選量其才能而進之不則從舊任（小銓舊委郎中專知開元二十五年又勑銓試訖留放皆尙書侍郎定之）

也員外郎一人掌判南曹（曹在選曹之南故謂之南曹）每歲選人有解狀簿書資歷考課必由之以覈其實乃上三銓其三銓進甲則署焉　員外郎一人掌判曹務凡預太廟齋郎帖試如貢舉之制

司封郎中一員（從五品上隋曰主爵郎武德因之龍朔二年改爲司封大夫光宅改司封郎中也）司封員外郎一員（從六

品上主事二人從九品上令史四人書令史九人掌固四人　司封郎中員外郎之職掌國之封爵凡有九等一曰王正一品食邑一萬戶二曰郡王從一品食邑五千戶三曰國公從一品食邑三千戶四曰郡公正二品食邑二千戶五曰縣公從二品食邑一千五百戶六曰縣侯從三品食邑一千戶七曰縣伯正四品食邑七百戶八曰縣子正五品食邑五百戶九曰縣男從五品食邑三百戶凡名山大川及畿內諸縣皆不以封至郡公有餘爵聽迴授子孫其國公皆特封凡天下觀有定數每觀立三綱以道德高者充凡三元諸齋曰修金籙明真等齋凡道士女道士簿籍三年一造凡外命婦之制皇之姑封大長公主皇姊妹封長公主皇女封公主皆視正一品皇太子之女封郡主視從一品王之女封縣主視正二品王母妻爲妃一品及國公母妻爲國夫人三品已上母妻爲郡夫人五品若勳官三品有封母妻爲縣君散官並司職事勳官四品有封母妻爲鄉君其母邑號皆加太字各視其夫子之品若兩有官爵者從其高若內命婦一品之母爲正四品郡君二品之母爲從四品郡君三品四品之母並爲正五品郡君凡婦人不因夫及子而別加邑號夫人云某品夫人郡君爲某品郡君縣君鄉君亦然凡庶子有五品已上官皆封嫡母無嫡母封所

生母凡二王後夫人職事五品已上散官三品已上王及國公母妻朝參各視其夫及子之禮凡親王孺人二人視正五品媵十人視正六品嗣王郡王及一品媵十人視從六品二品媵八人視正七品三品及國公媵六人視從七品四品媵四人視正八品五品媵三人視從八品降此外皆爲妾凡皇家五等親及諸親三等存亡昇降皆立簿書籍每三年一造除附之制並載於宗寺司勳郎中一員從五品上隋曰司勳郎武德初乃加中字龍朔改爲司勳大夫咸亨復也司勳員外郎二員從六品上主事四人從九品上令史三十三人書令史六十人掌固四人　郎中員外郎之職掌邦國官人之勳級凡勳十有二轉爲上柱國比正二品十一轉爲柱國比從二品十轉爲上護軍比正三品九轉爲護軍比從三品八轉爲上輕車都尉比正四品七轉爲輕車都尉比從四品六轉爲上騎都尉比正五品五轉爲騎都尉比從五品四轉爲驍騎尉比正六品三轉爲飛騎尉比從六品二轉爲雲騎尉比正七品一轉爲武騎尉比從七品凡有功効之人合授勳官者皆委之覆定然後奏擬

考功郎中一員從五品上龍朔二年改為司績大夫咸亨初乃復考功員外郎一員從五品上龍朔改為司績員外郎咸亨復主事三人從八品上令史十三人書令史二十五人掌固四人郎中員外郎之職掌內外文武官吏之考課凡應考之官家具錄當年功過行能本司及本州長官對衆讀議其優劣定為九等考第各於所由司準額校定然後送省內外文武官量遠近以程之有差附朝集使送簿至省每年別勅定京官位望高者二人其一人校京官考一人校外官考又定給事中中書舍人各一人其一人監京官考一人監外官考郎中判京官考員外郎判外官考其檢覆同者皆以功過上使京官則集應考之人對讀注定外官對朝集使注定凡考課之法有四善一曰德義有聞二曰清慎明著三曰公平可稱四曰恪勤匪懈善狀之外有二十七最其一曰獻可替否拾遺補闕為近侍之最其二曰銓衡人物擢盡才良為選司之最其三曰揚清激濁褒貶必當為考校之最其四曰禮制儀式動合經典為禮官之最其五曰音律克諧不失節奏為樂官之最其六曰決斷不滯與奪合理為判事之最其七曰都統有方警守無失為宿衛之最其八曰兵士

調習戎裝充備爲督領之最其九曰推鞫得情處斷平允爲法官之最其十曰讎校精審明爲刊定爲校正之最其十一曰承旨敷奏吐納明敏爲宣納之最其十二曰訓導有方生徒充業爲學官之最其十三曰賞罰嚴明攻戰必勝爲將帥之最其十四曰禮義興行肅清所部爲政教之最其十五曰詳錄典正辭理兼舉爲文吏之最其十六曰訪察精審彈舉必當爲糺正之最其十七曰明於勘覆稽失無隱爲勾檢之最其十八曰職事修理供承強濟爲監掌之最其十九曰功課皆充丁匠無怨爲役使之最其二十曰耕耨以時收穫成課爲屯官之最其二十一曰謹於蓋藏明於出納爲倉庫之最其二十二曰推步盈虛究理精密爲曆官之最其二十三曰占候醫卜効驗居多爲方術之最其二十四曰譏察有方行旅無壅爲關津之最其二十五曰市廛不擾姦濫不作爲市司之最其二十六曰牧養肥碩蕃息孳多爲牧官之最其二十七曰邊境肅清城隍修理爲鎮防之最一最以上有四善爲上上一最以上有三善或無最而有四善爲上中一最以上爲二善或無最而有三善爲上下一最以上而有一

善或無最而有二善爲中上一最以上或無最而有一善爲中中職事粗理善最不聞爲中下愛憎任情處斷乖理爲下上背公向私職務廢闕爲下中居官諂詐貪濁有狀爲下下若於善最之外別可加尙及罪雖成殿情狀可矜雖不成殿而情狀可責者省校之日皆聽考官臨時量定內外官從見任改爲別官者其年考從日申校百司量其閑劇諸州據其上下進考之人皆有定限苟無其功不要充數功過於限亦聽量進其流外官本司量其行能功過立四等考第而勉進之凡親勳翊衛皆有考第考第之中略有三等衛主帥如三衛之考其監門校尉直長如主帥之考凡謚議之法古之通典皆審其事以爲旌別

戶部尙書一員 正三品隋爲民部尙書貞觀二十三年改爲戶部明慶元年改爲度支龍朔二年改爲司元太常伯光宅元年改爲地官尙書神龍復爲戶部 侍郎二員 正四品下因隋已來改易名位皆隨尙書也 尙書侍郎之職掌天下田戶均輸錢穀之政令其屬有四一曰戶部二曰度支三曰金部四曰倉部總其職務而行其制命凡中外百司之事由於所屬皆質正焉 郎中二員 並五品上 員外郎二員 從六品上郎中員外自隋已來隨曹改易 主事四人 從九品上 令史十五人書令史三十四人亭長六

人掌固十人　郎中員外之職掌分理戶口井田之事凡天下十道任土所出爲貢賦之差凡天下之州府三百一十有五而羈縻之州迨八百焉四萬戶已上爲上州二萬戶以上爲中州不滿爲下州凡三都之縣在內曰京縣城外曰畿又望縣有八十五焉其餘則六千戶以上爲上縣二千戶已上爲中縣一千戶已上爲中下縣不滿一千戶皆爲下縣凡天下之戶八百一萬八千七百一十口四千六百二十八萬五千一百五十一百戶爲里五里爲鄉兩京及州縣之郭內分爲坊郊外爲村里及坊村皆有正以司督察四家爲鄰五鄰爲保保有長以相禁約凡男女始生爲黃四歲爲小十六爲中二十有一爲丁六十爲老每一歲一造計帳三年一造戶籍縣以籍成于州州成于省戶部總而領焉凡天下之戶量其資定爲九等每定戶以仲年造籍以季年州縣之籍恆留五日省籍留九日凡戶之兩貫者先從邊州爲定次從關內次從軍府州若住者各從其先貫焉樂住之制居狹鄉者聽其從寬居遠道者聽其從近居輕役之地者聽其從重辨天下之四人使各專其業習學文武者爲士肆力耕桑者爲

農巧作器用者爲工屠沽興販者爲商工商之家不得預於士食祿之人不得奪下人之利凡天下之田五尺爲步步二百有四十爲畝畝百爲頃度其肥瘠寬狹以居其人凡給田之制有差園宅之地亦如之凡給口分田皆從便近居城之人本縣無田者則隔縣給授凡應收授之田皆起十月畢十二月凡授田先課後不課先貧後富先多後少凡州縣界內所部受田悉足者爲寬鄉不足者爲狹鄉凡官人及勳授永業田凡天下諸州有公廨田凡諸州及都護府官人有職分田凡賦人之制有四一曰租二曰調三曰役四曰課戶每丁租粟二石其調隨鄉土所產綾絹絁各二丈布加五分之一輸綾絹者緜三兩輸布者麻三斤皆書印焉凡丁歲役二旬無事則收其庸每日三尺有事而加役者旬有五日免調三旬則租調俱免凡庸調之物仲秋斂之季秋發於州租則準州土收穫早晚量事而斂之仲冬起輸孟春而納畢本州納者季冬而畢凡諸國蕃胡內附者亦定爲九等凡嶺南諸州稅米及天下諸州稅錢各有準常凡丁戶皆有優復蠲免之制若孝子順孫義夫節婦志行聞於鄉閭者州縣申省奏

聞而表其門閭同籍悉免課役有精誠致應者則加優賞焉凡京師文武職事官皆有防閤凡州縣官寮皆有白直凡州縣官及在外監官皆有執衣凡諸親王府屬並給士力具品數如白直凡有功之臣賜實封者皆以課戶充凡食封皆傳于子孫凡庶人年八十及篤疾給侍丁一人九十給二人百歲三人凡天下朝集使皆以十月二十五日至京師十一月一日戶部引見訖於尚書省與羣官禮見然後集于考堂應考績之事元日陳其貢篚於殿廷凡京都諸縣令每季一朝

度支郎中一員（從五品上龍朔改為司度大夫咸亨復）員外郎一員（從六品上）主事二人（從九品上）令史十六人書令史三十三人計史一人掌固四人　郎中員外之職掌判天下租賦多少之數物產豐約之宜水陸道途之利每歲計其所出而度其所用轉運徵斂送納皆準程而節其遲速凡和糴和市皆量其貴賤均天下之貨以利於人凡金銀寶貨綾羅之屬皆折庸調以造凡天下舟車水陸載運皆具為脚直輕重貴賤平易險澀而為之制凡天下邊軍有支度使以計軍資糧仗之用每歲

所費皆申度支會計以長行旨為準

金部郎中一員從五品上龍朔為司珍大夫咸亨復員外郎一員從六品上主事三人從九品上令史八人書令史二十一人計史一人掌固四人　郎中員外郎之職掌判天下庫藏錢帛出納之事頒其節制而司其簿領凡度以北方秬黍中者一黍之廣為分十分為寸十寸為尺一尺二寸為大尺十尺為丈凡量以秬黍中者容一千二百為籥二籥為合十合為升十升為斗三斗為大斗十斗為斛凡權衡以秬黍中者百黍之重為銖二十四銖為兩三兩為大兩十六兩為斤凡積秬黍為度量權衡調鐘律測晷景合湯藥及冠冕之制用之內外官私悉用大者凡庫藏出納皆行文牓季終會之若承命出納則於中書門下省復而行之百司應請月俸符牒到所由皆遞覆而行之乃置木契與應出物之司相合凡官私互市物數有制凡縑帛之類有長短廣狹端疋屯綟之差凡賜十段其率絹三疋布三端綿三屯若雜綵十段則絲布二疋紬二疋綾二疋縵四疋若賜蕃客錦綵率下段則錦一張綾二疋縵三疋綿四屯凡遣使覆囚則給時服若諸使經二年

不還亦如之凡時服稱一具者全給之一副者減給之正冬之會稱束帛有差者皆賜絹五品已上五疋六品已下三疋命婦視其夫子

倉部郎中二員（從五品上龍朔爲司度大夫咸亨復也）員外郎一員（從六品上）主事三人（從九品上）令史九人書令史二十人計史一人掌固四人

郎中員外之職掌判天下倉儲受納租稅出給祿廩之事凡中外文武官品秩有差歲再給之乃置木契一百枚以與出給之司合諸司官人及諸色人應給食者皆給米凡致仕之官五品已上及解官充侍者各給半祿即還官者通計前祿以充後數凡都已東租納含嘉倉自含嘉轉運以實京太倉自洛至陝爲陸運自陝至京爲水運置使以監充之凡王公已下每歲田苗皆有簿書凡義倉所以備歲不足常平倉所以均貴賤也

禮部尚書一員（正三品隋舊龍朔改爲司禮太常伯光宅改爲春官尚書神龍復也）侍郎一員（正四品下名因隋曹改易也）

尚書侍郎之職掌天下禮儀祭享貢舉之政令其屬有四一曰禮部二曰祠部三曰膳部四曰主客總其職務而行其制命凡中外百司之事由於所屬皆質

正焉凡舉試之制每歲仲冬率與計偕其科有六一曰秀才（試方略策五條此科取人稍峻貞觀已後遂絕）二曰明經三曰進士四曰明法五曰書六曰算凡此六科求人之本必取精究理實而昇爲第其有博綜兼學須加甄奬不得限以常科其弘文崇文館學生雖同明經進士以其資蔭全高試取粗通文義其郊社齋郎簡試如太廟齋郎其國子監大成十二員取明經及第人聰明灼然者試日誦千言并口試仍策所習業十條通七然後補充各授散官依舊令於學內習業以通四經爲限

郎中一員（從五品上）員外郎一員（從六品上隋曰儀曹郎武德改禮部郎中員外龍朔爲司禮大夫司禮員外咸亨復）主事二人（從八品上）令史五人書令史十一人亭長六人掌固八人

郎中員外郎之職掌貳尚書侍郎舉其儀制而辯其名數凡五禮之儀一百五十有二一曰吉禮其儀五十有五二曰賓禮其儀有六三曰軍禮其儀二十有三四曰嘉禮其儀五十五曰凶禮其儀一十有八凡元日大陳設於含元殿服袞冕臨軒展宮懸之樂陳歷代寶玉輿輅備黃麾仗二王後及百官朝集使皇親並朝服陪位大會之日陳設如初凡冬至大陳設如元正之儀其異者無諸州表奏祥瑞貢

獻凡元正冬至大會之明日百官朝集使等皆詣東宮慶賀凡千秋節御樓設九部之樂百官袴褶陪位凡京司文武職事九品已上每朔望朝參五品已上及供奉官員外郎監察御史太常博士每日參凡諸蕃國來朝皆設宮懸之樂及黃麾仗若蕃國使則減黃麾之半凡冊皇后太子太子妃諸王諸王妃公主並臨軒冊命陳設如冬正之儀訖皆拜太廟凡祥瑞皆辯其名物有大瑞上瑞中瑞皆有等差凡太陽虧所司預奏其日置五鼓五兵於太社而不視事百官各素服守本司不聽事過時乃罷月蝕則擊鼓於所司若五嶽四鎮四瀆崩竭皆不視事三日凡二分之月三公巡行山陵則太常卿爲之副凡百官拜禮各有差致敬之士若非連屬應敬之官相見或自親戚者各從其私禮凡樂有五聲八音六律六呂陳四懸之度分二舞之節以和人倫以調節氣以享鬼神以序賓客凡私家不得設鐘磬三品已上得備女樂五品女樂不得過三人居大功已上喪受冊及之官雖有鼓樂從而不作凡太廟太社及諸宮殿門東宮及一品已下諸州施戟有差凡內外百官皆給銅印有魚符之制（並出於門下省）凡服飾

尚黃旗幟尚赤天子皇后太子已下之服（事在輿服志也）凡百寮冠笏纖幰珂珮各有差常服亦如之凡凶服不入公門凡授都督刺史階未入五品者並聽著緋珮魚離任則停凡文武官赴朝詣府導從各有差凡職事官薨卒有賻贈柳翣碑碣各有制度

祠部郎中一員（從五品上龍朔爲司禋大夫咸亨復）員外郎一員（從六品上）主事二人（從九品上）令史五人書令史十一人亭長六人掌固八人　郎中員外郎之職掌祠祀享祭天文漏刻國忌廟諱卜筮醫藥僧尼之事凡祭祀之名有四一曰祀天神二曰祭地祇三曰享人鬼四曰釋奠于先聖先師其差有三若昊天上帝皇地祇神州宗廟爲大祀（祀天地皆以祖宗配享）日月星辰社稷先代帝王岳鎮海瀆帝社先蠶孔宣父齊太公諸太子廟爲中祀司中司命風師雨師衆星山林川澤五龍祠等及州縣社稷釋奠爲小祀大祀皇帝親祭則太尉爲亞獻光祿卿爲終獻若有司攝事則太尉爲初獻太常卿爲亞獻凡大祀散齋四日致齋三日大祀齋官皆於散齋日平明集尚書省受誓誡中祀散齋三日致齋二日小祀散齋二日致齋一

日皆祀前習禮沐浴並給明衣凡官爵二品已上祠四廟五品已上祠三廟六品已下達於庶人祭祖禰而已凡國有封禪之禮則依圓丘方澤之神位凡天下寺有定數每寺立三綱以行業高者充（諸州寺總五千三百五十八所三千二百三十五所僧二千一百二十二所尼每寺上座一人寺主一人都維那一人）凡僧簿籍三年一造凡別勑設齋應行道並官給料凡國忌日兩京大寺各二以散齋僧尼文武五品已上清官七品已上皆集行香而退天下州府亦然凡遠忌日雖不廢務然非軍務急切亦不舉事餘如常式

膳部郎中一員（從五品上龍朔爲司膳大夫咸亨復也）員外郎一員（從六品上）主事二人（從九品上）令史四人書令史九人掌固四人　郎中員外郎之職掌邦之祭器牲豆酒膳辨其品數及藏冰食料之事

主客郎中一員（從五品上隋曰司蕃郎武德改主客郎中龍朔爲司蕃大夫咸亨復）員外郎一員（從六品上）主事二人（從九品上）令史四人書令史九人掌固四人　郎中員外郎之職掌二王後及諸蕃朝聘之事二王之後酅公介公凡四蕃之國經朝貢之後自相誅絕及有罪滅者蓋三百餘國今所存者七十餘蕃其朝貢之儀享宴之數高下之等往來之

命皆載於鴻臚之職焉

兵部尚書一員（正三品南朝謂之五兵尚書隋曰兵部尚書龍朔改為司戎太常伯咸亨復也）侍郎二員（正四品下龍朔為司戎少常伯咸亨復）尚書侍郎之職掌天下武官選授及地圖與甲仗之政令其屬有四一曰兵部二曰職方三曰駕部四曰庫部總其職務而行其制命凡中外百官之事由於所屬咸質正焉凡選授之制每歲集於孟冬去王城五百里以上旬千里之內以中旬千里之外以下旬尚書侍郎分為三銓（尚書為中銓侍郎分東西）凡試能有五（五謂長垛馬步射馬槍步射應對互有優長即可取之）較異有三（三謂驍勇藝及可為統領之用也）審其功能而定其留放所以錄才藝備軍國辯虛冒敘勳勞也然後據其資勞量為注擬（五品已上送中書門下六品已下量資注定其在軍鎮要籍不得赴選委節度使銓試其等第申省）凡官階注擬團甲進甲皆如吏部之制凡大選終於季春之月所以約資敘之淺深審才略之優劣軍國之用在焉

郎中二員（從五品上龍朔為司戎大夫咸亨復也）員外郎二人（從六品上）主事四人（從六品下）令史三十人書令史六十人亭長八人掌固十二人

郎中一員掌判帳及天下武官之階品衛府之名數凡敘階有二十九將軍之階（具於敘目）凡敘階之法一如文散

官之制凡天下之府五百九十有四有上中下並載於諸衞之職凡應宿衞官各從番第凡千牛備身左右及太子千牛備身皆取三品已上職事官子孫四品清官子儀容端正武藝可稱者充五考本司隨文武簡試聽選四品謂諸司侍郎左右庶子也凡殿中省進馬取左右衞三衞及高蔭簡儀容可觀者補充簡試同千牛例僕寺進馬亦如之五品已下七品已上五年多至八年年滿簡送吏部不第者如初無文聽以武選凡左右衞親衞勳衞翊衞及左右率府親勳翊衞及諸衞之翊府通謂之三衞擇其資蔭高者爲親衞其次者爲勳衞及率府之親衞又次者爲翊衞及率府之勳衞又次者爲翊衞及率府之翊衞又次者爲親王府之執仗執乘量遠邇以定其番第應補之人周親已上有犯刑戮者配令兵部上下凡諸衞及率府三衞貫京北河南蒲同華岐陝懷汝鄭等州皆令番上餘州皆納資凡左右衞之三衞分爲五仗凡王公已下皆有親事帳內限年十八已下舉諸州率萬人以充之皆限十周年則聽其簡試文理高者送吏部其餘留本司全下者退還本色凡兵士隸衞各有其名左右衞曰驍騎左右驍衞曰

豹騎左右武衛曰熊渠左右威衛曰羽林左右領軍衛曰射聲左右金吾衛曰
佽飛東宮左右衛率府曰超乘左右司禦率府曰旅賁左右清道率府曰直蕩
總名曰衛士皆取六品已下子孫及白丁無職役者點充凡三年一簡點成丁
而入六十而免量其遠邇無定番第凡衛士各立名簿其三年已來征防差遣
仍定優劣爲三第每年正月十日送本府印記仍錄一道送本衛府若有差行
上番折衝府據簿而折之凡差衛士征戍鎭防亦有團伍其善弓馬者爲越騎
團餘爲步兵團主帥已下統領之火十人有六馱馬若父兄子弟不併遣之若
祖父母老疾家無兼丁免征行及番上其居常則皆習射唱大角歌番集之日
府官率而課試凡左右金吾衛有角手諸衛有弩手左右羽林軍有飛騎及左
右萬騎彍騎天下諸軍有健兒皆定其名籍每季上中書門下凡關內有團結
兵秦成岷渭河蘭六州有高麗羌兵黎雅邛翼茂五州有鎭防團結兵天下諸
州差兵募取戶殷丁多人材驍勇選前資官勳官部分強明堪統攝者節級擢
補主帥以領之其義征者別爲行伍不入募人之營凡軍行器物皆於當州分

給之如不足則令自備貧富必以均焉凡諸州軍府應行兵之名簿器物之多
少皆申兵部軍散之日亦錄其存亡多少以申而勘會之凡諸道迴兵糧精之
物衣資之費皆令所在州縣分給之　郎中一人掌判簿以總軍戎差遣之名
數凡天下節度使有八若諸州在節度內者皆受節度焉其福州經略使登州
平海軍則不在節度之內（節度名與所管軍鎮名並見地理志也）凡親王總戎曰元帥文武官總
統者則曰總管以奉使言之則曰節度使有大使副使判官若大使加旌節以
統軍置木契以行凡將帥出行兵滿一萬人已上置長史司馬倉曹兵曹胄曹
等參軍各一人五千人已上減司馬諸軍各置使一人五千人已上置副使一
人一萬人已上置營田副使一人每軍各有倉兵胄三參軍其橫海高陽唐興
恆陽北平等五軍皆本州刺史為使凡鎮皆有使一人副使一人萬人已上置
司馬倉兵二曹參軍五千人已下減司馬凡諸軍鎮每五百人置押官一人千
人置子總管一人五千人置總管一人凡諸軍鎮使副使已上皆四年一替總
管已下二年一替押官隨兵交替凡諸軍鎮大使副使已下皆有傔人別奏以

從之凡幸三京卽東都南北衙皆置左右屯營別立使以統之若在都則京城亦如之凡大將出征皆告廟授鉞辭齊太公廟訖不宿於家臨軍對寇士卒不用命並得專行其罰既捷及軍未散皆會衆而書勞與其費用乃告太廟元帥凱旋之日皆使郊勞有司先獻捷於太廟又告齊太公廟　員外郎一人掌貢舉及雜請之事凡貢舉每歲孟春亦與計偕有二科一曰平射二曰武舉凡科之優劣勳獲之等級皆審其實而受署焉　員外郎一人掌判南曹每歲選人有解狀簿書資歷考課必由之以覈其實乃上三銓進甲則署焉

職方郎中一員（從五品上龍朔爲司城大夫也）員外郎一員（正六品上）主事二人（從九品上）令史四人書令史九人掌固四人　郎中員外郎之職掌天下地圖及城隍鎮戍烽堠之數辯其邦國都鄙之遠近及四夷之歸化凡五方之區域都邑之廢置疆場之爭訟者舉而正之凡天下上鎮二十中鎮九十下鎮一百三十五上戍十有一中戍八十六下戍二百四十五凡烽堠所置大率相去三十里其逼邊境者築城置之每烽置帥一人副一人凡州縣城門及倉庫門須有備守

駕部郎中一員從五品上龍朔為司輿大夫也員外郎一人從六品上主事三人從九品上令史十人書令史二十人掌固四人　郎中員外郎之職掌邦國輿輦車乘傳驛廐牧官私馬牛雜畜簿籍辯其出入司其名數凡三十里一驛天下驛凡一千六百三十九而監牧六十有五皆分使統之若畜養之宜孳生之數皆載於太僕之職凡諸衛有承直之馬凡諸司有備運之牛皆審其制以定數焉

庫部郎中一員從五品上龍朔為司庫大夫也員外郎一員從六品上主事二人從九品上令史七人書令史十五人掌固四人　郎中員外郎之職掌邦國軍州戎器儀仗凡元正冬至陳設幷祠祭喪葬所貢之物皆辯其出入之數量其繕造之功以分給焉

刑部尚書一員正三品隋初改都官尚書又改為刑部龍朔改為司刑太常伯光宅改為秋官尚書神龍復也侍郎一員正四品下龍朔為司刑少常伯　尚書侍郎之職掌天下刑法及徒隸勾覆關禁之政令其屬有四一曰刑部二曰都官三曰比部四曰司門總其職務而行其制命凡中外百司之事由於所屬咸質正焉　郎中二員從五品上隋曰憲部郎武德為刑部郎中龍朔改為司刑大夫員外郎二員從六品上主事四人從九品上令史十九人書令史二十八人亭長六人掌固十人

郎中員外郎之職掌貳尙書侍郎舉其典憲而辯其輕重凡文法之名有四一曰律二曰令三曰格四曰式凡律十有二章一名例二禁衞三職制四戶婚五廐庫六擅興七賊盜八鬬訟九詐僞十雜律十一捕亡十二斷獄而大凡五百條令二十有七篇分爲三十卷第一至第七曰官品職員八祠九戶十選舉十一考課十二宮衞十三軍防十四衣服十五儀制十六鹵簿十七公式十八田十九賦役二十倉庫二十一廐牧二十二關市二十三醫疾二十四獄官二十五營繕二十六喪葬二十七雜令而大凡一千五百四十六條凡格二十四篇式三十三篇以尙書御史臺九寺三監諸軍爲目凡律以正刑定罪令以設範立制格以禁違正邪式以軌物程事乃立刑名之制五焉一笞二杖三徒四流五死笞刑五杖刑五徒刑五流刑三死刑二而斷獄之大典有十惡八議五聽六贓贖配之典具在刑法志凡決死刑皆於中書門下詳覆凡死罪枷而杻婦人及流徒枷而不杻官品及勳散之階第七已上鎖而不枷在京諸司則徒已上送大理杖已下當司斷之若金吾糺獲亦送大理凡決大辟罪在京者行

決之司皆五覆奏在外者刑部三覆奏若犯惡逆已上及部曲奴婢殺主者一覆奏凡京城決囚之日減膳徹樂每歲立春後至秋分不得決死刑大祭祀及致齋朔望上下弦二十四氣雨未晴夜未明斷屠月日及休假亦如之凡犯流罪已下應除免官當未奏身死者免其追奪流移之人皆不得弃放妻妾及私遁還鄉至六載然後聽仕即本犯不應流而特配流者三載已後聽仕其應徒則皆配居作凡禁囚五日一慮凡鞫獄官與被鞫人有親屬讎嫌者皆聽更之

凡在京諸司見禁囚每月二十五已前本司錄其所犯及禁時月日以報刑部

凡國有赦宥之事先集囚徒於闕下命衞尉樹金雞待宣制訖乃釋之

都官郎中一員（從五品上龍朔改司僕大夫咸亨復）員外郎一員（從六品上）主事二人（從九品上）令史九人書令史十二人掌固四人　郎中員外郎之職掌配紀隸簿錄俘囚以給衣糧藥療以理訴競雪寃凡公私良賤必周知之凡反逆相坐沒其家爲官奴婢一免爲蕃戶再免爲雜戶三免爲良民皆因赦宥所及則免之年六十及廢疾雖赦令不該亦並免爲蕃戶七十則免爲良人任所樂處而編附之凡初被沒有

伎藝者各從其能而配諸司婦人工巧者入于掖庭其餘無能咸隸司農

比部郎中一員（從五品上龍朔為司計大夫）員外郎一員（從六品上）主事二人（從九品上）令史十四人書令史二十七人計史一人掌固四人　郎中員外郎之職掌勾諸司百寮俸料公廨贓贖調斂徒役課程逋懸數物周知內外之經費而總勾之凡內外官料俸以品第高下為差外官以州縣府之上中下為差凡稅天下戶錢以充州縣官月料皆分公廨本錢之利羈縻州所補漢官給以當土之物關監之官以品第為差其給以年支輕貨鎮軍司馬判官俸祿同京官鎮戍之官以鎮戍上中下為差凡京師有別借食本每季一申省諸州歲終而申省比部總勾覆之凡倉庫出內營造傭市丁匠功程贓贖賦斂勳賞賜與軍資器仗和糴屯牧亦勾覆之

司門郎中一員（從五品上龍朔曰司門大夫）員外郎一員（從六品上）主事二人（從九品上）令史六人書令史十三人掌固四人　郎中員外郎之職掌天下諸門及關出入往來之籍賦而審其政凡關二十有六為上中下之差京城四面關有驛道者為上關餘

關有驛道及四面無驛道者爲中關他皆爲下關關所以限中外隔華夷設險作固閑邪正禁者也凡關呵而不征司貨賄之出入其犯禁者舉其貨罰其人凡度關先經本部本司請過所在在京則省給之在外則州給之而雖非所部有來文者所在亦給

工部尚書一員（正三品南朝謂之起部有所營造則置起部尚書畢則省之隋初改置工部尚書龍朔爲司平太常伯光宅改爲冬官尚書神龍復舊也）侍郎一員（正四品下龍朔爲司平少常伯）尚書侍郎之職掌天下百工屯田山澤之政令其屬有四一曰工部二曰屯田三曰虞部四曰水部總其職務而行其制命凡中外百司之事由於所屬咸質正焉

郎中一員（從五品上龍朔爲司平大夫也）員外郎一員（從六品上）主事二人（從九品上）令史十二人書令史二十一人亭長六人掌固八人　郎中員外郎之職掌經營興造之衆務凡城池之修濬土木之繕葺工匠之程式咸經度之凡京師東都有營繕則下少府將作以供其事

屯田郎中一員（從五品上龍朔爲司田大夫也）員外郎一員（從六品上）主事二人（從九品上）令史七人書令史十二人計史一人掌固四人　郎中員外郎之職掌天下屯田之政令凡

邊防鎮守轉運不給則設屯田以益軍儲其水陸腴瘠播種地宜功庸煩省收率等級咸取決焉諸屯田役力各有程數凡天下諸軍州管屯總九百九十有二大者五十頃小者二十頃凡當屯之中地有良薄歲有豐儉各定爲三等凡屯皆有屯官屯副凡京文武職事官有職分田京兆河南府及京縣官亦準此凡在京諸司有公廨田皆視其品命而審其分給

虞部郎中一員從五品上龍朔爲司虞大夫 員外郎一員從六品上 主事二人從九品上 令史四人書令史九人掌固四人 郎中員外郎之職掌京城街巷種植山澤苑囿草木薪炭供頓田獵之事凡採捕漁獵必以其時凡京兆河南二都其近爲四郊三百里皆不得弋獵採捕殿中太僕所管閑廄馬兩都皆五百里內供其芻藁其關內隴右西使南使諸牧監馬牛駝羊皆貯藁及茭草其柴炭木橦進內及供百官蕃客並於農隙納之

水部郎中一員從五品上龍朔爲司川大夫 員外郎一員從六品上 主事二人從九品上 令史四人書令史九人掌固四人 郎中員外郎之職掌天下川瀆陂池之政令以導達溝

涖堰決河渠凡舟檝溉灌之利咸總而舉之凡天下水泉三億三萬三千五百五十九其在遐荒絕域迨不可得而知矣其江河自西極達于東溟中國之大川者也其餘百三十五水是爲中川其又千二百五十二水斯爲小川也若渭洛汾濟漳淇淮漢皆亘達方域通濟舳艫從有之無利於生人者也凡天下造舟之梁四河則蒲津大陽河陽洛則孝義也石柱之梁四洛則天津永濟中橋霸則霸橋木柱之梁三皆渭川便橋中渭橋東渭橋也巨梁十有一皆國工修之其餘皆所管州縣隨時營葺其大津無梁皆給船人量其大小難易以定其差

門下省秦漢初置侍中曾無臺省之名自晉始置門下省南北朝皆因之龍朔改爲東臺光宅改爲鸞臺神龍復

侍中二員隋曰納言又名侍內武德爲納言又改爲侍中龍朔改東臺左相光宅元年改爲納言神龍復爲侍中開元元年改爲黃門監五年復爲侍中天寶二年改爲左相至德三年復改爲侍中武德定令侍中正三品大曆二年十一月九日升爲正二品舊制宰相常於門下省議事謂之政事堂永淳二年七月中書令裴炎以中書執政事筆遂移政事堂於中書省開元十一年中書令張說改政事堂爲中書門下其政事印改爲中書門下之印也

侍中之職掌出納帝命緝熙皇極總典吏職贊相禮儀以和萬邦以弼庶務所謂佐天子而統大政者也凡軍國之務與中書令參而總焉坐而論之舉而行

之此其大較也凡下之通上其制有六一曰奏抄二曰奏彈三曰露布四曰議五曰表六曰狀皆審署申覆而施行焉凡法駕行幸則負寶而從大朝會大祭祀則板奏中嚴外辦以爲出入之節輿駕還宮則請解嚴所以告禮成也凡大祭祀皇帝致齋既朝則請就齋室將奠則奉玉及幣以進盥手則取匜以沃洗爵則酌罍水以奉及贊酌汎齊進福酒以成其禮焉若享宗廟則進瓚而贊酌鬱酒以裸既裸則贊酌醴齊其餘如饗神祇之禮藉田則奉耒以贊事凡諸侯王及四夷之君長朝見則承詔而勞問之臨軒命使冊后及太子則承詔以命之凡制勅慰問外方之臣及徵召者則監其封題若發驛遣使則給其傳符以通天下之信凡官爵廢置刑政損益皆授之於記事之官既書於策則監其記注焉凡文武職事六品已下所司進擬則量其階資校其才用以審定之若擬職不當隨其優屈退而量焉

門下侍郎二員隋曰黃門侍郎龍朔爲東臺侍郎咸亨改爲黃門侍郎垂拱改爲鸞臺侍郎天寶二年改爲門下侍郎乾元元年改爲黃門侍郎大曆二年四月復爲門下侍郎武德定令中書門下侍郎同尚書侍郎正四品上大曆二年九月勅昇爲正三品也 門下侍郎掌貳

侍中之職凡政之弛張事之與奪皆參議焉若大祭祀則從升壇以陪禮皇帝盥手則奉巾以進旣帨則奠巾于篚奉瓠爵以贊獻凡元正冬至天子視朝則以天下祥瑞奏聞

給事中四員（正五品上隋曰給事郎置四員位次門下侍郎武德定令曰給事中龍朔改爲東臺舍人咸亨復）給事中掌陪侍左右分判省事凡百司奏抄侍中審定則先讀而署之以駁正違失凡制勅宣行大事則稱揚德澤褒美功業覆奏而請施行小事則署而頒之凡國之大獄三司詳決若刑名不當輕重或失則援法例退而裁之凡發驛遣使則審其事宜與黃門侍郎給之其緩者給傳卽不應給罷之凡文武六品已下授職官所司奏擬則校其仕歷淺深功狀殿最訪其德行量其才藝若官非其人理失其事則白侍中而退量焉若弘文館圖書之繕寫讎校亦課而察之凡天下寃滯未申及官吏刻害者必聽其訟與御史中書舍人同計其事宜而申理之錄事四人（從七品上）主事四人（從八品下）令史十一人書令史二十二人甲庫令史七人傳制八人亭長六人掌固十人修補制勅匠五人

左散騎常侍二人從三品魏晉置散騎常侍侍郎與侍中黃門侍郎共平尙書奏事其後用人或雜江左不重此官或省或置隋初省散騎侍郎置常侍四人從三品掌陪從朝直煬帝又省之武德初以爲加官貞觀初置常侍二人隸門下省明慶二年又置二員隸中書省始有左右之號並金蟬珥貂左常侍與侍中左貂右常侍與中書令右貂謂之八貂龍朔爲左侍極咸亨復廣德二年五月昇爲正三品加置四員與元元年正月左右各加一員貞元四年正月勅依舊四員也常侍掌侍奉規諷備顧問應對寶應二年勅左右散騎常侍各置參官兩人令自揀擇聞奏參典亦置兩人後省

諫議大夫四員秦漢曰諫大夫光武加議字隋於門下省置諫議大夫七員從四品下武德四年勅置四員正五品上龍朔改爲正諫大夫神龍復大曆四年勅只四員正五品上龍朔七年三月勅其諫議四員內供奉不得爲正員至貞元四年五月十五日勅諫議分爲左右加置八員四員隸門下爲左會昌二年十一月中書奏隨於門下省置諫議大夫七員從四品下今正五品上自大曆二年門下中書侍郎昇爲正三品兩省遂闕四品官其諫議大夫望昇爲正四品下分爲左右以備兩省四品之闕向後與丞郎出入迭用以重其選勅可之諫議大夫掌侍從贊相規諫諷諭凡諫有五一曰諷諫二曰順諫三曰規諫四曰致諫五曰直諫

起居郎二員從六品上古無其名隋始置起居舍人二員貞觀二年省起居舍人移其職於門下置起居郎二員明慶中又置起居舍人始與起居郎分在左右龍朔二年改爲左史咸亨復天授元年又改爲左史神龍復也楷書手三人起居郎掌起居注錄天子之言動法度以修記事之史凡記事之制以事繫日以日繫月以月繫時以

時繫年必書其朔日甲乙以紀曆數典禮文物以考制度遷拜旌賞以勸善誅伐黜免以懲惡季終則授之國史焉（自漢獻帝後歷代帝王有起居注著作編之每季爲卷送史館也）

左補闕二員（從七品上）左拾遺二員（從八品上古無此官名天后垂拱元年二月二十九日勅記言書事每切於旁求補闕拾遺未弘於注選贍言共理必藉衆才寄以登賢期之進善宜置左右補闕各二員從七品上左右拾遺各二員從八品上掌供奉諷諫行立次左右史之下仍附于令天授二年二月加置三員通前五員大曆四年補闕拾遺各置內供奉兩員七年五月十一日勅補闕拾遺宜各置兩員也）補闕拾遺之職掌供奉諷諫扈從乘輿凡發令與事有不便於時不合于道大則廷議小則上封若賢良之遺滯於下忠孝之不聞于上則條其事狀而薦言之

典儀二員（從九品南齊有典儀錄事一員梁有典儀之官後省皇朝又置典儀二人隸門下省初用人皆輕貞觀末李義府爲之自是用士人爲之）

贊者十二人（隋太常鴻臚二寺皆有贊者皇朝因置之隸門下省掌贊唱爲行事之節分番上下謂之番官）典儀掌殿上贊唱之節及殿廷版位之次凡國有大禮侍中行事及進中嚴外辦之版皆贊相焉

城門郎四員（從六品上漢有城門校尉掌京城諸門啓閉之節隋改校尉爲城門郎置四員從六品皇朝因之也）令史一人書令史二人門僕八百人（門僕晉代有之皇朝隸城門局分番上下掌送管鑰）城門郎掌京城皇城宮殿諸

門啓閉之節奉出納管鑰開則先外而後內闔則先內而後外所以重中禁尊皇居也候其晨昏擊鼓之節而啓閉之凡皇城宮城闔門之鑰先酉而出後戌而入開門之鑰後丑而出夜盡而入京城闔門之鑰後申而出先子而入開門之鑰後子而出先卯而入若非其時而有命啓閉則詣閤覆奏

符寶郎四員從六品上周有典瑞之職秦有符璽令漢曰符璽郎兩漢得秦六璽及傳國璽後代傳之隋置符璽郎二員從六品天后惡璽字改為寶其受命傳國符八璽文並改彫寶字神龍初復為符璽郎開元初又改為符寶從璽文也令史二人書令史三人主寶六人主符三十人主節十八人　符寶郎掌天子八寶及國之符節辨其所用有事則請於內既事則奉而藏之八寶一曰神寶所以承百王鎮萬國二曰受命寶所以修封禪禮神祇三曰皇帝行寶答疏於王公則用之四曰皇帝之寶勞來勳賢則用之五曰皇帝信寶徵召臣下則用之六曰天子行寶答四夷書則用之七曰天子之寶慰撫蠻夷則用之八曰天子信寶發番國兵則用之凡大朝會則捧寶以進于御座車駕行幸則奉寶以從于黃鉞之內凡國有大事則出納符節辨其左右之異藏其左而班其右以合中外之契焉一曰銅魚符所

以起軍旅易守長二曰傳符所以給郵驛通制命三曰隨身魚符所以明貴賤應徵召四曰木契所以重鎮守愼出納五曰旌節所以委良能假賞罰魚符之制王畿之內左三右一王畿之外左五右一左者在內右者在外行用之日從第一爲首後事須用以次發之周而復始大事兼勅書小事但降符函封遣使合而行之傳符之制太子監國曰雙龍之符左右各十京都留守曰麟符左二十其右一十有九東方曰青龍之符西方曰騶虞之符南方曰朱雀之符北方曰玄武之符左四右三左者進內右者付外隨身符之制左二右一太子以玉親王以金庶官以銅佩以爲飾刻姓名者去官而納焉不刻者傳而佩之木契之制太子監國則王畿之內左右各三王畿之外左右各五庶官鎮守則左右各十旌節之制命大將帥及遣使於四方則請而佩之旌以專賞節以專殺周禮之制山國用虎節土國用人節澤國用龍節皆金也又云道路用旌節即漢使所持者是也

弘文館後漢有東觀魏有崇文館宋有玄史二館南齊有總明館梁有士林館北齊有文林館後周有崇文館皆著撰文史鳩聚學徒之所也武德初置修文館後改爲弘文館後避太子諱改曰昭文館開元七年復爲弘文館隸門下省

學士學士無員數自武德已來皆妙簡賢良爲學士故事五品已上稱學士六品已上爲直學士又有文學直館學士不定員數館中有四部書及圖籍

自垂拱已後皆宰相兼領號爲館主常令給事中一人判館事學生三十人校書郎二人從九品上令史二人楷書手三十人典書二人搨書手三人筆匠三人熟紙裝潢匠九人亭長二人掌固四人　弘文館學士掌詳正圖籍教授生徒凡朝廷有制度沿革禮儀輕重得參議焉　校書郎掌校理典籍刊正錯謬其學生教授考試如國子學之制焉

中書省秦始置中書謁者漢元帝去謁者二字歷代但云中書後周謂之內史省隋因爲內史省置內史監令各一員煬帝改爲內書省武德復爲內史省三年改爲中書省龍朔改爲西臺光宅改爲鳳閣神龍復爲中書省開元元年改爲紫微省五年復舊

中書令二員漢魏品卑而付重魏置監令各一員歷南朝不改隋省監置令二人正三品隋文帝廢三公府寮令中書令與侍中知政事遂爲宰相之職隋曰內書令武德曰內史令尋改爲中書令龍朔爲西臺右相咸亨復爲中書令光宅爲鳳閣令開元元年改爲紫微令五年復爲中書令天寶改爲右相至德二年復爲中書令本正三品大曆二年十一月九日與侍中同昇正二品自後不改也　中書令之職掌軍國之政令緝熙帝載統和天人入則告之出則奉之以釐萬邦以度百揆蓋佐天下而執大政也凡王言之制有七一曰冊書二曰制書三曰慰勞制書四曰發勅五曰勅旨六曰論事勅書七曰勅牒皆宣署申覆而施行之凡大祭祀羣神則從升壇以相禮享宗廟則從升阼階親征纂嚴戒勅百寮冊命親賢臨軒則使讀

冊若命之于朝則宣而授之凡冊太子則授璽凡制詔宣傳文章獻納皆授之於記事之官（武德貞觀故事以尚書省左右僕射各一人及侍中中書令各二人為知政事官其時以他官預議國政者云與宰相參議朝政或云平章國計或云專典機密或參議政事貞觀十七年李勣為太子詹事特詔同知政事始謂同中書門下三品自是僕射常帶此稱自餘非兩省長官預知政事者亦皆以此為名永淳中始詔郭正一郭待舉魏玄同等與中書門下同承受進旨平章事自天后已後兩省長官及同中書門下三品并平章事為宰相其僕射不帶同中書門下三品者但釐尚書省而已總章二年東臺侍郎張文瓘西臺侍郎戴至德等始以同中書門下三品著之入銜自是相承至今永淳二年黃門侍郎劉齊賢知政事稱同中書門下平章事自後兩省長官及他官執政未至侍中中書令者皆稱同中書門下平章事也）

中書侍郎二員（漢置中書掌密詔有令僕丞郎四官魏曰中書郎晉加侍字隋置內書省改為中書侍郎正四品武德初為內史侍郎三年改為中書侍郎龍朔光宅開元隨曹易號至德復為中書侍郎武德定令與尚書侍郎俱第四品大曆二年九月與門下侍郎共昇為正三品也）

中書侍郎掌貳令之職凡邦國之庶務朝廷之大政皆參議焉凡臨軒冊命大臣令為之使則持冊書以授之凡四夷來朝臨軒則授其表疏升于西階而奏若獻贄幣則受之以授於所司

中書舍人六員（正五品上曹魏於中書置通事一人掌呈奏按章高貴鄉公於通事下加舍人二字晉於中書置舍人通事各一人自魏晉齊梁詔誥皆出於中書令中書侍郎中書通事舍人但掌呈奏而已或通事有文字者別勅知詔誥至梁武制誥專令舍人掌之兼去通事二字但云中書舍人）

（隋曰內史舍人置八員掌制誥品第六尋升五品上煬帝改內書舍人置四員武德初爲內史舍人三年改爲中書舍人龍朔光宅開元隨曹改易）舍人掌侍奉進奏參議表章凡詔旨勅制及璽書冊命皆按典故起草進畫既下則署而行之其禁有四一曰漏泄二曰稽緩三曰違失四曰忘悞所以重王命也制勅既行有悞則奏而正之凡大朝會諸方起居則受其表狀而奏之國有大事若大尅捷及大祥瑞百寮表賀亦如之凡冊命大臣于朝則使持節讀冊命之凡將帥有功及有大賓客皆使勞問之凡察天下冤滯與給事中及御史三司鞫其事凡百司奏議文武考課皆預裁焉主書四人（從七品上）主事四人（從八品上）令史二十五人書令史五十人傳制十人亭長十八人修補勅匠五十人

右散騎常侍二員（從三品）右補闕二員（從七品上）右拾遺二員（從八品上）起居舍人二員（從六品上）

右常侍補闕拾遺掌事同左省起居舍人掌修記言之史錄天子之制誥德音如記事之制以記時政損益季終則授之於國史

通事舍人十六人（從六品上通事舍人秦謁者之官也掌賓贊受事隸光祿勳晉置舍人通事各一人隸中書東晉曰通事舍人隋因晉制置十六人從六品上又爲通事謁者武德初廢謁者臺改通事謁者爲通事舍人隸四方館屬中書省也）通事舍人掌朝見引

納及辭謝者於殿廷通奏凡近臣入侍文武就列引以進退而告其拜起出入之節凡四方通表華夷納貢皆受而進之凡軍旅之出則命受慰勞而遣之旣行則每月存問將士之家以視其疾苦凱旋則郊迓之皆復命凡致仕之臣與邦之耋老時巡問亦如之令史十人亭長十八人掌固二十四人

集賢殿書院開元十二年置漢魏已來職在祕書梁於文德殿內藏聚羣書北齊有文林館學士後周有麟趾殿學士皆掌著述隋平陳之後寫羣書正副二本藏于宮中其餘以實祕書外閣煬帝於東都觀文殿東西廂貯書自漢延嘉至隋皆祕書掌國籍而禁中之書時或有焉及太宗在藩府時有秦府學士十八人其後弘文崇文二館皆有玄宗卽位大校羣書開元五年於乾元殿東廊下寫四部書以充內庫置校定官四人七年駕在東都於麗正殿置修書使十二年駕在東都十三年與學士張說等宴於集仙殿因改名集賢改修書使爲集賢書院學士其大明宮所置書院本命婦院屋宇宏敞永泰九年三月詔僕射裴冕等十三人每日於集賢書院待詔

集賢學士初定制以五品已上官爲學士六品已下爲直學士每宰相爲學士者爲知院事常侍一人爲副知院事學士知院事一人開元初以褚无量馬懷素元行沖相次知乾元殿寫書及在麗正乃有使名張說代元行沖改院爲集賢以說爲大學士知院事說懇讓大字詔許之自是每以宰相一人知院事副知院事一人初宰相張說知院事以左常侍徐堅爲副知院事因爲故事判院一人初在乾元殿刊正官一人判事其後因之押院中使一人自乾元殿寫書則置掌出入宣進奏兼領中官監守院門掌同宮禁侍講學士開元初褚

无量馬懷素侍講禁中名爲侍讀其後康子元爲侍講學士修撰官校理官並無常員以官人兼之待制官古之待詔金馬門是
留院官檢討官皆以學士別勑留之孔目官一人專知御書典四人並開元五年置知書官八人開元五年置掌分四庫書書直寫御書一百人搨書六人書直八人裝書直十四人造筆直四人並開元六年置

集賢學士之職掌刊緝古今之經籍以辯明邦國之大典凡天下圖書之遺逸賢才之隱滯則承旨而徵求焉其有籌策之可施於時著述之可行於代者較其才藝而考其學術而申表之凡承旨撰集文章校理經籍月終則進課于內歲終則考最於外

史館歷代史官隸祕書省著作局皆著作郎掌修國史武德因隋舊制貞觀三年閏十二月始移史館於禁中在門下省北宰相監修國史自是著作郎始罷史職及大明宮初成置史館於門下省之南館門下東西有棗樹七十四株無雜樹開元二十五年三月右相李林甫以中書地切樞密記事者官宜附近史官尹愔奏移史館於中書省北以舊尚樂院充館也

史官古者天子諸侯皆有史官以紀言動曆數之事至後漢明帝召當時名士入東觀撰光武紀而史官因以他官兼之魏明帝始置著作郎專掌國史隸中書晉改隸祕書省因而不改貞觀年修五代史移史館於禁中史官無常員如有修撰大事則用他官兼之事畢日停監修國史貞觀已後多以宰相監修國史遂成故事也修撰直館天寶已後他官兼領史職者謂之史館修撰初入爲直館也元和六年宰相裴洎奏登朝官領史職

者並爲修撰未登朝官入館者並爲直館修撰中以一人官高者判館事其餘名目並請不置從之楷書手二十五人典書四人亭長二人掌固六人裝潢直一人熟紙匠六人

史官掌修國史不虛美不隱惡直書其事凡天地日月之祥山川封域之分昭穆繼代之序禮樂師旅之事誅賞廢興之政皆本於起居注時政記以爲實錄然後立編年之體爲褒貶焉既終藏之于府

知匭使天后垂拱元年置匭以達寃滯其制一房四面各以方色東曰延恩西曰申寃南曰招諫北曰通玄所以申天下之寃滯達萬人之情狀蓋古善旌誹謗木之意也天寶九年改匭爲獻納乾元元年復名曰匭垂拱已來常以諫議大夫及補闕拾遺一人充使受納訴狀每日暮進內而晨出之也

翰林院天子在大明宮其院在右銀臺門內在興慶宮院在金明門內若在西內院在顯福門若在東都華清宮皆有待詔之所其待詔者有詞學經術合練僧道卜祝術藝書奕各別院以廩之日晚而退其所重者詞學武德貞觀時有溫大雅魏徵李百藥岑文本許敬宗褚遂良永徽後有許敬宗上官儀皆召入禁中驅使未有名自乾封中劉懿之劉褘之兄弟周思茂元萬頃范履冰皆以文詞召入待詔常於北門候進止時號北門學士天后時蘇味道韋承慶皆待詔禁中中宗時上官昭容獨當書詔之任睿宗時薛稷賈膺福崔湜又代其任玄宗即位張說陸堅張九齡徐安貞張垍等召入禁中謂之翰林待詔王者尊極一日萬機四方進奏中外表疏批答或詔從中出宸翰所揮亦資其檢討謂之視草故嘗簡當代士人以備顧問至德已後天下用兵軍國多務深謀密詔皆從中出尤擇名士翰林學士得充選者文士爲榮亦如中書舍人例置學士六人內擇年深德重者一人爲承旨所以獨承密命故也德宗好文尤

難其選貞元已後爲學上承旨者多至宰相焉

內教坊武德已來置於禁中以按習雅樂以中官人充使則天改爲雲韶府神龍復爲教坊

習藝館本名內文學館選宮人有儒學者一人爲學士教習宮人則天改爲習藝館又改爲翰林內教坊以事在禁中故也

祕書省隸中書之下漢代藏書之所有延閣廣內石渠之藏又御史中丞在殿內掌蘭臺祕書圖籍後漢桓帝延熹二年始置祕書監屬太常寺掌禁中圖書祕文後併入中書至晉惠帝別置祕書寺掌中外二閣圖書梁武改寺爲省龍朔改爲蘭臺光宅改爲麟臺神龍復爲祕書省

祕書監一員從三品監之名後漢桓帝置魏晉不改後周謂之外史下大夫隋後爲祕書監從第三品煬帝改爲祕書令武德復爲監龍朔改爲蘭臺太史天授改爲麟臺監神龍復爲祕書監也　少監二員從四品上少監隋煬帝置龍朔改爲蘭臺侍郎天授爲麟臺少監神龍復爲祕書少監比置一員太極初增置一員也　丞一員從五品上魏武帝置丞二人隋置一人正第五品也　祕書監之職掌邦國經籍圖書之事有二局一曰著作二曰太史皆率其屬而修其職少監爲之貳丞掌判省事

祕書郎四員從九品上　校書郎八人正九品上　正字四人正九品下　主事一人從九品上　令史四人書令史八人楷書手八十人亭長六人掌固八人　祕書郎掌甲乙丙丁四部之圖籍謂之四庫經庫類十史庫類十三子庫類十四集庫類三事在經籍志

著作局龍朔為司文局

著作郎二人從五品上龍朔為司文郎中咸亨復也 佐郎四人從六品上 校書郎二人正九品上 正字二人正九品下 楷書手五人 掌固四人 著作郎佐郎掌修撰碑志祝文祭文與佐郎分判局事也

司天臺舊太史局隸秘書監龍朔二年改為秘閣局久視元年改為渾儀監景雲元年改為太史監復為太史局隸秘書乾元元年三月十九日勅改太史監為司天臺改置官屬舊置於子城內秘書省西今在永寧坊東南角也

監一人從三品本太史局令從五品下乾元元年改為監升從三品一如殿中秘書品秩也 少監二人本曰太史丞從七品下乾元升為少監與諸司少監卿同品也 太史令掌觀察天文稽定曆數凡日月星辰之變風雲氣色之異率其屬而占候之其屬有司曆二人掌造曆保章正一人掌教曆生四十一人監候五人掌候天文觀生九十人掌晝夜司候天文氣色

靈臺郎二人掌教習天文氣色天文生六十人 挈壺正二人掌知漏刻司辰七十人漏刻典事二十二人漏刻博士九人漏刻生三百六十人典鐘一百一十二人典鼓八十八人楷書手二人亭長掌固各四人自乾元元年別置司天臺改置官吏不同太司局舊數今據司天職掌書之也凡玄象器物天文圖書苟非其任不得預焉每季錄所見災祥送門下中書

省入起居注歲終總錄封送史館每年預造來年曆頒于天下

五官正五員正五品乾元元年置五官有春夏秋冬中五官之名丞二員正七品主簿二員正七品定額直五人五官靈臺郎五員正七品舊靈臺郎正八品下掌觀天文之變而占候之凡二十八宿分為十二次事具天文之志也五官保章正員五員正七品五官司曆五員正八品舊司曆二人從九品上掌國之曆法造曆以頒四方其曆有戊寅曆麟德曆神龍曆大衍曆天下之測量之處分至表準其詳可載故參考星度稽驗晷影各有典章五官監候五員正八品五官挈壺正五員正九品五官司辰十五員正九品下舊挈壺正二員從八品下司辰十七人正九品下皆掌諸漏刻孔壺為漏浮箭為刻以告中星昏明之候也五官禮生十五人五官楷書手五人令史五人漏刻博士二十人漏刻之法孔壺為漏箭為刻其箭四十有八晝夜共百刻冬夏之間有長短冬至之日晝漏四十刻夜漏六十刻夏至晝漏六十刻夜漏四十刻春分秋分之時晝夜各五十刻秋分之後減晝益夜凡九日加一刻春分已後減夜益晝九日減一刻二至前後加減遲用日多二分之間加減速用日少候夜以為更點之節每夜分為五更每更分為五點更以擊鼓為節點以擊鐘為節也典鐘典鼓三百五十人天文觀生九十人天文生五十人曆生五十五人漏生四十人視品十人已上官吏皆乾元元年隨監司新置也

舊唐書卷四十三

舊唐書卷四十三考證

職官志二王之女封縣主視正二品○新書從二品

考功令史十三人○新書十五人

書令史二十五人○新書三十人

倉部郎中二員○新書一員

令史九人書令史二十人○九人新書作十二人二十人新書作二十三人

祠部令史五人書令史十一人○五人新書作六人十一人新書作十三人

駕部主事三人○新書二人

書令史二十人○新書二十四人

刑部員外郎二員○新書一員通考同舊書

比部主事二人○新書四人

工部主事二人○新書三人

門下省給事中令史十一人書令史二十二人甲庫令史七人傳制八人掌固

十人○十一人新書作二十二人二十二人新書作四十三人七人新書作
十三人八人新書作二人十人新書作十四人
符寶郎一曰神寶所以承百王鎮萬國○新書車服志藏而不用
八曰天子信寶發番國兵則用之○新書車服志皆泥封
二曰傳符○新書車服志傳信符
弘文館學生三十人○新書三十八人
楷書手三十人裝潢匠九人掌固四人○三十人新書作十二人九人新書作
八人四人新書作二人
中書省右補闕二員右拾遺二員○新書皆六員
集賢殿書院書直寫御書一百人○新書九十人
知匭使乾元元年復名曰匭○新書在至德元載
秘書監秘書郎四員○新書三員

舊唐書卷四十四

後晉司空同中書門下平章事劉昫撰

職官三第二十四

御史臺秦漢曰御史府後漢改爲憲臺魏晉宋改爲蘭臺梁陳北朝咸曰御史臺武德因之龍朔二年改名憲臺咸亨復光宅元年分臺爲左右號曰左右肅政臺左臺專知京百司右臺按察諸州神龍復爲左右御史臺延和年廢右臺先天二年復置十月又廢也

大夫一員正三品秦漢之制御史大夫副丞相爲三公之官魏晉之後多不置大夫以中丞爲臺主隋諱中復大夫降爲正四品武德令改爲從三品龍朔改爲大司憲咸亨復爲大夫光宅分臺爲左右置左右臺大夫及廢右臺去左右字本從三品會昌二年十二月勅大夫秦爲正卿漢爲副相漢末改爲大司空與丞相俱爲三公掌邦國刑憲肅正朝廷其任既重品秩宜峻準六尚書例昇爲正三品著之於令中丞二員正四品下漢御史臺有二丞掌殿內祕書謂之中丞漢末改爲御史長史後漢復爲中丞後魏改爲中尉正北齊復曰中丞後周曰司憲中大夫隋諱中改爲持書御史爲從五品武德因之貞觀末避高宗名改持書御史爲中丞置二員龍朔改爲司憲大夫咸亨復爲中丞本正五品上會昌二年十二月勅中丞爲大夫之貳緣大夫秩崇官不常置中丞爲憲臺長今九寺少卿及諸少監國子司業京兆少尹並府寺省監之貳皆爲四品唯中丞官重品秩未崇可昇爲正四品下與丞郎出入迭用著之於令

大夫中丞之職掌持邦國刑憲典章以肅正朝廷中丞爲之貳凡天下之人有稱寃而無告者與三司訊之凡中外官寮之事應彈劾者御史言於大

夫大事則方幅奏彈之小事則署名而已若有制使覆囚徒則與刑部尙書參擇之凡國有大禮則乘輅車以爲導

侍御史四員（從六品下御史之名周官有之亦名柱下史秦改爲侍御史後周曰司憲中士隋爲侍御史品第七武德品第六也）掌糾舉百寮推鞫獄訟（侍御史年深者一人判臺事知公廨雜事次一人知西推一人知東推也）凡有別付推者則按其實狀以奏若尋常之獄推訖斷于大理凡事非大夫中丞所劾而合彈奏者則具其事爲狀大夫中丞押大事則冠法冠衣朱衣纁裳白紗中單以彈之小事常服而已凡三司理事則與給事中中書舍人更直直於朝堂受表若三司所按而非其長官則與刑部郎中員外大理司直評事往訊之

主簿一人（從七品下）錄事二人（從九品下）主簿掌印及受事發辰勾檢稽失（兼知官廚及黃卷）

主事二人令史十七人書令史二十三人

殿中侍御史六人（從七品下）令史八人書令史十八人 殿中侍御史掌殿廷供奉之儀式凡冬至元正大朝會則具服升殿若郊祀巡幸則於鹵簿中糾察非違具服從於旌門視文物有所虧闕則糾之凡兩京城內則分知左右巡各察其

所巡之內有不法之事

監察御史十員正八品上貞觀初馬周以布衣進用太宗令於監察御史裏行自此因置裏行之名龍朔元年以王本立爲監察裏行也監察掌分察巡按郡縣屯田鑄錢嶺南選補知太府司農出納監決囚徒監祭祀則閱牲牢省器服不敬則劾祭官尚書省有會議亦監其過謬凡百官宴會習射亦如之

殿中省魏初置殿中監隋初改爲殿中局煬帝改爲殿內省武德改爲殿中省龍朔改爲中御府咸亨復爲殿中省

監一員從三品魏初置品第二梁品第三隋品第四武德品第三也　少監二員從四品上　丞二人從五品上　主事二人從九品上　令史四人書令史十二人亭長掌固各八人　殿中監掌天子服御總領尚食尚藥尚衣尚舍尚乘尚輦六局之官屬備其禮物供其職事少監爲之貳凡聽朝則率其屬執繖扇以列於左右凡大祭祀則進大珪鎮珪於壝門之外既事受而藏之凡行幸則侍奉於仗內驂乘以從若元正冬至大朝會則有進爵之禮丞掌副監事兼勾檢稽失省署抄目主事掌印及知受事發辰

尚食局奉御二人正五品下隋初爲典御又改爲奉御　直長五人正七品上　食醫八人正九品下　奉御掌

謹其儲供辨名數直長爲之貳若進御必辨其時禁春肝夏心秋肺冬腎四季之月脾王皆不可食當進必先嘗正至大朝會饗宴與光祿大夫視其品秩之差其賜王公賓客亦如之諸陵月享則視膳而獻之食醫掌率主食王膳以供其職

尚藥局奉御二人正五品下直長四人正七品上書吏四人侍御衣四人從六品上主藥十二人藥童三十人司醫四人正八品下醫佐八人正八品下按摩師四人咒禁師四人合口脂匠四人掌固四人　奉御掌合和御藥及診候方脈之事直長爲之貳凡藥有上中下三品上藥爲君中藥爲臣下藥爲佐合造之法一君三臣九佐別人五藏分其五味有湯丸膏散之用診脈有寸關尺之三部醫之大經凡合和與監視其分劑藥成嘗而進焉侍御醫掌診候調和主藥藥童主刮削擣篩

尚衣局奉御二人從五品上直長四人正七品下書令史三人書吏四人主衣十六人掌固四人　奉御掌衣服詳其制度辨其名數直長爲之貳凡天子之制冕十有三一大裘冕二袞冕三鷩冕四毳冕五絺冕六玄冕七通天冠八武弁九弁服

十介幘十一白紗帽十二平紗幘十三翼善冠事具輿服志 凡天子之大珪曰珽長尺鎮珪長尺有二寸若有事於郊丘社稷則出之於內將享至于中壝門則奉鎮珪于監而進之既事受而藏之凡大朝會則設案服畢而徹之

尚舍局奉御二人從五品上直長六人正七品下書令史三人書吏七人掌固十人幕士八十人 奉御掌殿廷張設湯沐燈燭灑掃之事直長爲之貳凡行幸預設三部帳幕有古帳大帳次帳小次帳小帳凡五等之帳爲三部其外置排城以爲蔽扞排城連板爲小板上畫辟邪獸表裏皆漆之 凡大祭祀有事於郊壇則先設行宮於壇之東南向隨地之宜將祀三日則設大次於外壝東門之外道北南向而設坐若有事於明堂太廟則設大次於東門如郊壇之制凡致齋則設幄於正殿西序及室內俱東向張於楹下凡元正冬至大朝會則設斧扆於正殿施蹋席薰鑪朔望受朝則施幄於正殿帳裙頂帶方闊一丈四尺也

尚乘局奉御二人從五品上直長一人正七品下奉乘十八人正九品下習馭五十人掌閑五十人獸醫七十人進馬六人正七品下司庫一人正九品下司廩二人正九品下書令史一人書吏十四人 奉御掌內外閑廄之馬辨其麤良而率其習馭直長爲之貳一曰

左右飛黃閑二曰左右吉良閑三曰左右龍媒閑四曰左右騊駼閑五曰左右駃騠閑六曰左右天苑閑開元時仗內六閑曰飛龍祥麟鳳苑鵷鸞吉良六羣等號六廄馬凡秣馬給料以時爲差凡外牧進良馬印以三花飛風之字而爲志奉乘掌率習馭掌閑駕士及秣飼之法司庫掌鞍轡乘具司廩掌槀秸出納獸醫掌療馬病初尚乘局掌六閑馬後置內外閑廄使專掌御馬開元初以尚乘局隸閑廄使乃省尚乘其左右六閑及局官並隸閑廄使領之也進馬舊儀每日尚乘以廄馬八疋分爲左右廂立於正殿側宮門外候仗下即散若大陳設卽馬在樂懸之北與大象相次進馬二人戎服執鞭侍立於馬之左隨馬進退雖名管殿中其實武職用資蔭簡擇一如千牛備身天寶八載李林甫用事罷立仗馬亦省進馬官十二載楊國忠當政復立仗馬及進馬官乾元復省上元復置也

尚輦局奉御二人從五品上直長四人正七品下尚輦二人正九品下書令史二人書吏四人掌扇六人掌翰二十四人主輦三十二人奉輿十二人掌固四人

奉御掌輿輦分其次序而辨其名數直長爲之貳凡大朝會則陳于廷大祭祀則陳于廟凡大朝會則繖二翰一陳之于廷孔雀扇一百五十有六分居左右若常聽朝皆去扇左右各留其三以備常儀舊翟扇尾開元年初改爲繡孔雀

內官

妃三人【正一品周官三夫人之位也隋依周制立三夫人武德立四妃一貴妃二淑妃三德妃四賢妃位次后之下玄宗以爲后妃四星其一正后不宜更有四妃乃改定三妃之位惠妃一麗妃二華妃三下有六儀美人才人四等共二十人以備內官之位也】三妃佐后坐而論婦禮者也其於內則無所不統故不以一務名焉六儀六人【正二品周官九嬪之位也】掌教九御四德率其屬以贊導后之禮儀美人四人【正三品周官三十七世婦之位也】掌率女官修祭祀賓客之事才人七人【正四品周官八十一御女之位】掌敘宴寢理絲枲以歲獻功

宮官【六尚如六尚書之職掌】

尚宮二人【正五品】司記二人【正六品】典記二人【正七品】掌記二人【正八品】女史六人司言二人【正七品】典言二人【正八品】掌言二人【正八品】女史四人司簿二人【正六品】典簿二人【正七品】掌簿二人【正八品】女史六人司闈六人【正六品】典闈六人【正七品】掌闈六人【正八品】女史四人　尚宮職掌導引中宮總司記司言司簿司闈四司之官屬凡六尚書物出納文簿皆印署之司記掌印凡宮內諸司簿書出入目錄審而付行焉典記佐之女史掌執文書司言掌宣傳啓奏司簿掌宮人名簿廩賜司闈掌宮闈管籥

尚儀二人正五品 司籍二人正六品 典籍二人正七品 掌籍二人正八品 女史十人司樂四人正六品 典樂四人正七品 掌樂二人正八品 女史二人正八品 司賓二人正六品 典賓二人正七品 掌賓二人正八品 司贊二人正六品 典贊二人正六品 掌贊二人正六品 女史二人 尚儀之職掌禮儀起居總司籍司樂司賓司贊四司之官屬司籍掌四部經籍筆札几案司樂掌率樂人習樂陳懸拊擊進退司賓掌賓客朝見宴會賞賜司贊掌朝見宴會贊相

尚服二人正五品 司寶二人正六品 典寶二人正七品 掌寶二人正八品 女史四人司衣二人正六品 典衣二人正七品 掌衣二人正八品 女史四人司飾二人正六品 典飾二人正七品 掌飾二人正八品 女史四人司仗二人正六品 典仗二人正七品 掌仗二人正八品 女史二人 尚服之職掌供內服用采章之數總司寶司衣司飾司仗四司之官屬司寶掌瑞寶符契圖籍司衣掌衣服首飾司飾掌膏沐巾櫛司仗掌司儀仗衛

尚食二人正五品 司膳四人正六品 典膳四人正七品 掌膳四人正八品 掌醖二人正八品

女使四人司醞二人正七品典醞二人正七品女使二人司藥二人正六品典藥二人正七品掌藥二人正八品女史四人司饎二人正六品典饎二人正七品掌饎二人正八品女史四人　尚食之職掌供膳羞品齊之數總司膳司醞司藥司饎四司之官屬凡進食先嘗之司膳掌制烹煎和司醞掌酒醴酏飲司藥掌方藥司饎掌給宮人廩餼飯食薪炭

尚寢二人正五品司設二人正六品典設二人正七品掌設二人正八品女史四人司輿二人正六品典輿二人正七品掌輿二人正八品女史一人司苑二人正六品典苑二人正七品掌苑二人正八品女史二人司燈二人正六品典燈二人正七品掌燈二人正八品女史二人　尚寢之職掌燕寢進御之次序總司設司輿司苑司燈四司之官屬司設掌幃帳茵席埽洒張設司輿掌輿輦繖扇羽儀司苑掌園苑種植蔬菓司燈掌燈燭

尚功二人正五品司製二人正六品典製二人正七品掌製二人正八品女史二人司珍二人正六品典珍二人正七品掌珍二人正八品女史六人司綵二人正六品典綵二人

正七品 掌綵二人正八品 女史二人 司計二人正六品 典計二人正七品 掌計二人正八品

女史二人 尚功之職掌女功之程課總司製司珍司綵司計四司之官屬司製掌衣服裁縫司珍掌寶貨司綵掌繒錦絲枲之事司計掌支度衣服飲食薪炭

宮正一人正五品 司正二人正六品 典正二人正七品 女史四人 宮正之職掌戒令糾禁謫罰之事司正典正佐之右唐制定宮官六尚書二十四司職事官以備內職之數

內侍省星經有宦者四星在天市垣帝坐之西周官有巷伯寺人之職皆內官也前漢宮官多用士人後漢始用宦者爲宮官晉置大長秋卿爲後宮官以宦者爲之隋爲內侍省煬帝改爲長秋監武德復爲內侍龍朔改爲內侍監光宅改爲司宮臺神龍復爲內侍省也

內侍二員從四品上漢魏曰長秋卿梁曰大長秋北齊曰中侍中後周曰司內上士隋曰內侍置二人煬帝曰長秋令正四品武德復爲中侍中官之貴極于此矣若有殊勳懋績則有拜大將軍者仍兼內侍之官德宗置左右神策威遠等禁兵命中官掌之每軍置中尉一人宦者爲之自李輔國魚朝恩之後京師兵柄歸於內官號左右軍中尉將兵於外者謂之觀軍容使而天下軍鎮節度使皆內官一人監之事具宦者傳也 內常侍六人正五品下漢代謂之中常侍 內侍之職掌在內侍奉出入宮掖宣傳之事總掖廷宮闈奚官內僕內府五局之官屬內常侍爲之貳凡皇后祭先蠶則相儀后出則爲之夾

引

內給事八人從五品下 主事二人從九品下 令史八人書令史十六人 內給事掌判省事凡元正冬至羣臣朝賀中宮則出入宣傳凡宮人衣服費用則具其品秩計其多少春秋二時宣送中書

內謁者監六人正六品下 內謁者十二人從八品下 內寺伯二人正七品下 內謁者監掌內宣傳凡諸親命婦朝會所司籍其人數送內侍省內謁者掌諸親命婦朝夕班位內寺伯掌糺察諸不法之事歲大儺則監其出入

掖廷局令二人從七品下 丞三人從八品下 宮教博士二人從九品下 監作四人從九品下 計史二人書令史八人 掖廷令掌宮禁女工之事凡宮人名籍司其除附公桑養蠶會其課業丞掌判局事博士掌教習宮人書算衆藝監作掌監當雜作

宮闈局令二人從七品下 丞二人從八品下 書令史三人書吏六人內閹人二十人內掌扇十六人內給使無常員 宮闈局令掌侍奉宮闈出入管鑰凡大享太廟帥其屬詣于室出皇后神主置於輿而登座焉既事納之凡宮人無官品者稱內

給使若有官及經解免應敘選者得令長上其小給使學生五十人皆總其名籍以給其粮廩丞掌判局事內給事掌諸門進物出納之曆

奚官局令二人正八品下丞二人正九品下書令史三人書吏六人藥童四人　奚官令掌奚隸工役宮官品命丞爲之貳凡宮人有疾病則供其醫藥死亡則供其衣服各視其品命仍於隨近寺觀爲之修福雖無品亦如之凡內命婦五品已上亡無親戚於墓側三年內取同姓中男一人以時主祭無同姓則所司春秋以少牢祭之

內僕局令二人正八品下丞二人正九品下書令史二人書吏四人駕士二百人　內僕令掌中宮車乘出入導引丞爲之貳凡中宮有出出則令居左丞居右而夾引之凡皇后之車有六事在輿服也

內府局令二人正九品下丞二人正九品下書令史二人書吏四人　內府令掌中藏寶貨給納名數丞爲之貳凡朝會五品已上賜絹帛金銀器於殿廷者並供之諸將有功并蕃酋辭還亦如之

太常寺古曰秩宗秦曰奉常漢高改為太常梁加寺字後代因之

卿一員正三品梁置十二卿太常卿為一周隋品第三龍朔二年改奉常光宅改為司禮卿神龍復為太常卿也少卿二人正四品隋置少卿二人從四品武德置一人貞觀加置一員太常卿之職掌邦國禮樂郊廟社稷之事以八署分而理之一曰郊社二曰太廟三曰諸陵四曰太樂五曰鼓吹六曰太醫七曰太卜八曰廩犧總其官屬行其政令少卿為之貳凡國有大禮則贊相禮儀有司攝事則為之亞獻率太樂官屬宿設樂懸以供其事讌會亦如之若三公行園陵則為之副公服乘輅備鹵簿而奉其禮若大祭祀則先省牲器凡太卜占國之大事及祭祀卜日皆往涖之於太廟南門之外凡仲春薦冰及四時品物甘滋新成者皆薦焉凡有事於宗廟少卿帥太祝齋郎入薦香燈整拂神幄出入神主將享則與良醞令實罇罍凡備大享之器服有四院一曰天府院二曰御衣院三曰樂懸院四曰神廚院

丞二人從五品上主簿二人從七品上錄事二人從九品下府十二人史二十三人博士四人從七品上謁者十人贊引二十人太祝六人正九品上祝史六人奉禮二人從九品上贊者十

六人協律郎二人正八品上亭長八人掌固十二人太廟齋郎京都各一百三十人
太廟門僕京都各三十人　丞掌判寺事凡大饗太廟則修七祀於太廟西門
之內若祫享則兼修配享功臣之禮主簿掌印勾檢稽失省署抄目錄事掌受
事發辰博士掌五禮之儀式本先王之法制適變隨時而損益焉凡大祭祀及
有大禮則與鄉導贊其儀凡公已下擬謚皆迹其功行爲之褒貶無爵稱子養
德丘園聲實明著則謚曰先生大行大名小行小名之古有周書謚法大戴禮謚法漢劉熙謚法一卷晉張靖謚法兩卷又有廣謚法一卷梁沈約總聚古今謚法凡有一百六十五稱也若大祭祀卿省能器謁者爲之導若
小祀及公卿大夫有嘉禮亦命謁者以贊之大祝掌出納神主于太廟之九室
而奉享薦禘祫之儀凡國有大祭祀凡郊廟之祝版先進取署乃送祠所將事
則跪讀祝文以信于神禮成而焚之凡大祭祀卿省牲而告充凡祭天及日月
星辰之玉帛則焚之祭地及社稷山岳則瘞之海瀆則沉之奉禮郎掌朝會祭
祀君臣之版位凡樽卣之制十有四祭器之位簠簋爲前甑鉼次之
籩豆爲後大凡祭祀朝會在位者拜跪之節皆贊導之贊者承傳焉又設牲牓

之位以成省牲之儀凡春秋二仲公卿巡陵則主其威儀鼓吹之節而相禮焉協律郎掌和六品六律辨四時之氣八風五音之節凡太樂則監試之爲之課限若大祭祀饗宴奏于廷則升堂執麾以爲之節則舉麾工鼓柷而後樂作偃麾戞敔而後止

兩京郊社署令各一人從七品下丞一人從八品上府二人史四人典事三人掌固五人門僕八人齋郎一百一十人　郊社令掌五郊社稷明堂之位祠祀祈禱之祀丞爲之貳凡大祭祀則設神坐於壇上而別其位立燎壇而先積柴凡有合朔之變則置五兵於太社以朱絲縈之以俟變過時而罷之

諸陵署令一人從五品上錄事一人府二人史四人主衣四人主輦四人主藥四人典事三人掌固二人陵戶乾橋昭四百人獻定恭三百人　陵令掌先帝山陵率戶守衛之丞爲之貳凡朔望元正冬至皆修享於諸陵凡功臣密戚陪葬者聽之以文武分爲左右列

諸太子陵令各一人從八品下丞一人從九品下

太樂署令一人從七品下丞一人從八品下府三人史六人樂正八人從九品下典事八人掌固八人文武二舞郎一百四十人　太樂令調合鐘律以供邦國之祭祀享宴丞爲之貳凡天子宮懸鐘磬凡三十六簴鎛鐘十二編鐘十二編磬十二共爲三十六架東方西方磬簴起北鐘簴次之南方北方磬簴起西鐘簴次之鎛鐘在編鐘之間各以位四隅建鼓左柷右敔又設巢竽笛簫簴塤擊于編鐘之下偶歌琴瑟箏筑擊于編磬之下其在殿廷前則加鼓吹十二案於建鼓之外羽葆之鼓大鼓金錞歌簫笳置於其上又設登歌鐘磬節鼓琴瑟箏筑於堂上笙和簫箎於堂下太子之廷陳軒懸去其南面鎛鐘編鐘各三凡九簴設于辰丑申之位三建鼓亦如之凡宮懸之作則奏文武舞事在音樂志也凡大宴會則設十部伎凡大祭祀朝會用樂辨其曲度章服而分始終之次有事於太廟每室酌獻各用舞事具音樂志凡祀昊天上帝及五方大明夜明之樂皆六成祭皇地祇神州社稷之樂皆八成享宗廟之樂皆九成其餘祭祀三成而已五音有成數觀其數而用之也凡習樂立師以教每歲考其師之課業爲上中下三等申禮部十年大校之量優劣而黜陟焉凡樂人及音聲人應教習皆著簿籍覆其名數分番上下

鼓吹署令一人從七品下丞三人從八品下府三人史六人樂正四人從九品下典事四人掌固四人　鼓吹令掌鼓吹施用調習之節以備鹵簿之儀丞爲之貳凡大駕行

幸鹵簿則分前後二部以統之法駕則三分減一小駕則減大駕之半皇太后皇后出則如小駕之例皇太子鼓吹亦有前後二部親王已下各有差凡駕行幸有夜警晨嚴之制（大駕夜警十二部晨嚴三通太子諸王公卿已下警嚴有差）凡合朔之變則率工人設五鼓於太社大儺則帥鼓角以助侲子唱之

太醫署令二人（從七品下）丞二人（從八品下）府二人史四人主藥八人藥童二十四人醫監四人（從八品下）醫正八人（從九品下）藥園師二人藥園生八人掌固四人　太醫令掌醫療之法丞爲之貳其屬有四曰醫師針師按摩師禁咒師皆有博士以教之其考試登用如國子之法凡醫師醫工醫正療人疾病以其全多少而書之以爲考課藥園師以時種蒔收采

諸藥醫博士一人（正八品上）助教一人（從九品下）醫師二十人醫工一百人醫生四十人典藥二人　博士掌以醫術教授諸生（醫術謂習本草甲乙脈經分而爲業一曰體療二曰瘡腫三曰少小四曰耳目口齒五曰角法也）

針博士一人（從八品下）針助教一人（從九品下）針師十人針工二十人針生二十人　針

博士掌教針生以經脈孔穴使識浮沉澀滑之候又以九針爲補瀉之法其針名有九應病用之也

按摩博士一人從九品下按摩師四人按摩工十六人按摩生十五人　按摩博士掌教按摩生消息導引之法

呪禁博士一人從九品下呪禁師二人呪禁工八人呪禁生十人　呪禁博士掌教呪禁生以呪禁除邪魅之爲厲者

太卜署令一人從九品下丞一人正九品卜正二人從九品下卜博士二人從九品下　太卜令掌卜筮之法丞爲之貳其法有四一龜二五兆三易四式皆辨其象數通其消息所以定吉凶焉凡國有祭祀則率卜正占者卜日於太廟南門之外歲季冬之晦帥侲子入宮中堂贈大儺贈送也堂中舞侲子以送不祥也

廩犧署令一人從九品丞一人正九品　廩犧令掌薦犧牲及粢盛之事丞爲之貳凡三祀之牲牧各有名數大祭祀則與太祝以牲就牓位太常卿省牲則北面牛腯乃牽牲以授太官

汾祠署令一人（從七品下）丞一人（從八品上） 汾祠令丞掌神祀享祭洒掃之制

兩京齊太公廟署令各一人（從七品下）丞各一人（從八品上） 令丞掌開闔洒掃及春秋仲釋奠之禮

光祿寺（秦曰郎中令漢曰光祿勳掌宮殿門戶梁置十二卿加寺字除勳字曰光祿卿掌膳食後因之品第三龍朔改爲司膳寺正卿光宅改爲司膳寺卿神龍復爲光祿寺也）

卿一員（從三品） 少卿二人（從四品上） 卿之職掌邦國酒醴膳羞之事總太官珍羞良醞掌醢之屬修儲備謹出納少卿爲之貳國有大祭祀則省牲鑊視濯溉若三公攝祭則爲之終獻朝會宴享則節其等差量其豐約以供焉

丞二人（從六品上） 主簿二人（從七品上） 錄事二人（從九品上） 府十二人史二十一人亭長六人掌固六人 丞掌判寺事主簿掌印勾檢稽失錄事掌受事發辰

太官署令二人（從七品下） 丞四人（從七品下） 府四人史八人監膳十人（從九品下） 主膳十五人供膳二千四百人掌固四人 太官令掌供膳食之事丞爲之貳凡祭之日與卿詣廚省牲鑊取明水於陰鑑取明火於陽燧帥宰人以鑾刀割牲取其毛血

實之於豆籩烹牲焉又帥進饌者實簠簋設於饌幕之內凡朝會宴享九品已上並供其膳食凡供奉祭祀致齋之官則視其品秩爲之差降國子監釋奠百官觀禮亦如之凡宿衛當上及命婦朝參宴會者亦如之

珍羞署令一人正八品下丞二人正九品下府三人史六人典書八人餳匠五人掌固四人　令掌庶羞之事丞爲之貳以實籩豆陸產之品曰榛栗脯修水物之類曰魚鹽菱芡辨其名數會其出入以供祭祀朝會賓客之禮也

良醞署令二人正八品下丞二人正九品下府三人史六人監事二人從九品下掌醞三十人酒匠十三人奉觶一百二十人掌固四人　令掌供奉邦國祭祀五齊三酒之事丞爲之貳五齊三酒義見周官郊祀之日帥其屬以實罇罍若享太廟供其鬱鬯之酒以實六彝若應進者則供春暴秋清酴醾桑落等酒

掌醢署令一人正八品下丞二人正九品下府二人史四人主醢十人　令掌供醯醢之屬而辨其名物丞爲之貳凡鹿兔羊魚等四醢凡祭神祇高宗廟用葅醢以實豆宴賓客會百官醯醬以和羹

衛尉寺秦置衛尉掌宮門衛屯兵屬官有公車司馬衛士旅賁三令梁置十二卿衛尉加寺字官加卿字龍朔改爲司衛寺咸亨復也

卿一員從三品 少卿二人從四品上 卿之職掌邦國器械文物之事總武庫武器守宮三署之官屬少卿爲之貳凡天下兵器入京師者皆籍其名數而藏之凡大祭祀大朝會則供羽其儀節鉞金鼓帷帟茵席之屬

丞二人從六品上 主簿二人從八品上 錄事一人從九品上 府六人史十一人亭長四人掌固六人 丞掌判寺事辨器械出納之數主簿掌印勾檢稽失錄事掌受事發辰

武庫令兩京各一人從六品下 丞二人從八品下 府二人史六人監事一人正九品下 典事二人掌固五人 令掌藏邦國之兵仗器械辨其名數以備國用丞爲之貳凡親征及大田巡狩以羝羊猳猪雄雞釁鼓若太子親征及大將出師則用猳豘凡有赦則先建金雞兼置鼓於宮城門之右視大理及府縣囚徒至則撾其鼓

武器署令一人正八品下 丞二人從九品下 府二人史六人監事一人從九品下 典事二人掌固四人 令掌在外戎器辨其名物會其出入丞爲之貳凡大祭祀大朝會及巡幸則納於武庫供其鹵簿若王公百官婚葬之禮應於鹵簿亦供之

守官署令一人正八品下丞二人正九品下府二人史四人監事二人掌設六人幕一千六百人　令掌邦國供帳之屬辨其名物會其出入丞爲之貳凡大祭祀大朝會及巡幸則設王公百官位於正殿南門外

宗正寺星經有宗正星在帝座之東南秦置宗正掌宗屬梁置十二卿宗正爲一署加寺字隋品第二光宅改爲司屬神龍復之也

卿一員從三品上少卿二員從四品上丞二人從六品上主簿一人從七品上錄事一人從九品上府五人史九人亭長四人掌固四人　卿之職掌九族六親之屬籍以別昭穆之序幷領崇玄署少卿爲之貳九廟之子孫繼統爲宗餘曰族凡大祭祀及冊命朝會之禮皇親諸親應陪位預會者則爲之簿書以申司封若皇親爲三公子孫應襲封者亦如之丞掌判寺事主簿掌印勾檢稽失錄事掌受發辰

崇玄署令一人正八品下丞二人正九品下府二人史三人典事六人掌固二人　令掌京都諸觀之名數道士之帳籍與其齋醮之事丞爲之貳

太僕寺太僕古官梁置十二卿署加寺字後因之龍朔改爲司馭寺光宅爲司僕寺神龍復也

卿一員從三品古有太僕正卿其名也後無正字唯名太僕梁置爲列卿隋品第三龍朔爲司馭正卿光宅曰司僕卿神龍復也　少卿二人

（從四品上）卿之職，掌邦國廄牧車輿之政令，總乘黃、典牧、車府四署及諸監牧之官屬；少卿爲之貳。凡國有大禮及大駕行幸，則供其五輅屬車之屬。凡監牧羊馬所通籍帳，每歲則受而會之，以上尚書駕部，以議其官吏之考課。凡四仲之月，祭馬祖、馬步、先牧、馬社。

丞四人（從六品上），主簿二人（從七品上），錄事二人（從九品上），府十七人，史三十四人，獸醫六百人，獸醫博士四人，學生一百人，亭長四人，掌固六人。丞掌判寺事。主簿掌印，勾檢稽失，省署抄目。錄事掌受事發辰。

乘黃署：令一人（從七品下），丞一人（從八品下），府一人，史二人，典事八人，駕士一百四十人，羊車小吏十四人，掌固六人。令掌天子車輅，辨其名數與馴馭之法；丞爲之貳。凡乘輿五輅（事具輿服志也），皆有副車。又有十二車（曰指南車，曰記里鼓車，白鷺車，鸞旗車，辟惡車，皮軒車，耕根車，安車，四望車，羊車，黃鉞車，豹尾車。其車飾見輿服志也）。屬車一十有二（古者屬車八十一乘，皇朝置十二乘也）。乘輿有大駕、法駕、小駕，車服各有名數之差。若有大禮，則以所御之輅進內，既事則受而藏之。凡將有事，先期四十日，尚乘供馬如輅色，率駕士預調習指南等十二車

典廄署令二人從八品下丞四人從七品下府二人史六人主乘六人正九品下典事八人執馭一百人駕士八百人掌固六人　令掌繫飼馬牛給養雜畜之事丞爲之貳

典牧署令二人正八品下丞四人正九品下府四人史八人監事八人典事十六人從九品下主酪五十人　令掌牧雜畜造酥酪脯腊給納之事丞爲之貳凡羣牧所送羊犢皆受之而供廩犧尚食之用諸司合供者亦如之

車府署令一人正八品下丞一人正九品下府一人史二人典事四人掌固六人　令掌王公已下車輅辨其名數及馴馭之法丞爲之貳凡公已下四軺車一象輅二革輅三木輅四軺輅視其品秩而給之兼給馭士也

上牧監一人從五品下牧監皆皇朝置也副監二人正六品下丞二人正八品上主簿一人正八品下錄事一人府三人史六人典事八人掌固四人

中牧監一人正六品下副監一人從六品下丞一人從八品下主簿一人從九品下錄事一人府二人史四人典事四人掌固四人

下牧監一人從六品下副監一人正七品下丞一人正九品下主簿一人從九品下　諸牧監掌羣

牧孳課之事凡馬五千疋爲上監三千疋已上爲中監一千疋已上爲下監凡馬之羣有牧長尉凡馬有左右監以別其麤良以數紀名著之簿籍細馬稱左麤馬稱右凡諸羣牧立南北東西四使以分統之其馬皆印每年終監牧使巡按孳數以功過相除爲之考課

沙苑監一人（從六品下）副監一人（正七品下）丞一人（正九品下）主簿二人（從九品下）錄事一人府三人史六人典事四人掌固二人　沙苑監掌牧養隴右諸牧牛羊以供其宴會祭祀及尚食所用每歲與典牧分月以供之丞爲之貳若百司應供者則四時皆供凡羊毛及雜畜毛皮角皆具數申有司

大理寺（古謂掌刑爲士又曰理漢景帝加大字取天官貴人之牢曰大理之義後漢後改爲廷尉魏復爲大理南朝又名廷尉梁改名秋卿北齊隋爲大理加寺字龍朔改爲祥刑寺光宅爲司刑神龍復改）

卿一員（從三品古或名廷尉北齊加寺字隋品第三龍朔爲祥刑正卿光宅爲司刑卿神龍復爲大理卿）少卿二員（從四品上）卿之職掌邦國折獄祥刑之事少卿爲之貳凡犯至流死皆詳而質之以申刑部仍於中書門下詳覆凡吏曹補署法官則刑部尚書侍郎議其人可否然後注

擬

正二人從五品下丞六人從六品上主簿二人從七品上府二十八人史五十六人　正掌參議刑辟詳正科條之事凡六丞斷罪不當則以法正之丞掌分判寺事主簿掌印省署抄目勾檢稽失錄事掌受事發辰獄丞四人掌率獄吏檢校囚徒及枷杖之事獄史六人亭長四人掌固八人問事一百四十八人掌決罪人司直六人從六品上評事十二人從八品下掌出使推覈評事史十四人其刑法科目已載於刑部

鴻臚寺周曰大行人秦曰典客漢景帝曰大行武帝曰大鴻臚梁置十二卿鴻臚為冬卿去大字署為寺後周曰賓部隋曰鴻臚寺龍朔改為同文寺光宅曰司賓寺神龍復也

卿一員從三品少卿二人從四品上　卿之職掌賓客及凶儀之事領典客司儀二署以率其官屬供其職務少卿為之貳凡四方夷狄君長朝見者辨其等位以賓待之凡二王後及夷狄君長之子襲官爵者皆辨其嫡庶詳其可否若諸蕃人酋渠有封禮命則受冊而往其國凡天下寺觀三綱及京都大德皆取其道德高妙為衆所推者補充申尚書祠部皇帝太子為五服之親及大臣發哀臨弔

則贊相焉凡詔葬大臣一品則卿護其喪事二品則少卿三品丞一人往皆命司儀以示禮制

丞二人從六品上 主簿一人從七品上 錄事二人從九品上 府五人史十一人亭長四人掌固六人 丞掌判寺事主簿掌印勾檢稽失錄事掌受事發辰

典客署令一人從七品下 丞二人從八品下 掌客十五人正九品上 典客十三人府四人史八人賓僕十八人掌固二人 典客令掌二王後之版籍及四夷歸化在蕃者之名數丞爲之貳凡朝貢宴享送迎皆預焉辨其等位供其職事凡酋渠首領朝見者皆館供之如疾病死喪量事給之

司儀署令一人正八品下 丞一人正九品下 司儀六人府二人史四人掌設十八人齋郎三十三人掌固四人幕士六十人 司儀令掌凶禮之儀式及喪葬之具丞爲之貳凡京官職事三品已上散官三品已上京官四品已上如遭喪薨卒量品贈祭葬皆供給之

司農寺漢初治粟內史景帝改爲大農武帝加寺字隋爲司農卿龍朔二年改爲司稼卿咸亨復故

卿一員從三品上舊署十二寺以署爲寺以官爲卿 少卿二員從四品上 卿之職掌邦國倉儲委積之事總上林太倉鉤盾導官四署與諸監之官屬謹其出納少卿爲之貳凡京百司官吏祿給及常料皆仰給之孟春耤田祭先農則進耒耜季冬藏冰仲春頒冰皆祭司寒

丞六人從六品上 主簿二人從七品上 錄事二人從九品上 府二十八人史七十六人計史三人亭長九人掌固七人 丞掌判寺事凡天下租及折造轉運于京都皆閱而納之以供國用以祿百官主簿掌印署抄目勾檢稽失凡置木契二十隻應須出納與署合之

上林署令二人從七品下 丞四人從八品下 府七人史十四人監事十九人典事二十四人掌固五人 令掌苑囿園池之事丞爲之貳凡植果樹蔬以供朝會祭祀其尚食所進及諸司常料季冬藏冰皆主之

太倉署令三人從七品下 丞二人從八品下 府十人史二十人監事十人從九品下 令掌九穀廩藏丞爲之貳凡鑿窖置屋皆銘甎爲庾斛之數與其年月日受領粟官吏

姓銘又立牌如其銘

鈎盾署令二人正八品上丞四人正九品上府七人史十四人監事十人從九品下典事十九人掌固五人　令掌供邦國薪芻之事丞爲之貳凡祭祀朝會賓客享宴隨差降給之

導官署令二人正八品上丞四人正九品上府八人史十六人監事十人從九品上　令掌導擇米麥之事丞爲之貳凡九穀之用隨其精粗差其耗損而供之

太原永豐龍門諸倉每倉監一人正七品下丞二人從八品上錄事一人典事六人府二人史四人掌固四人　倉監掌倉窖儲積之事丞爲之貳凡出納帳紙歲終上于寺司

司竹監監一人正七品下副監一人正八品上丞二人從八品上錄事一人府二人史四人典事三十人掌固四人　司竹監掌植養園竹副監爲之貳歲終以竹功之多少爲考課

温泉監泉在京兆府昭應縣之西監一人正七品下丞二人從八品上錄事一人府二人史二人掌固

四人　温泉監掌湯池宮禁之事丞爲之貳凡王公已下至于庶人湯泉館有差別其貴賤而禁其踰越凡近湯之地潤澤所及瓜果之屬先時而毓者必苞匭而進之以薦陵廟

京都苑總監監各一人（從五品下）副監一人（從六品下）丞二人（從七品下）主簿一人（從九品上）錄事各三人府八人史十六人亭長四人掌固六人　苑總監掌宮苑內館園池之事副監爲之貳凡禽魚果木皆總而司之凡給總監及苑內官屬人畜出入皆爲差降之數

京都苑四面監監各一人（從六品下）副監一人（從七品下）丞二人（正八品下）錄事一人府三人史三人典事六人掌固四人　四面監掌所管面苑內宮館園池與其種植修葺之事副監爲之貳丞掌判監事

諸屯監一人（從七品下）丞二人（從八品下）　諸屯監各掌其屯稼穡丞爲之貳凡每年定課有差

九成宮總監監一人（從五品下）副監一人（從六品下）丞一人（從七品下）主簿一人（從九品下）錄事一

人府三人史五人　宮監掌檢校宮樹供進鍊餌之事副監爲之貳

太府寺（周官有太府下士掌財賦秦漢已後財賦屬司農少府梁始置太府卿掌帑藏龍朔改爲外府光宅改爲司府神龍復爲太府寺也）

卿一員（從三品卽後周太府中大夫）　少卿二員（從四品上）　卿掌邦國財貨總京師四市平準左右藏常平八署之官屬舉其綱目修其職務少卿爲之貳以二法平物（一曰度量二曰權衡）凡四方之貢賦百官之俸秩謹其出納而爲之節制焉凡祭祀則供其幣

丞四人（從六品上）主簿二人（從七品上）錄事二人（從九品上）府十五人史五十人計史四人亭長七人掌固七人　丞掌判寺事凡正至太朝所貢方物應陳於殿廷者受而進之

兩京都市署（京師有東西兩市東都有南北兩市）令一人（從六品上）丞各二人（正八品上）錄事一人府三人史七人典事三人掌固一人　京都市令掌百族交易之事丞爲之貳凡建標立候陳肆辯物以二物平市（謂秤以格斗以槩）以三賈均市（賈有上中下之差）

平準署令二人（從七品下）丞四人（從八品下）錄事一人府六人史十三人監事二人（從九品下）典事二人賈人十人掌固十人　平準令掌供官市易之事丞爲之貳凡百司

不任用之物則以時出貨其沒官物亦如之

左藏署左右藏令晉始有之後代因之皇家左藏有東庫西庫朝堂庫又有東都庫各木契一與太府主簿合也令三人從七品下丞五人從八品下府九人史十八人監事九人從九品下典事一人掌固八人　左藏令掌邦國庫藏丞爲之貳凡天下賦調先於輸場簡其合尺度斛兩者卿及御史監閱然後納于庫藏皆題以州縣年月所以別粗良辨新舊凡出給先勘木契然後錄其名數請人姓名署印送監門乃聽出若外給者以墨印印之凡藏院之內禁人燃火及無故入院者晝則外四面常持仗爲之防守夜則擊柝而分更以巡警之

右藏署令二人正八品上丞三人正九品上府五人史十人監事四人從九品下典事七人掌固十人　右藏令掌國寶貨丞爲之貳凡四方所獻金玉珠貝玩好之物皆藏之出納禁令如左藏

常平署漢宣帝時始置常平倉以平歲之凶穰後漢改爲常滿倉晉曰常平後魏曰邸閣倉隋於魏州置黎陽倉洛州置河陽倉陝州置常平倉華州置廣運倉轉相委輸漕關東之粟以給京師國家垂拱初兩京置常平署天下州府亦置之令一人從七品下丞二人從八品下府四

人史八人監事五人從九品下典事五人掌固六人　常平令掌倉儲之事丞爲之貳也

國子監國子之義見周官晉武始立國子學北齊曰國子寺隋初曰學後改爲寺大業三年改爲監龍朔曰大司成光宅曰成均神龍復爲國子監也

祭酒一員從三品周官曰師氏保氏漢始置祭酒博士歷代因之隋祭酒品第三龍朔光宅隨曹改易　司業二員從四品下隋大業三年始置司業一人從四品官名隨曹改易　祭酒司業之職掌邦國儒學訓導之政令有六學一國子學二太學三四門四律學五書學六算學也　凡春秋二分之月上丁釋奠于孔宣父祭以太牢樂用登歌軒懸祭酒爲初獻司業爲亞獻凡教授之經以周易尚書周禮儀禮禮記毛詩春秋左氏傳公羊傳穀梁傳各爲一經孝經論語兼習之每歲終考其學官訓導功業之多少爲之殿最

丞一人從六品下主簿一人從七品下錄事一人從九品下府七人史十二人亭長六人掌固八人　丞掌州監事凡六學生每歲有業成上于監者以其業與祭酒司業試所習業上尚書禮部

國子博士二人正五品上助教一人從六品上學生三百人典學四人廟幹二人掌固四

人　博士掌教文武官三品已上國公子孫二品已上曾孫爲生者生初入置
束帛一篚酒一壺修一案每歲生有能通兩經已上求出仕者則上于監堪秀
才進士者亦如之典學掌抄錄課業廟幹掌灑掃學廟
太學博士三人從六品上助教三人從七品上學生五百人　太學博士掌教文武五品
已上及郡縣公子孫從三品曾孫之爲生者教法並如國子
四門博士三人從七品上助教三人從八品上　四門博士掌教文武七品已上及侯伯
子男子之爲生者若庶人子爲俊士生者教法如太學學生五百人直講四人
掌佐博士助教之職文成二十人通四經業成上於尚書吏部試登第者加階放選也
律學博士一人從八品下太宗置　助教一人從九品上學生五十人博士掌教文武官八品
已上及庶人子爲生者以律令爲專業格式法例亦兼習之
書學博士二人從九品下學生三十人　博士掌教文武官八品已下及庶人之子
爲生者以石經說文字林爲專業餘字書兼習之
算學博士二人從九品下學生三十人　博士掌教文武八品已下及庶人子爲生

者二分其經以爲之業習九章海島孫子五曹張丘建夏侯陽周髀十五人習綴術緝古十五人其紀遺三等亦兼習之

五經博士各一人五品下舊無五經學科自貞元五年一月勅特置三禮開元禮科長慶二年二月始置三傳三史科後又置五經博士檢年月未獲也

廣文館博士二人正六品上天寶九載置試附監修進士業者置助教一人至德後廢也

少府監秦置少府掌山澤之稅漢掌內府珍貨梁始爲卿歷代或置或省隋大業五年始分太府置少府監龍朔改爲內府光宅改爲尙方神龍復爲少府監

監一員從三品秦漢有少府梁始爲卿隋改爲監從三品少監從四品煬帝改爲令武德復爲監龍朔光宅隨曹改易之 少監二員從四品下

監之職掌供百工伎巧之事總中尙左尙右尙織染掌冶五署之官屬庀其工徒謹其繕作少監爲之貳凡天子之服御百官之儀制展采備物皆率其屬而供之

丞四人從六品下 主簿二人從七品下 錄事二人從九品上 府二十七人史十七人計史三人亭長八人掌固四人 丞掌判監事凡五署所修之物則申尙書省下所司以

供給焉

中尚署令一人從六品下丞四人從八品下府九人史十八人監作四人典事四人掌固四人　中尚令掌供郊祀之圭璧器玩之物中宮服飾雕文錯綵之制皆供之丞爲之貳其所用金玉齒革毛羽之屬任土以時而供送之

左尚署令一人正七品下丞五人從七品下監作六人從九品下典事十八人掌固四人　左尚令掌供天子之五輅五副七輦三輿十有二車大小方員華蓋一百五十有六諸翟尾扇及小繖翰辯其名數而頒其制度丞爲之貳

右尚署令一人正七品下丞四人從八品下監作六人從九品下典事十三人掌固十人　右尚署令供天子十有二閑馬之鞍轡及五品三部之帳備其材革而修其制度丞爲之貳凡刀劍斧鉞甲冑紙筆茵席履舄之物靡不畢供其用綾絹金玉毛革等所出方土以時支送

織染署令一人正八品上丞二人正九品上監作六人從九品下典事十一人掌固五人　織染令掌供天子太子羣臣之冠冕辨其制度而供其職丞爲之貳

掌冶署令一人正八品上丞一人從九品上監作四人從九品下　掌冶令掌鎔鑄銅鐵器物

丞爲之貳凡天下出銅鐵州府聽人私採官收其稅若白鑞則官市之其西北

諸州禁人無置鐵冶及採鐵若器用所須具名移於所由官供之

諸冶監一人正七品下丞二人從八品下錄事一人府一人史二人監作四人從九品下典事

二人掌固四人　諸冶監掌鑄銅鐵之事

北都軍器監一人正四品上少監一人正五品上丞二人正七品上主簿一人正八品上錄事一人從九品上府十人史十八人典事四人亭長二人掌固四人　軍器監掌繕造甲弩

以時納于武庫

甲坊署令一人正八品下丞一人正九品下府二人史五人監作二人從九品下典事二人

弩坊署令一人正八品下丞一人正九品下府二人史五人監作二人從九品下典事二人

諸鑄錢監絳州三十鑪楊宣鄂蔚四州各十鑪益鄧郴三州各五鑪洋州三鑪定州一鑪也　諸鑄錢監以所在州府都

督刺史判之副監一人上佐判之丞一人判司判之監事一人參軍或縣尉

知之錄事府史士人爲之

諸互市監各一人從六品下丞一人正八品下　諸市監掌諸蕃交易馬駞驢牛之事

將作監秦置將作掌營繕宮室歷代不改隋爲將作寺龍朔改爲繕工監光宅改爲營繕監神龍復爲將作監也

大匠一員從三品大匠之名漢景帝置梁置十二卿將作爲一卿後周曰匠師中大夫隋初爲將作寺置大匠一人又改爲監以大匠爲監煬帝改爲令武德改爲大匠龍朔光宅隨曹改易也　少匠二員從四品下　大匠掌供邦國修建土木工匠之政令總四署三監百工之官屬以供其職事凡兩京宮殿宗廟城郭諸臺省監寺廨宇樓臺橋道謂之內外作皆委焉

丞四人從六品下主簿二人從七品下錄事二人從九品下府十四人史二十八人計史三人亭長四人掌固六人

左校署令二人從八品下丞四人正九品下府六人史十二人監作十人從九品下　左校令掌供營構梓匠凡宮室樂懸簨簴兵仗器械喪葬所須皆供之

右校署令二人從八品下丞三人正九品下府五人史十人監作十人從九品下典事十四人

右校令掌供版築塗泥丹雘之事

中校署令一人從八品下丞三人正九品下府三人史六人監事四人從九品下典事八人掌

固二人　中校令掌供舟車兵仗廄牧雜作器用之事凡行幸陳設供三梁竿柱閑廄供剉碓行槽祭祀供葛竹槧等

甄官署令一人（從八品下）丞二人（正九品下）府五人史十人監作四人（從九品下）典事十八人

甄官令掌供琢石陶土之事凡石磬碑碣石人獸馬碾磑塼瓦瓶缶之器喪葬明器皆供之

百工就谷庫谷斜谷太陰伊陽等監（百工監在陳倉就谷監在王屋庫谷監在鄠縣太陰監在陸渾伊陽監在伊陽皆在出材之所）監各一人（從七品下）丞一人（正八品下）府各一人史三人典事各二十一人錄事各一人監事四人（從九品下）　百工等監掌採伐材木

都水監

都水監使者二人（正五品上漢官有都水長屬主爵掌諸池沼後改為使者後漢改為河堤謁者晉復置都水臺立使者一人掌舟檝之事梁改為太舟卿北齊亦曰都水臺隋改為都水監大業復為使者尋又為監復改監為令品第三武德復為監貞觀改為使者從六品龍朔改為司津監光宅為水衡都尉神龍復為使者正五品上仍隸將作監）丞二人（從七品上）主簿二人（從八品下）錄事一人府五人史十人掌固三人　使者掌川澤津梁之政令總舟檝河渠二署之官屬凡虞衡之

採捕渠堰陂池之壞決水田斗門灌漑皆行其政令

舟檝署令一人(正八品下)丞二人(正九品下) 舟檝署令掌公私舟船運漕之事

河渠署令一人(正八品下)丞一人(正九品上)府三人史六人河堤謁者六人掌修補堤堰漁釣之事典事三人掌固四人長上漁師十人短番漁師一百二十人明資漁師一百二十人 河渠令掌供川澤魚醢之事祭祀則供魚醢諸司供給魚及冬藏者每歲支錢二十萬送都水命河渠以時價市供之

諸津令一人(正九品下)丞一人(從九品下) 津令各掌其津濟渡舟梁之事

武官

左右衛(周制軍萬二千五百人天子六軍大國三軍次國二軍小國一軍軍將皆命卿至秦漢始置衛將軍後漢魏因之晉武帝始置左右中三衛將軍至隋始置左右衛左右武衛左右候左右領軍左右率府各有大將軍一人謂十二衛大將軍也國家因之)

大將軍各一員(正三品) 將軍各二員(從三品) 左右衛將軍之職掌統領宮廷警衛之法以督其屬之隊仗而總諸曹之職務凡親勳翊五中郎將府及折衝府所隸皆總制之凡宿衛內廊閤門外分爲五仗(一供奉仗二親仗三勳仗四翊仗五散手仗也)皆坐于東

西廊下若御坐正殿則爲黃旗仗分立於兩階之次在正門之內以夾門之坐於東西廂皆大將軍守之

長史各一人從六品上錄事參軍事各一人正八品下倉曹兵曹參軍各二人正八品下騎曹胄曹參軍各一人正六品下司階二人正六品上中候三人正七品下司戈五人正八品下執戟五人正九品下奉車都尉五人從五品下長史掌判諸曹親勳翊五府及武安武成等五十府之事諸曹參軍皆掌本曹勾檢之事隨曹各有府史

親府勳一府勳二府翊一府翊二府翊等五府每府中郎一人中郎將一人皆四品下左右郎將各一人正五品上錄事一人兵曹參軍事一人正九品上校尉五人旅帥十人隊正二十人副隊正二十人　中郎將領本府之屬以宿衛左右郎將貳之若大朝會巡幸以鹵簿之法以領其儀仗

左右驍衛古曰驍騎隋改左右備身爲左右驍衛所領名豹騎國家去騎字曰驍衛府龍朔去府字改爲左右武威神龍復爲驍衛

大將軍各一員正三品將軍各二員從三品　驍衛將軍之職掌如左右衛大朝會在正殿之前則以黃旗隊及胡祿隊坐於東西廊下若御坐正殿則以其隊仗

次立左右衛下

長史錄事參軍倉兵騎胄四曹參軍（員數品秩如左右衛）司階中候司戈執戟等（四色人數品秩如左右衛也）校尉旅帥隊正副隊（人數如左右衛）

翊府中郎中郎將左右中郎將左右郎將（職掌如左右衛）

左右武衛（魏武爲丞相有武衛營隋採其名置左右武衛府有大將軍光宅改爲左右鷹揚衛龍朔復也）

大將軍各一員（正三品）將軍各二員（從三品）其職掌如左右衛大朝會被白鎧甲之器楯及旗等蹕稱長唱警持鈒隊應蹕爲左右廂儀仗在正殿前則以諸隊

長史錄事參軍倉兵騎胄四曹參軍司階中候司戈執戟（人數品秩皆如左右衛也）

次立於驍衛之下

翊府中郎將左右郎將錄事兵曹（人數品秩如左右衛）

左右威衛（隋爲左右屯衛龍朔改爲威衛光宅改爲左右豹韜衛神龍復爲威衛也）

大將軍各一員（正三品）將軍各二員（從三品）其職掌大朝會則被黑甲鎧弓箭刀楯旗等分爲左右廂隊次武衛之下

長史錄事參軍倉兵騎冑四曹參軍職掌人數品秩皆如左右衛也司階中候司戈執戟人數品秩如左右衛翊府中郎將左右郎將錄事兵曹校尉旅帥隊正副隊正人數品秩皆如左右衛之親府

左右領軍衛漢建安中魏武為丞相始置中領軍後因之北齊置領軍府後因之煬帝改為屯衛國家改為領軍衛龍朔改為戎衛光宅改為玉鈐衛神龍後為領軍衛

大將軍各一員正三品將軍各二員從三品其職掌大朝會則被青甲鎧弓箭刀楯旗等分為左右廂儀仗次立威衛之下

長史錄事參軍倉兵騎冑四曹參軍司階中候司戈執戟人數品秩如左右衛翊府中郎將左右郎將錄事兵曹校尉旅帥隊正副隊正人數品秩職掌如左右衛也

左右金吾衛秦曰中尉掌徼巡武帝改名執金吾魏復為中尉南朝不置隋曰候衛龍朔二年改為左右金吾衛采古名也

大將軍各一員正三品將軍各二員從三品左右金吾衛之職掌宮中及京城晝夜巡警之法以執禦非違凡翊府及同軌等五十府皆屬之凡車駕出入則率其屬以清遊隊建白澤朱雀等旗隊先驅如鹵簿之法從巡狩畋獵則執其左右營衛之禁凡翊衛翊府同軌寶圖等五十府彍騎衛士應番上者各領所職

焉

長史錄事參軍倉兵騎胄四曹參軍司階中候司戈執戟（人數品秩職掌如左右衞也）翊府

中郎將左右郎將兵曹校尉旅帥隊正副隊正（品秩人數職掌如左右衞也）

左右監門衞（漢魏曰城門校尉始置左右監門府省將軍郎將等官國家因之龍朔二年去府字爲衞）

大將軍各一員（正三品）將軍各二員（從三品）中郎將四人（正四品下）監門將軍之職掌宮禁門籍之法凡京師應入宮殿門者皆有籍左將軍判入右將軍判出若大駕行幸卽依鹵簿法率其屬於牙門之下以爲監守中郎將掌監諸門檢校出入

長史錄事參軍兵曹胄曹二曹參軍（品秩如諸衞）

監門校尉各三百二十人立長各六百八十人長人長上二十人立長長上各二十人

左右千牛衞（宋謝綽拾遺有千牛刀卽人主防身刀也後魏有千牛備身取莊子庖刀解牛之義後代因之隋置左右千牛備身二十人掌供御弓箭備身六十人掌宿衞侍從煬帝置備身府皇家改爲千牛府龍朔爲左右奉宸衞神龍復爲千牛衞）

大將軍各一員正三品 將軍各二員從三品 中郎將各二人正四品下 千牛將軍之職掌宮殿侍衞及供御之儀仗而統其曹務凡千牛備身左右執弓箭以宿衞主仗守戎服器物凡受朝之日則領備身左右昇殿而侍列於御坐之左右凡親射于射宮則將軍率其屬以從凡千牛備身之考課賜會及祿秩之昇降同京職事官之制中郎將昇殿侍奉凡侍奉禁橫過座前者禁對語及傾身與階下人語者禁搖頭舉首以相招召者若有口勅通事舍人承事傳聲階下而不聞者中郎將宣之

長史錄事參軍兵曹二軍參軍人數品秩同諸衞 司階各二人正六品上 中候各三人司戈各五人執戟各五人品秩同諸衞 千牛備身十二人備身左右各二人

左右羽林軍漢置南北軍掌衞京師南軍若今諸衞也北軍若今羽林軍也漢武置羽林名曰建章營騎屬光祿勳後更名羽林騎取六郡良家子及死事之孤爲之後漢置左右羽林監南朝因之後魏周曰羽林率隨左右屯衞所領兵名曰羽林龍朔二年置左右羽林軍

大將軍各一員正三品下 將軍各二員從三品下 羽林將軍統領北衙禁兵之法令而督攝左右廂飛騎之儀仗以統諸曹之職若大朝會率其儀仗以周衞階陛大

駕行幸則夾道馳而爲內仗凡飛騎每月番上者皆據其名歷而配于所職其飛騎仗或有勅上南衙者則大將軍承墨勅白移於金吾引駕仗引駕仗官與監門覆奏又降墨勅然後得入

長史錄事參軍倉兵冑三曹參軍（品秩如諸衛）司階中候司戈執戟（如千牛衛品秩人數）翊府中郎將左右郎將錄事兵曹校尉旅師隊正副隊正（人數品秩如諸衛）

左右龍武軍（初太宗選飛騎之尤驍健者別署百騎以爲翊衛之備天后初加置千騎中宗加置萬騎分爲左右營置使以領之自開元已來與左右羽林軍名曰北門四軍開元二十七年改爲左右龍武軍官員同羽林軍也）

大將軍一員（正三品）將軍二員（從三品）

長史一人錄事參軍事一人錄事一人史二人倉兵冑三曹參軍事各一人（隨曹有府史掌固人數）司階二人中候三人司戈執戟各五人長上各十人（右件官員階品人數職掌如羽林軍也）

左右神武軍（至德二年肅宗在鳳翔置初貞觀中置北衙七營後改爲左右羽林軍皆選才力驍勇者充每月一營十人爲番當上又置左右龍武軍皆唐元功臣子弟非外州人如宿衛兵分曰上下肅宗在鳳翔方收京城又以羽林軍減耗寇難未息乃別置神武軍同羽林制度官吏謂之北衙六軍又

置衙前射生手千餘人謂之左右英武軍非六軍之例也乾元二年十月勅左右羽林左右龍武左右神武官員並昇同金吾四衞置大將軍二人將軍二人也

左右神策軍 上元中以北衙軍使衞伯玉爲神策軍節度使鎮陝州以拒東寇以中使魚朝恩爲觀軍客使監伯玉軍及伯玉入爲羽林帥出爲荆南節度使朝恩專統神策軍鎮陝廣德元年吐蕃犯京師代宗避狄幸陝朝恩以神策軍迎扈及永泰元年吐蕃犯京畿朝恩以神策兵屯于苑中自是神策軍恆以中官爲帥建中末盜發京師竇文場以神策軍扈蹕山南及還京師賞勞無比貞元中特置神策軍護軍中尉以中官爲之時號兩軍中尉貞元已後中尉之權傾於天下人主廢立皆出其可否事見宦者傳也

大將軍各二員 正三品貞元二年九月勅改神策左右廂爲左右軍置大將軍各二人正三品 將軍各二員 從三品至貞元三年五月勅左右神策將軍各加二員左右神武將軍各加一員也

神威軍 本號殿前射生左右廂貞元二年九月改殿前左右射生軍三年四月改爲左右神威軍非六軍之例也

大將軍二員 正三品 將軍二員 從三品 職田俸錢手力粮科等同六軍諸衞

六軍統軍 興元元年正月二十九日勅左右羽林左右龍武左右神武各置統軍一人秩從二品

十六衞上將軍 舊無此官貞元二年九月一日勅六軍先有勅各置統軍一人十六衞官各置上將軍一員秩從二品其左右衞及左右金吾衞上將軍俸料隨軍人馬等並同六軍統軍其諸衞上將軍次統軍例支給至德二年九月十三日六軍十二衞上將軍並放八宿已後爲例也

諸府隋置驃騎鷹揚等府凡天下守戍兵不成軍曰牙府有上中下也

折衝都尉各一人上府都尉正四品上中府從四品下下府正五品下武德中採隋折衝果毅郎將之名改統軍爲折衝都尉別將爲果毅都尉

左右果毅都尉各一人上府果毅從五品下中府正六品上下府從六品下隋煬帝置果毅郎將國家置折衝都尉

別將各一人上府別將正七品下中府從七品上下府從七品下

長史一人上府正七品下中府從七品上下府從七品下

兵曹參軍一人上府從八品下中府正九品上下府從九品下也

錄事一人校尉五人每校尉旅帥二人每旅帥隊正副隊正各二人諸府折衝都尉掌領五校之屬以備宿衞以從師役總其戎具資糧差點教習之法令凡衞士三百人爲一團以校尉領之以便習騎射者爲越騎餘爲步兵其團十人爲火火備六馱之馬每歲十一月以衞士帳上尚書省天下兵馬之數以聞凡兵馬在府每歲季冬折衝都尉率五教之屬以教其軍陣戰鬭之法也具在教習簿籍

東宮官屬

太子太師太傅太保各一員並從一品師傅宮官南朝不置後魏北齊師傅品第二號東宮三太隋品亦第二武德定令加從一品也

太子少師少傅少保各一員 並正二品三少亦古官歷代或置或省南朝並不置後魏北齊置之品第三號東宮三少皇家定令正二品 三師三少師之職掌教諭太子無其人則闕之

太子賓客四員 正三品古無此官皇家顯慶元年春始置四員也 掌侍從規諫贊相禮儀

太子詹事一員 正三品 少詹事一員 正四品上詹事秦官掌皇太子宮龍朔二年改爲端尹天授爲宮尹神龍復也 詹事統東宮三寺十率府之政令少詹爲之貳凡天子六官之典制皆視其事而承受之

丞二人 正六品上 主簿一人 從七品上 錄事二人 正九品下 令史九人書令史十八人 丞掌判府事主簿掌印檢勾稽錄事掌受事發辰

司直一人 正九品上 令史一人書令史二人亭長四人掌固六人 司直掌彈劾宮寮糺舉職事太子朝宮臣則分知東西班凡諸司文武應參官每月皆具在否以刺之

太子左春坊左庶子二人 正四品上 中允二人 正五品下 左庶子掌侍從贊相駁正啓奏中允爲之貳

司議郎四人正四品上 錄事二人從八品下 主事二人從九品下 令史七人書令史十四人

司議郎掌啓奏記注宮內祥瑞宮長除拜薨卒每年終送史館

左諭德一人正四品下 左贊善大夫五人正五品上 傳令四人掌儀二人贊者四人 左諭德掌諷諭規諫

崇文館貞觀中置太子學館也 學士直學士員數不定 學生二十人校書二人從九品下 令史二人 典書二人楷書手二人書手十人熟紙匠三人裝潢匠五人筆匠三人 學士掌東宮經籍圖書以教授諸生凡課試舉送如弘文館校書掌校理四庫書籍

司經局洗馬二人從五品下洗馬漢官爲太子前馬 太子文學三人正六品 校書四人正九品 正字二人從九品上 書令史二人楷書手二十五人典書四人 洗馬掌四庫圖籍繕寫刊緝之事文學掌侍奉文章校書正字掌典校四庫書籍

典膳局典膳郎二人正六品上 丞二人正八品上 書令史二人主食六人典食二百人掌固四人 典膳郎掌進膳嘗食每夕局官於廚更直

藥藏局藥藏郎二人正六品上 丞二人正八品上 侍醫典藥九人藥童十八人掌固六人

藥藏郎掌和劑醫藥

內直局內直郎二人從六品下丞二人正八品下典服三十人典局十五人典翰十五人掌固六人　內直郎掌符璽繖扇几案衣服之事

典設局典設郎四人從六品下丞二人正八品下幕士六百人　典設郎掌湯沐灑掃鋪陳之事凡大祭祀太子助祭則於正殿東設幄坐

宮門局宮門郎二人從六品下丞二人正八品下門僕一百三十人　宮門郎掌內外宮門管鑰之事其鍾鼓刻漏一如皇居之制也

太子右春坊右庶子二人正四品下中舍人二人正五品上舍人四人正六品上錄事一人從八品下主事二人從九品下　舍人掌行令書令旨及表啓之事太子通表如諸臣之禮諸臣及宮臣上皇太子大事以牋小事以啓其封題皆曰上右春坊通事舍人開封以進其事可施行者皆下於坊舍人開庶子參詳之然後進不可者則否

右諭德一人正四品下右贊善大夫五人正五品上傳令四人諭德贊善掌事如左通事舍人八人正七品下典謁二十人　舍人掌導引宮臣辭見及承令勞問之事

太子內坊(皆宦者爲司局) 典內二人(從五品下) 錄事一人典直四人(正九品下) 導客舍人六人閤帥六人內閽八人內給使(無員數) 內廐二十人典事二人駕士三十人 典內掌東宮閤門之禁令及宮人衣廩賜與之出入丞爲之貳典直主儀式導客主儐序閤帥主門戶內閽主出入給使主職扇內廐主車輿典事主牛馬典內統而監之

太子內官司閨二人(從六品) 掌導引妃及宮人名簿總掌正掌書掌筵三司 掌正三人(從八品) 掌文書出入目錄爲記幷閤門管鑰糺察推罰女史流外三品掌典文簿而執行焉 掌書三人(從八品) 掌寶符契經簿宣傳啓奏教學廩賜紙筆監印 掌筵三人(從八品) 掌帷幄牀褥几案繖扇洒掃鋪設之事 司禮二人(從六品) 掌禮儀參見以總掌嚴掌縫掌藏而領其事 掌嚴三人(從三品) 掌首飾衣服巾櫛膏沐仗衛 掌縫三人(從八品) 掌裁縫織績 掌藏三人(從八品) 掌貨貝珠玉錦綵 司饌二人(從六品) 掌膳羞進食先嘗總掌食掌醫掌園三司而領其事 掌食三人(從八品) 掌膳羞酒醴燈燭 掌醫三人(從三品) 掌醫主醫藥 掌園三人

從八品掌園苑樹藝蔬果

太子家令寺令一人從四品丞二人從七品上主簿一人正九品下錄事一人　家令掌太子飲膳倉儲庫藏之政令總食官典倉司藏三署之官屬

食官署令一人從八品下掌膳十二人奉觶三十人丞二人從九品下　食官令掌飲膳之事

典倉署令一人從八品下丞二人從九品下園丞二人典事六人　典倉令掌九穀八藏及醯醢庶羞器皿燈燭之事

司藏署令一人從八品下丞二人從九品下　司藏令掌庫藏財貨出納營繕之事

太子率更寺令一人從四品上丞二人從七品上主簿一人正九品下錄事一人伶官師二人漏刻博士二人掌漏六人漏童六十人典鼓二十四人　率更令掌宗族次序禮樂刑罰及漏刻之政令

太子僕寺僕一人從四品下丞一人從七品上主簿一人正九品下錄事一人　太子僕掌車輿乘騎儀仗之政令及喪葬之禮物辨其次序

廐牧署令一人從八品下丞二人從九品下典乘四人牧掌四人翼馭十五人駕士三十人獸醫二十人 廐牧令掌車馬閑廐牧畜之事

東宮武官

太子左右衛率府秦漢有太子衛率主門衛晉分左右中前四衛率後代因置左右率北齊為衛率坊隋初始分置左右衛率府左右宗衛率左右虞候左右內率左右監門率十府以備儲闈武衛之職煬帝改為左右侍率國家復為衛率龍朔改為左右典戎衛咸亨復率各一員正四品上副率各一人從四品上 左右衛率掌東宮兵仗羽衛之政令總諸曹之事凡親勳翊府及廣濟等五府屬焉凡正至太子朝宮臣率其屬儀仗為左右廂之周衛出入如鹵簿之法

長史各一人正七品上錄事參軍事各一人從八品上倉曹參軍一人從八品下兵曹參軍一人從八品下冑曹參局一人從八品下司階一人從六品上中候二人從七品下司戈二人從八品下執戟三人從九品下 長史掌判諸曹及三府五府之貳錄事掌監印勾稽官掌本曹簿籍職事皆視上臺 親府勳翊府中郎將各一人從四品上左右郎將各一人正五品下錄事一人兵曹參軍一人校尉五人旅師十人隊正二十人副隊正二十人 郎將

掌其府之屬以宿衛而總其事職掌一視上臺親府

太子左右司禦率府本號左右宗衛府龍朔改為司禦率府率各一人正四品上副率各二人從四品上

司禦率掌同左右率長史錄事參軍事倉兵冑三曹參軍司階中候司戈執戟人數品秩職掌如左右衛府也

太子左右清道率府隋文置左右虞候府各開府一人掌斥候國初亦為左右虞候龍朔改為清道率府神龍又為虞候開元復為清道也率各一人正四品上副率各二人從四品上清道率掌東宮內外晝夜巡警之法長史錄事參軍事倉兵冑三曹參軍司階中候司戈執戟人數品秩如左右衛率府

太子左右監門率府隋置此官國家因之率各一人正四品上副率各一人正四品上左右監門率掌東宮禁衛之法應以籍入宮殿門者二率司其出入如上臺之法長史錄事參軍事兵冑二曹參軍監門直長七十八人人數品秩同諸率府

太子左右內率府隋初置內率府擬上臺千牛衛龍朔初為奉裕率咸亨復率各一人正四品上副率各一人從四品上左右內率之職掌東宮千牛備身侍奉之事而立其兵仗總其府事長史錄事參軍事兵冑二曹參軍人數品秩如諸率千牛十六人備身二十八人主仗六十

人

王府官屬公主品同

親王府傅一人從三品漢官有王傅太傅魏晉後唯置師國家因之開元改爲傅 咨議參軍一人正五品上 友一人從五品下 文學二人從六品上 東閣西閣祭酒各一人從七品上 傅掌傅相贊導而匡其過失咨議許謀左右友陪侍規諷文學讎校典籍侍從文章祭酒接對賓客

長史一人從四品上 司馬一人從四品下 掾一人正六品上 屬一人正六品上 主簿一人從六品上 史二人記室參軍事二人從六品上 錄四參軍事一人從六品上 錄事一人從九品上 功倉戶兵騎法士等七曹參軍事各一人正七品上 參軍事二人正八品下 行參軍事人從八品 典籤二人從八品下 長史司馬統領府寮紀綱職務掾統判七曹參軍事主簿掌覆省王教記室掌表啓書疏錄事參軍事勾稽省署鈔目錄事掌受事發辰七曹參軍各督本曹事出使檢校典籤宣傳教命

親王親事府典軍二人正五品上 副典軍二人從五品上 執仗親事十六人執乘親事十六人親事三百三十三人校尉旅帥隊正隊副準部內人數多少置 親事帳內府典軍二

人副典軍三人品秩加親事府帳內六百六十七人校尉旅帥隊正隊副看人數置典軍副典軍之職掌率校尉已下守衞陪從之事

親王國令一人從七品下大農二人從八品下尉二人正九品下丞一人從九品下錄事一人典衞八人舍人四人學官長一人食官長一人丞一人廐牧長二人丞二人典府長二人丞二人　國令大農掌通判國事國尉國丞掌判國司勾稽監印事典衞守居宅舍人引納學官教授內人

公主邑司令一人從七品下丞一人從八品下錄事一人從九品下主簿二人謁者二人舍人二人家吏二人　公主司邑官各掌主家財貨出入田園徵封之事其制度皆隸宗正寺

州縣官員

京兆河南太原等府自秦漢已來為雍洛并州周隋或置總管都督通名為府開元初乃為京兆府河南府太原府三府牧各一員從二品牧古官舜置十二牧是也秦以京城守為內史漢武改為尹後魏北齊周隋又以京守為牧武德初因隋置牧以親王為之或不出閤長史知府事尹各一員從三品京城守秦曰內史漢曰尹後代因之隋為內史武德初置牧以長史總府事開元初雍洛并改為府乃昇長史為尹從

三品專總府事也少尹各二員從四品下魏晉已下州府有治中隋文改為司馬煬帝改為贊理又為丞武德改為治中永徽避高宗名改為司馬開元初改為少尹司錄參軍二人正七品錄事四人從九品上功倉戶兵法士等六曹參軍事各二人正七品下府史隋書有之參軍事六人正八品下執刀十五人典獄十一人問事十二人白直二十四人經學博士一人從八品上助教二人學生八十人醫藥博士一人助教一人學生二十人

大都督府魏黃初二年始置都督諸州軍事之名後代因之至隋改為總管府武德四年又改為都督貞觀中分為上中下都督府也督一員從二品長史一人從三品司馬二人從四品下錄事參軍事二人正七品上錄事二人從九品上功曹戶兵法士六曹參軍事功士二曹各一員餘曹各二員並正七品下也典獄十六人問事十人白直二十四人市令一人從九品上丞一人佐一人史二人倉督二人經學博士一人從八品上助教二人學生六十人醫學博士一人從八品下助教一人學生十五人

中都督府

督一員正三品上別駕一人正四品下長史一人正五品上司馬一人正五品下錄事參軍事一人從七品下錄事二人從九品上功倉戶兵法士六曹參軍事各一人並從七品上參軍事四人

從八品上典獄十四人白直二十人市令一人從九品上丞一人佐一人史二人帥三人倉督二人經學博士一人從八品下助教二人學生六十人醫藥博士一人學生十五人

下都督府

督一員從三品別駕一人從四品下長史一人從五品上司馬一人從五品上錄事參軍事一人從七品上錄事二人從九品下功曹戶兵法士六曹參軍事各一人從七品下參軍事三人從八品下典獄十二人問事六人白直十六人市令一人從九品上丞二人佐一人史二人帥二人倉督二人經學博士一人從八品下助教一人學生五十人醫學博士一人助教一人學生十二人

上州州之名古也舜置十二州禹貢九州漢置十三州秦幷六國置三十六郡漢則以州統郡其後武德改郡為州改州為郡事見諸卷國家制戶滿四萬以上為上州

刺史一員從三品秦分天下為三十六郡郡置守都尉各一人仍以御史一人監郡漢廢監郡御史丞相遣掾史分察諸郡漢武元光五年分天下置十三州分統諸郡每州遣使者一人督察官吏清濁謂之十三州刺史後漢遂以名臣為刺史專州郡之政仍置別駕治中諸曹掾屬號曰外臺魏晉已後

因之不改而郡置太守丞尉諸曹隋初罷郡並爲州煬帝罷州爲郡郡置通守武德改郡爲州州置刺史天寶改州爲郡郡置太守乾元元年改郡爲州州置刺史初漢代奉使者皆持節故刺史臨部皆持節至魏晉刺史任重者爲使持節都督輕者爲持節後魏北齊總管刺史則加使持節諸軍事以此爲常隋開皇三年罷郡以州統縣刺史之名存而職廢而於刺史太守官位中不落持節之名至今不改有名無實也至德之後中原用兵大將爲刺史者兼治軍旅遂依天寶邊將故事加節度使之號連制數郡奉辭之日賜雙旌雙節如後魏北齊故事名目雖殊得古刺史督郡之制也別駕一人從四品下長史一人從五品上司馬一人從五品下錄事參軍事一人從七品上錄事三人從九品上司功司倉司戶司兵司法司士六曹參軍事各一人並從七品下參軍事四人典獄十四人問事八人白直二十四人市令一人從九品上丞一人佐一人史二人帥三人倉督二人經學博士一人從八品下助教二人學生六十人醫學博士一人正九品下助教一人學生十五人

中州戶滿二萬戶已上爲中州

刺史一員正四品上別駕一人正五品下長史一人正六品上司馬一人六品上錄事參軍事一人正八品上錄事一人從九品上司功司倉司戶司法司士六曹參軍事各一人並正八品下隨曹有佐史人數參軍事三人正九品上執刀十人典獄十二人問事六人白直十六人市令

一人丞佐各一人史帥倉督各二人經學博士一人（正九品上）助教一人學生五十人醫藥博士一人（從九品下）助教一人學生十二人

下州（戶不滿二萬爲下州也）

刺史一員（正四品下）別駕一人（從五品上）司馬一人（從六品下）錄事參軍事一人（從八品上）錄事一人（從九品下）司倉司戶司法三曹參軍事各一人（從八品下隨曹有佐史人數）參軍事一人（從九品下）典獄八人問事四人白直十六人市令一人佐史各一人帥二人倉督一人經學博士一人（正九品下）助教一人學生四十人醫學博士一人（從九品上）學生十人　京北河南太原牧及都督刺史掌清肅邦畿考覆官吏宣布德化撫和齊人勸課農桑敦敷五教每歲一巡屬縣觀風俗問百年錄囚徒恤鰥寡閱丁口務知百姓之疾苦部內有篤疾才學異能聞於鄉閭者舉而進之有不孝悖禮亂常不率法令者糺而繩之其吏在官公廉正己清直守節者必謹而察之其貪穢諂諛求名徇私者亦謹而察之皆附於考課以爲褒貶若善惡殊尤者隨即奏聞若獄訟疑議兵甲興造便宜符瑞尤異亦以上聞其常則申於尚書省而已

若孝子順孫義夫節婦精誠感通志行聞於鄉閭者亦具以申奏表其門閭其孝悌力田頗有詞學者率與計偕其所部有須改更得以便宜從事若親王典州及邊州都督刺史不可離州局者應巡屬縣皆委上佐行焉尹少尹別駕長史司馬掌貳府州之事以綱紀衆務通判列曹歲終則更入奏計司錄錄事參軍掌勾稽省署抄目監符印功曹司功掌官吏考課祭祀禎祥道佛學校表疏醫藥陳設之事倉曹司倉掌公廨度量庖廚倉庫租賦徵收田園市肆之事戶曹司戶掌戶籍計帳道路逆旅婚田之事兵曹司兵掌武官選舉兵甲器仗門戶管鑰烽候傳驛之事法曹司法掌刑法士曹司士掌津梁舟車舍宅百工衆藝之事市令掌市廛交易禁斥非道之事經學博士掌五教教授諸生醫藥博士以百藥救民疾病下至執刀白直典獄佐史各有其職州府之任備焉

縣令三代之制五等諸侯自理其人周衰諸侯相侵大國分置郡邑縣鄙以聚其人齊晉謂之大夫魯衛謂之宰楚謂之公尹秦謂之令長秦制萬戶已上爲令秩千石至六百石減萬戶爲長秩五百石至三百石皆有丞尉秩四百石至二百石也

長安萬年河南洛陽太原晉陽六縣謂之京縣令各一人正五品上丞二人從七品主

簿二人(從八品上)錄事二人(從九品下)佐二人史四人尉六人(從八品下)司功(佐三人史六人)司倉(佐四人史八人)司戶(佐五人史十人)司兵(佐三人史六人)司法(佐五人史十人)司士(佐四人史八人)典獄十四人問事八人白直十八人博士一人助教一人學生五十人

京兆河南太原所管諸縣謂之畿縣令各一人(正六品下)丞一人(從八品下)主簿一人(正九品上)尉二人(正九品下)錄事二人(史三人)司功(佐三人史五人)司倉(佐四人史七人)司戶(佐四人史七人帳史一人)司法(佐四人史八人)典獄十四人問事四人白直十人市令一人(佐一人史一人帥二人)經學博士一人助教一人學生四十人

諸州上縣令一人(從六品上)丞一人(從八品下)主簿一人(正九品下)尉二人(從九品上)錄事二人(史三人)司戶(佐四人史七人帳史一人)司法(佐四人史八人)倉督二人典獄十人問事四人白直十人市令一人(佐史各一人帥一人)博士一人助教一人學生四十人

諸州中縣令一人(正七品上)丞一人(從八品下)主簿一人(從九品上)尉一人(從九品下)錄事一人(史四人)司戶(佐三人史五人帳史一人)司法(佐二人史六人)倉督一人典獄八人問事四人白直八人博士一人助教一人學生二十五人

諸州中下縣令一人從七品上丞一人正九品上主簿一人從九品尉一人從九品下錄事一人

司戶佐二人史三人帳史一人司法佐二人史四人典獄六人問事四人白直八人市令一人佐史各一人帥二人博士一人助教一人學生二十五人

諸州下縣令一人從七品下丞一人正九品下主簿一人從九品上尉一人從九品下錄事一人司戶佐二人史四人帳史一人司法佐一人史四人典獄六人問事四人白直八人市令一人佐一人史二人帥二人也博士一人助教一人學生二十人　京畿及天下諸縣令之職皆掌導揚風化撫字黎甿敦四人之業崇五土之利養鰥寡恤孤窮審察冤屈躬親獄訟務知百姓之疾苦

大都護府

大都護一員從三品副都護四人正四品上長史一人正五品上司馬一人正五品上錄事參軍事一人正七品上錄事二人從九品下功曹倉曹戶曹兵曹法曹五參軍事各一人並正七品下　參軍事三人正八品下

上都護府

都護一員正三品 副都護二人從四品上 長史一人正五品上 司馬一人正五品上 錄事參軍事一人正七品下 錄事二人 功曹倉曹戶曹兵曹四參軍事各一人從七品上 參軍事三人從八品上

都護之職掌撫慰諸蕃輯寧外寇覘候姦譎征討攜貳長史司馬貳焉諸曹如州府之職

節度使天寶中緣邊禦戎之地置八節度使受命之日賜之旌節謂之節度使得以專制軍事行則建節符樹六纛外任之重無比焉至德已後天下用兵中原刺史亦循其例受節度使之號

節度使一人 副使一人 行軍司馬一人 判官二人 掌書記一人 參謀無員數也 隨軍四人皆天寶後置檢討未見品秩

元帥都統招討等使

元帥舊無其名安史之亂肅宗討賊以廣平王為天下兵馬元帥又以大臣郭子儀李光弼隨其方面副之號為副元帥及代宗即位又以雍王為之自後不置昭宗又以輝王為之也

都統乾元中置或總三道或總五道至上元末省大中後討徐州以康承訓討黃巢以荊南王鐸皆為都統

招討使貞元末置自後隨用兵權置兵罷則停

防禦團練使至德後中原置節度使又大郡要害之地置防禦使以治軍事刺史兼之不賜旌節上元後改防禦使爲團練守捉使又與團練兼置防禦使名前使各有副使判官皆天寶後置未見品秩

諸鎮魏有鎮東鎮西鎮南鎮北四將軍後代因之隋因始置鎮將鎮副之名也

上鎮將一人正六品下鎮副一人正七品下錄事一人倉曹兵曹二參軍從八品下各有佐史

中鎮將一人正七品上鎮副一人從七品上錄事一人兵曹參軍一人正九品下

下鎮將一人正七品下鎮副一人從七品下錄事一人兵曹參軍一人從九品下

諸戍春秋有戍葵丘之義東晉後魏以屯兵守境處爲戍隋因之

上戍主一人正八品下戍副一人從八品下佐一人史二人

中戍主一人從八品下

下戍主一人正九品下

五岳四瀆廟令各一人正九品上齋郎三十人祝史三人

上關令一人從八品下丞二人正九品下錄事一人有府史典事津吏八人

中關令一人正九品下丞一人從九品下錄事一人津吏六人

下關令一人從九品下津吏四人關令各有府史　關令掌禁末遊伺姦慝凡行人車馬出入往來必據過所以勘之

舊唐書卷四十四

舊唐書卷四十四考證

職官志三御史中丞二員○新書三員

御史四員○新書六員

監察御史十員○新書十五員

尚食奉御至大朝會饗宴與光祿大夫視其品秩之差○沈炳震曰光祿大夫

應作光祿卿

天寶十二載楊國忠當政復立仗馬及進馬官乾元復省上元復置○新書大

曆十四年復置

總掖庭宮闈奚官內僕內府五局之官屬○新書幷太子內坊爲六局

內給事八人○新書十人

內謁者監六人○新書十人

陵戶乾橋昭四百人獻定恭三百人○沈炳震曰新書不分諸陵皆守陵百戶

鼓吹署丞三人○新書二人

太十署令丞一人〇新書二人
凡諸羣牧立南北東西四使以分統之〇沈炳震曰新書獨無東使
太理寺獄丞四人〇新書二人
掌固八人問事一百四十八人〇八人新書作十八人一百四十八人新書作
百人
太府卿總京師四寺平準左右藏常平八署之官屬〇沈炳震曰新書七署無
平準
祭酒司業之職掌邦國儒學訓導之政令有六學〇六學謂一國子學二太學
三四門學四律學五書學六算學也新書幷廣文館爲七學
國子博士二人助教一人〇新書俱五人
太學博士三人助教三人〇新書俱六人
四門博士三人助教三人〇新書俱六人
學生五百人〇新書三百人

律學博士一人〇新書三人
五經博士各一人〇新書各二人
廣文館博士二人〇新書四人
將作監大匠一員少匠二員〇新書作太監少監
左右衛至左右千牛衛〇　臣德潛按舊書俱大將軍各一員將軍各二員新書
大將軍上俱有上將軍一員
左右神武軍〇　臣德潛按舊書闕官名人數据新書大將軍各一員正二品統
軍各一員正三品將軍三員從三品總衙前射生兵長史錄事參軍事倉兵
曹三曹參軍事司階中候司戈執戟長上人數品秩隨曹府史並如龍武軍
應補入
太子賓客四員古無此官顯慶元年始置四員〇新書貞觀十八年以宰相兼
賓客開元中定員四人
司功司倉司戶司兵司法司士六曹〇新書有司田爲七曹

長安萬年河南洛陽太原晉陽六縣謂之京縣○新書有奉先會昌二縣

元帥舊無其名安史之亂肅宗討賊以廣平王爲天下兵馬元帥又以郭子儀李光弼副之○ 臣德潛按新書高祖定京師置左右元帥太原道行軍元帥西討元帥皆親領之則知不始于安史之亂也 臣德潛按取士之制莫詳于唐由學館者曰生徒由州縣者曰鄉貢皆升于有司而進退之其科之目有秀才有明經有進士有俊士明法明字明算有一史有三史有開元禮有道舉有童子而明經之別有五經三經二經學究一經與三禮三傳史科此歲舉之常選也而天子自詔曰制舉所以待非常之才焉載之通典通志通考釐然具備也舊書有職官志無選舉志明係殘闕應參之新書以得其大凡

舊唐書卷四十五

後晉司空同中書門下平章事劉昫撰

輿服志第二十五

昔黃帝造車服爲之屏蔽上古簡儉未立等威而三五之君不相沿習迺改正朔易服色車有輿輅之別服有裘冕之差文之以染繢飾之以絺繡華蟲象物龍火分形於是典章興矣周自夷王削弱諸侯自恣窮孔翬之羽毛無以供其侈極隨和之掌握不足慊其華則皮弁革舄之容非珠履鷸冠之玩也迨秦誅戰國斟酌舊儀則有鹵簿金根大駕法駕備千乘萬騎異舜典周官漢氏因之號乘輿三駕儀衞之盛無與比隆東京帝王博雅好古明帝始令儒者考曲臺之說依周官五輅六冕之文山龍藻火之數創爲法服雖有制作竟寢不行輿駕乘金根而已服則袞冕冠則通天其後所御多從袍服事具前志而裘冕之服歷代不行後魏北齊輿服奇詭至隋氏一統始復舊儀隋制車有四等有亘幰通幰軺車輅車初制五品以上乘偏幰車其後嫌其不美停不行用以亘車

代之三品以上通幰車則青壁一品軺車油幰朱網唯輅車一等聽勅始得乘
之馬珂一品以下九子四品七子五品五子衣裳有常服公服朝服祭服四等
之制平巾幘牛角箄簪紫衫白袍靴起梁帶五品已上金玉鈿飾用犀爲簪是
爲常服武官盡服之六品已下衫以緋至於大仗陪立五品已上及親侍加兩
襠縢蛇其勳侍去兩襠弁冠朱衣裳素革帶烏皮履是爲公服其弁通用烏漆
紗爲之象牙爲簪導五品已上亦以鹿胎爲弁犀爲簪導者加玉琪之飾一品
九琪二品八琪三品七琪四品六琪三品兼有紛鞶囊佩於革帶之後上加玉
珮一鞶囊二品以上金縷三品以上銀縷五品以上綵縷文官尋常入內及在
本司常服之親王遠遊三梁冠金附蟬犀簪導白筆三師三公太子三師三少
尚書祕書二省九寺四監太子三寺諸郡縣關市親王文學藩王嗣王公侯進
賢冠三品以上三梁五品以上兩梁犀簪導九品以上一梁牛角簪導門下內
書殿內三省諸衞府長秋監太子左右庶子內坊諸率宮門內坊親王府都尉
府鎮防戍九品以上散官一品已下武弁幘侍中中書令加貂蟬珮紫綬散官

者白筆御史司隸二臺法冠一名獬豸冠謁者臺大夫以下高山冠並絳紗單衣白紗內單皁領褾襈裾白練裾襦絳蔽膝革帶金飾鉤䚢之心曲領紳帶玉鏢金飾劍亦通用金鏢山玄玉佩綬韈烏皮舄是爲朝服玉佩纁朱綬施二玉環三品以上綠綬四品五品青綬二品以下去玉環六品以下去劍珮綬八品以下冠去白筆衣省內單及曲領蔽膝著烏皮履五品加紛鞶囊其綬纁朱者用四綵赤紅縹紺紅朱質纁文織長一丈八尺二百四十首闊九寸綠綬用四綵綠紫黃朱紅綠質長一丈八尺二百四十首闊九寸紫綬用四綵紫黃赤紅紫質長一丈六尺一百八十首闊八寸青綬三綵白青紅青質長一丈四尺一百四十首闊七寸玄衣纁裳冕而旒者是爲祭服綬珮劍各依朝服之數其章自七品以下降二爲差六品以下無章文武之官皆執笏五品以上用象牙爲之六品以下用竹木是時內外羣官文物有序僕御清道車服以庸於是貴賤士庶較然殊異越王侗於東都嗣位下詔停廢自茲以後浸以不章以至於士唐制天子車輿有玉輅金輅象輅革輅木輅是爲五輅耕根車安車四望車已上八

等並供服乘之用其外有指南車記里鼓車白鷺車鸞旗車辟惡車軒車豹尾車羊車黃鉞車（豹尾黃鉞二車武德中無自貞觀已後加焉其黃鉞天寶元年制改爲金鉞）屬車十二乘並爲儀仗之用大駕行幸則分前後施於鹵簿之內若大陳設則分左右施於儀衞之內

玉輅青質以玉飾諸末重輿左青龍右白虎金鳳翅畫簾文鳥獸黃屋左纛金鳳一在軾前十二鑾在衡（正縣鑾數皆其副輅及耕根則八）二鈴在軾龍輈前設鄣塵青蓋黃裏繡飾博山鏡子樹羽輪皆朱班重牙左建旂十有二旒皆畫升龍其長曳地右載闟戟長四尺廣三尺黻文旂首金龍頭銜結綬及鈴綏駕蒼龍金鍐方釳插翟尾五焦鏤錫鞶纓十有二就（鏤錫馬當顱鏤金爲之鞶纓鞍皆以五綵飾之就成也一帀爲一就也）祭祀納后則供之金輅赤質以金飾諸末餘與玉輅同駕赤騮鄉射祀還飲至則供之象輅黃質以象飾諸末餘與玉輅同駕黃騮行道則供之革輅白質鞔之以革餘與玉輅同駕白駱巡狩臨兵事則供之木輅黑質漆之餘與玉輅同駕黑騮畋獵則供之五輅之蓋旌旗之質及鞶纓皆從輅色蓋之裏皆用黃其鏤錫五輅同耕根車青質蓋三重餘與玉輅同耕籍則供之安車金飾重輿曲壁八鑾在

衡紫油纁朱裏通幰朱絲絡網朱鞶纓朱覆鬉髮貝絡駕赤騮臨幸則供之四望車制同犢車金飾八鑾在衡青油纁朱裏通幰朱絲絡網拜陵臨弔則供之自高宗不喜乘輅每有大禮則御輦以來往爰洎則天以後遂以為常玄宗又以輦不中禮又廢而不用開元十一年冬將有事於南郊乘輅而往禮畢騎而還自此行幸及郊祀等事無遠近皆騎於儀衛之內其玉輅及腰輿之屬但陳於鹵簿而已皇后車則有重翟厭翟翟車安車四望車金根車六等重翟車青質金飾諸末輪畫朱金根車牙其箱飾以重翟羽青油纁朱裏通幰繡紫帷朱絲絡網繡紫絡帶八鑾在衡鏤錫鞶纓十二就金鍐方釳插翟尾朱絲（總以朱為之如馬纓而小著馬勒在兩耳與兩鑣也）駕蒼龍受冊從祀享廟則供之厭翟赤質金飾諸末輪畫朱牙其箱飾以次翟羽紫油纁朱裏通幰紅錦帷朱絲絡網紅錦絡帶餘如重翟車駕赤騮採桑則供之翟車黃質金飾諸末輪畫朱牙其車側飾以翟羽黃油纁黃裏通幰白紅錦朱絲絡網白紅錦絡帶餘如重翟駕黃騮歸寧則供之諸鞶纓之色皆從車質安車赤質金飾紫通幰朱裏駕四馬臨幸及弔則供之四

望車朱質紫油通幰油畫絡帶拜陵臨弔則供之金根車朱質紫油通幰油畫絡帶朱絲網常行則供之皇太子車輅有金輅軺車四望車金輅赤質金飾諸末重較箱畫簴文鳥獸黃屋伏鹿軾龍輈金鳳一在軾前設鄣塵朱蓋黃裏輪畫朱牙左建旂九旒右載闟戟旂首金龍頭銜結綬及鈴綏駕赤駵四八鑾在衡二鈴在軾金鍐方釳插翟尾五焦鏤錫鞶纓九就從祀享正冬大朝納妃則供之軺車金飾諸末紫通幰朱裏駕一馬五日常服及朝享宮臣出入行道則供之四望車金飾諸末紫油纁通幰朱裏朱絲絡網駕一馬弔臨則供之王公已下車輅親王及武職一品象飾輅自餘及二品三品革輅四品木輅五品軺車象輅以象飾諸末朱班輪八鑾在衡左建旂（旂畫龍一升一降）右載闟戟革輅以革飾諸末左建旜（通帛為旜）餘同革輅木輅以漆飾之餘同革輅軺車曲壁青通幰諸輅皆朱質朱蓋朱旂旜一品九旒二品八旒三品七旒四品六旒其鞶纓就數皆準此內命婦夫人乘厭翟車嬪乘翟車婕妤已下乘安車各駕二馬外命婦公主王妃乘厭翟車駕二馬自餘一品乘白銅飾犢車青通幰朱裏油纁朱絲

絡網駕以牛二品已下去油纁絡網四品青偏幰有唐已來三公已下車輅皆太僕官造貯掌若受制行冊命及二時巡陵婚葬則給之自此之後皆騎馬而已唐制天子衣服有大裘之冕袞冕鷩冕毳冕繡冕玄冕通天冠武弁黑介幘白紗帽平巾幘白帢凡十二等大裘冕無旒廣八寸長一尺六寸玄表纁裏已下廣狹准此金飾玉簪導以組爲纓色如其綬裘以黑羔皮爲之玄領褾襟緣朱裳白紗中單皁領青褾襈裾革帶玉鉤䚢大帶素帶朱裏紕其外上以朱下以綠紕用組也蔽膝隨裳鹿盧玉具劍火珠鏢首白玉雙珮玄組雙大綬六綵玄黃赤白縹綠純玄質長二丈四尺五百首廣一尺小雙綬長二尺一寸色同大綬而首半之間施三玉環朱韈赤舄祀天神地祇則服之

袞冕金飾垂白珠十二旒以組爲纓色如其綬黈纊充耳玉簪導玄衣纁裳十二章八章在衣日月星龍山華蟲火宗彝四章在裳藻粉米黼黻衣褾領爲升龍織成爲之也各爲六等龍山以下每章一行十二白紗中單黼領青褾襈裾黻繡龍山火三章餘同上革帶大帶劍珮綬與上同舄加金飾諸祭祀及廟遣上將征還飲至踐阼加元服納后若元日受朝則服之

鷩冕服七章三章在衣華蟲火宗彝四章在裳藻粉米黼黻餘同袞冕有事遠主則服之毳冕服五章

三章在衣宗彝藻粉米二章在裳黼黻也餘同鷩冕祭海岳則服之繡冕服三章一章在衣粉米二章在裳黼黻餘同毳冕祭社稷帝社則服之玄冕服衣無章裳刺黻一章餘同繡冕蜡祭百神朝日夕月則服之通天冠加金博山附蟬十二首施珠翠黑介幘髮纓翠緌玉若犀簪導絳紗裏白紗中單領褾飾以織成朱襈裾白裙白裙襦亦裙衫也絳紗蔽膝白假帶方心曲領其革帶珮劍綬韈舄與上同若未加元服則雙童髻空頂黑介幘雙玉導加寶飾諸祭還及冬至朔日受朝臨軒拜王公元會冬會則服之武弁金附蟬平巾幘餘同其服講武出征四時蒐狩大射禡類宜社賞祖罰社纂嚴則服之弁服弁以鹿皮爲也十有二琪琪以白玉珠爲之玉簪導絳紗衣素裳革帶白玉雙珮鞶囊小綬白韈烏皮履朔日受朝則服之黑介幘白紗單衣白裙襦革帶素韈烏皮履拜陵則服之白紗帽亦爲紗也白裙襦亦裙衫也白韈烏皮履視朝聽訟及宴見賓客則服之平巾幘金寶飾導簪冠文皆以玉紫褶亦白褶白袴玉具裝真珠寶鈿帶乘馬則服之白帢臨大臣喪則服之太宗又制翼善冠朔望視朝以常服及帛練裙襦通著之若服袴褶又與平巾幘通用著於令其常服赤黃袍衫折上頭巾九環

帶六合鞾皆起自魏周便於戎事自貞觀已後非元日冬至受朝及大祭祀皆常服而已顯慶元年九月太尉長孫無忌與修禮官等奏曰准武德初撰衣服令天子祀天地服大裘冕無旒臣無忌志寧敬宗等謹按郊特牲云周之始郊日以至被袞以象天戴冕藻十有二旒則天數也而此二禮俱說周郊袞與大裘事乃有異按月令孟冬天子始裘明以禦寒理非當暑若啓蟄祈穀冬至報天行事服裘義歸通允至於季夏迎氣龍見而雩炎熾方隆如何可服謹尋歷代唯服袞章與郊特牲義旨相協按周禮輿服志云漢明帝永平二年制採周官禮記始制祀天地服天子制十二章沈約宋書志云魏晉郊天亦皆服袞又王智深宋紀曰明帝制云以大冕純玉藻玄衣黃裳郊祀天地後魏周齊迄于隋氏勘其禮令祭服悉同斯則百王通典炎涼無妨復與禮經事無乖舛今請憲章故實郊祀天地皆服袞冕其大裘請停仍改禮令又檢新禮皇帝祭社稷服繡冕四旒三章祭日月服玄冕三旒衣無章謹按令文是四品五品之服此則三公亞獻皆服袞衣孤卿助祭服毳及鷩斯乃乘輿章數同於大夫君少臣

多殊爲不可據周禮云祀昊天上帝則服大裘而冕五帝亦如之享先王則袞冕享先公則鷩冕祀四望山川則毳冕祭社稷五祀則絺冕諸小祀則玄冕又云公侯伯子男孤卿大夫之服袞冕以下皆如王之服所以三禮義宗遂有三釋一云公卿大夫助祭之日所著之服降王一等又云悉與王同求其折衷俱未通允但名位不同禮亦異數天子以十二爲節義在法天豈有四旒三章翻爲御服若諸臣助祭冕與王同便是貴賤無分君臣不別如其降王一等則王著玄冕之時羣臣次服爵弁既屈天子又貶公卿周禮此文久不施用亦猶祭祀之立尸侑君親之拜臣子覆巢設硩蔟之官去鼃置蟈氏之職唯施周代事不通行是故漢魏以來下迄隋代相承舊事唯用袞冕今新禮親祭日月仍服五品之服臨事施行極不穩便請遵歷代故實諸祭並用袞冕制可之無忌等又奏曰皇帝爲諸臣及五服親舉哀依禮著素服今令乃云白帢禮令乖舛須歸一塗且白帢出自近代事非稽古雖著令文不可行用請改從素服以會禮文制從之自是鷩冕已下乘輿更不服之白帢遂廢而令文因循竟不改削開

元十一年冬玄宗將有事於南郊中書令張說又奏稱准令皇帝祭昊天上帝服大裘之冕事出周禮取其質也永徽二年高宗親享南郊用之明慶年修禮改用衮冕事出郊特牲取其文也自則天已來用之若遵古制則應用大裘若便於時則衮冕爲美令所司造二冕呈進上以大裘樸略冕又無旒既不可通用於寒暑乃廢不用之自是元正朝會依禮令用衮冕及通天冠大祭祀依郊特牲亦用衮冕自餘諸服雖在於令文不復施用十七年朝拜五陵但素服而已朔望常朝亦用常服其翼善冠亦廢武德令皇太子衣服有衮冕具服遠遊三梁冠公服遠遊冠烏紗帽平巾幘五等貞觀已後又加弁服進德冠之制衮冕白珠九旒以組爲纓色如其綬青纊充耳犀簪導玄衣纁裳九章五章在衣龍山華蟲火宗彝四章在裳藻粉米黼黻織成爲之白紗中單黼領青褾襈裾革帶金鉤䚢大帶素帶朱裏亦紕以朱綠皆用組黻隨裳色火山二章也玉具劍金寶飾也玉鏢首瑜玉雙珮朱組雙大綬四綵赤白縹紺純朱質長一丈八尺三百二十首廣九寸小雙綬長二尺六寸色同大綬而首半之施二玉環也朱韈赤舄舄加金飾侍從皇帝祭祀及謁廟加元服納妃則服之具服遠遊三梁冠加金附蟬

九首施珠翠黑介幘髮纓翠緌犀簪導絳紗袍白紗中單皁領褾襈裙白裙襦
白假帶方心曲領絳紗蔽膝其革帶劍珮綬韈舃與上同後改用白韈黑舃未
冠則雙童髻空頂黑介幘雙玉導加寶飾謁廟還宮元日冬至朔日入朝釋奠
則服之公服遠遊冠（簪導以下並同前也）絳紗單衣白裙襦革帶金鉤䚢假帶方心紛鞶
囊（長六尺四寸廣二寸四分色同大綬）白韈烏皮履五日常服元日冬至受朝則服之烏紗帽白
裙襦白韈烏皮履視事及宴見賓客則服之平巾幘紫褶白袴寶鈿起梁帶乘
馬則服之弁服（弁以鹿皮爲之）犀簪導組纓玉琪九絳紗衣素裳革帶鞶囊小綬俟珮
白韈烏皮履朔望及視事則兼服之進德冠九琪加金飾其常服及白練裙襦
通著之若服袴褶則與平巾幘通著自永徽已後唯服衮冕具服公服而已若
乘馬袴褶則著進德冠自餘並廢若讌服常服紫衫袍與諸王同開元二十六
年肅宗升爲皇太子受冊太常所撰儀注有服絳紗袍之文太子以爲與皇帝
所稱同上表辭不敢當請有以易之玄宗令百官詳議尚書左丞相裴耀卿太
子太師蕭嵩等奏曰謹按衣服令皇太子具服有遠遊冠三梁加金附蟬九首

施珠翠黑介幘髮纓綏犀簪導絳紗袍白紗中單皁領褾襈白裙襦方心曲領絳紗蔽膝革帶劍珮綬等謁廟還宮元日冬至朔日入朝釋奠則服之其絳紗袍則是冠衣之內一物之數與裙襦劍珮等無別至於貴賤之差尊卑之異則冠爲首飾名制有殊弁珠旒及裳綵章之數多少有別自外不可事事差異亦有上下通服名制是同禮重則具服禮輕則從省今以至敬之情有所未取衣服不可減省稱謂須更變名望所撰儀注不以絳紗袍爲稱但稱爲具服則尊卑有差謙光成德議奏上手勅改爲朱明服下所司行用焉武德令侍臣服有袞鷩毳繡玄冕及爵弁遠遊進賢冠武弁獬豸冠凡十等袞冕垂青珠九旒以組爲纓色如其綬(以下旒纓皆如之也)青纊充耳簪導青衣纁裳服九章(五章在衣龍山華蟲火宗彝爲五等四章在裳藻粉米黼黻皆絳爲繡偏衣而已下皆如之)白紗中單黼領(繡冕以下中單青領)青褾襈裙革帶劍䚢大帶(三品已上素帶朱裏皆紕其外上以綠五品帶紕其垂外以玄黃紐皆用青組之)黻(凡黻皆隨裳色毳冕以上山火二章繡冕山一章玄冕無章)劍珮綬朱襪赤舄第一品服之鷩冕七旒服七章(三章在衣華蟲火宗彝四章在裳藻粉米黼黻也)餘同袞冕第二品服之毳冕五旒服五章(三章在衣宗彝藻粉米二章在裳黼黻也)餘同鷩冕第三

品服之繡冕四旒服二章一章在衣粉米二章在裳黼黻餘並同毳冕第四品服之玄冕衣無

章裳刻黻一章餘同繡冕第五品服之爵弁色同爵無旒無章玄纓簪導青衣纁裳白

紗中單青領褾裾革帶鉤艓大帶練帶紕其垂內外以練紐約用青組爵韠韈赤履九品已上服

之凡冕服助祭及親迎若私家祭祀皆服之爵弁亦同凡冕制皆以羅為之其

服以紬爵弁用紬為之其服用緇遠遊三梁冠黑介幘青綏凡文官皆青綏以下准此也皆

諸王服之親王則加金附蟬進賢冠三品以上三梁五品以上兩梁九品以上

一梁皆三公太子三師三少五等爵尚書省祕書省諸寺監學太子詹事府三

寺及散官親王師友文學國官若諸州縣關津岳瀆等流內九品以上服之武

弁平巾幘侍中中書令則加貂蟬侍左者左珥侍右者右珥皆武官及門下中書殿中內侍省天策上

將府諸衛領軍武候監門領左右太子諸坊諸率及鎮戍流內九品已上服之

其親王府佐九品以上亦準此法冠一名獬豸冠以鐵為柱其上施珠兩枚為

獬豸之形左右御史臺流內九品以上服之高山冠者內侍省內謁者及親王

下司閤等服之却非冠者亭長門僕服之諸應冠而未冠者並雙童髻空頂幘

五品已上雙玉導金飾三品以上加寶飾六品以下無飾朝服（亦名具服）冠幘纓簪
導絳紗單衣白紗中單皁領褾裾白裙襦（亦裙衫也）革帶鉤緤假帶曲領方心絳紗
蔽膝韈舄劍珮綬一品已下五品以上陪祭朝饗拜表大事則服之七品已上
去劍珮綬餘並同公服（亦名從省服之）冠幘纓簪導絳紗單衣白裙襦（亦裙衫也）革帶鉤緤
假帶古心韈履紛鞶囊一品以下五品以上謁見東宮及餘八事則服之其六
品以下去紛鞶囊餘並同諸珮綬者皆雙綬親王纁朱綬四綵赤黃縹紺純朱
質纁文織長一丈八尺二百四十首廣九寸一品綠綟綬四綵紫黃赤純綠質
長一丈八尺二百四十首廣九寸二品三品紫綬三綵紫黃赤純紫質長一丈
六尺一百八十首廣八寸四品青綬三綵青白紅純青質長一丈四尺一百四
十首廣七寸五品黑綬二綵青紺純紺質長一丈二尺一百首廣六寸（自王公以下皆
有小雙綬長二尺六寸色同大綬而首半之正第一品佩二玉環自外不同也）有綬者則有紛皆長六尺四寸廣二尺
四分各隨綬色諸鞶囊二品以上金鏤三品金銀鏤四品銀鏤五品綵鏤諸珮
一品珮山玄玉二品以下五品以上佩水蒼玉諸文官七品以上朝服者簪白

筆武官及爵則不簪諸舄履並烏色舄重皮底履單皮底（別注色者不用此色）諸勳官及爵任職事官者（散官散號將軍同職事）正衣本服自外各從職事服諸致仕及以理去官被召謁見皆服前官從省服平巾幘簪箄導冠之五品以上紫褶六品以下緋褶加兩襠縢蛇並白袴起梁帶（五品以上金玉雜鈿六品以下金飾隱起）韡武官及衞官陪立大仗則服之若文官乘馬亦通服之去兩襠縢蛇諸視品府佐武弁平巾幘國官進賢一梁冠黑介幘簪導其服各準正品（其流外官亦依正品流外之例）參朝則服之若謁見府公府佐平巾黑幘國官黑介幘皆白紗單衣烏皮履諸流外官行署三品以上黑介幘絳公服（用緋爲之制同絳紗單衣）方心革帶鉤艓假帶韈烏皮履九品以上絳褠衣（制同絳公服袖狹形直如溝不垂）去方心假帶餘同絳公服其非行署者太常寺謁者卜博士醫助教祝史贊引鴻臚寺掌儀諸典書典學內侍省內典引太子門下坊典儀內坊導客舍人諸贊者王公以下舍人公主謁者等各準行署依品服自外及民任雜掌無官品者皆平巾幘緋衫大口袴朝集從事則服之諸典謁武弁絳公服其齋郎介幘絳褠衣自外品子任雜掌者皆平巾幘緋衫大口袴朝集從

事則服之黑介幘簪導深衣青褾領革帶烏皮履未冠則雙童髻空頂黑介幘去革帶國子太學四門學生參見則服之書算學生州縣學生則烏紗帽白裙襦青領諸外官拜表受詔皆服本品無朝服者則服之其餘公事及初上並公服諸州大中正進賢一梁冠絳紗公服若有本品者依本品參朝服之諸州縣佐史鄉正里正岳瀆祝史齋郎並介幘絳褠衣平巾幘緋褶大口袴紫附褠尚食局主食典膳局主食太官署食官署掌膳服之平巾綠幘青布袴褶尚食局主膳典膳局典食太官署食官署供膳服之平巾五辮髻青袴褶青耳屩羊車小史服之總角髻青袴褶漏刻生漏童服之龍朔二年九月戊寅司禮少常伯孫茂道奏稱諸臣九章服君臣冕服章數雖殊飾龍名袞尊卑相亂望諸臣九章衣以雲及麟代龍昇山爲上仍改冕當時紛議不定儀鳳年太常博士蘇知機又上表以公卿以下冕服請別立節文勅下有司詳議崇文館學士校書郎楊炯奏議曰古者太昊庖犧氏仰以觀象俯以察法造書契而文籍生次有黃帝軒轅氏長而敦敏成而聰明垂衣裳而天下理其後數遷五德君非一姓體國經野建

邦設都文質所以再而復正朔所以三而改夫改正朔者謂夏后氏建寅殷人建丑周人建子至於以日繫月以月繫時以時繫年此則三王相襲之道也夫易服色者謂夏后氏尚黑殷人尚白周人尚赤至於山龍華蟲宗彝藻火粉米黼黻此又百代可知之道也謹按虞書曰予欲觀古人之象日月星辰山龍華蟲作繪宗彝藻火粉米黼黻絺繡由此言之則其所從來者尚矣夫日月星辰者明光照下土也山者布散雲雨象聖王澤沾下人也龍者變化無方象聖王應機布教也華蟲者雉也身被五采象聖王體兼文明也宗彝者武蜼也以剛猛制物象聖王神武定亂也藻者逐水上下象聖王隨代而應也火者陶冶烹飪象聖王至德日新也米者人恃以生象聖王物之所賴也黼能斷割象聖王臨事能決也黻者兩己相背象君臣可否相濟也逮有周氏乃以日月星辰爲旌旗之飾又登龍於山登火於宗彝於是乎制袞冕以祀先王也九章者法於陽數也以龍爲首章者袞者卷也龍德神異應變潛見表聖王深沈遠智卷舒神化也又制鷩冕以祭先公也鷩者雉也有耿介之志表公有賢才能守耿介

之節也又制毳冕以祭四望也四望者岳瀆之神也武蜼者山林所生也明其象也制絺冕以祭社稷也社稷土穀之神也粉米由之成也象其功也又制玄冕以祭羣小祀也百神異形難可徧擬但取黻之相背異名也夫以周公之多才也故化定制禮功成作樂夫以孔宣之將聖也故行夏之時服周之冕先王之法服乃此之自出矣天下之能事又於是乎畢矣今表狀請制大明冕十二章乘輿服之者謹按日月星辰者已施旌旗矣龍武山火者又不踰於古矣而云麟鳳有四靈之名玄龜有負圖之應雲有紀官之號水有感德之祥此蓋別表休徵終是無踰比象然則皇王受命天地與符仰觀則璧合珠連俯察則銀黃玉紫盡南宮之粉壁不足寫其形狀罄東觀之鉛黃無以紀其名實固不可畢陳於法服也雲也者從龍之氣也水也者藻之自生也又不假別爲章目也此蓋不經之甚也又鷩冕八章三公服之者鷩者太平之瑞也非三公之德也鷹鸇者鷙鳥也適可以辨祥刑之職也熊羆者猛獸也適可以旌武臣之力也又稱藻爲水草無所法象引張衡賦云蔕倒茄於藻井披江葩之狎獵謂爲蓮

花取其文采者夫茄者蓮也若以蓮花代藻變古從今旣不知草木之名亦未達文章之意此又不經之甚也又毳冕六章三品服之者按此王者祀四望服之名也今三品乃得同王之毳冕而三公不得同王之袞名豈惟顚倒衣裳抑亦自相矛盾此又不經之甚也又絺冕四章五品服之考之於古則無其名驗之於今則非章首此又不經之甚也若夫禮惟從俗則命爲制令爲詔乃秦皇之故事猶可以適於今矣若乃義取隨時則出稱警入稱蹕乃漢國之舊儀猶可以行於代矣亦何取於變周公之軌物改宣尼之法度者哉由是竟寢知機所請景龍二年七月皇太子將親釋奠於國學有司草儀注令從臣皆乘馬著衣冠太子左庶子劉子玄進議曰古者自大夫已上皆乘車而以馬爲騑服魏晉已降迄于隋代朝士又駕牛車歷代經史具有其事不可一二言也至如李廣北征解鞍憩息馬援南伐據鞍顧盼斯則鞍馬之設行於軍旅戎服所乘貴於便習者也案江左官至尚書郎而輒輕乘馬則爲御史所彈又顏延之罷官後好騎馬出入閭里當代稱其放誕此則專車憑軾可擐朝衣單馬御鞍宜從

輿服求之近古灼然之明驗矣自皇家撫運沿革隨時至如陵廟巡幸王公冊
命則盛服冠履乘彼輅車其士庶有衣冠親迎者亦時以服箱充馭在於他事
無復乘車貴賤所通鞍馬而已臣伏見比者鑾輿出幸法駕首途左右侍臣皆
以朝服乘馬夫冠履而出止可配車而行今乘車既停而冠履不易可謂唯知
其一而未知其二何者褒衣博帶革履高冠本非馬上所施自是車中之服必
也襪而升鐙跣以乘鞍非惟不師古道亦自取驚今俗求諸折中進退無可且
長裙廣袖襜襜如翼如鳴珮紆組鏘鏘奕奕馳驟於風塵之內出入於旌棨之間
儻馬有驚逸人從顛墜遂使屬車之右遺履不收清導之傍絓驂相續固以受
嗤行路有損威儀今議者皆云祕閣有梁武帝南郊圖多有衣冠乘馬者此則
近代故事不得謂無其文臣案此圖是後人所爲非當時所撰且觀當今有古
今圖畫者多矣如張僧繇畫羣公祖二疏而兵士有著芒屩者閻立本畫昭君
入匈奴而婦人有著帷帽者夫芒屩出於水鄉非京華所有帷帽創於隋代非
漢宮所作議者豈可徵此二畫以爲故實者乎由斯而言則梁武南郊之圖義

同於此又傳稱義惟因俗禮貴緣情殷輅周冕規模不一秦冠漢珮用舍無恆況我國家道軼百王功高萬古事有不便資於變通其乘馬衣冠竊謂宜從省廢臣此異議其來自久日不暇給未及搉揚今屬殿下親從齒胄將臨國學凡有衣冠乘馬皆憚此行所以輒進狂言用申鄙見皇太子手令付外宣行仍編入令以為恆式讌服蓋古之褻服也今亦謂之常服江南則以巾褐裙襦北朝則雜以戎夷之制爰至北齊有長帽短靴合袴襖子朱紫玄黃各任所好雖謁見君上出入省寺若非元正大會一切通用高氏諸帝常服緋袍隋代帝王貴臣多服黃文綾袍烏紗帽九環帶烏皮六合靴百官常服同於匹庶皆著黃袍出入殿省天子朝服亦如之惟帶加十三環以為差異蓋取於便事其烏紗帽漸廢貴賤通服折上巾其製周武帝建德年所造也晉公宇文護始命袍加下襴及大業元年煬帝始制詔吏部尚書牛弘工部尚書宇文愷兼內史侍郎虞世基給事郎許善心儀曹郎袁朗等憲章古則創造衣冠自天子逮于胥吏章服皆有等差始令五品以上通服朱紫是後師旅務殷車駕多行幸百官行從

雜服袴褶而軍間不便六年復詔從駕涉遠者文武官等皆戎衣貴賤異等雜用五色五品已上通著紫袍六品已下兼用緋綠胥吏以青庶人以白屠商以皁士卒以黃武德初因隋舊制天子讌服亦名常服唯以黃袍及衫後漸用赤黃遂禁士庶不得以赤黃爲衣服雜飾四年八月勅三品已上大科紬綾及羅其色紫飾用玉五品已上小科紬綾及羅其色朱飾用金六品已上服絲布雜小綾交梭雙紃其色黃六品七品飾銀八品九品鍮石流外及庶人服紬絁布其色通用黃飾用銅鐵五品已上執象笏三品已下前挫後直五品已上前挫後屈自有唐已來一例上圓下方曾不分別六品已下執竹木爲笏上挫下方其折上巾烏皮六合靴貴賤通用貞觀四年又置三品已上服紫五品已下服緋六品七品服綠八品九品服以青帶以鍮石婦人從夫色雖有令仍許通著黃五年八月勅七品已上服龜甲雙巨十花綾其色綠九品已上服絲布及雜小綾其色青十一月賜諸衛將軍紫袍錦爲褾袖八年五月太宗初服翼善冠貴臣服進德冠龍朔二年司禮少常伯孫茂道奏稱舊令六品七品着綠八品

九品着青深青亂紫非卑品所服望請改八品九品着碧朝參之處聽兼服黃
從之總章元年始一切不許着黃上元元年八月又制一品已下帶手巾算袋
仍珮刀子礪石武官欲帶者聽之文武三品已上服紫金玉帶四品服深緋五
品服淺緋並金帶六品服深綠七品服淺綠並銀帶八品服深青九品服淺青
並鍮石帶庶人並銅鐵帶文明元年七月甲寅詔旗幟皆從金色飾之以紫畫
以雜文八品已下舊服者並改以碧京文官五品已上六品已下七品清官每
日入朝常服袴褶諸州縣長官在公衙亦准此景雲中又制令依上元故事一
品已下帶手巾算袋其刀子礪石等許不佩武官五品已上佩鞊韘七事七謂
佩刀刀子礪石契苾真噦厥針筒火石袋等也至開元初復罷之則天天授二
年二月朝集使刺史賜繡袍各於背上繡成八字銘長壽三年四月勅賜岳牧
金字銀字銘袍延載元年五月則天內出緋紫單羅銘襟背衫賜文武三品已
上左右監門衛將軍等飾以對師子左右衛飾以麒麟左右武威衛飾以對虎
左右豹韜衛飾以豹左右鷹揚衛飾以鷹左右玉鈐衛飾以對鶻左右金吾衛

飾以對豸諸王飾以盤龍及鹿宰相飾以鳳池尚書飾以對鴈武德已來始有巾子文官名流上平頭小樣者則天朝貴臣內賜高頭巾子呼爲武家諸王樣中宗景龍四年三月因內宴賜宰臣已下內樣巾子開元已來文官士伍多以紫皁官絁爲頭巾平頭巾子相效爲雅製玄宗開元十九年十月賜供奉官及諸司長官羅頭巾及官樣巾子迄今服之也天寶十載五月改諸衞旗幡隊仗先用緋色並用赤黃色以符土德高祖武德元年九月改銀菟符爲銀魚符高宗永徽二年五月開府儀同三司及京官文武職事四品五品並給隨身魚咸亨三年五月五品已上賜新魚袋並飾以銀三品已上各賜金裝刀子礪石一具垂拱二年正月諸州都督刺史並准京官帶魚袋天授元年九月改內外所佩魚並作龜久視元年十月職事三品已上龜袋宜用金飾四品用銀飾五品用銅飾上守下行皆從官給神龍元年二月內外官五品已上依舊佩魚袋六月郡王嗣王特許佩金魚袋景龍三年八月令特進佩魚散職佩魚自此始也自武德已來皆正員帶闕官始佩魚袋員外判試檢校自則天中宗後始有之

皆不佩魚雖正員官得佩亦去任及致仕卽解去魚袋至開元九年張嘉貞爲中書令奏諸致仕許終身佩魚以爲榮寵以理去任亦聽佩魚袋自後恩制賜賞緋紫例兼魚袋之章服因之佩魚袋服朱紫者衆矣梁制云袴褶近代服以從戎令續嚴則文武百官咸服之車駕親戎則縛袴不舒散也中官紫褶外官絳褶舄用皮服冠衣朱者紫衣用赤舄烏衣用烏舄唯褶服以靴靴胡履也取便於事施於戎服舊制乘輿案褥牀褥牀帷皆以紫爲飾天寶六載禮儀使太常卿韋縚奏請依御袌色以赤黃爲飾從之武德令皇后服有褘衣鞠衣鈿釵禮衣三等褘衣首飾花十二樹幷兩博鬢其亦以深青織成爲之文爲翬翟之形（素質五色十二等）素紗中單黼領羅縠褾襈（褾襈皆用朱色也）蔽膝（隨裳色以緅爲領用翟爲章三等）大帶（隨衣色朱裏紕其外上以朱錦下以綠錦紐約用青組）以青衣革帶青韈舄（舄加金飾）白玉雙珮玄組雙大綬（章綵尺寸與乘輿同）受冊助祭朝會諸大事則服之鞠衣（黃羅爲之其蔽膝大帶及衣革帶舄隨衣色餘與褘衣同唯無雉也）親蠶則服之鈿釵禮衣十二鈿服通用雜色制與上同唯無雉及珮綬（去舄加履）宴見賓客則服之皇太子妃服首飾花九樹（小花如大花之數幷兩博鬢也）褕翟（青織成爲之文爲搖翟之

形青質五色九等也素紗中單黼領羅縠褾襈褾襈皆用朱也蔽膝隨裳色用緅爲領緣以搖翟爲章二等也大帶隨衣色朱裏紕其外上以朱錦下以綠錦紐用青組以青衣革帶青韈舃舃加金飾瑜玉珮紅朱雙大綬章綵尺寸與皇太子同受冊助祭朝會諸大事則服之鞠衣黃羅爲之其蔽膝大帶及衣革帶隨衣色餘褕翟同唯無雉也從蠶則服之鈿釵禮衣九鈿服通用雜色制與上同唯無雉及珮綬去舃加履宴見賓客則服之內外命婦服花釵施兩博鬢寶鈿飾也翟衣青質羅爲之繡爲雉編次於衣及裳重爲九等而下第一品花鈿九樹寶鈿准花數以下准此也翟九等第二品花鈿八樹翟八等第三品花鈿七樹翟七等第四品花鈿六樹翟六等第五品花鈿五樹翟五等並素紗中單黼領朱褾襈亦通用羅縠也蔽膝隨裳色以緅爲領緣加以文繡重雉爲章二等一品已下皆同也大帶隨衣色緋其外上以朱錦下以綠錦紐同青組青衣革帶青韈舃珮綬內命婦受冊從蠶朝會則服之其外命婦嫁及受冊從蠶大朝會亦準此鈿釵禮衣通用雜色制與上同唯無雉及珮綬去舃加履第一品九鈿第二品八鈿第三品七鈿第四品六鈿第五品五鈿內命婦尋常參見外命婦朝參辭見及禮會則服之六尚寶林御女采女官等服禮衣通用雜色制與上同惟無首飾七品已上有大事服之尋常供奉則公服公服去中單蔽膝大帶九

品已上大事及尋常供奉並公服東宮準此女史則半袖裙襦諸公主王妃珮綬同諸王縣主內命婦準品外命婦五品已上皆準夫子卽非因夫子別加邑號者亦準品婦人宴服準令各依夫色上得兼下下不得僭上既不在公庭而風俗奢靡不依格令綺羅錦繡隨所好尙上自宮掖下至匹庶遞相倣效貴賤無別武德貞觀之時宮人騎馬者依齊隋舊制多著羃䍦雖發自戎夷而全身障蔽不欲途路窺之王公之家亦同此制永徽之後皆用帷帽拖裙到頸漸爲淺露尋下勅禁斷初雖暫息旋又仍舊咸亨二年又下勅曰百官家口咸預士流至於衢路之間豈可全無障蔽比來多著帷帽遂弃羃䍦曾不乘車別坐檐子遞相倣效浸成風俗過爲輕率深失禮容前者已令漸改如聞猶未止息又命婦朝謁或將馳駕車既入禁門有虧肅敬此並乖於儀式理須禁斷自今已後勿使更然則天之後帷帽大行羃䍦漸息中宗卽位宮禁寬弛公私婦人無復羃䍦之制開元初從駕宮人騎馬者皆著胡帽靚粧露面無復障蔽士庶之家又相倣效帷帽之制絕不行用俄又露髻馳騁或有著丈夫衣服鞾衫而尊

卑內外斯一貫矣奚車契丹塞外用之開元天寶中漸至京城兜籠巴蜀婦人所用今乾元已來蕃將多著勳於朝兜籠易於擔負京城奚車兜籠代於車轝矣武德來婦人著履規制亦重又有線靴開元來婦人例著線鞋取輕妙便於事侍兒乃著履臧獲賤伍者皆服襴衫太常樂尚胡曲貴人御饌盡供胡食士女皆竟衣胡服故有范陽羯胡之亂兆於好尚遠矣太極元年左司郎中唐紹上疏曰臣聞王公已下送終明器等物具標甲令品秩高下各有節文孔子曰明器者備物而不可用以芻靈者善爲俑者不仁傳曰俑者謂有面目機發似於生人也以此而葬殆將於殉故曰不仁近者王公百官競爲厚葬偶人像馬雕飾如生徒以眩耀路人本不因心致禮更相扇慕破產傾資風俗流行遂下兼士庶若無禁制奢侈日增望諸王公已下送葬明器皆依令式並陳於墓所不得衢路行又士庶親迎之儀備諸六禮所以承宗廟事舅姑當須昬以爲期詰朝謁見往者下俚庸鄙時有障車邀其酒食以爲戲樂近日此風轉盛上及王公乃廣奏音樂多集徒侶遮擁道路留滯淹時邀致財物動踰萬計遂使障

車禮既過於聘財歌舞喧譁殊非助感既虧名教實蠹風猷違紊禮經須加節

制望請婚姻家障車者並須禁斷其有犯者有蔭家請準犯名教例附簿無蔭

人決杖六十仍各科本罪制從之

舊唐書卷四十五

舊唐書卷四十五考證

輿服志小雙綬長二尺一寸○新書二尺六寸

按周禮輿服志云○沈炳震曰周禮無輿服志志輿服起于後漢書也應誤

朱韈赤舄○新書白韈赤舄

毳冕五旒○新書七旒

繡冕四旒○新書六旒

七品已上去劍珮綬餘並同公服○新書六品以下

二品以上金鏤三品金銀鏤四品銀鏤五品綵鏤○新書無五品

臣德潛按輿服中不及大駕鹵簿皇后鹵簿皇太子鹵簿亦屬闕略

舊唐書卷四十五考證

後晉司空同中書門下平章事劉昫撰

經籍志第二十六

經籍上

夫龜文成象肇八卦於庖犧鳥跡分形創六書於蒼頡聖作明述同源異流墳典起之於前詩書繼之於後先王陳迹後王準繩易曰人文以化成天下禮曰君子如欲化民成俗其必由學乎學者非他方策之謂也琢玉成器觀古知今歷代哲王莫不崇尚自仲尼沒而微言絕七十子喪而大義乖嬴氏坑焚以愚黔首漢興學校復創石渠雄向校讎於前馬鄭討論於後兩京載籍繇是粲然及漢末還都焚溺過半爰自魏晉迄于周隋而好事之君慕古之士亦未嘗不以圖籍爲意也然河北江南未能混一偏方購輯卷帙未弘而荀勖李充王儉任昉祖暅皆達學多聞歷世整比羣分類聚遞相祖述或爲七錄或爲四部言其部類多有所遺及隋氏建邦寰區一統煬皇好學喜聚逸書而隋世簡編最

爲博洽及大業之季喪失者多貞觀中令狐德棻魏徵相次爲祕書監上言經籍亡逸請行購募幷奏引學士校定羣書大備開元三年左散騎常侍褚无量馬懷素侍宴言及經籍玄宗曰內庫皆是太宗高宗先代舊書常令官人主掌所有殘缺未遑補緝篇卷錯亂難於檢閱卿試爲朕整比之至七年詔公卿士庶之家所有異書官借繕寫及四部書成上令百官入乾元殿東廊觀之無不駭其廣九年十一月殷踐猷王愜韋述余欽毋煚劉彥真王灣劉仲等重修成羣書四部錄二百卷右散騎常侍元行沖奏上之自後毋煚又略爲四十卷名爲古今書錄大凡五萬一千八百五十二卷祿山之亂兩都覆沒乾元舊籍亡散殆盡肅宗代宗崇重儒術屢詔購募文宗時鄭覃侍講禁中以經籍道喪屢以爲言詔令祕閣搜訪遺文日令添寫開成初四部書至五萬六千四百七十六卷及廣明初黃巢干紀再陷兩京宮廟寺署焚蕩殆盡曩時遺籍尺簡無存及行在朝諸儒購輯所傳無幾昭宗卽位志弘文雅祕書省奏曰當省元掌四部御書十二庫共七萬餘卷廣明之亂一時散失後來省司購募尚及二萬餘

卷及先朝再幸山南尚存一萬八千卷竊知京城制置使孫惟晟收在本軍其御書祕閣見充教坊及諸軍人占住伏以典籍國之大經祕府校讎之地其書籍並望付當省校其殘缺漸令補輯樂人乞移他所並從之及遷都洛陽又喪其半平時載籍世莫得聞今錄開元盛時四部諸書以表藝文之盛四部者甲乙丙丁之次也甲部爲經其類十二一曰易以紀陰陽變化二曰書以紀帝王遺範三曰詩以紀興衰誦歎四曰禮以紀文物體制五曰樂以紀聲容律度六曰春秋以紀行事褒貶七曰孝經以紀天經地義八曰論語以紀先聖微言九曰圖緯以紀六經讖候十曰經解以紀六經讖候十一曰詁訓以紀六經讖候十二曰小學以紀字體聲韻乙部爲史其類十有三一曰正史以紀紀傳表志二曰古史以紀編年繫事三曰雜史以紀異體雜紀四曰霸史以紀僞朝國史五曰起居注以紀人君言動六曰舊事以紀朝廷政令七曰職官以紀班序品秩八曰儀注以紀吉凶行事九曰刑法以紀律令格式十曰雜傳以紀先聖人物十一曰地理以紀山川郡國十二曰譜系以紀世族繼序十三曰略錄以紀

史策條目丙部爲子其類一十有四一曰儒家以紀仁義教化二曰道家以紀清淨無爲三曰法家以紀刑法典制四曰名家以紀循名責實五曰墨家以紀強本節用六曰縱橫家以紀辯說詭詐七曰雜家以紀兼敘衆說八曰農家以紀播植種藝九曰小說家以紀芻辭輿誦十曰兵法以紀權謀制度十一曰天文以紀星辰象緯十二曰曆數以紀推步氣朔十三曰五行以紀卜筮占候十四曰醫方以紀藥餌針灸丁部爲集其類有三一曰楚詞以紀騷人怨刺二曰別集以紀詞賦雜論三曰總集以紀文章事類煚等撰集依班固藝文志體例諸書隨部皆有小序發明其指近史官撰隋書經籍志其例亦然竊以紀錄簡編異題卷部相沿序述無出前修今之殺青亦所不取但紀部帙而已煚等所序四部都錄以明新修之旨今略載之竊以經墳浩廣史圖紛博尋覽者莫之能偏司總者常苦其多何暇重屋複牀更繁其說若先王有闕典上聖有遺事邦政所急儒訓是先宜垂教以作程當闡規而開典則不遑啓處何獲宴寧曩之所修誠惟此義然禮有未愜追怨良深于時祕書省經書實多亡闕諸司

墳籍不暇討論此則事有未周一也其後周覽人間頗覩闕文新集記貞觀之
前永徽已來不取近書採長安之上神龍已來未錄此則理有未弘二也書閱
不偏事復未周或不詳名氏或未知部伍此則體有未通三也書多闕目空張
第數既無篇題實乖標榜此則例有所虧四也所用書序或取魏文貞所分書
類皆據隋經籍志理有未允體有不通此則事實未安五也昔馬談作史記班
彪作漢書皆兩葉而僅成劉歆作七略王儉作七志踰二紀而方就執有四萬
卷目二千部書名目首尾三年便令終竟欲求精悉不其難乎所以常有遺恨
竊思追雪乃與類同契積思潛心審正舊疑詳開新制永徽新集神龍近書則
釋而附也未詳名氏不知部伍則論而補也空張之目則檢獲便增未允之序
則詳宜別作紕繆咸正混雜必刊改舊傳之失者三百餘條加新書之目者六
千餘卷凡經錄十二家五百七十五部六千二百四十一卷史錄十三家八百
四十部一萬七千九百四十六卷子錄十七家七百五十三部一萬五千六百
三十七卷集錄三家八百九十二部一萬二千二十八卷凡四部之錄四十五

家都管三千六十部五萬一千八百五十二卷成書錄四十卷其外有釋氏經律論疏道家經戒符籙凡二千五百餘部九千五百餘卷亦具翻譯名氏序述指歸又勒成目錄十卷名曰開元內外經錄若夫先王祕傳列代奧文自古之粹籍靈符絕域之神經怪牒盡載於此二書矣夫經籍者開物成務垂教作程聖哲之能事帝王之達典而去聖已久開鑿遂多苟不剖判條源甄明科部則先賢遺事有卒代而不聞大國經書遂終年而空泯使學者孤舟泳海弱羽憑天銜石填溟倚杖追日莫聞名目豈詳家代不亦勞乎不亦弊乎將使書千帙於掌眸披萬函於年祀覽錄而知旨觀目而悉詞經墳之精術盡探賢哲之睿思咸識不見古人之面而見古人之心以傳後來不其愈已其序如此煚等四部目及釋道目並有小序及注撰人姓氏卷軸繁多今並略之但紀篇部以表我朝文物之大其釋道錄目附本書今亦不取據開元經篇爲之志天寶已後名公各著文章儒者多有撰述或記禮法之沿革或裁國史之繁略皆張部類其徒實繁臣以後出之書在開元四部之外不欲雜其本部今據所聞附撰人

等傳其諸公文集亦見本傳此並不錄四部區分詳之于下

甲部經錄十二家五百七十五部六千二百四十一卷

易類一　書類二　詩類三

禮類四　樂類五　春秋類六

孝經類七　論語類八　讖緯類九

經解類十　詁訓類十一　小學類十二

歸藏十三卷殷易司馬膺注　周易二卷卜商傳

又十卷孟喜章句　又十卷京房章句

又四卷費直章句　又十卷馬融章句

又九卷鄭玄注　又十卷荀爽章句

又五卷劉表注　又十卷王肅注

又十卷董遇注　又十卷宋衷注

又七卷王弼注　又九卷虞翻注

又十三卷陸績注
又十卷荀氏九家集解
又十卷馬鄭二王集解
又十卷姚信注
又十卷王弼韓康伯注
又十卷二王集注
又十卷荀暉注
又十卷蜀才注
又十卷張璠集解
又十卷王廙注
又十卷干寶注
又十卷黃穎注
又十卷崔浩注
又十三卷崔覲注
又十卷何胤注
又十卷盧氏注
又十四卷傅氏注
又十卷王玄度注
又十卷王又玄注
又十卷任希古注
又十卷王凱沖注
周易發揮五卷王勃撰
周易繫辭二卷謝萬注
又二卷桓玄注
又二卷荀諺注
又二卷宋褰注

周易義疏二十卷宋明帝注
宋羣臣講易疏二十卷張該等注
周易大義二十卷梁武帝撰
周易講疏三十五卷梁武帝撰
周易發題義一卷
周易幾義一卷蕭偉撰
周易大義疑問二十卷梁武帝撰
周易義疏十四卷蕭子政撰
周易講疏三十卷張譏注
又十三卷何妥撰
又十六卷褚仲都撰
周易正義十四卷孔穎達撰
周易新論十卷陰弘道撰
周易文句義疏二十四卷陸德明撰
周易文外大義二卷陸德明撰
周易新注本義十四卷薛仁貴撰
周易開題論序十卷
周易文句義疏二十卷已上卷梁武撰
周易大衍論三卷玄宗撰
周易四卷鍾會撰
周易大演論一卷王弼撰
周易論一卷應吉甫撰
周易統略論三卷鄒湛撰
周易略論一卷張播撰
周易論二卷暨長成難暨仲容答
易論一卷宋睿宗撰

通易象論一卷宣騁撰　又一卷欒永初撰
周易繫辭義二卷劉向撰　周易乾坤義疏一卷劉瓛撰
周易略譜一卷沈熊撰　周易文義一卷干寶撰
周易卦序論一卷楊乂撰　周易譜一卷袁宏撰
周易論四卷范氏撰　周易雜音三卷
周易釋序義三卷梁蕃撰

右易七十八部凡六百七十三卷

古文尚書十三卷孔安國撰　又十卷孔安國傳范甯注
又十卷李顒集注　又十卷姜道盛集注
又十卷馬融注　又九卷鄭玄注
又十卷王肅注　又十三卷謝沈注
尚書暢訓三卷伏勝注　尚書洪範五行傳十一卷劉向撰
尚書答問三卷王肅注　尚書釋駁五卷王肅撰

尚書釋問四卷王粲問田瓊韓益正鄭玄注　尚書義注三卷呂文優撰
尚書釋義四卷伊說撰　尚書要略二卷李顒撰
尚書新釋二卷李顒撰　尚書百問一卷顧歡撰
尚書義疏十卷巢猗撰　尚書百釋三卷巢猗撰
尚書義疏十卷費甝撰　古文尚書大義二十卷任孝恭撰
尚書義疏三十卷蔡大寶撰　尚書文外義三十卷顧彪撰
尚書義疏二十卷劉焯撰　尚書述義二十卷劉炫撰
尚書正義二十卷孔穎達撰　古文尚書音義五卷顧彪撰
尚書音義四卷王儉撰

右尚書二十九部凡二百七十二卷

韓詩二十卷卜商序韓嬰撰　韓詩外傳十卷韓嬰撰
毛詩十卷毛萇撰　毛詩詁訓二十卷鄭玄箋
毛詩二十卷王肅注　葉詩二十卷葉遵注

集注毛詩二十四卷崔靈恩集注
韓詩翼要十卷卜商撰
毛詩譜二卷鄭玄撰
毛詩集序二卷卜商撰
毛詩義注五卷
毛詩雜義駁八卷王肅撰
毛詩問難二卷王肅撰
毛詩駁五卷王伯輿撰
毛詩義問十卷劉楨撰
毛詩雜答問五卷
毛詩雜義難十卷
毛詩異同評十卷孫毓撰
毛詩釋義十卷謝沈撰
毛詩辯三卷楊乂撰
毛詩序義一卷劉氏撰
毛詩表隱二卷
毛詩義疏五卷張氏撰
毛詩誼府三卷元延明撰
毛詩草木鳥獸魚蟲疏二卷陸機撰
毛詩述義三十卷劉炫撰
毛詩正義四十卷孔穎達撰
毛詩音義二卷魯世達撰
毛詩諸家音十五卷鄭玄等注
難孫氏詩評四卷陳統撰

右詩三十部凡三百十三卷

周官十二卷馬融傳　周官禮十三卷鄭玄注

又十卷伊說撰　又十二卷王肅注

又十二卷干寶注　周官論評十二卷陳邵駮傅玄評

周官寧朔新書八卷司馬伷序王懋約注　周官駮難五卷孫略問干寶答

周禮義疏四十卷沈重撰　周禮疏五十卷賈公彥撰

周禮義決三卷王玄度撰　周官音三卷鄭玄撰

儀禮十七卷鄭玄注　又十七卷王肅注

儀禮音二卷　喪服紀一卷馬融注

又一卷鄭玄注　又一卷袁準注

又一卷　又一卷陳銓注

又二卷蔡超宗注　又二卷田僧紹注

喪服變除一卷戴德撰　喪服要紀一卷王肅注

喪服要集議三卷杜預撰
喪服要紀五卷賀循撰謝徽注
儀禮疏五十卷賈彥撰
喪服變除一卷鄭玄撰
喪服要紀十卷賀循撰庾蔚之注
喪服古今集記三卷王儉撰
喪服五代行要記十卷王逡之志
喪服經傳義疏四卷沈文阿撰
喪服發題二卷沈文阿撰
喪服文句義十卷皇侃撰
喪服天子諸侯圖二卷謝慈撰
喪服圖一卷崔遊撰
喪服譜一卷蔡謨撰
喪服譜一卷賀循撰
喪服要難一卷趙成問仇祈答
大戴禮記十三卷戴德撰
小戴禮記二十卷戴勝撰鄭玄注
禮記二十卷盧植注
又三十卷王肅注
又三十卷孫炎注
又十二卷葉遵注
禮記寧朔新書二十卷司馬伷序王懋約注
次禮記二十卷魏徵撰
月令章句十二卷戴顒撰
禮記中庸傳一卷戴顒撰
禮記義記四卷鄭小同撰

禮記要鈔六卷緱氏撰
禮記音二卷鄭玄注曹耽解
又二卷謝慈撰
又二卷李軌撰
又二卷尹毅撰
又三卷徐邈撰
又二卷徐爰撰
禮記隱二十六卷
禮記略解十卷庾蔚之撰
禮記講疏一百卷皇侃撰
禮記義疏五十卷皇侃撰
禮記義疏四十卷沈重撰
禮記義疏四十卷熊安生撰
禮記義證十卷劉方撰
禮記類聚十卷
禮記正義七十卷孔穎達撰
禮記疏八十卷賈公彥撰
禮論三百七卷何承天撰
禮義二十卷戴勝等撰
三禮目錄一卷鄭玄注
問禮俗十卷董勛撰
禮記評十卷劉儁撰
禮儀問答十卷王儉撰
雜禮義十一卷吳商等撰
禮義雜記故事十一卷
禮問九卷范甯撰

禮論答問九卷 范甯撰

禮論問答九卷 徐廣撰

雜禮儀問答四卷 戚壽撰

禮論降議三卷 顏延之撰

禮論條牒十卷 任預撰

禮論帖三卷 任預撰

禮論抄六十六卷 任預撰

禮論抄二十卷 庾蔚之撰

禮儀答問十卷 王儉撰

禮雜抄略二卷 荀萬秋撰

禮議一卷 傅伯祚撰

禮統郊祀六卷

禮論要抄十三卷

禮記區分十卷

禮論抄略十三卷

禮大義十卷 梁武帝撰

禮疑義五十卷 周捨撰

禮記義十卷 何佟之撰

禮答問十卷 何佟之撰

三禮義宗三十卷 崔靈恩撰

禮論要抄一百卷 賀瑒撰

禮統十三卷 賀述撰

三禮宗略二十卷 元延明撰

三禮圖十二卷 夏侯伏朗撰

江都集禮一百二十卷 潘徽等撰

大唐新禮一百卷 房玄齡等撰

紫宸禮要十卷大聖天后撰

右禮一百四部周禮十三家儀禮喪服二十八家禮論答問三十五家

凡一千九百四十五卷

樂書九卷信都芳注

鍾磬志二卷公孫崇撰

樂論三卷梁武帝撰

古今樂錄十三卷釋智丘撰

樂譜集解二十卷蕭吉撰

樂經三十卷季玄楚撰

樂略四卷

樂元起二卷

琴操三卷孔衍撰

琴譜二十一卷陳懷撰

管絃記十二卷留進錄凌秀注

樂社大義十卷梁武帝撰

鍾律五卷沈重撰

樂府聲調六卷鄭譯撰

樂志十卷蘇夔撰

樂書要錄十卷大聖天后撰

聲律指歸一卷元殷撰

琴操二卷桓譚撰

琴譜四卷劉氏周氏等撰

琴敘譜九卷趙耶律撰

琴集曆頭拍簿一卷
外國伎曲三卷
論樂事二卷
外國伎曲名一卷
歷代曲名一卷
推七音一卷
十二律譜義一卷
鼓吹樂章一卷
古今樂記八卷李守真撰

右樂二十九部凡一百九十五卷

春秋三家經詁訓十二卷賈逵撰
春秋經十一卷士燮撰
春秋傳十卷王朗注
春秋左氏長經章句三十卷賈逵撰
春秋左氏傳解詁三十卷賈逵撰
春秋左氏傳解誼三十卷服虔注
春秋左氏經傳章句三十卷董遇注
春秋左氏傳三十卷王肅注
春秋左氏傳三十卷杜預注
春秋左氏傳義注三十卷孫毓注
春秋左氏傳音三卷高貴鄉公撰
春秋左氏音四卷曹耽荀訥撰
春秋左氏音隱一卷服虔撰
春秋左氏傳音三卷杜預注

又三卷李洪範撰

又三卷孫毓撰

又三卷王元規撰

又十二卷

春秋左氏傳條例二十卷劉歆撰

春秋左氏傳條例章句九卷鄭衆撰

春秋左氏傳例七卷

又十五卷杜預撰

春秋左氏條例十卷劉寔撰

春秋左氏經例十卷方範撰

春秋左氏膏肓十卷何休撰鄭玄箴

春秋成長說七卷服虔撰

春秋左氏膏肓釋痾五卷

春秋達長義一卷王玢撰

春秋左氏傳說要十卷糜信撰

春秋塞難三卷服虔撰

春秋左氏傳賈服異同略五卷孫毓撰

春秋左氏傳例苑十八卷梁簡文帝撰

春秋義函傳十六卷干寶撰

春秋左氏釋滯十卷殷興撰

春秋序論一卷干寶撰

春秋左氏區分十二卷何始貞撰

春秋左氏義略三十卷張冲撰

春秋左氏抄十卷

左氏杜預評二卷

春秋圖七卷嚴彭祖撰

春秋辭苑五卷
春秋經傳詭例疑隱一卷吳略撰
春秋雜義五卷
春秋土地名三卷
春秋旨通十卷王延之撰
春秋大夫譜十一卷顧啓期撰
春秋叢林十二卷李謐撰
春秋立義十卷崔靈恩撰
春秋申先儒傳例十卷崔靈恩撰
春秋經解六卷沈宏撰
春秋文苑六卷沈宏撰
春秋嘉語六卷沈宏撰
春秋義略二十七卷沈文阿撰
春秋攻昧十二卷劉炫撰
春秋規過三卷劉炫撰
春秋述議三十七卷劉炫撰
春秋正義三十七卷孔穎達撰
春秋公羊傳五卷公羊高傳嚴彭祖述
春秋公羊經傳十三卷何休注
春秋公羊經傳集解十四卷孔氏注
春秋公羊十二卷王愆期撰
春秋公羊傳記十二卷高襲注
何氏春秋漢議十一卷何休撰鄭玄駁糜信注
何氏春秋漢記十一卷服虔注
春秋公羊條傳一卷何休注
春秋公羊墨守二卷何休撰鄭玄發

春秋公羊答問五卷荀爽問徐欽答
春秋公羊音二卷王儉撰
春秋公羊違義三卷劉寔撰劉晏注
春秋公羊論二卷翼康難王愆期答
春秋穀梁傳十三卷段氏注
春秋穀梁章句十五卷穀梁俶解尹更始注
春秋穀梁傳十二卷唐固注
又十二卷麋信注
又十一卷張靖集解
春秋公羊違義三卷劉晏注
春秋穀梁經傳十六卷程闡集注
春秋穀梁傳十三卷孔衍訓注
又十二卷范甯集注
又十三卷徐乾注
春秋穀梁十二卷徐邈注
春秋穀梁經集解十卷沈仲義注
春秋穀梁廢疾三卷何休作鄭玄釋張靖成箴
穀梁傳義三卷蕭邕注
春秋穀梁傳義十二卷徐邈注
春秋穀梁音一卷徐邈撰
春秋穀梁傳疏十三卷楊士勛撰
春秋公羊穀梁左氏集解十一卷劉兆撰
春秋三傳論十卷楊益撰
春秋三傳經解十一卷胡訥集撰
春秋三傳評十卷胡訥撰
春秋公羊穀梁二傳評三卷江熙撰

春秋繁露十七卷董仲舒撰
春秋辯證明經論六卷
春秋二傳異同十一卷李鉉撰
春秋合三傳通論十卷潘叔度注
春秋成集十卷潘叔度注
春秋外傳國語二十卷左丘明撰
春秋外傳國語章句二十二卷王肅注
春秋外傳國語二十一卷虞翻撰
又二十一卷韋昭注
又二十一卷
又二十一卷唐固注

右春秋一百二部一千一百八十四卷

古文孝經一卷孔子說曾參受孔安國傳
孝經一卷王肅注
又一卷鄭玄注
古文孝經一卷劉邵注
孝經一卷韋昭注
又一卷孫熙注
又一卷蘇林注
孝經默注二卷徐整撰
又一卷謝萬注
又一卷虞盤佐注
又一卷孔光注
又一卷殷仲文注

又一卷殷叔道注　又一卷魏克己注
又一卷玄宗注　講孝經義四卷車胤等注
講孝經集解一卷荀勖撰　孝經義疏三卷皇侃撰
大明中皇太子講孝經義疏一卷何約之執經
孝經疏十八卷梁武帝撰　孝經發題四卷太史叔明撰
孝經述義五卷劉炫撰　孝經疏五卷賈公彥撰
越王孝經新義十卷任希古撰　孝經應瑞圖一卷
演孝經十二卷張士儒撰　孝經疏三卷元行冲撰
論語十卷何晏集解　又十卷鄭玄注虞喜贊
又十卷王肅注　又十卷鄭玄注
又十卷宋明帝撰衞瓘注　又十卷李充注
又十卷孫綽集解　又十卷梁顗注
論語集義十卷盈氏撰　論語九卷孟釐注

論語十卷袁喬注
又十卷尹毅注
又十卷江熙集解
又十卷孫氏注
次論語五卷王勃撰
論語音二卷徐邈撰
古論語義注譜一卷徐氏撰
論語釋義十卷鄭玄注
論語義注十卷暢惠明撰
論語義注隱三卷
論語篇目弟子一卷鄭玄注
論語釋疑二卷王弼撰
論語釋十卷
論語駮二卷欒肇撰
論語大義解十卷崔豹撰
論語旨序二卷繆播撰
論語體略二卷郭象撰
論語雜義十三卷
論語剔義十卷
論語疏十卷皇侃撰
論語述義二十卷戴詵撰
論語章句二十卷劉炫撰
論語疏十五卷賈公彥撰
論語講疏十卷褚仲都撰
孔子家語十卷王肅撰
孔叢子七卷孔鮒撰

右六十三部孝經二十七家論語三十六家凡三百八十七卷

易緯九卷宋均注

書緯三卷鄭玄注

詩緯三卷鄭玄注

又十卷宋均注

禮緯三卷宋均注

樂緯三卷宋均注

春秋緯三十八卷宋均注

論語緯十卷宋均注

六經緯五卷宋均注

白虎通六卷漢章帝撰

五經雜義七卷劉向撰

五經通義九卷劉向撰

五經要義五卷劉向撰

五經異義十卷許慎撰鄭玄駁

六藝論一卷鄭玄注

鄭志九卷

鄭記六卷

聖證論十一卷

五經然否論五卷譙周撰

五經鈎深十卷楊方撰

五經咨疑八卷楊思撰

孔子正言二十卷梁武帝撰

長春秋義記一百卷梁簡文撰

經典大義十卷沈文阿撰

五經宗略四十卷元延明撰

七經義綱略論三十卷樊文深撰　質疑五卷樊文深撰

遊玄桂林二十卷張譏撰　五經正名十五卷劉炫注

經典釋文三十卷陸德明撰　諡法三卷荀顗演劉熙注

又諡例十卷沈約撰　諡法三卷賀琛撰

匡謬正俗八卷顏師古撰　集天名稱三卷

右三十六部經緯九家七經雜解二十七家凡四百七十四卷

爾雅三卷李巡注　爾雅六卷樊光注

又六卷孫炎注　又三卷郭璞注

集注爾雅十卷沈璇注　爾雅音義一卷郭璞注

又二卷曹憲撰　爾雅圖一卷郭璞注

爾雅圖贊二卷江灌注　爾雅音六卷江灌注

續爾雅一百卷劉伯莊撰　別國方言十三卷

釋名八卷劉熙撰
廣雅四卷張揖撰
博雅十卷曹憲撰
小爾雅一卷李軌撰
纂文三卷何承天撰
纂要六卷顏延之撰
三蒼三卷李軌等撰郭璞解
蒼頡訓詁二卷杜林撰
三蒼訓詁二卷張揖撰
埤蒼三卷張揖撰
廣蒼一卷樊恭撰
說文解字十五卷許慎撰
說文音隱四卷
字林十卷呂忱撰
字統二十卷楊承慶撰
玉篇三十卷顧野王撰
字海一百卷天聖太后撰
文字釋訓三十卷釋寶誌撰
括字苑十三卷馮幹撰
字屬篇一卷賈魴撰
古文奇字二卷郭訓撰
字旨篇一卷郭玄撰
古文字詁二卷張揖撰
詔定古文官書一卷衞宏撰
解字文七卷周成撰
雜文字音七卷王延撰

文字要說一卷王氏注 字書十卷
古今八體六文書法一卷 四體書勢一卷衛恆撰
要用字苑一卷葛洪撰 難要字三卷
文字集略一卷阮孝緒撰 辯嫌音二卷楊休之撰
文字指歸四卷曹憲撰 證俗音略二卷顏愍楚撰
敘同音三卷 覽字知源三卷
文字辯嫌一卷彭立撰 聲類十卷李登撰
韻集五卷呂靜撰 韻略一卷楊休之撰
四聲韻略十三卷夏侯詠撰 四聲部三十卷張諒撰
韻篇十二卷趙氏撰 切韻五卷陸慈撰
桂苑珠叢一百卷諸葛穎撰 桂苑珠叢略要二十卷
急就章一卷史游撰曹壽解 急就章注一卷顏之推撰
又一卷顏師古撰 凡將篇一卷司馬相如撰

飛龍篇篆草勢合三卷崔瑗撰
在昔篇一卷班固撰
太甲篇一卷班固撰
聖草章一卷蔡邕撰
勸學篇一卷蔡邕撰
黃初章一卷
吳章一卷
初學篇一卷朱嗣卿撰
始學篇十二卷項峻撰
小學集十卷楊方撰
小學篇一卷王羲之撰
續通俗文二卷李虔撰
啓疑三卷顧凱之撰
詁幼文三卷顏延之撰
辯字一卷戴規撰
俗語難字一卷李少通撰
文字志三卷王愔撰
五十二體書一卷蕭子雲撰
古來篆隸詁訓名錄一卷
書品一卷庾肩吾撰
書後品一卷李嗣眞撰
筆墨法一卷
鹿紙筆墨疏一卷
千字文一卷蕭子範撰
又一卷周興嗣撰
篆書千字文一卷

演千字文五卷　今字石經易篆三卷
今字石經尚書五卷　今字石經鄭玄尚書八卷
三字石經尚書古篆三卷　今字石經毛詩三卷
今字石經儀禮四卷　三字石經左傳古篆書十三卷
今字石經左傳經十卷　今字石經公羊傳九卷
今字石經論語二卷蔡邕注　雜字書八卷釋正度作
右小學一百五部爾雅廣雅十八家偏傍音韻雜字八十六家凡七百
九十七卷
乙部史錄十三家八百四十四部一萬七千九百四十六卷
正史類一　編年類二　僞史類三
雜史類四　起居注類五　故事類六
職官類七　雜傳類八　儀注類九
刑法類十　目錄類十一　譜牒類十二

地理類十三

史記一百三十卷司馬遷作　又八十卷裴駰集解

又一百三十卷許子儒注　史記音義十三卷徐廣撰

史記音義三卷邵鄒生撰　又三十卷劉伯莊撰

漢書一百十五卷班固作　又一百二十卷顏師古注

御銓定漢書八十一卷郝處俊等撰　漢書音訓一卷服虔撰

漢書集解音義二十四卷應劭撰　漢書敘傳五卷項岱撰

漢書音義九卷孟康撰　漢書集注十四卷晉灼注

漢書音義七卷韓韋撰　漢書駮義二卷劉寶撰

漢書新注一卷陸澄撰　孔氏漢書音義抄二卷孔文詳撰

漢書續訓二卷韋稜撰　漢書訓纂三十卷姚察撰

漢書音義二十六卷劉嗣等撰　漢書二卷夏侯泳撰

又十二卷包愷撰　又十二卷蕭該撰

漢書決疑十二卷顏延年撰
漢書古今集義二十卷顧胤撰
漢書正義三十卷釋務靜撰
漢書正名氏義十三卷
漢書辯惑三十卷李善撰
漢書律曆志音義一卷陰景倫作
漢書英華八卷
東觀漢記一百二十七卷劉珍撰
後漢書一百三十三卷謝承撰
後漢記一百卷薛瑩作
後漢書八十三卷司馬彪撰
又五十八卷劉義慶撰
後漢書三十一卷華嶠作
又一百二卷謝沈撰
後漢書外傳十卷謝沈撰
漢南紀五十八卷張瑩撰
後漢書一百二卷袁山松作
又九十二卷范曄撰
後漢書論贊五卷范曄撰
後漢書五十八卷劉昭補注
又一百卷皇太子賢注
後漢書音三卷蕭該作
又三卷臧競撰
後漢書音義二十七卷韋機撰
魏書四十四卷王沈撰
魏略三十八卷魚豢撰

魏國志三十卷陳壽撰裴松之注　晉書八十九卷王隱撰
又五十八卷虞預撰　又十四卷朱鳳撰
又三十五卷謝靈運撰　晉中興書八十卷何法盛撰
晉書一百一十卷臧榮緒撰　又九卷蕭子雲撰
又一百三十卷許敬宗等撰　宋書四十二卷徐爰撰
又四十六卷孫嚴撰　又一百卷沈約撰
後魏書一百三十卷魏收撰　魏書一百七卷魏澹撰
又一百卷張大素撰　後周書五十卷令狐德棻撰
隋書八十五卷魏徵等撰　又三十二卷張大素撰
齊書五十九卷蕭子顯撰　又八卷劉陟撰
梁書三十四卷謝吳姚察等撰　又五十卷姚思廉撰
陳書三卷顧野王撰　又三卷傅縡撰
又三十六卷姚思廉撰　北齊未修書二十四卷李德林撰

北齊書五十卷李百藥撰　又二十卷張大素撰

通史六百二卷梁武帝撰　南史八十卷李延壽撰

北史一百卷李延壽撰

右八十一部史記六家前漢二十六家後漢十六家魏三家晉八家宋三家後魏三家後周一家隋二家齊二家梁二家陳三家北齊三家都史三家凡四千四百四十三卷

紀年十四卷汲冢書　漢紀三十卷荀悅撰

漢紀音義三卷崔浩撰　漢皇德紀三十卷侯瑾撰

後漢紀三十卷張璠撰　又三十卷袁宏撰

漢晉春秋五十四卷習鑿齒撰　漢靈獻二帝紀六卷劉艾撰

漢獻帝春秋十卷袁曄撰　山陽義紀樂資撰

魏武本紀三卷　魏武春秋二十卷孫盛撰

魏紀十二卷魏澹撰　國紀十卷梁祚撰

吳紀十卷環濟撰
晉帝紀四卷陸機撰
晉錄五卷
晉紀二十二卷干寶作
又六十卷干寶撰劉協注
晉陽秋二十卷檀道鸞注
晉紀二十卷劉謙之撰
又十卷曹嘉之撰
又四十五卷徐廣撰
晉陽春秋二十二卷鄧粲撰
晉史草三十卷蕭景暢撰
晉紀十一卷鄧粲撰
戰國春秋二十卷李概撰
崇安記二卷周祗撰
又十卷王韶之撰
晉續記五卷郭秀彥撰
三十國春秋三十卷蕭方撰
又一百卷武敏之撰
晉春秋略二十卷杜延業撰
宋紀三十卷王智深撰
宋略二十卷裴子野撰
宋春秋二十卷鮑衡卿撰
齊紀二十卷沈約撰
齊春秋三卷吳均撰
乘輿龍飛記二卷鮑衡卿撰
梁典三十卷劉璠撰

又三十卷何元之撰
梁太清紀十卷蕭韶撰
皇帝紀七卷
梁撮要三十卷陰僧仁撰
淮海亂離志四卷蕭大圜撰
棲鳳春秋五卷臧嚴撰
梁昭後略十卷姚最撰
天啓記十卷守節先生撰
梁末代記一卷
後梁春秋十卷蔡允恭撰
北齊記二十卷
北齊志十七卷王劭撰
鄴洛鼎峙記十卷
隋大業略記三卷趙毅撰
隋後略十卷張大素撰
蜀國志十五卷陳壽撰
吳國志二十一卷陳壽撰裴松之注
吳書五十五卷韋昭撰
華陽國志三卷常璩撰
蜀李書九卷常璩撰
漢趙記十卷和包撰
趙石記二十卷田融撰
二石記二十卷田融撰
二石僞事六卷王度隋翽等撰
燕書二十卷范亨撰
秦記十一卷裴景仁撰杜惠明注

涼記十卷張諮撰　西河記二卷段龜龍撰
南燕錄六卷王景暉撰　南燕書五卷張銓撰
拓跋涼錄十卷　燕志十卷
十六國春秋一百二十卷崔鴻撰

右七十五部編年五十五家雜僞國史二十家凡一千四百十卷

周書八卷孔晁注　古文鎖語四卷
春秋前傳十卷何承天撰　春秋前傳雜語十卷何承天撰
周載三十卷孟儀注　春秋國語十卷孔衍撰
越絕書十六卷子貢撰　吳越春秋十二卷趙曄撰
吳越春秋削煩五卷楊方撰　吳越春秋傳十卷皇甫遵撰
吳越記六卷　春秋後傳三十卷樂資撰
戰國策三十二卷劉向撰　戰國策論卷一延篤撰
戰國策三十二卷高誘注　魯後春秋二十卷劉允濟撰

楚漢春秋二十卷陸賈撰
漢尚書十卷孔衍撰
漢春秋十卷孔衍撰
後漢尚書六卷孔衍撰
後漢春秋六卷孔衍撰
後漢尚書十四卷張温撰
後魏春秋九卷孔衍撰
典略五十卷魚豢撰
三史要略三十卷張温撰
正史削繁十四卷阮孝緒撰
東殿新書二百卷高宗大帝撰
史記要傳十卷衛颯撰
古史考二十五卷譙周撰
史記正傳九卷張瑩撰
史要三十八卷王延秀撰
合史二十卷
史漢要集二卷王蔑撰
後漢書抄三十卷葛洪撰
後漢書略二十五卷張緬撰
後漢書纘十三卷范曄撰
後漢文武釋論二十卷王越客撰
三國評三卷徐衆撰
晉書鈔三十卷張緬撰
代譜四百八十卷周武帝勅撰
漢書英雄記十卷王粲等撰
九州春秋九卷司馬彪撰

魏陽秋異同八卷孫壽撰

魏武本紀年曆五卷

漢表十卷袁希之撰

刪補蜀記七卷王隱撰

吳錄三十卷張勃撰

魏記三十三卷盧彥卿撰

關東風俗傳六十三卷宋孝王撰

隋書八十卷王劭撰

王業曆二卷趙弘禮撰

隋開業平陳記十二卷裴矩撰

古今注八卷伏无忌撰

帝王本紀十卷來奧撰

拾遺錄三卷王嘉撰

王子拾遺記十卷蕭綺錄

帝王略要十二卷環濟撰

先聖本紀十卷劉滔撰

華夷帝王記三十七卷楊曄撰

後漢雜事十卷

漢魏晉帝要記三卷賈匪之撰

魏晉代語十卷郭頒撰

吳朝人士品秩狀八卷胡沖撰

吳士人行狀名品二卷虞尚撰

江表傳五卷虞溥撰

晉諸公讚二十二卷傅暢撰

晉後略記五卷荀綽撰

宋拾遺錄十卷謝綽撰

宋齊語錄十卷孔思尚撰
帝王略論五卷虞世南撰
十世興王論十卷朱敬則撰
洞曆記九卷周樹撰
帝系譜二卷張愔等撰
洞記九卷韋昭撰
三五曆記二卷徐整撰
通曆二卷徐整撰
雜曆五卷徐整撰
國志曆五卷孔衍撰
帝王代記十卷皇甫謐撰
年曆六卷皇甫謐撰
續帝王代記十卷何集撰
十五代略十卷吉文甫撰
吳曆六卷胡沖撰
晉曆二卷
帝王代紀十六卷
年曆帝紀二十六卷姚恭撰
帝錄十卷諸葛忱撰
長曆十四卷
曆代記三十卷庾和之撰
千年曆二卷
千歲曆三卷許氏作
十代記十卷熊襄撰
帝王年曆五卷陶弘景撰
分王年表八卷羊瑗撰

曆紀十卷

通曆七卷李仁實撰

帝王編年錄五十一卷盧元福撰

共和已來甲乙紀年二卷盧元福撰

帝王紀錄三卷

右雜史一百二部凡二千五百五十九卷

穆天子傳六卷郭璞撰

漢獻帝起居注五卷

晉太始起居注二十卷李軌撰

晉愍帝起居注三十卷李軌撰

晉太康起居注二十二卷李軌撰

晉永平起居注八卷李軌撰

晉建武大興永昌起居注二十二卷

晉咸和起居注十八卷李軌撰

晉咸康起居注二十二卷李軌撰

晉建元起居注四卷

晉永和起居注二十四卷

晉永平起居注十卷

晉隆和興寧起居注五卷

晉太和起居注六卷

晉咸安起居注三卷

晉寧康起居注六卷

晉太元起居注五十二卷

晉崇寧起居注十卷

晉元興起居注九卷
晉義熙起居注三十四卷
晉元熙起居注二卷
晉起居注三百二十卷劉道會撰
宋永初起居注六卷
宋景平起居注三卷
宋元嘉起居注六十卷
宋太明起居注八卷
梁皇帝實錄三卷周興嗣撰
又五卷
梁太清實錄八卷
後魏起居注二百七十六卷
陳起居注四十一卷
大唐創業起居注三卷溫大雅撰
高祖實錄二十卷房玄齡撰
太宗實錄二十卷房玄齡撰
太宗實錄四十卷長孫無忌撰
高宗實錄三十卷許敬宗撰
述聖記一卷大聖天后撰
高宗實錄一百卷大聖天后撰
聖母神皇實錄十八卷宗秦客撰
中宗皇帝實錄二十卷吳兢撰
漢武故事二卷
西京雜記一卷葛洪撰
三輔舊事一卷韋氏撰
秦漢已來舊事八卷

漢魏吳蜀舊事八卷　晉書雜詔書一百卷
又二十八卷　晉雜詔書六十六卷
晉詔書黃素制五卷　晉定品制一卷
晉太元副詔二十一卷　晉崇安元興大享副詔八卷
晉義熙詔二十二卷　晉故事四十三卷
晉諸雜故事二十二卷　尚書大義二十一卷
晉太始太康故事五卷　晉建武咸和咸康故事四卷孔愉撰
晉建武已來故事三卷　修復山林故事五卷車灌撰
先朝故事二十卷劉道會撰　東宮舊事十一卷張敞撰
交州雜故事九卷　四王起居四卷盧綝撰
晉八王故事十二卷盧綝撰　晉故事三卷
晉朝雜事二卷　江南故事三卷
大司馬陶公故事三卷　郄太尉爲尚書令故事二卷

桓公僞事二卷應德詹撰
救襄陽上都督府事一卷王愆期撰
荊江揚州遷代記四卷
宋永初詔六卷
宋元嘉詔二十一卷
晉宋舊事一百三十卷
中興伐逆事二卷
東宮儀記二十二卷張鏡撰
東宮典記七十卷宇文愷等撰
春坊要錄四卷杜正倫撰
春坊舊事三卷
漢官儀十卷應劭志
公卿故事二卷王方慶撰
漢官解故事三卷
魏官儀一卷荀攸撰
晉公卿禮秩九卷傅暢撰
百官名四十卷
晉惠帝百官名三卷陸機撰
晉官屬名四卷
晉過江人士目一卷
晉永嘉流士十三卷衛禹撰
登城三戰簿三卷
百官階次一卷范曄撰
宋百官階次三卷荀欽明撰
百官春秋十三卷王道秀撰
齊職儀五十卷范曄撰

職官要錄三十卷陶藻撰　梁遷簿三卷徐勉撰

陳將軍簿一卷　職令百官古今注十卷郭演之撰

大建十一年百官簿狀二卷　職員舊事三十卷

右一百四部列代起居注四十一家列代故事四十二家列代職官二十一家凡二千二百三十三卷

三輔決錄七卷趙政撰摯虞注　海內先賢傳四卷魏明帝撰

海內先賢行狀三卷李氏撰　海內士品錄二卷魏文帝撰

四海耆舊傳一卷李氏撰　廬江七賢傳一卷

陳留耆舊傳三卷蘇林撰　陳留先賢像讚一卷陳英宗撰

陳留志十五卷江徵撰　汝南先賢傳三卷周裴撰

廣州先賢傳七卷陸胤撰　諸國先賢傳一卷

豫章舊志八卷徐整撰　濟北先賢傳一卷

廣陵列士傳一卷華隔撰　桂陽先賢畫讚五卷張勝撰

會稽記四卷朱育撰
會稽典錄二十四卷虞預撰
會稽先賢傳五卷謝承撰
會稽後賢傳三卷鍾離岫撰
會稽先賢像讚四卷賀氏撰
會稽太守像讚二卷賀氏撰
吳國先賢讚三卷
益部耆舊傳十四卷陳壽撰
魯國先賢志十四卷白褒撰
楚國先賢志十二卷楊方撰
荊州先賢傳三卷高範撰
兗州山陽先賢讚一卷仲長統撰
交州先賢傳四卷范瑗撰
襄陽耆舊傳五卷習鑿齒撰
零陵先賢傳一卷
徐州先賢傳一卷
長沙舊邦傳讚三卷劉成撰
徐州先賢傳九卷
燉煌實錄二十卷劉延明撰
武昌先賢傳三卷郭延生撰
海岱志十卷崔蔚祖撰
吳郡錢塘先賢傳五卷吳均撰
幽州古今人物志十三卷陽休之撰
孝子傳十五卷蕭廣濟撰
又八卷師覺授撰
孝子傳讚十五卷王部之撰

孝子傳十卷宗躬撰　雜孝子傳二卷
孝子傳一卷虞盤佐撰　又三卷徐廣撰
孝子傳讚十卷鄭緝之撰　孝德傳三十卷梁元帝撰
孝友傳八卷梁元帝撰　忠臣傳三十卷梁元帝撰
顯忠錄二十卷元懌撰　忠孝圖傳讚二十卷李襲譽撰
英藩可錄事二卷殷系撰　自古諸侯王善惡錄二卷魏徵撰
列藩正論三十卷章懷太子撰　良史傳十卷鍾岏撰
丹陽尹傳十卷梁元帝撰　高士傳三卷嵇康撰
上古以來聖賢高士傳讚三卷周續之撰　高士傳七卷皇甫謐撰
續高士傳八卷周弘讓撰　逸人傳三卷張顯撰
逸人高士傳八卷習鑿齒撰　名士傳三卷袁宏撰
竹林七賢論二卷戴逵撰　真隱傳二卷袁淑撰
高士傳二卷虞盤佐撰　高隱傳二卷阮孝緒撰

七賢傳七卷孟仲暉撰　高才不遇傳四卷劉晝撰
列女傳二卷劉向撰　陰德傳二卷范晏撰
止足傳十卷王子良撰　同姓名錄一卷梁元帝撰
全德志一卷梁元帝撰　高僧傳六卷虞孝敬撰
悼善列傳四卷　幼童傳十卷劉昭撰
知己傳一卷盧思道撰　交遊傳二卷鄭世翼撰
祕錄二百七十卷元暉等撰　畫讚五十卷漢明帝撰
春秋列國名臣傳九卷孫敏撰　四科傳讚四卷姚濬撰
七國敘讚十卷　益州文翁學堂圖一卷
孔子弟子傳五卷　先儒傳五卷
雜傳六十五卷　又九卷
又四十卷　集記一百卷王孝恭撰
東方朔傳八卷　李固別傳七卷

梁冀傳二卷　何顒傳一卷

曹瞞傳一卷吳人作　毋丘儉記三卷

管輅傳二卷管辰撰　諸葛亮隱沒五事一卷郭沖撰

玄晏春秋二卷皇甫謐撰　薛常侍傳二卷荀伯子撰

桓玄傳二卷　文林館記十卷鄭忱撰

文士傳五十卷張騭撰　文館詞林文人傳一百卷許敬宗撰

列仙傳讚二卷劉向撰　神仙傳十卷葛洪撰

洞仙傳十卷見素子撰　高士老君內傳三卷尹喜張林亭撰

孝子傳一卷　關令尹喜傳一卷鬼谷先生撰四皓注

王喬傳一卷　茅君內傳一卷

漢武帝傳二卷　清虛真人王君內傳一卷

蘇君記一卷周季通撰　靈人辛玄子自序一卷辛玄子撰

三天法師張君內傳一卷王蕢撰　太極左仙公葛君內傳一卷呂先生注

紫陽真人周君傳一卷華嶠撰　仙人馬君陰君內傳一卷趙昇撰
清虛貞君內傳一卷鄭子雲撰　紫虛元君南岳夫人內傳一卷范邈撰
九華真妃內記一卷　許先生傳一卷王羲之撰
養性傳二卷　周氏冥通記一卷陶弘景撰
學道傳二十卷馬樞撰　嵩高少室寇天師傳三卷宋都能撰
華陽子自序一卷茅處玄撰　漢別國洞冥記四卷郭憲撰
名僧傳三十卷釋寶唱撰　比丘尼傳四卷釋寶唱撰
高僧傳十四卷釋惠皎撰　續高僧傳二十卷釋道宣撰
續高僧傳三十卷釋道宣撰　西域求法高僧傳二卷釋義淨撰
名僧錄十五卷裴子野撰　薩婆多部傳四卷釋僧佑撰
草堂法師傳一卷陶弘景撰　又一卷蕭理撰
稠禪師傳一卷　列異傳三卷張華撰
甄異傳三卷戴異撰　徵應集二卷

雜傳十卷

搜神記三十卷干寶撰

志怪四卷祖台之撰

又四卷孔氏撰

靈鬼志三卷荀氏撰

鬼神列傳二卷謝氏撰

幽明錄三十卷劉義慶撰

齊諧記七卷東陽無疑撰

續齊諧記一卷吳均撰

石異傳三卷袁仁壽撰

述異記十卷祖沖之撰

感應傳八卷王延秀撰

冥祥記十卷王琰撰

續冥祥記十一卷王曼撰

繫應驗記一卷陸果撰

神錄五卷劉之道撰

妍神記十卷梁元帝撰

因果記十卷劉泳撰

近異錄二卷劉質撰

寃魂志三卷顏之推撰

集靈記十卷顏之推撰

旌異記十五卷侯君集撰

冥報記二卷唐臨撰

列女傳六卷皇甫謐撰

列女後傳十卷顏原撰

列女傳七卷綦毋邃撰

女記十卷杜預撰　列女傳序讚一卷孫夫人撰
后妃記四卷虞通之撰　列女傳一百卷大聖天后撰
古今內範記一百卷　內範要略十卷
保傅乳母傳一卷大聖天后撰
右雜傳一百九十四部褒先賢耆舊三十九家孝友十家忠節三家列
藩三家良史二家高逸十八家雜傳五家科錄一家雜傳十一家文士
三家仙靈二十六家高僧十家鬼神二十六家列女十六家凡一千九
百七十八卷
漢書儀四卷衛宏撰　輿服志一卷董巴撰
晉尚書儀曹新定儀注四十一卷徐廣撰
甲辰儀注五卷　車服雜注一卷徐廣撰
司徒儀注五卷干寶撰　大駕鹵簿一卷
冠婚儀四卷　晉雜儀注二十一卷

晉儀注三十九卷
宋儀注三十六卷
雜府州郡儀十卷范注撰
古今輿服雜事十卷周遷撰
宋儀注二卷
梁吉禮儀注十卷
陳吉禮儀注五十卷雜撰
隋吉禮五十四卷高熲等撰
梁凶禮天子喪禮七卷
梁太子妃薨凶儀注九卷
梁諸侯世子凶儀注九卷
隋書禮七卷高熲等撰
陳賓禮儀注六卷張彥志
諸王國雜儀十卷
雜儀注一百八卷
晉尚書儀曹吉禮儀注三卷
梁祭地祇陰陽儀注二卷沈約撰
梁吉禮十八卷明山等撰
北齊吉禮七十二卷趙彥琛撰
梁皇帝崩凶儀十一卷嚴植之撰
梁凶禮天子喪禮七卷嚴植之撰
梁王侯已下凶禮九卷嚴植之撰
北齊王太子喪禮十卷趙彥琛撰
梁賓禮一卷賀錫等撰
梁嘉禮三十五卷司馬褧撰
梁軍禮四卷陸璉撰

梁嘉禮儀注二十一卷司馬褧撰
梁尚書儀注十八卷雜撰
梁儀注十卷沈約撰
梁陳大行皇帝崩儀注八卷
陳尚書曹儀注二十卷雜志
陳諸帝后崩儀注五卷
陳雜吉儀志三十卷
梁大行皇后崩儀注一卷
陳皇太子妃薨儀注五卷儀曹志
陳雜儀注凶儀十三卷
陳皇太后崩儀注四卷儀曹撰
陳雜儀注六卷
後魏儀注三十二卷常景撰
理禮儀注九卷何點撰
晉謚議八卷
魏明帝謚議二卷何晏撰
魏氏郊丘三卷
晉簡文謚議四卷
晉明堂郊社議三卷孔朝等撰
魏臺雜訪儀三卷高崇撰
雜議五卷干寶撰
晉七廟議三卷蔡謨撰
要典三十九卷王景之撰
晉雜議十卷荀顗等撰
皇典五卷丘仲孝撰
齊典四卷王逡志

弔答書儀十卷王儉撰　太宗文皇帝政典三卷李延壽撰
雜儀三十卷鮑景撰　書筆儀二十卷謝朓撰
婦人書儀八卷唐瑾撰　皇室書儀十三卷鮑行卿撰
大唐書儀十卷裴矩撰　童悟十三卷
封禪錄十卷孟利貞撰　皇帝封禪儀六卷令狐德棻撰
玉璽譜一卷僧約貞撰　神岳封禪儀注十卷裴守貞撰
玉璽正錄一卷徐令信撰　傳國璽十卷姚察撰
大享明堂儀注二卷郭山惲撰　明堂義一卷張大瓚撰
明堂儀注七卷姚璠等撰　親享太廟儀三卷郭山惲撰
皇太子方岳亞獻儀二卷

右儀注八十四部凡一千一百四十六卷

漢建武律令故事三卷　律略論五卷應邵撰
漢朝駮義三十卷應劭撰　漢名臣奏三十卷陳壽撰

又二十九卷
廷尉決事二十卷
廷尉駮事十一卷
廷尉雜詔書二十六卷
晉令四十卷賈充等撰
刑法律本二十一卷賈充等撰
南臺奏事二十二卷
晉駮事四卷
晉彈事九卷
齊永明律八卷宋躬撰
梁律二十卷蔡法度撰
梁令三十卷蔡法度撰
梁科二卷蔡法度撰
陳令三十卷范泉等撰
陳科三十卷范泉志
北齊律二十卷趙邵王叡撰
北齊令八卷
周大律二十五卷趙肅等撰
隋律十二卷高熲等撰
隋大業律十八卷
隋開皇令三十卷裴正等撰
法例二卷崔知悌等撰
令律十二卷裴寂撰
律疏三十卷長孫无忌撰
武德令三十一卷裴寂等撰
貞觀格十八卷房玄齡撰

永徽散行天下格中本七卷　永徽留本司行中本十七卷源直心等撰
永徽令三十卷　永徽留本司格後本十一卷劉仁軌撰
永徽成式十四卷　永徽散頒天下格七卷
永徽留本司行格十八卷長孫无忌撰　永徽中式本四卷
垂拱式二十卷　垂拱格二卷
垂拱留司格六卷裴居道撰　律解二十一卷張斐撰
開元前格十卷姚崇等撰　開元後格九卷宋璟等撰
令三十卷　式二十卷姚崇等撰

右刑法五十一部凡八百一十四卷

七略別錄二十卷劉向撰　七略七卷劉歆撰
今書七志七十卷王儉撰賀縱補　七錄十二卷阮孝緒撰
中書簿十四卷荀勖撰　元徽元年書目四卷王儉撰
梁天監四年書目四卷丘賓卿撰　陳天嘉四部書目四卷

隋開皇四年書目四卷 牛弘撰　　隋開皇二十年書目四卷 王劭撰

史目三卷 楊松珍撰　　文章志四卷 摯虞撰

新撰文章家集五卷 荀勖撰　　續文章志二卷 傅亮撰

義熙已來雜集目錄三卷 丘深之撰　　名手畫錄一卷

法書目錄六卷 虞和撰　　羣書四錄二百卷 元行冲撰

右雜四部書目十八部凡二百一十七卷

世本四卷 宋衷撰　　世本別錄一卷

帝譜世本七卷 宋均撰　　世本譜二卷

漢氏帝王譜二卷　　司馬氏世家二卷

百家集譜十卷 王儉撰　　百家譜三十卷 王僧孺撰

氏族要狀十五卷 賈希景撰　　永元中表簿六卷

姓氏英賢譜一百卷 賈執撰　　百家譜五卷 賈執撰

國親皇太子親傳四卷 賈冠撰　　大同四年中表簿三卷

齊梁宗簿三卷　後魏辯宗錄二卷元暉業撰
姓苑十卷何承天撰　後魏譜二卷
後魏方司格一卷　十八州譜七百一十二卷王僧孺撰
冀州譜七卷　洪州譜九卷
袁州譜七卷　大唐氏族志一百卷高士廉撰
姓氏譜二百卷許敬宗撰　著姓略記十卷路敬淳撰
衣冠譜六十卷路敬淳撰　大唐姓族系錄二百卷柳冲撰
褚氏家傳一卷褚結撰褚陶注　殷氏家傳三卷殷敬等撰
桂氏世傳七卷桂顏撰　邵氏家傳十卷
楊氏譜一卷　蘇氏譜一卷
韋氏家傳三卷皇甫謐撰　王氏家傳二十一卷
江氏家傳七卷江統撰　暨氏家傳一卷
虞氏家傳五卷虞覽撰　裴氏家記三卷裴松之撰

孫氏譜記十五卷　諸葛傳五卷
曹氏家傳一卷曹毗撰　荀氏家傳十卷荀伯子撰
諸王傳一卷　陸史十五卷陸煦撰
明氏世錄五卷明粲撰　庾氏家傳三卷庾守業撰
韋氏譜十卷韋鼎等撰　尒朱氏家傳二卷王邵撰
何妥家傳二卷　令狐家傳一卷令狐德棻撰
裴若弼家傳一卷　燉煌張氏家傳二十卷張太素撰
裴氏家牒二十卷裴守貞撰
右雜譜牒五十五部凡一千六百九十一卷
山海經十八卷郭璞撰　山海經圖讚二卷郭璞撰
山海經音二卷　水經二卷郭璞撰
又四十卷酈道元注　三輔黃圖一卷
漢宮閣簿三卷　洛陽宮殿簿三卷

關中記一卷潘岳撰　洛陽記一卷陸機撰
西京雜記一卷葛洪撰　洛陽圖一卷楊佺期撰
洛陽記一卷戴延之撰　廟記一卷
洛陽伽藍記五卷楊衒之撰　西京記三卷薛冥志
東都記三十卷鄧行儼撰　分吳會丹陽三郡記三卷
陳留風俗傳三卷闞稱撰　風土記十卷周處撰
吳地記一卷張勃撰　南雍州記三卷郭仲彥撰
南徐州記二卷山謙之撰　東陽記一卷鄭緝之撰
京口記二卷劉損之撰　湘州圖記一卷
徐地錄一卷劉芳撰　齊州記四卷李叔布撰
中岳頴川志五卷樊文深撰　潤州圖經二十卷孫處玄撰
地記五卷太康三年撰　州郡縣名五卷太康三年撰
十三州志十四卷闞駰撰　魏諸州記二十卷

地理書一百五十卷陸澄撰
地記二百五十二卷任昉撰
雜志記十二卷
雜地記五卷
國郡城記九卷周明帝撰
輿地志三十卷顧野王撰
周地圖九十卷
隋國經集記一百卷郎蔚之撰
區宇圖一百二十八卷虞茂撰
括地志序略五卷魏王泰撰
交州異物志一卷楊孚撰
暢異物志一卷陳祈撰
南州異物志一卷萬震撰
扶南異物志一卷朱應撰
臨海水土異物志一卷沈瑩撰
江記五卷庾仲雍撰
漢水記五卷庾仲雍撰
尋江源記五卷庾仲雍撰
又一卷
四海百川水記一卷釋道安撰
西征記一卷戴祚撰
述征記二卷郭象撰
隋王入沔記十卷沈懷文撰
輿駕東幸記一卷薛泰撰
述行記二卷姚最撰
魏聘使行記五卷

巡總揚州記七卷諸葛穎撰

諸郡土俗物產記十九卷

京兆郡方物志三十卷

十洲記一卷東方朔撰

神異經二卷東方朔撰

蜀王本記一卷楊雄撰

三巴記一卷譙周撰

外國傳一卷釋智猛撰

歷國傳二卷釋法盛撰

南越志五卷沈懷遠撰

日南傳一卷

職貢圖一卷梁元帝撰

林邑國記一卷

真臘國事一卷

魏國已西十一國事一卷宋雲撰

交州已來外國傳一卷

奉使高麗記一卷

西域道理記三卷

赤土國記二卷常駿等撰

高麗風俗一卷裴矩撰

中天竺國行記十卷王玄策撰

西南蠻入朝首領記一卷

職方記十六卷

長安四年十道圖十三卷

開元三年十道圖十卷

劍南地圖二卷

右地理九十三部凡一千七百八十二卷

舊唐書卷四十六

舊唐書卷四十六考證

經籍志上九曰圖緯以紀六經讖候十曰經解以紀六經讖候十一曰詁訓以紀六經讖候○臣德潛按圖緯乃紀讖候之書經解詁訓不得亦云讖候也

應譌

甲部經錄十二家○新書十一家

五百七十五部六千二百四十一卷○臣德潛按止五百七十一部六千二百二卷

周易正義十四卷○新書十六卷

右易七十八部凡六百七十三卷○今按上止七十七部六百七十一卷

右尙書二十九部凡二百七十二卷○今按上凡二百九十五卷

韓詩翼要十卷卜商撰○臣德潛按韓嬰漢人安得卜商爲撰翼要乎新書無

韓詩字爲合

毛詩駮五卷王伯輿撰○新書王基撰

右詩三十部凡三百十三卷○今按上三百十卷
喪服要難一卷趙成問仇祈答○新書作袁祁
右禮一百四部凡一千九百四十五卷○今按上止一百三部凡二千二十二卷
春秋左氏傳音又三卷李洪範撰○新書李軌撰
春秋正義三十七卷孔穎達撰○新書三十六卷
右春秋一百二部一千一百八十四卷○今按上一百四部一千一百七十六卷
次論語五卷王勃撰○新書十卷
論語釋義十卷鄭玄注○新書一卷
右六十三部凡三百八十七卷○今按上凡三百九十七卷
經典大義十卷沈文阿撰○新書作經典元儒大義序錄
右三十六部凡四百七十四卷○今按上止三十五部四百六十八卷

續爾雅一百卷○新書一卷此百字疑衍文

右小學一百五部凡七百九十七卷○今按上一百二部八百卷

乙部史錄十三家八百四十四部一萬七千九百四十六卷○今按止七百七十三部一萬五千七百五十一卷

漢書決疑十二卷顏延年撰○新書作韓遊秦

魏略三十八卷魚豢撰○後又見雜史類中

右八十一部凡四千四百四十三卷○今按上止四千四百四十卷

山陽義紀樂資撰○無卷數新書作十卷

魏紀十二卷魏澹撰○沈炳震曰當從新書作陰澹

蜀國志十五卷吳國志二十一卷陳壽撰吳書五十五卷韋昭撰○新書俱入

正史類

右七十五部凡一千四百一十卷○今按上止七十三部一千三百四十三卷

後漢尚書十四卷張温撰○新書孔衍撰

續帝王代紀十卷何集撰〇新書何茂林撰
右雜史一百二部凡二千五百五十九卷〇今按上止九十部二千三十一卷
晉崇寧起居注十卷〇沈炳震曰晉無崇寧年號而書俱作崇寧未詳
百官名四十卷〇新書十四卷
齊職儀五十卷范曄撰〇臣德潛按范曄受誅于宋元嘉二十二年不應著述
齊職儀也新書作王珪之合
右一百四部凡二千二百三十三卷〇今按上止一百二部凡二千二百四十
五卷
燉煌實錄二十卷劉延明撰〇新書作劉昞
幽州古今人物志十三卷〇新書三十卷
右雜傳一百九十四部凡一千九百七十八卷〇今按上止一百七十九部一
千三十卷
梁嘉禮儀注二十一卷司馬褧撰〇新書四十卷

右儀注八十四部凡一千一百四十六卷○今按上止八十部一千五十二卷
右刑法五十一部凡八百一十四卷○今按上止四十六部八百三卷
右雜四部書目十八部凡二百一十七卷○今按上凡三百六十七卷
氏族要狀十五卷賈希景撰○新書賈希鏡
右雜譜牒五十五卷凡一千六百九十一卷○今按上凡一千六百九十五卷
周地圖九十卷○新書一百三十卷
右地理九十三部凡一千七百八十二卷○今按上止八十六部一千一百五十七卷

舊唐書卷四十六考證

舊唐書卷四十七

後晉司空同中書門下平章事劉昫撰

經籍志第二十七

經籍下

丙部子錄十七家七百五十三部書一萬五千六百三十七卷

儒家類一　道家類二　法家類三

名家類四　墨家類五　縱横家類六

雜家類七　農家類八　小說類九

天文類十　曆算類十一　兵書類十二

五行類十三　雜藝術類十四　事類十五

經脈類十六　醫術類十七

曾子二卷曾參撰　晏子春秋七卷晏嬰撰

子思子八卷孔伋撰　公孫尼子一卷公孫尼撰

孟子十四卷孟軻撰趙岐注　又七卷劉熙注
又七卷鄭玄注　又七卷綦毋邃注
孫卿子十二卷荀況撰　董子二卷董無心撰
魯連子五卷魯仲連撰　新語二卷陸賈撰
賈子九卷賈誼撰　鹽鐵論十卷桓寬撰
新序三十卷劉向撰　說苑三十卷劉向撰
楊子法言六卷楊雄撰　又十卷宋衷注
又十三卷李軌注　楊子太玄經十二卷楊雄撰陸績注
又十四卷虞翻注　又十二卷范望注
又一十卷蔡文邵注　桓子新論十七卷桓譚撰
潛夫論十卷王符撰　申鑒五卷荀悅撰
魏子三卷魏朗注　典論五卷魏文帝撰
徐氏中論六卷徐幹撰　去伐論集三卷王粲撰

杜氏體論四卷杜恕撰

通語十卷文禮撰殷興續

典訓十卷陸景撰

古今通論三卷王嬰撰

譙子五教五卷譙周撰

袁子正書二十五卷袁準撰

新論十卷夏侯湛撰

太元經十四卷楊泉撰劉緝注

志林新書二十卷虞喜撰

顧子義訓十卷顧夷撰

正言十卷干寶撰

立言十卷干寶撰

缺文十卷陸澄撰

顧子新語五卷顧譚撰

集誡二卷諸葛亮撰

譙子法訓八卷譙周撰

周生烈子五卷周生烈志

袁子正論二十卷袁準撰

孫氏成敗志三卷孫毓撰

物理論十六卷楊泉撰

新論十卷華譚撰

後林新書十卷虞喜撰

清化經十卷蔡洪撰

要覽五卷呂竦撰

正覽六卷周捨撰

魯史欹器圖一卷劉徽撰

誡林三卷蓁母氏撰
家訓七卷顏之推撰
典言四卷李若等撰
墳典三十卷盧辯撰
中說五卷王通撰
讀書記三十二卷王邵撰
正訓二十卷辛德源志
太宗序志一卷太宗撰
帝範四卷太宗撰賈行注
天訓四卷高宗天皇大帝撰
紫樞要錄十卷太聖天后撰
青宮記要三十卷天后撰
少陽正範二十卷天后撰
臣軌二卷天后撰
百寮新誡四卷天后撰
春宮要錄十卷章懷太子撰
君臣相發起事三卷章懷太子撰
修身要錄十卷章懷太子撰
百里昌言二卷王滂撰
崔子至言六卷崔靈童撰
平臺百一寓言三卷張大素撰
女誡一卷曹家撰
內訓二十卷辛德源王邵等撰
女則要錄十卷文德皇后撰
鳳樓新誡二十卷張后撰

右儒家二十八部凡七百七十六卷

老子二卷老子撰　老子二卷河上公注

老子章句二卷安丘望之撰　老子道德經指趣四卷安丘望之撰

老子二卷湘注　玄言新記道德二卷王弼注

老子二卷鍾會注　老子二卷羊祜注

老子二卷程韶集注　老子二卷王尚注

老子二卷蜀才注　老子二卷孫登注

老子二卷袁真注　老子二卷張憑注

老子二卷鳩摩羅什注　老子二卷釋惠嚴注

老子四卷陶弘景注　老子道德經品四卷梁曠注

老子二卷樹鍾山注　老子二卷傅奕注

老子二卷楊上善注　老子集注四卷張道相集注

老子二卷辟閭仁諝注　老子二卷成玄英注

老子二卷李允愿注
老子二卷陳嗣古注
老子二卷釋義盈注
老子道德經集解四卷任真子注
老子節解二卷
老子指歸十四卷嚴遵志
老子指歸十三卷馮廓撰
老子道德經序訣二卷葛洪撰
老子道德簡要義五卷玄景先生注
太上玄元皇帝道德經二卷楊上器撰
太上老君玄元皇帝聖紀十卷尹文操撰
老子章門一卷
老子玄旨八卷韓莊撰
老子玄譜一卷劉道人撰
老子道德論二卷何晏撰
老子指例略二卷
老子道德經義疏四卷顧歡撰
老子解釋四卷羊祜撰
老子義疏理綱一卷
老子講疏六卷梁武帝撰
老子私記十卷梁簡文帝撰
老子講疏四卷
老子義疏四卷孟智周撰
老子述義十卷賈大隱撰
老子道德指略論二卷楊上善撰
道德經三卷

略論三卷楊上善撰
老子西昇經一卷
老子黃庭經一卷
老子探真經一卷
老君科律一卷
老子宣時誡一卷
老子入室經一卷
老子華蓋觀天訣一卷
老子消水經一卷
老子神策百二十條經一卷
莊子十卷崔譔注
又十卷郭象注
又二十卷向秀注
又二十一卷司馬彪注
莊子集解二十卷李頤集解
又二十卷王玄古撰
莊子十卷楊上善撰
莊子講疏三十卷梁簡文撰
莊子疏七卷
南華仙人莊子論三十卷梁曠撰
釋莊子論二卷李充撰
南華真人道德論三卷
莊子疏十卷王穆撰
莊子音一卷王穆撰
莊子文句義二十卷陸德明撰
莊子古今正義十卷馮廓撰

莊子疏十二卷成玄英撰
文子十二卷
鶡冠子三卷鶡冠子撰
列子八卷列禦寇撰張湛注
廣成子十二卷商洛公撰
任子道論十卷任嘏撰
渾輿經一卷姫威撰
唐子十卷唐滂撰
蘇子七卷蘇彥撰
宣子二卷宣聘撰
陸子十卷陸雲撰
抱朴子內篇二十卷葛洪撰
孫子十二卷孫綽撰
顧道士論二卷顧谷撰
幽求子三十卷杜夷撰
符子三十卷符朗撰
賀子十卷賀道養撰
真誥十卷陶弘景撰
無名子一卷張太衡撰
養生要集十卷張湛撰
無上祕要七十二卷
玄書通義十卷張機撰
道要三十卷
登真隱訣二十五卷陶弘景撰
同光子八卷劉無待撰侯儼注
牟子二卷牟融撰

淨住子二十卷蕭子良撰王融頌　統略淨住子二卷釋道宣撰
法苑十五卷釋僧祐撰　內典博要三十卷虞孝景撰
真言要集十卷釋賢明撰　歷代三寶記三卷
修多羅法門二十卷郭瑜撰　集古今佛道論衡四卷釋道宣撰
六趣論六卷楊上善撰　十門辯惑論二卷釋復禮撰
經論纂要十卷駱子義撰　通惑決疑錄二卷釋道宣撰
夷夏論二卷顧歡撰　笑道論三卷甄鸞撰
齊三教論七卷衛元嵩撰　辯正論八卷釋法琳撰
破邪論三卷釋法琳撰　三教詮衡十卷楊上善撰
甄正論三卷杜乂撰　心鏡論十卷李思慎撰
崇正論六卷釋彥琮撰

右道家一百二十五部老子六十一家莊子十七家道釋諸說四十七家凡九百六十卷

管子十八卷管夷吾撰　商子五卷商鞅撰
慎子十卷慎到撰滕輔注　申子三卷申不害撰
韓子二十卷韓非撰　鼂氏新書三卷鼂錯撰
崔氏政論五卷崔寔撰　劉氏法言十卷劉邵撰
劉氏正論五卷劉廙撰　阮子正論五卷阮武撰
桓氏代要論十卷桓範撰　陳子要言十四卷陳融撰
治道集十卷李文博撰　春秋決獄十卷董仲舒撰
五經析疑三十卷邯鄲綽撰

右法家十五部凡一百五十八卷

鄧析子一卷鄧析撰　尹文子二卷尹文子撰
公孫龍子三卷龍撰　又一卷賈大隱注
又一卷陳嗣古注　人物志三卷劉邵撰
又三卷劉邵撰劉炳注　士緯十卷姚信撰

士操一卷魏文帝撰

九州人士論一卷盧毓撰

兼名苑十卷釋遠年撰

辯名苑十卷范謚撰

右名家十二部凡五十六卷

墨子十五卷墨翟撰

胡非子一卷胡非子撰

右墨家二部凡一十六卷

鬼谷子二卷蘇秦撰

又三卷樂臺撰

又三卷尹知章注

補闕子十卷梁元帝撰

右縱橫家四部凡十八卷

尸子二十卷尸佼撰

尉繚子六卷尉繚子撰

呂氏春秋二十六卷呂不韋撰

淮南商詁二十一卷劉安撰

淮南子注解二十一卷高誘撰

淮南鴻烈音二卷何誘撰

三將軍論一卷嚴尤撰

論衡三十卷王充撰

風俗通義三十卷應劭撰

仲長子昌言十卷仲長統撰

萬機論八卷蔣濟撰
篤論四卷杜恕撰
芻蕘論五卷鍾會撰
傅子一百二十卷傅玄撰
默記三卷張儼撰
新言五卷裴玄撰
新義十八卷劉歆撰
秦子三卷秦菁撰
誓論三十卷張儼撰
說林五卷孔衍撰
又二十卷張大素撰
抱朴子外篇五十卷葛洪撰
時務論十二卷楊偉撰
古今善言三十卷范泰撰
記聞三卷徐益壽撰
何子五卷何楷撰
劉子十卷劉勰撰
金樓子十卷梁元帝撰
語麗十卷朱澹遠撰
袖中記一卷
要覽三卷陸士衡撰
古今注五卷崔豹撰
採璧記三卷庾肩吾撰
新略十卷韋道孫撰
名數十卷徐陵撰
典墳數十卷范謚撰

荊楚歲時記十卷宗懍撰
又二卷杜公瞻撰
玉燭寶典十二卷杜臺卿撰
四時錄十二卷王氏撰
物始十卷謝昊撰
事始三卷劉孝孫撰
古今辯作錄三卷
文章始一卷任昉撰張續補
續文章始一卷姚察撰
戚苑纂要十卷劉揚名撰
張掖郡玄石圖一卷孟衆撰
瑞應圖記二卷孫柔之撰
張掖郡玄石圖一卷高堂隆撰
瑞應圖讚三卷熊理撰
祥瑞圖十卷
符瑞圖十卷顧野王撰
皇隋靈感志十卷王邵撰
皇隋瑞文十四卷許善心撰
諫林十卷何之望撰
善諫二卷虞通之撰
諫事五卷魏徵撰
諫苑三十卷于志寧撰
子林二十卷孟儀撰
子鈔三十卷沈約撰
又三十卷庾仲容撰
子林三十卷薛克構撰

述正論十三卷陸澄撰
博覽十五卷
文府七卷徐陵撰宗道寧注
翰墨林十卷
羣書理要五十卷魏徵撰
麟閣詞英六十卷高宗勅撰
四部言心十卷劉守敬撰

右雜家七十一部凡九百八十二卷

氾勝之書二卷氾勝之撰
四人月令一卷崔寔撰
齊人要術十卷賈勰撰
竹譜一卷戴凱之撰
錢譜一卷顧烜撰
禁苑實錄一卷
種植法七十七卷諸葛穎撰
兆人本業三卷天后撰
相鶴經一卷浮丘公撰
鷙擊錄二十卷堯須跋撰
鷹經一卷
蠶經一卷
相馬經一卷伯鑾撰
又二卷
又二卷徐成等撰
相馬經六十卷諸葛穎等撰

相牛經一卷甯戚撰　相貝經一卷
養魚經一卷范蠡撰
右農家二十部凡一百九十二卷
鬻子一卷鬻熊撰　燕丹子三卷燕太子撰
笑林三卷邯鄲淳撰　博物志十卷張華撰
郭子三卷郭澄之撰賈泉注　世說八卷劉義慶撰
續世說十卷劉孝標撰　小說十卷劉義慶撰
小說十卷殷芸撰　釋俗語八卷劉齊撰
辨林二十卷蕭賁撰　酒孝經一卷劉炫定撰
座右方三卷庾元威撰　啓顏錄十卷侯白撰
右小說家十三部凡九十卷
周髀一卷趙嬰注　又一卷甄鸞注
又二卷李淳風撰　靈憲圖一卷張衡撰

渾天儀一卷張衡撰　渾天象注一卷王蕃撰
昕天論一卷姚信撰　石氏星經簿讚一卷石申甫撰
安天論一卷虞喜撰　甘氏四七法一卷甘德撰
論二十八宿度數一卷　荊州星占二卷劉表撰
又二十卷劉叡撰　天文集占七卷陳卓撰
四方星占一卷陳卓撰　五星占二卷陳卓撰
天文集占三卷　天文錄三十卷祖暅之撰
天文橫圖一卷高文洪撰　天文雜占一卷吳雲撰
星占三十三卷孫僧化撰　十二次二十八宿星占十二卷史崇撰
乙巳占十卷李淳風撰　靈臺祕苑一百二十卷庾季才撰
玄機內事七卷逢行珪撰
右天文二十六家凡二百六十卷
三統曆一卷劉歆撰　乾象曆闞澤撰闞洋注

魏景初曆三卷楊偉撰
四分曆一卷
乾象曆術三卷劉洪撰
乾象曆三卷
宋元嘉曆二卷何承天撰
梁大同曆一卷虞劆撰
後魏永安曆一卷孫僧化撰
後魏武定曆一卷
北齊天保曆一卷宋景業撰
周天象曆二卷王琛撰
隋開皇曆一卷劉孝孫撰
又一卷李德林撰
隋大業曆一卷張胄玄撰
皇極曆一卷劉焯撰
又一卷李淳風撰
河西壬辰元曆一卷趙𢾺撰
河西甲寅元曆一卷李淳風撰
大唐麟德曆一卷
大唐光宅曆草十卷
周甲子元曆一卷
齊甲子曆一卷
大唐甲子元辰曆一卷瞿曇撰
大唐戊寅曆一卷
陳七曜曆五卷吳伯善撰
七曜本起曆二卷
七曜曆算二卷甄鸞撰

七曜雜術二卷劉孝孫撰　七曜曆疏三卷張胄玄撰
曆疏一卷崔浩撰　曆術一卷甄鸞撰
玄曆術一卷張胄玄撰　刻漏經一卷何承天撰
又一卷朱史撰　又一卷宋景撰
大唐刻漏經一卷　九章算經一卷徐岳撰
九章重差一卷劉向撰　九章重差圖一卷劉徽撰
九章算經九卷甄鸞撰　九章雜算文二卷劉祐撰
九章術疏九卷宋泉之撰　五曹算經五卷甄鸞撰
孫子算經三卷甄鸞撰注　海島算經一卷劉徽撰
張丘建算經一卷甄鸞撰　夏侯陽算經三卷甄鸞注
數術記遺一卷徐岳撰甄鸞注　三等數一卷董泉撰甄氏注
算經要用百法一卷徐岳撰　綴術五卷祖冲之撰李淳風注
五曹算經三卷甄鸞撰　七經算術通義七卷陰景愉撰

緝古算術四卷王孝通撰李淳風撰
算經表序一卷

右曆算五十八部凡一百六十七卷

黃帝問玄女法三卷玄女撰
太公陰謀三卷
太公金匱二卷
太公六韜六卷
司馬法三卷田穰苴撰
孫子兵法十三卷孫武撰魏武帝注
又二卷孟氏解
又二卷沈友注
黃石公三略三卷
三略訓三卷
張良經一卷張良撰
雜兵法二十四卷
兵法捷要七卷魏武帝撰
兵法要略十卷魏文帝撰
兵記十二卷司馬彪撰
兵林六卷孔衍撰
玉韜十卷梁元帝撰
真人水鏡十卷陶弘景撰
握鏡一卷陶弘景撰
兵書要略十卷宇文憲撰
太一兵法一卷
太公陰謀三十六用一卷

伍子胥兵法一卷　吳孫子三十二壘經一卷
玉帳經一卷　黃石公陰謀乘斗魁剛行軍祕一卷
武德圖五兵八陣法要一卷　三陰圖一卷
黃帝太公三宮法要訣一卷　張氏七篇七卷張良撰
承神兵書八卷　兵機十五卷
兵書要略一卷　新授兵書三十卷隋高祖撰
六軍鏡三卷李靖撰　用兵撮要二卷
兵春秋一卷　許子新書軍勝十卷
金海四十七卷蕭吉注　王佐祕珠五卷樂產撰
金韜十卷劉祐撰　懸鏡十卷李淳風撰
龍武玄兵圖二卷解忠鯁撰　臨戎孝經二卷員半千撰

右兵書四十五部凡二百八十九卷

焦氏周易林十六卷焦贛撰　京氏周易四時候二卷

京氏周易飛候六卷

京氏周易混沌四卷

京氏周易錯卦八卷京房撰

費氏周易林二卷費直撰

崔氏周易林十六卷

許氏周易雜占七卷許峻撰

周易參同契二卷魏伯陽撰

周易五相類一卷魏伯陽撰

周易林四卷管輅撰

周易雜占八卷尚廣撰

徐氏周易筮占二十四卷徐苗撰

周易立成占六卷

武氏周易雜占八卷武氏撰

周易集林十二卷伏曼撰

又一卷伏氏撰

連山三十卷梁元帝撰

易林十四卷

新易林占三卷杜氏撰

周易雜占筮決文二卷梁運撰

周易新林一卷

周易林七卷張滿撰

易律曆一卷

周易服藥法一卷

周易洞林解三卷郭璞撰

洞林三卷梁元帝撰

易三備三卷

又一卷　易髓一卷
易腦一卷郭氏撰　孝經元辰二卷
推元辰厄命一卷　元辰章三卷
六甲周天曆一卷孫僧化作　風角要候一卷翼奉撰
風角六情訣一卷王琛撰　風角十卷
風角鳥情二卷劉孝恭撰　鳥情占一卷
鳥情逆占一卷管輅撰　九宮經解二卷
九宮行碁經三卷鄭玄撰　九宮行碁立成一卷王琛撰
逆刺三卷京房撰　婚嫁書二卷
推產婦何時產法一卷王琛撰　產圖一卷崔知悌撰
登壇經一卷　太一大遊曆二卷
大遊太一曆一卷　曜靈經一卷
七政曆一卷　六壬曆一卷

靈寶登圖一卷　推二十四氣曆一卷
太一曆一卷　式經一卷宋琨注
九旗飛變一卷鄭玄撰李淳風注　太史公萬歲曆一卷司馬談撰
萬歲曆祠二卷　千歲曆祠二卷任氏撰
黃帝飛鳥曆一卷張衡撰　太乙飛鳥曆一卷
堪輿曆注二卷　黃帝四序堪輿二卷殷紹撰
遁甲經一卷　遁甲文一卷伍子胥撰
遁甲囊中經一卷　三元遁甲圖三卷葛洪撰
遁甲萬一訣三卷　遁甲立成圖二卷
遁甲立成法三卷　遁甲九宮八門圖一卷
遁甲開山圖一卷王琛撰　又二卷榮氏撰
白澤圖一卷　武王須臾二卷
師曠占書一卷　東方朔占書一卷

范子問計然十五卷范蠡問計然答　淮南王萬畢術一卷劉安撰

神樞靈轄十卷樂產撰　祿命書二十卷劉孝恭撰

又二卷王琛撰　五行記五卷蕭吉撰

五姓宅經二卷　陰陽書五十卷呂才撰

青烏子三卷　葬經八卷

又十卷　又二卷蕭吉撰

葬書地脈經一卷　墓書五陰一卷

雜墓圖一卷　墓圖立成一卷

六甲冢名雜忌要訣二卷　五姓墓圖要訣五卷孫氏撰

壇中伏尸一卷　玄女彈五音法相冢經一卷胡君撰

新撰陰陽書三十卷王粲撰　龜經三卷柳彥詢撰

又一卷劉寶眞撰　又一卷王弘禮撰

又一卷莊道名撰　又一卷孫思邈撰

百怪書一卷
祠竈經一卷
解文一卷
占夢書二卷
又三卷周宣撰
玄悟經三卷李淳風撰

右五行一百一十三部凡四百八十五卷

投壺經一卷郝沖虞譚法撰
大小博法二卷
皇博經一卷魏文帝撰
大博經行碁戲法二卷
小博經一卷鮑宏撰
博塞經一卷鮑宏撰
二儀簿經一卷隋煬帝撰
大博經二卷呂才撰
碁勢六卷
碁品五卷范汪等注
圍碁後九品序錄一卷
竹苑仙碁圖一卷
碁評一卷梁武帝撰
象經一卷周武帝撰
又一卷何妥撰
又一卷王裕撰
今古術藝十五卷

右雜藝術一十八部凡四十四卷

皇覽一百二十二卷何承天撰　又八十四卷徐爰幷合

類苑一百二十卷劉孝標撰　壽光書苑二百卷劉香撰

華林編略六百卷徐勉撰　修文殿御覽三百六十卷

長洲玉鏡一百三十八卷虞綽等撰　藝文類聚一百卷歐陽詢等撰

北堂書抄一百七十三卷虞世南撰　要錄六十卷

書圖泉海七十卷張氏撰　檢事書一百六十卷

帝王要覽二十卷　玉藻瓊林一百卷孟利貞撰

玄覽一百卷天后撰　累璧四百卷許敬宗撰

碧玉芳林四百五十卷孟利貞撰　策府五百八十二卷張大素撰

玄門寶海一百二十卷諸葛穎撰

文思博要幷目一千二百一十二卷張大素撰

三教珠英幷目一千三百一十三卷張昌宗等撰

右類事二十二部凡七千八十四卷

黃帝三部針經十三卷皇甫謐撰

黃帝八十一難經一卷秦越人撰

赤烏神針經一卷張子存撰

黃帝明堂經三卷

黃帝鍼灸經十二卷

明堂圖三卷秦承祖撰

龍銜素針經并孔穴蝦蟆圖三卷

黃帝素問八卷

黃帝內經明堂十三卷

黃帝雜注針經一卷

黃帝十二經脈明堂五藏圖一卷

黃帝十二經明堂偃側人圖十二卷

黃帝針經十卷

黃帝明堂三卷

黃帝九靈經十二卷靈寶注

玉匱針經十二卷

黃帝內經太素三十卷楊上善注

三部四時五臟辨候診色脈經一卷

黃帝內經明堂類成十三卷楊上善撰

黃帝明堂經三卷楊玄孫撰注

灸經一卷

鈐和子十卷賈和光撰

脈經訣三卷徐氏撰

脈經二卷

五藏訣一卷
五藏論一卷
右明堂經脈二十六家凡一百七十三卷
神農本草三卷
桐君藥錄三卷桐君撰
雷公藥對二卷
藥類二卷
本草用藥要妙二卷
本草病源合藥節度五卷
本草要術三卷
本草藥性三卷甄立言撰
療癰疽耳眼本草要妙五卷
種芝經九卷
芝草圖一卷
吳氏本草因六卷吳普撰
李氏本草三卷
名醫別錄三卷
藥目要用二卷
本草集經七卷陶弘景撰
靈秀本草圖六卷原平仲撰
諸藥異名十卷釋行智撰
四時採取諸藥及合和四卷
本草圖經七卷蘇敬撰
新修本草二十一卷蘇敬撰
新修本草圖一十六卷蘇敬等撰

本草音三卷蘇敬等撰
本草音義二卷殷子嚴撰
太清神丹中經三卷
太清神仙服食經五卷
又一卷抱朴子撰
太清璿璣文七卷沖和子撰
金匱仙藥錄三卷京里先生撰
神仙服食經十二卷京里先生撰
太清諸丹要錄集四卷
神仙藥食經一卷
神仙服食方十卷
神仙服食藥方十卷
服玉法并禁忌一卷
太清諸草木方集要三卷
太清玉石丹藥要集三卷陶弘景撰
太一鐵胤神丹方三卷蘇遊撰
養生要集十卷張湛撰
補養方三卷孟詵撰
諸病源候論五十卷吳景撰
四海類聚單方十六卷隋煬帝撰
大官食法一卷
大官食方十九卷
食經九卷崔浩撰
又十卷
又四卷竺暄撰
四時食法一卷趙氏撰

淮南王食經一百二十卷 諸葛穎撰
淮南王食目十卷
淮南王食經音十三卷 諸葛穎撰
食經三卷 盧仁宗撰
張仲景藥方十五卷 王叔和撰
華氏藥方十卷 華佗方吳普集
肘後救卒方四卷 葛洪撰
補肘後救卒備急方六卷 陶弘景撰
阮河南方十六卷 阮炳撰
雜藥方一百七十卷 范汪方尹穆撰
胡居士方三卷 胡洽撰
劉涓子男方十卷 龔慶宣撰
療癰疽金瘡要方十四卷 甘濬之撰
雜療方二十卷 徐叔和撰
體療雜病方六卷 徐叔和撰
脚弱方八卷 徐叔向撰
藥方十七卷 秦承祖撰
療癰疽金瘡要方十二卷 甘伯齊撰
雜藥方十二卷 褚澄撰
効驗方十卷 陶弘景撰
百病膏方十卷
雜湯方八卷
療目方五卷
雜藥方十卷 陳山提撰
又六卷
雜丸方一卷

調氣方一卷釋鸞撰

黃素方十五卷

雜湯丸散方五十七卷孝燕撰

僧深集方三十卷釋僧深撰

刪繁方十二卷謝士文撰

徐王八代効驗方十卷徐之才撰

徐氏落年方三卷徐嗣伯撰

雜病論一卷徐嗣伯撰

徐氏家祕方二卷徐之才撰

集驗方十卷姚僧垣撰

小品方十二卷陳延之撰

經心方八卷宋俠撰

名醫集驗方三卷

古今錄驗方五十卷甄權撰

崔氏纂要方十卷崔知悌撰

孟氏必効方十卷孟詵撰

延年祕錄十二卷

玄感傳屍方一卷蘇遊撰

骨蒸病灸方一卷崔知悌撰

寒食散方幷消息節度二卷

解寒食散方十三卷徐叔和撰

婦人方十卷

又二十卷

少小方十卷

少小雜方二十卷

少小節療方一卷俞寶撰

狐子雜訣三卷　狐子方金訣三卷葛仙公撰

陵陽子祕訣一卷明月公撰　神臨藥祕經一卷黃公撰

黃白祕法一卷　又二十卷

玉房祕術一卷葛氏撰　房祕祿訣八卷沖和子撰

類聚方二千六百卷

右醫術本草二十五家養生十六家病源單方二家食經十家雜經方

五十八家類聚方一家共一百一十家凡三千七百八十九卷

丁部集錄三類共八百九十部書一萬二千二十八卷

楚詞類一　別集類二　總集類三

楚詞十六卷王逸注　楚詞十卷郭璞注

楚詞九悼一卷楊穆撰　離騷草木蟲魚疏一卷劉杳撰

楚詞音一卷孟奧撰　又一卷徐邈撰

又一卷釋道騫撰　漢武帝集二卷

魏武帝集三十卷　魏文帝集十卷
魏明帝集十卷　魏高貴鄉公集二集
晉宣帝集十卷　晉文帝集一卷
晉明帝集五卷　晉簡文帝集五卷
宋武帝集二十卷　宋文帝集十卷
梁文帝集十八卷　梁武帝集十卷
梁簡文帝集八十卷　梁元帝集五十卷
梁元帝集十卷　後魏明帝集一卷
後魏文帝集四十卷　後周明帝集十卷
陳後主集五十卷　隋煬帝集三十卷
太宗文皇帝集三十卷　高宗大帝集八十六卷
中宗皇帝集四十卷　睿宗皇帝集十卷
垂拱集一百卷　金輪集十卷天后撰

梁昭明太子集二十卷　漢淮南王集二卷

漢東平王集二卷　魏陳思王集二十卷

又三十卷　晉齊王集二卷

晉會稽王集　晉彭城王集八卷

晉譙王集三卷　宋長沙王集十卷

宋臨川王集八卷　宋衡陽王集十卷

宋江夏王集十三卷　宋南平王集五卷

宋建平王集十卷　宋建平王小集十五卷

齊竟陵王集三十卷　梁邵平王集四卷

梁武陵王集八卷　後周趙王集十卷

後周滕王集十二卷　趙荀況集二卷

楚宋玉集二卷　前漢賈誼集二卷

枚乘集二卷　司馬遷集二卷

東方朔集二卷　董仲舒集二卷
李陵集二卷　司馬相如集二卷
孔臧集二卷　魏相集二卷
張敞集二卷　韋玄成集二卷
劉向集五卷　王褒集五卷
谷永集五卷　杜鄴集五卷
師丹集五卷　息夫躬集五卷
劉歆集五卷　楊雄集五卷
崔篆集一卷　後漢桓譚集二卷
史岑集二卷　王文山集二卷
朱勃集二卷　梁鴻集二卷
黃香集二卷　馮衍集五卷
班彪集二卷　杜篤集五卷

傅毅集五卷　班固集十卷
崔駰集十卷　賈逵集二卷
劉騊駼集二卷　崔瑗集五卷
蘇順集二卷　竇章集二卷
胡廣集二卷　高彪集二卷
王逸集二卷　柏麟集二卷
邊韶集二卷　皇甫規集五卷
張奐集二卷　朱穆集二卷
趙壹集二卷　張升集二卷
侯瑾集二卷　酈炎集二卷
盧植集二卷　劉珍集二卷
張衡集十卷　葛龔集五卷
李固集十卷　馬融集五卷

崔琦集二卷　延篤集二卷
劉陶集二卷　荀爽集二卷
劉梁集二卷　鄭玄集二卷
蔡邕集二十卷　應劭集四卷
士孫瑞集二卷　張卲集五卷
禰衡集二卷　孔融集十卷
虞翻集三卷　潘勖集二卷
阮瑀集五卷　陳琳集十卷
張紘集一卷　繁欽集十卷
楊修集二卷　王粲集十卷
魏華歆集二十卷　王朗集三十卷
邯鄲淳集二卷　袁渙集五卷
應瑒集二卷　徐幹集五卷

劉楨集二卷　路粹集二卷
丁儀集二卷　丁廙集二卷
吳質集五卷　劉廙集二卷
孟達集三卷　陳羣集三卷
王修集三卷　管寧集二卷
劉卲集二卷　麋元集五卷
李康集二卷　孫該集二卷
卞蘭集二卷　傅巽集二卷
高堂隆集十卷　繆襲集五卷
殷褒集二卷　韋誕集三卷
曹羲集五卷　傅嘏集二卷
桓範集二卷　夏侯霸集二卷
鍾毓集五卷　江奉集二卷

夏侯惠集二卷　毌丘儉集二卷

王弼集五卷　呂安集二卷

王昶集五卷　王肅集五卷

何晏集十卷　應璩集十卷

杜摯集一卷　夏侯玄集二卷

程曉集二卷　阮籍集五卷

嵇康集十五卷　鍾會集十卷

蜀許靖集二卷　諸葛亮集二十四卷

吳張溫集五卷　士燮集五卷

駱統集十卷　暨豔集二卷

謝承集四卷　姚信集十卷

楊厚集二卷　華覈集三卷

胡綜集二卷　薛綜集二卷

張儼集二卷　韋昭集二卷

紀隲集三卷　晉王沉集五卷

鄭袤集二卷　應貞集五卷

嵇喜集二卷　傅玄集五十卷

成公綏集十卷　裴秀集三卷

何禎集五卷　袁準集二卷

山濤集五卷　向秀集二卷

阮沖集二卷　阮侃集五卷

羊祜集二卷　賈充集二卷

荀勖集二十卷　杜預集二十卷

王濬集二卷　皇甫謐集二卷

程咸集二卷　劉毅集二卷

庾峻集三卷　郄正集一卷

薛瑩集二卷　楊泉集二卷
陶濬集三卷　宣聘集三卷
曹志集二卷　郗湛集四卷
孫毓集二卷　王渾集五卷
王深集四卷　江偉集五卷
閔鴻集二卷　裴楷集二卷
何劭集二卷　劉頌集三卷
劉寔集二卷　裴頠集十卷
許孟集二卷　王祜集二卷
王濟集二卷　華嶠集一卷
庾儵集三卷　謝衡集二卷
傅咸集三十卷　棗據集二卷
劉寶集三卷　孫楚集十卷

王讚集三卷　夏侯湛集十卷
夏侯淳集十卷　張敏集二卷
劉訏集二卷　李重集二卷
樂廣集二卷　阮渾集二卷
楊乂集三卷　張華集十卷
李虔集十卷　石崇集五卷
潘岳集十卷　潘尼集十卷
歐陽建集二卷　嵇紹集二卷
衛展集四十卷　盧播集二卷
欒肇集二卷　應亨集二卷
司馬彪集三卷　杜育集二卷
摯虞集二卷　繆徵集二卷
左思集五卷　夏侯靖集二卷

鄭豐集二卷　陳略集二卷
張翰集二卷　陸機集十五卷
陸雲集十卷　陸沖集二卷
孫極集二卷　張載集三卷
張協集二卷　束晳集五卷
華譚集二卷　曹攄集二卷
江統集十卷　胡濟集五卷
卞粹集二卷　閭丘沖集二卷
庾敳集二卷　阮瞻集二卷
阮脩集二卷　裴邈集二卷
郭象集五卷　嵇含集十卷
孫惠集十卷　蔡洪集三卷
牽秀集五卷　蔡克集二卷

索靖集二卷　閭纂集二卷
張輔集二卷　殷巨集二卷
陶佐集五卷　仲長敖集二卷
虞溥集二卷　吳商集五卷
劉弘集三卷　山簡集二卷
宗岱集三卷　王曠集五卷
王峻集二卷　棗腆集二卷
棗嵩集二卷　劉琨集十卷
盧諶集十卷　傅暢集五卷
東晉顧榮集二卷　荀組集二卷
周顗集二卷　周嵩集三卷
王道集十卷　荀邃集二卷
王敦集五卷　謝鯤集二卷

張抗集二卷　賈霖集三卷
劉隗集三卷　應詹集三卷
陶侃集二卷　王洽集三卷
傅毅集五卷　張闓集三卷
卞壺集二卷　劉超集二卷
楊方集二卷　傅純集二卷
郄鑒集十卷　温嶠集十卷
孔坦集五卷　王濤集五卷
王箴集五卷　甄述集五卷
戴逸集五卷　賀循集二十卷
張俊集二卷　曾瓌集五卷
熊遠集五卷　郭璞集十卷
王鑒集五卷　庾亮集二十卷

虞預集十卷　顧和集五卷
范宣集十卷　張虞集五卷
庾冰集二十卷　庾翼集二十卷
何充集五卷　諸葛恢集五卷
祖台之集十五卷　李充集十四卷
蔡謨集十卷　謝文集八卷
范汪集八卷　范甯集十五卷
阮放集五卷　王廙集十卷
王彪之集二十卷　謝安集五卷
謝方集十卷　王羲之集五卷
干寶集四卷　殷融集十卷
劉遐集五卷　殷浩集五卷
劉惔集二卷　王濛集五卷

謝尚集五卷　張馮集五卷
張望集三卷　韓康伯集五卷
王胡之集五卷　江霖集五卷
范宣集五卷　江淳集五卷
王述集五卷　郝默集五卷
黄整集十卷　王浹集二卷
王度集五卷　劉系之集五卷
劉恢集五卷　范起集五卷
殷康集五卷　孫嗣集三卷
王坦之集五卷　桓温集二十卷
郗超集十五卷　謝朗集五卷
謝玄集十卷　王珣集十卷
許詢集三卷　孫統集五卷

孫綽集十五卷　孔嚴集五卷
江逌集五卷　車灌集五卷
丁纂集二卷　曹毗集十五卷
蔡系集二卷　李顒集十卷
顧夷集五卷　袁喬集五卷
謝沉集五卷　庾闡集十卷
王隱集十卷　殷允集十卷
徐邈集八卷　殷仲堪集十卷
殷叔獻集三卷　伏滔集五卷
桓嗣集五卷　習鑿齒集五卷
鈕滔集五卷　邵毅集五卷
孫盛集十卷　袁質集二卷
袁宏集二十卷　袁紹集三卷

羅含集三卷　孫放集十五卷
辛昞集四卷　庾統集二卷
郭愔集五卷　滕輔集五卷
庾龢集二卷　庾軌集二卷
庾蒨集二卷　庾肅之集十卷
王修集二卷　戴逵集十卷
桓玄集二十卷　殷仲文集七卷
卞湛集五卷　蘇彥集十卷
袁豹集十卷　王謐集十卷
周祇集十卷　梅陶集十卷
湛方生集十卷　劉瑾集八卷
羊徽集一卷　卞裕集十四卷
王愆期集十卷　孔璠之集二卷

王茂略集四卷　薄肅之集十卷
滕演集一卷　宋劉義宗集十五卷
謝瞻集二卷　孔琳之集十卷
王叔之集十卷　徐廣集十五卷
孔甯子集十五卷　蔡廓集十卷
傅亮集十卷　孫康集十卷
鄭解之集二十卷　陶淵明集五卷
范泰集二十卷　王弘集二十卷
謝靈運集十五卷　荀㬈集十四卷
孔欣集八卷　卞伯玉集五卷
王曇首集二卷　謝弘微集二卷
王韶之集二十四卷　沈林子集七卷
姚濤之集二十卷　賀道養集十卷

衛令元集八卷　褚詮之集八卷
荀欽明集六卷　殷淳集三卷
劉瑀集七卷　劉緄集五卷
雷次宗集三十卷　宗炳集十五卷
伍緝之集十一卷　荀雍集十卷
袁淑集十卷　顏延之集三十卷
王微集十卷　王僧達集十卷
張暢集十四卷　何偃集八卷
沈懷文集十三卷　江智泉集十卷
謝莊集十五卷　殷琰集八卷
顏竣集十三卷　何承天集三十卷
裴松之集三十卷　卞瓘集十卷
丘泉之集六卷　顏測集十一卷

湯惠休集三卷　沈勃集十五卷
徐爰集十卷　鮑照集十卷
庾蔚之集十一卷　虞通之集五卷
劉愔集十卷　孫緬集十卷
袁伯文集十卷　袁粲集十卷
齊褚彥回集十五卷　王儉集六十卷
周顒集二十卷　徐孝嗣集十二卷
王融集十卷　謝朓集十卷
孔稚珪集十卷　陸厥集十卷
虞羲集十一卷　宗躬集十二卷
汪奐集十一卷　張融玉海集六十卷
梁范雲集十二卷　江淹前集十卷
江淹後集十卷　任昉集三十四卷

宗史集十卷　王暕集二十卷
魏道微集三卷　司馬褧集九卷
沈約集一百卷　沈約集略三十卷
傅昭集十卷　袁昂集二十卷
徐勉前集二十五卷　徐勉後集十六卷
陶弘景集三十卷　周捨集二十卷
何遜集八卷　謝琛集五卷
謝郁集五卷　王僧孺集三十卷
張率集三十卷　楊眺集十卷
鮑幾集八卷　周興嗣集十卷
蕭洽集二卷　裴子野集十四卷
庚景與集十卷　陸子倕集二十卷
劉之遴前集十卷　劉之遴後集三十卷

虞嚼集六卷　王冏集三卷
劉孝綽集十一卷　劉孝儀集二十卷
劉孝威前集十卷　劉孝威後集十卷
丘遲集十卷　王錫集七卷
蕭子範集三卷　蕭子雲集二十卷
蕭子暉集十一卷　江革集十卷
吳均集二十卷　庾肩吾集十卷
王筠洗馬集十卷　王筠中庶子集十卷
王筠左右集十卷　王筠臨海集十卷
王筠中書集十卷　王筠尚書集十一卷
鮑泉集一卷　謝瑱集十卷
任孝恭集十卷　張纘集十卷
陸雲公集四卷　張綰集十卷

甄玄成集十卷
蕭欣集十卷
沈君攸集十二卷
後魏高允集二十卷
宗欽集二卷
李諸集十卷
韓宗集五卷
袁躍集九卷
薛孝通集六卷
溫子昇集二十五卷
盧元明集六卷
陽固集三卷
魏孝景集一卷
北齊楊休之集二十卷
邢子才集三十卷
魏收集七十卷
劉逖集四十卷
後周宗懍集三十卷
王褒集三十卷
蕭撝集十卷
庾信集二十卷
王衡集三卷
陳沈炯前集六卷
沈炯後集十三卷
周弘正集二十卷
徐陵集三十卷

張正見集四卷　陸珍集五卷
陸瑜集十卷　沈不害集十卷
張式集十三卷　褚介集十卷
顧越集二卷　顧覽集五卷
姚察集二十卷　隋盧思道集二十卷
李元操集二十二卷　辛德源集三十卷
李德林集十卷　牛弘集十二卷
薛道衡集三十卷　何妥集十卷
柳顧言集十卷　江總集二十卷
殷英童集三十卷　蕭慤集九卷
魏澹集四卷　尹式集五卷
諸葛穎集十四卷　王冑集十卷
虞茂代集五卷　劉興宗集三卷

李播集三卷
唐陳叔達集五卷
褚亮集二十卷
虞世南集三十卷
蕭瑀集一卷
沈齊家集十卷
薛收集十卷
楊師道集十卷
庾抱集六卷
孔穎達集五卷
王績集五卷
郎楚之集十卷
魏徵集二十卷
許敬宗集六十卷
于志寧集四十卷
上官儀集三十卷
李義府集三十九卷
顏師古集四十卷
岑文本集六十卷
劉子翼集十卷
殷聞禮集十卷
陸士季集十卷
劉孝孫集三十卷
鄭代翼集八卷
崔君實集十卷
李伯藥集三十卷

孔紹安集三卷　高季輔集二卷
温彦博集二十卷　李玄道集十卷
謝偃集十卷　沈叔安集二十卷
陸楷集十卷　曹憲集三十卷
蕭德言集三十卷　潘求仁集三卷
殷芊集三卷　蕭鈞集三十卷
袁朗集四卷　楊續集十卷
王約集一卷　任希古集五卷
淩敬集十四卷　王德儉集十卷
徐孝德集十卷　杜之松集十卷
宋令文集十卷　陳子良集十卷
顏顗集十卷　劉頳集十卷
司馬僉集十卷　鄭秀集十二卷

耿義褒集七卷　楊元亨集五卷
劉綱集三卷　王歸一集十卷
馬周集十卷　薛元超集三十卷
高智周集五卷　褚遂良集二十卷
劉禕之集五十卷　郝處俊集十卷
崔知悌集五卷　李安期集二十卷
唐觀集五卷　張大素集十卷
鄧玄挺集十卷　劉允濟集二十卷
駱賓王集十卷　盧照鄰二十卷
楊烱集三十卷　王勃集三十卷
狄仁傑集十卷　李懷遠集八卷
盧受采集十卷　王適集二十卷
喬知之集二十卷　蘇味道集十五卷

薛曜集二十卷
郎餘慶集十卷
盧光容集五卷
崔融集四十卷
閻鏡機集十卷
李嶠集三十卷
喬備集六卷
陳子昂集十卷
元希聲集十卷
李適集二十卷
沈佺期集十卷
徐彥伯前集十卷
後集十卷
宋之問集十卷
杜審言集十卷
谷倚集十卷
富嘉謨集十卷
吳少微集十卷
劉希夷集三卷
張柬之集十卷
桓彥範集三卷
韋承慶集六十卷
閭丘均集三十卷
郭元振集二十卷
魏知古集二十卷
閻朝隱集五卷

蘇瓌集十卷　員半千集十卷
李乂集五卷　姚崇集十卷
丘悅集十卷　劉子玄集十卷
盧藏用集二十卷　道士江旻集三十卷
沙門曇諦集六卷　沙門惠遠集十五卷
沙門惠琳集五卷　沙門曇瑗集六卷
沙門亡名集十卷　沙門靈裕集二卷
沙門支遁集十卷　曹大家集二卷
鍾夫人集二卷　劉臻妻陳氏集五卷
九嬪集一卷　臨安公主集三卷
范靖妻沈滿願集五卷　徐悱妻劉氏集六卷
文章流別集三十卷摯虞撰　善文四十九卷杜預撰
名文集四十卷謝沈撰　文苑一百卷孔逌撰

文選三十卷梁昭明太子撰　文選六十卷李善注
又六十卷公孫羅撰　文選音十卷蕭該撰
又十卷公孫羅撰　文選音義十卷釋道淹撰
小詞林五十三卷　集古今帝王正位文章九十卷
文海集三十六卷蕭圓撰　詞苑麗則二十卷康明貞撰
芳林要覽三百卷許敬宗撰　類文三百士館詞林一千卷許敬宗撰
賦集四十卷宋明帝撰　皇帝瑞應頌集十卷
五都賦五卷　獻賦集十卷卞鑠撰
上林賦一卷司馬相如撰　幽通賦一卷班固撰曹大家注
又一卷項岱撰　二京賦二卷張衡撰
二京賦音二卷薛綜撰　三都賦三卷
齊都賦一卷左太冲撰　齊都賦音一卷李軌撰
百賦音一卷褚令之撰　賦音二卷郭徵之撰

三京賦音一卷綦毋邃撰
木連理頌二卷
靖恭堂頌一卷李嵩撰
諸郡碑一百六十六卷
雜碑文集二十卷
翰林論二卷李充撰
雜論九十五卷殷仲堪撰
設論集三卷劉楷撰
又五卷謝靈運撰
連珠集五卷謝靈運撰
制旨連珠四卷梁武帝撰
又十一卷陸緬撰
讚集五卷謝莊撰
七國敘讚十卷
吳國先賢讚論三卷
會稽先賢讚四卷賀氏撰
會稽太守像讚二卷賀氏撰
列女傳敘讚一卷孫夫人撰
古今箴銘集十三卷張湛撰
衆賢誡集十五卷
雜誡箴二十四卷
詔集圖別二十七卷宋幹撰
霸朝雜集五卷李德林撰
古今詔集三十卷温彥博撰
又一百卷李義府撰
聖朝詔集三十卷薛堯撰

書集八十卷王履撰
書林六卷夏赤松撰
山濤啓事三卷
苑甯啓事十卷
梁中書表集二百五十卷
薦文集七卷
宋元嘉策五卷
策集六卷謝靈運撰
七林集十二卷卞氏撰
七悟集一卷顏延之撰
誹諧文十五卷袁叔撰
弘明集十四卷釋僧祐撰
廣弘明集三十卷釋道宣撰
陶神論五卷釋靈祐撰
婦人訓解集十卷徐湛撰
婦人詩集二卷顏竣撰
文訓集六卷
文釋十卷江邃撰
文心雕龍十卷劉勰撰
百志詩集五卷干寶撰
百國詩集二十九卷崔光撰
百一詩八卷應璩撰
百一詩集二卷李夔撰
清溪集三十卷齊武帝撰
晉元氏宴會遊集四卷伏滔袁豹謝靈運等撰
元嘉宴會遊山詩集五卷

元嘉西池宴會詩集三卷顏延之撰
齊釋奠會詩集二十卷
文會詩集四卷徐伯陽撰
文林詩府六卷北齊後主作
西府新文十卷蕭淑撰
詩集新撰三十卷宋明帝撰
詩集二十卷宋明帝撰
詩集抄十卷謝靈運撰
詩集五十卷謝靈運撰
詩集二十卷謝和撰
又一百卷顏竣撰
詩例錄二卷顏竣撰
詩英十卷謝靈運撰
古今詩苑英華集二十卷梁昭明太子撰
續古今詩苑英華二十卷釋惠靜撰
詩林英選十一卷
類集一百一十三卷虞綽等撰
詩纘十二卷
又詞英八卷
六代詩集鈔四卷徐陵撰
古今類序詩苑三十卷劉孝孫撰
麗正文苑二十卷許敬宗撰
古今詩類聚七十九卷郭瑜撰
歌錄集八卷
漢魏吳晉鼓吹曲四卷
樂府歌詩十卷

太樂雜歌詞三卷荀勖撰　太樂歌詞二卷
樂府歌詞十卷　樂府歌詩十卷
三調相如歌詞三卷　新撰錄樂府集十一卷謝靈運撰
玉臺新詠十卷徐陵撰　迴文詩集一卷謝靈運撰
金門待詔集十卷劉允濟撰　集苑六十卷謝琨撰
集林二百卷劉義慶撰　集鈔四十卷

右集錄楚詞七家帝王二十七家太子諸王二十一家七國趙楚各一家前漢二十家後漢五十家魏四十六家蜀二家吳十四家西晉一百一十九家東晉一百四十四家宋六十家南齊十二家梁五十九家陳十四家後魏十家北齊四家周五家隋十八家唐一百一十二家沙門七家婦人七家總集一百二十四大家凡八百九十二部一萬二千二十八卷

三代之書經秦燔煬殆盡漢武帝河間王始重儒術於灰燼之餘拓纂亡散篇

卷僅而復存劉更生石渠典校之書卷軸無幾逮歆之七略在漢藝文志者裁二萬三千九百卷後漢蘭臺石室東觀南宮諸儒撰集部帙漸增董卓遷都載舟西上因罹寇盜沉之於河存者數船而已及魏武父子採掇遺亡至晉總括羣書裁二萬七千九百四十五卷及永嘉之亂洛都覆沒靡有孑遺江表所存官書凡三千一十四卷至宋謝靈運造四部書目錄凡四千五百八十二卷其後王儉復造書目凡五千七十四卷南齊王亮謝朏四部書目凡一萬八千一十卷齊宋兵火延燒祕閣書籍煨燼梁元帝克平侯景收公私經籍歸于江陵凡七萬餘卷蓋佛老之書計於其間及周師入郢咸自焚煬周武保定之中官書裁盈萬卷平齊所得數止五千及隋氏平陳南北一統祕書監牛弘奏請搜訪遺逸著定書目凡三萬餘卷煬帝寫五十副本分爲三品國家平王世充收其圖籍泝河西上多有沈沒存者重復八萬卷自武德已後文士既有修纂篇卷滋多開元時甲乙丙丁四部書各爲一部置知書官八人分掌之凡四部庫書兩京各一本共一十二萬五千九百六十卷皆以益州麻紙寫其集賢院御

書經庫皆鈿白牙軸黃縹帶紅牙籤史書庫鈿青牙軸縹帶綠牙籤子庫皆雕紫檀軸紫帶碧牙籤集庫皆綠牙軸朱帶白牙籤以分別之

舊唐書卷四十七

舊唐書卷四十七考證

經籍志下丙部子錄十七家七百五十三部一萬五千六百三十七卷○今按止七百四十九部一萬四千八百三十一卷

右儒家二十八部凡七百七十六卷○今按上凡八十部七百八十二卷

右道家一百二十五部凡九百六十卷○今按上止一百二十三部九百三十五卷

晁氏新書三卷晁錯撰○新書十卷

桓氏代要論十卷桓範撰○新書十二卷

右名家十二部凡五十六卷○今按上止四十六卷

荊楚歲時記十卷宗懍撰○新書一卷

玉燭寶典十二卷杜臺卿撰四時錄十二卷王氏撰○新書俱入農家類

右雜家七十一部凡九百八十二卷○今按上止六十九部九百八十卷

右農家二十部凡一百九十二卷○今按上止十九部一百八十七卷

燕丹子三卷燕太子撰〇新書一卷
右小說家十三部凡九十卷〇今按上凡十四部一百卷
右天文二十六家凡二百六十卷〇今按上止二十五部凡二百六十一卷
乾象曆闕澤注〇無卷數新書三卷
九章算經一卷徐岳撰〇新書九卷
孫子算經三卷甄鸞注〇新書李淳風注
右曆算五十八部凡一百六十七卷〇今按上止五十六部一百二十一卷
孫子兵法十三卷孫武撰〇新書三卷
右兵書四十五部凡二百八十九卷〇今按上止四十四部凡二百九十三卷
遁甲經一卷〇新書十卷
五姓宅經二卷〇新書二十卷
右五行一百一十三部凡四百八十五卷〇今按上止一百一十二部四百五
十九卷

右雜藝術一十八部凡四十四卷○今按上止一十七部四十三卷
文思博要幷目一千二百一十二卷張大素撰○新書高士廉等十六人奉詔
撰無張大素名當從新書
右類事二十二部凡七千八十四卷○今按上止二十一部六千四百八十四
卷
養生要集十卷張湛撰○又見道家類
右醫術一百一十家凡三千七百八十九卷○今按上止一百九家三千七百
九十五卷
丁部集錄共八百九十部一萬二千二十八卷○今按止八百七十九部一萬
一千八百七十五卷
後周明帝集十卷○新書五十卷
陳後主集五十卷○新書五十五卷
隋煬帝集三十卷○新書五十卷

太宗文皇帝集三十卷〇新書四十卷
魏華歆集二十卷〇新書三十卷沈炳震曰隋書云梁時有二卷亡
衞展集四十卷〇新書十四卷
摯虞集二卷〇新書十卷
謝靈運集十五卷〇新書五卷
温子昇二十五卷〇新書三十卷
後周宗懍集三十卷〇新書十卷
王褒集三十卷〇新書二十一卷
許敬宗集六十卷〇新書八十卷
顏師古集四十卷〇新書六十卷
孔紹安集三卷〇新書五十卷
高季輔集二卷〇新書二十卷
劉禕之集五十卷〇新書七十卷

崔融集四十卷○新書六十卷

李嶠集三十卷○新書五十卷

劉希夷集三卷○新書十卷

劉子玄集十卷○新書三十卷

盧藏用集二十卷○新書三十卷

蓋佛老之書計於其間○沈炳震曰按二語于上下文義各不融洽疑有脫誤

處

臣德潛按丁部集錄內唐人自盧藏用後遽接沙門道士諸集而開元以來文如張說蘇頲陸贄權德輿韓愈柳宗元李翺孫樵劉蛻杜牧諸人詩如張九齡王維孟浩然李白杜甫元結李觀韋應物白居易李商隱諸人皆不與焉其爲殘闕無疑也又沙門中無皎然靈徹貫休齊己道士中無吳筠司馬承禎婦人中無上官昭容亦屬漏略備覽新書所載庶乎完善云

舊唐書卷四十七考證

舊唐書卷四十八

後晉司空同中書門下平章事劉昫撰

食貨志第二十八

食貨上

先王之制度地以居人均其沃瘠差其貢賦蓋斂之必以道也量入而爲出節用而愛人度財省費蓋用之必有度也是故旣庶且富而教化行焉周有井田之制秦有阡陌之法二世發閭左而海內崩離漢武稅舟車而國用以竭自古有國有家興亡盛衰未嘗不由此也隋文帝因周氏平齊之後府庫充實庶事節儉未嘗虛費開皇之初議者以比漢代文景有粟陳貫朽之積煬帝卽位大縱奢靡加以東西行幸輿駕不息征討四夷兵車屢動西失律於沙徼東喪師於遼碣數年之閒公私罄竭財力旣殫國遂亡矣高祖發跡太原因晉陽宮留守庫物以供軍用旣平京城先封府庫賞賜給用皆有節制徵斂賦役務在寬簡未及踰年遂成帝業其後掌財賦者世有人焉開元已前事歸尚書省開元

已後權移他官由是有轉運使租庸使鹽鐵使度支鹽鐵轉運使常平鑄錢鹽
鐵使租庸青苗使水陸運鹽鐵租庸使兩稅使隨事立名沿革不一設官分職
選賢任能得其人則有益於國家非其才則貽患於黎庶此又不可不知也如
裴耀卿劉晏李巽數君子便時利物富國安民足爲世法者也開元中有御史
宇文融獻策括籍外剩田色役僞濫及逃戶許歸首免五年征賦每丁量稅一
千五百錢置攝御史分路檢括隱審得戶八十餘萬田亦稱是得錢數百萬貫
玄宗以爲能數年間拔爲御史中丞戶部侍郎融又畫策開河北王莽河溉田
數千頃以營稻田事未果而融敗時又楊崇禮爲太府卿清嚴善勾剝分寸錙
銖躬親不厭轉輸納欠折估漬損必令徵送天下州縣徵財帛四時不止及老
病致仕以其子愼矜爲御史專知太府出納其弟愼名又專知京倉皆以苛刻
害人承主恩而徵責又有韋堅規宇文融楊愼矜之跡乃請於江淮轉運租米
取州縣義倉粟轉市輕貨差富戶押船若遲留損壞皆徵船戶關中漕渠鑿廣
運潭以挽山東之粟歲四百萬石帝以爲能又至貴盛又王鉷進計奮身自爲

戶口色役使徵剝財貨每歲進錢百億寶貨稱是云非正額租庸便入百寶大盈庫以供人主宴私賞賜之用玄宗日益眷之數年間亦爲御史大夫京兆尹帶二十餘使又楊國忠藉椒房之勢承恩幸帶四十餘使云經其聽覽必數倍弘益又見寵貴太平既久天下至安人不願亂而此數人設詭計以侵擾之凡二十五人同爲剝喪而人無敢言之者及安祿山反於范陽兩京倉庫盈溢而不可名楊國忠設計稱不可耗正庫之物乃使御史崔衆於河東納錢度僧尼道士旬日間得錢百萬玄宗幸巴蜀鄭昉使劍南請於江陵稅鹽麻以資國官置吏以督之肅宗建號於靈武後用雲間鄭叔清爲御史於江淮間豪族富商率貸及賣官爵以裨國用德宗朝討河朔及李希烈物力耗竭趙贊司國計纖瑣刻剝以爲國用不足宜賦取於下以資軍蓄與諫官陳京等更陳計策贊請稅京師居人屋宅據其間架差等計入陳京又請籍列肆商賈資產以分數借之宰相同爲欺罔遂行其計中外沸騰人懷怨望時又配王公已下及嘗在方鎮之家出家僮及馬以助征行公私囂然矣後又張滂裴延齡王涯等剝下媚

上此皆足爲世戒者也先是興元克復京師後府藏盡虛諸道初有進奉以資經費復時有宣索其後諸賊既平朝廷無事常賦之外進奉不息韋皋劍南有日進李兼江西有月進杜亞揚州劉贊宣州王緯李錡浙西皆競爲進奉以固恩澤貢入之奏皆曰臣於正稅外方圓亦曰羨餘節度使或託言密旨乘此盜貿官物諸道有謫罰官吏入其財者刻祿廩通津達道者稅之蒔蔬藝果者稅之死亡者稅之節度觀察交代或先期稅入以爲進奉然十獻其二三耳其餘沒入不可勝紀此節度使進奉也其後裴肅爲常州刺史乃鬻貨薪炭按牘百賈之上皆規利焉歲餘又進奉無幾遷浙東觀察使天下刺史進奉自肅始也劉贊死於宣州嚴綬爲判官傾軍府資用進奉無幾拜刑部員外郎天下判官進奉自綬始也習以爲常流宕忘返大抵有唐之御天下也有兩稅焉有鹽鐵焉有漕運焉有倉廩焉有雜稅焉今考其本末敘其否臧以爲食貨志云武德七年始定律令以度田之制五尺爲步步二百四十爲畝畝百爲頃丁男中男給一頃篤疾廢疾給四十畝寡妻妾三十畝若爲戶者加二十畝所授之田十

分之二爲世業八爲口分世業之田身死則承戶者便授之口分則收入官更以給人賦役之法每丁歲入租粟二石調則隨鄉土所產綾絹絁各二丈布加五分之一輸綾絹絁者兼調綿三兩輸布者麻三斤凡丁歲役二旬若不役則收其傭每日三尺有事而加役者旬有五日免其調三旬則租調俱免通正役並不過五十日若嶺南諸州則稅米上戶一石二斗次戶八斗下戶六斗若夷獠之戶皆從半輸蕃胡內附者上戶丁稅錢十文次戶五文下戶免之附經二年者上戶丁輸羊二口次戶一口下三戶共一口凡水旱蟲霜爲災十分損四已上免租損六已上免調損七已上課役俱免凡天下人戶量其資產定爲九等每三年縣司注定州司覆之百戶爲里五里爲鄉四家爲鄰五家爲保在邑居者爲坊在田野者爲村村坊鄰里遞相督察士農工商四人各業食祿之家不得與下人爭利工商雜類不得預於士伍男女始生者爲黃四歲爲小十六爲中二十一爲丁六十爲老每歲一造計帳三年一造戶籍州縣留五比尚書省留三比神龍元年韋庶人爲皇后務欲求媚於人上表請以二十二爲丁五

十八爲老制從之及韋氏誅復舊至天寶三年又降優制以十八爲中男二十
二爲丁天下籍始造四本京師及東京尚書省戸部各貯一本以備車駕行幸
省於載運之費焉凡權衡度量之制度以北方秬黍中者八黍之廣爲分十分
爲寸十寸爲尺十尺爲丈量以秬黍中者容一千二百爲龠二龠爲合十合爲
升十升爲斗三升爲大升三斗爲大斗十大斗爲斛權衡以秬黍中者百黍之
重爲銖二十四銖爲兩三兩爲大兩十六兩爲斤調鐘律測晷景合湯藥及冠
冕制用小升小兩自餘公私用大升大兩又山東諸州以一尺二寸爲大尺人
間行用之其量制公私又不用龠合內之分則有抄撮之細天寶九載二月勅
車軸長七尺二寸麵三斤四兩鹽斗量除陌錢每貫二十文先是開元八年正
月勅頃者以庸調無憑好惡須準故遣作樣以頒諸州令其好不得過精惡不
得至濫任土作貢防源斯在而諸州送物作巧生端苟欲副於斤兩遂則加其
丈尺至有五丈爲疋者理甚不然闊一尺八寸長四丈同文共軌其事久行立
樣之時亦載此數若求兩而加尺甚暮四而朝三宜令所司簡閱有踰於比年

常例丈尺過多奏聞二十二年五月勅定戶口之時百姓非商戶郭外居宅及
每丁一牛不得將入貨財數其雜匠及幕士并諸色同類有蕃役合免征行者
一戶之內四丁已上任此色役不得過兩人三丁已上不得過一人其年七月
十八日勅自今已後京兆府關內諸州應徵庸調及資課並限十月三十日畢
至天寶三載二月二十五日赦文每載庸調八月徵以農功未畢恐難濟辦自
今已後延至九月三十日爲限二十五年三月勅關輔庸調所稅非少既寡蠶
桑皆資菽粟常賤糶貴買損費逾深又江淮等苦變造之勞河路增轉輸之弊
每計其運脚數倍加錢今歲屬和平庶物穰賤南畝有十千之獲京師同水火
之饒均其餘以減遠費順其便使農無傷自今已後關內諸州庸調資課並宜
準時價變粟取米送至京逐要支用其路遠處不可運送者宜所在收貯便充
隨近軍糧其河南河北有不通水利宜折租造絹以代關中調課所司仍明爲
條件稱朕意焉天寶元年正月一日赦文如聞百姓之內有戶高丁多苟爲規
避父母見在乃別籍異居宜令州縣勘會其一家之中有十丁已上者放兩丁

征行賦役五丁已上放一丁卽令同籍共居以敦風教其侍丁孝假免差科廣
德元年七月詔一戶之中三丁放一丁庸調地稅依舊每畝稅二升天下男子
宜二十三成丁五十八爲老永泰元年五月京兆麥大稔京兆尹第五琦奏請
每十畝官稅一畝效古什一之稅從之二年五月諸道稅地錢使殿中侍御史
韋光裔等自諸道使還得錢四百九十萬貫乾元以來屬天下用兵京師百寮
俸錢減耗上卽位推恩庶寮下議公卿或以稅畝有苗者公私咸濟乃分遣憲
官稅天下地青苗錢以充百司課料至是仍以御史大夫爲稅地錢物使歲以
爲常均給百官大曆四年正月十八日勅有司定天下百姓及王公已下每年
稅錢分爲九等上上戶四千文上中戶三千五百文上下戶三千文中上戶二
千五百文中中戶二千文中下戶一千五百文下上戶一千文下中戶七百文
下下戶五百文其見官一品準上上戶九品準下下戶餘品並準依此戶等稅
若一戶數處任官亦每處依品納稅其內外官仍據正員及占額內闕者稅其
試及同正員文武官不在稅限其百姓有邸店行鋪及鑪冶應準式合加本戶

二等稅者依此稅數勘責徵納其寄莊戶準舊例從八等戶稅寄住戶從九等戶稅比類百姓事恐不均宜各遞加一等稅其諸色浮客及權時寄住田等無問有官無官各所在爲兩等收稅稍殷有準八等戶餘準九等戶如數處有莊田亦每處稅諸道將士莊田既緣防禦勤勞不可同百姓例並一切從九等輸稅其年十二月敕令關輔墾田漸廣江淮轉漕常加計一年之儲有太半之助其於稅地固可從輕其京兆來秋稅宜分作兩等上下各半上等每畝稅一斗下等每畝稅六升其荒田如能佃者宜準今年十月二十九日敕一切每畝稅二升仍委京兆尹及令長一一存撫令知朕意五年三月優詔定京兆府百姓稅夏稅上田畝稅六升下田畝稅四升秋稅上田畝稅五升下田畝稅三升荒田開佃者畝率二升八年正月二十五日敕青苗地頭錢天下每畝率十五文以京師煩劇先加至三十文自今已後宜準諸州每畝十五文建中元年二月遣黜陟使分行天下其詔略曰戶無主客以見居爲簿人無丁中以貧富爲差行商者在郡縣稅三十之一居人之稅秋夏兩徵之各有不便者三之餘征賦

悉罷而丁額不廢其田畝之稅率以大曆十四年墾數爲準徵夏稅無過六月秋稅無過十一月違者進退長吏令黜陟使各量風土所宜人戶多少均之定其賦尚書度支總統焉三年五月淮南節度使陳少遊請於本道兩稅錢每千增二百因詔他州悉如之八年四月劍南西川觀察使韋臯奏請加稅什二以增給官吏從之元和十五年八月中書門下奏伏準今年閏正月十七日勅令百寮議錢貨輕重者今據羣官楊於陵等議伏請天下兩稅榷鹽酒利等悉以布帛絲綿任土所産物充稅並不徵見錢則物漸重錢漸輕農人見免賤賣匹帛者伏以羣臣所議事皆至當深利公私請商量付度支據諸州府應徵兩稅供上都及留州留使舊額起元和十六年已後並改配端匹斤兩之物爲稅額如大曆已前租庸課調不計錢令其折納使人知定制供辦有常仍約元和十五年徵納布帛等估價其舊納虛估物與依虛估物迴計如舊納實估物幷見錢即於端匹斤兩上量加估價迴計變法在長其物價價長則永利公私初雖微有加饒法行即當就實比舊給用固利而不害仍作條件處置編入旨符其

鹽利酒利本以榷率計錢有殊兩稅之名不可除去錢額中有令納見錢者亦請令折納時估匹段上既不專以錢爲稅人得以所產輸官錢貨必均其重輕隴畝自廣於蠶織便時惠下庶得其宜其土之絲麻或地連邊塞風俗更異賦入不同亦請商量委所司裁酌隨便宜處置詔從之太和四年五月劍南西川宣撫使諫議大夫崔戎奏準詔旨制置西川事條今與郭釗商量兩稅錢數內三分二分納見錢一分折納匹段每二貫加饒百姓五百文計一十三萬四千二百四十三貫文依此曉諭百姓訖經賊州縣準詔三分減放一分計減錢六萬七千六百二十貫文不經賊處先徵見錢今三分一分折納雜物計優饒百姓一十三萬貫舊有稅薑芋之類每畝至七八百徵斂不時今併省稅名盡依諸處爲四限等第先給戶帖餘一切名目勒停高祖即位仍用隋之五銖錢武德四年七月廢五銖錢行開元通寶錢徑八分重二銖四絫積十文重一兩一千文重六斤四兩仍置錢監於洛并幽益等州秦王齊王各賜三鑪鑄錢右僕射裴寂賜一鑪敢有盜鑄者身死家口配沒五年五月又於桂州置監議者以

新錢輕重大小最爲折衷遠近甚便之後盜鑄漸起而所在用錢濫惡顯慶五年九月勑以惡錢轉多令所在官私爲市取以五惡錢酬一好錢百姓以惡錢價賤私自藏之以候官禁之弛高宗又令以好錢一文買惡錢兩文弊仍不息至乾封元年封嶽之後又改造新錢文曰乾封泉寶徑一寸重二銖六分仍與舊錢並行新錢一文當舊錢之十周年之後舊錢並廢初開元錢之文給事中歐陽詢制詞及書時稱其功其字含八分及隸體其詞先上後下次左後右讀之自上及左迴環讀之其義亦通流俗謂之開通元寶錢及鑄新錢乃同流俗乾字直上封字在左尋寤錢文之誤又緣改鑄商賈不通米帛增價乃議却用舊錢二年正月下詔曰泉布之興其來自久實古今之要重爲公私之寶用年月既深僞濫斯起所以採乾封之號改鑄新錢靜而思之將爲未可高祖撥亂反正爰創軌模太宗立極承天無所改作今廢舊造新恐乖先旨其開元通寶宜依舊施行爲萬代之法乾封新鑄之錢令所司貯納更不須鑄仍令天下置鑄之處並鑄開元通寶錢既而私鑄更多錢復濫惡高宗嘗臨軒謂侍臣曰錢

之爲用行之已久公私要便莫甚於斯比爲州縣不存檢校私鑄過多如聞荊潭宣衡犯法尤甚遂有將船栰宿於江中所部官人不能覺察自今嚴加禁斷所在追納惡錢一二年間使盡當時雖有約勅而姦濫不息儀鳳四年四月令東都出遠年糙米及粟就市給糶斗別納惡錢百文其惡錢令少府司農相知即令鑄破其厚重徑合斤兩者任將行用時米粟漸貴議者以爲鑄錢漸多所以錢賤而物貴於是權停少府監鑄錢尋而復舊則天長安中又令懸樣於市令百姓依樣用錢俄又簡擇艱難交易留滯又降勅非鐵錫銅蕩穿穴者並許行用其有熟銅排斗沙澁厚大者皆不許簡自是盜鑄蜂起濫惡益衆江淮之南盜鑄者或就陂湖巨海深山之中波濤險峻人跡罕到州縣莫能禁約以至神龍先天之際兩京用錢尤濫其郴衡私鑄小錢纔有輪郭及鐵錫五銖之屬亦堪行用乃有買錫鎔銷以錢模夾之斯須則盈千百便賷用之開元五年車駕往東都宋璟知政事奏請一切禁斷惡錢六年正月又切斷天下惡錢行三銖四絫錢不堪行用者並銷破覆鑄至二月又勅曰古者聚萬方之貨設九府

之法以通天下以便生人若輕重得中則利可知矣若真僞相雜則官失其守頃者用錢不論此道深恐貧寠日困姦豪歲滋所以申明舊章懸設諸樣欲其人安俗阜禁止令行時江淮錢尤濫惡有官鑪偏鑪稜錢時錢等數色璟乃遣監察御史蕭隱之充江淮使隱之乃令率戶出錢務加督責百姓乃以上青錢充惡錢納之其小惡者或沉之於江湖以免罪戾於是市井不通貨價騰起流聞京師隱之貶官璟因之罷相乃以張嘉貞知政事嘉貞乃弛其禁人乃安之開元二十二年中書侍郎張九齡初知政事奏請不禁鑄錢玄宗令百官詳議黃門侍郎裴耀卿李林甫河南少尹蕭炅等皆曰錢者通貨有國之權是以歷代禁之以絕姦濫今若一啓此門但恐小人棄農逐利而濫惡更甚於事不便左監門錄事參軍劉秩上議曰伏奉今月二十一日勅欲不禁鑄錢令百寮詳議可否者夫錢之興其來尚矣將以平輕重而權本末齊桓得其術而國以霸周景失其道而人用弊考諸載籍國之興衰實繫於是陛下思變古以濟今欲反經以合道而不即改作詢之芻蕘臣雖蠢愚敢不薦其聞見古者以珠玉爲

上幣黃金爲中幣刀布爲下幣管仲曰夫三幣握之則非有補於煖也舍之則非有損於飽也先王以守財物以御人事而平天下也是以命之曰衡衡者使物一高一下不得有常故與之在君奪之在君貧之在君富之在君是以人戴君如日月親君如父母用此術也是爲人主之權今之錢卽古之下幣也陛下若捨之任人則上無以御下下無以事上其不可一也夫物賤則傷農錢輕則傷賈故善爲國者觀物之貴賤錢之輕重夫物重則錢輕錢輕由乎物多多則作法收之使少少則重重則作法布之使輕輕重之本必由乎是奈何而假於人其不可二也夫鑄錢不雜以鉛鐵則無利雜以鉛鐵則惡惡不重禁之不足以懲息且方今塞其私鑄之路人猶冒死以犯之況啓其源而欲人之從令乎是設陷穽而誘之入其不可三也夫許人鑄錢無利則人不鑄有利則人去南畝者衆去南畝者衆則草不墾草不墾又鄰於寒餒其不可四也夫人富溢則不可以賞勸貧餒則不可以威禁法令不行人之不理皆由貧富之不齊也若許其鑄錢則貧者必不能爲臣恐貧者彌貧而服役於富室富室乘之而益恣

昔漢文之時吳濞諸侯也富埒天子鄧通大夫也財侔王者此皆鑄錢之所致也必欲許其私鑄是與人利權而捨其柄其不可五也陛下必以錢重而傷本工費而利寡則臣願言其失以效愚計夫錢重者猶人日滋於前而鑪不加於舊又公錢重與銅之價頗等故盜鑄者破重錢以爲輕錢錢輕禁寬則行禁嚴則止止則棄矣此錢之所以少也夫鑄錢用不贍者在乎銅貴銅貴在採用者衆夫銅以爲兵則不如鐵以爲器則不如漆禁之無害陛下何不禁於人禁於人則銅無所用銅益賤則錢之用給矣夫銅不布下則盜鑄者無因而鑄則公錢不破人不犯死刑錢又日增末復利矣是一舉而四美兼也惟陛下熟察之時公卿羣官皆建議以爲不便事既不行但勅郡縣嚴斷惡錢而已至天寶之初兩京用錢稍好米價豐賤數載之後漸又濫惡府縣不許好者加價迴博好惡通用富商姦人漸收好錢潛將往江淮之南每錢貨得私鑄惡者五文假託官錢將入京私用京城錢日加碎惡鵝眼鐵錫古文綖環之類每貫重不過三四斤十一載二月下勅曰錢貨之用所以通有無輕重之權所以禁踰越故周

立九府之法漢備三官之制永言適便必在從宜如聞京師行用之錢頗多濫惡所資懲革絕其訛謬然安人在於存養化俗期於變通法若從寬事堪持久宜令所司即出錢三數十萬貫分於兩市百姓間應交易所用錢不堪久行用者官爲換取仍限一月日內使盡庶單貧無患商旅必通其過限輒違死者一事已上並作條件處分是時京城百姓久用惡錢制下之後頗相驚擾時又令於龍興觀南街開場出左藏庫內排斗錢許市人博換貧弱者又爭次不得俄又宣敕除鐵錫銅沙穿穴古文餘並許依舊行用久之乃定乾元元年七月詔曰錢貨之興其來久矣代有沿革時爲重輕周興九府實啓流泉之利漢造五銖亦弘改鑄之法必令小大兼適母子相權事有益於公私理宜循於通變但以干戈未息帑藏猶虛卜式獻助軍之誠弘羊興富國之算靜言立法諒在便人御史中丞第五琦奏請改錢以一當十別爲新鑄不廢舊錢冀實三官之資用收十倍之利所謂於人不擾從古有經宜聽於諸監別鑄一當十錢文曰乾元重寶其開元通寶著依舊行用所請採鑄捉搦處置即條件聞奏二年三月

琦入為相又請更鑄重輪乾元錢一當五十二十斤成貫詔可之於是新錢與乾元開元通寶錢三品並行尋而穀價騰貴米斗至七千餓死者相枕於道乃擡舊開元錢以一當十減乾元錢以一當三十緣人厭錢價不定人間擡加價錢為虛錢長安城中競為盜鑄寺觀鐘及銅象多壞為錢姦人豪族犯禁者不絕京兆尹鄭叔清擒捕之少不容縱數月間搒死者八百餘人人益無聊矣上元元年六月詔曰因時立制頃議新錢且是從權知非經久如聞官鑪之外私鑄頗多吞併小錢踰濫成弊抵罪雖衆禁姦未絕況物價益起人心不安事藉變通期於折衷其重稜五十價錢宜減作三十文行用其開元舊時錢宜一當十文行用其乾元十當錢宜依前行用仍令中京及畿縣內依此處分諸州待進止七月勅重稜五十價錢先令畿內減至三十價行其天下諸州並宜準此寶應元年四月改行乾元錢一以當三乾元重稜小錢亦以一當二重稜大錢一以當三尋又改行乾元大小錢並以一當一其私鑄重稜大錢不在行用之限大曆四年正月關內道鑄錢等使戶部侍郎第五琦上言請於絳州汾陽銅

原兩監增置五鑪鑄錢許之建中元年九月戶部侍郎韓洄上言江淮錢監歲共鑄錢四萬五千貫輸于京師度工用轉送之費每貫計錢二千是本倍利也今商州有紅崖冶出銅益多又有洛源監久廢不理請增工鑿山以取銅與洛源錢監置十鑪鑄之歲計出錢七萬二千貫度工用轉送之費貫計錢九百則利浮本也其江淮七監請皆停罷從之貞元九年正月張滂奏諸州府公私諸色鑄造銅器雜物等伏以國家錢少損失多門興販之徒潛將銷鑄錢一千為銅六斤造寫器物則斤直六百餘有利既厚銷鑄遂多江淮之間錢實減耗伏請準從前勑文除鑄錢外一切禁斷元和三年五月鹽鐵使李巽上言得湖南院申郴州平陽高亭兩縣界有平陽冶及馬跡曲木等古銅坑約二百八十餘井差官檢覆實有銅錫今請於郴州舊桂陽監置鑪兩所採銅鑄錢每日約二十貫計一年鑄成七千貫有益於人從之其年六月詔曰泉貨之法義在通流若錢有所壅貨當益賤故藏錢者得乘人之急居貨者必損己之資今欲著錢令以出滯藏加鼓鑄以資流布使商旅知禁農桑獲安義切救時情非欲利若

革之無漸恐人或相驚應天下商賈先蓄見錢者委所在長吏令收市貨物官中不得輒有程限逼迫商人任其貨易以求便利計周歲之後此法遍行朕當別立新規設蓄錢之禁所以先有告示許有方圓意在他時行法不貸又天下有銀之山必有銅鑛銅者可資於鼓鑄銀者無益於生人權其重輕使務專一其天下自五嶺以北見採銀坑並宜禁斷恐所在坑戶不免失業各委本州府長吏勸課令其採銅助官中鑄作仍委鹽鐵使條疏聞奏四年閏三月京城時用錢每貫頭除二十文陌內欠錢及有鉛錫錢等貞元九年三月二十六日勅陌內欠錢法當禁斷慮因捉搦或亦生姦使人易從切於不擾自今已後有因交關用欠陌錢者宜但令本行頭及居停主人牙人等檢察送官如有容隱兼許賣物領錢人糾告其行頭主人牙人重加科罪府縣所由祇承人等並不須干擾若非因買賣自將錢於街衢行者一切勿問其年六月勅五嶺已北所有銀坑依前任百姓開採禁見錢出嶺六年二月制公私交易十貫錢已上卽須兼用匹段委度支鹽鐵使及京兆尹卽具作分數條疏聞奏茶商等公私便換

見錢並須禁斷其年三月河東節度使王鍔奏請於當管蔚州界加置鑪鑄銅錢廢管內錫錢許之仍令加至五鑪七年五月戶部王紹度支盧坦鹽鐵王播等奏伏以京都時用多重見錢官中支計近日殊少蓋緣比來不許商人便換因茲家有滯藏所以物價轉高錢多不出臣等今商量伏請許令商人於三司任便換見錢一切依舊禁約伏以比來諸司諸使等或有便商人錢多留城中逐時收貯積藏私室無復通流伏請自今已後嚴加禁約從之八年四月勅以錢重貨輕出內庫錢五十萬貫令兩市收市布帛每端匹估加十之一十二年正月勅泉貨之設故有常規將使重輕得宜是資斂散有節必通其變以利於人今繒帛轉賤公私俱弊宜出見錢五十萬貫令京兆府揀擇要便處開場依市價交易選清強官吏切加勾當仍各委本司先作處置條件聞奏必使事堪經久法可通行又勅近日布帛轉輕見錢漸少皆緣所在壅塞不得通流宜令京城內自文武官僚不問品秩高下并公郡縣主中使等下至士庶商旅寺觀坊市所有私貯見錢並不得過五千貫如有過此許從勅出後限一月內任將

市別物收貯如錢數校多處置未了任於限內於地界州縣陳狀更請限縱有此色亦不得過兩箇月若一家內別有宅舍店鋪等所貯錢並須計用在此數其兄弟本來異居曾經分析者不在此限如限滿後有違犯者白身人等宜付所司決痛杖一頓處死其文武官及公主等並委有司聞奏當重科貶戚屬中使亦具名銜聞奏其賸貯錢不限多少並勒納官數內五分取一分充賞錢止於五千貫此外察獲及有人論告亦重科處分弁量給告者時京師里閭區肆所積多方鎮錢王鍔韓弘李惟簡少者不下五十萬貫於是競買第屋以變其錢多者竟里巷傭僦以歸其直而高貲大賈者多依倚左右軍官錢爲名府縣不得窮驗法竟不行十四年六月勑應屬諸軍諸使更有犯時用錢每貫除二十文足陌內欠錢及有鉛錫錢者宜令京兆府枷項收禁牒報本軍本使府司差人就軍及看決二十如情狀難容復有違拒者及令府司聞奏十五年八月中書門下奏伏準羣官所議鑄錢或請收市人閑銅物令州郡鑄錢當開元以前未置鹽鐵使亦令州郡勾當鑄造令若兩稅納匹段或慮兼要通用見錢欲

令諸道公私銅器各納所在節度團練防禦經略使便據元敕給與價直并折兩稅仍令本處軍人鎔鑄其鑄本請以留州留使年支未用物充所鑄錢便充軍府州縣公用當處軍人自有糧賜亦校省本所資衆力并收衆銅天下併功速濟時用待一年後鑄器物盡則停其州府有出銅鉛可以開鑄處具申有司便令同諸監冶例每年與本充鑄其收市銅器期限并禁鑄造買賣銅物等待議定便令有司條疏聞奏其上都鑄錢及收銅器續處分將欲頒行尚資周慮請令中書門下兩省御史臺并諸司長官商量重議聞奏從之長慶元年九月敕泉貨之義所貴通流如聞比來用錢所在除陌不一與其禁人之必犯未若從俗之所宜交易往來務令可守其內外公私給用錢從今以後宜每貫一例除墊八十以九百二十文成貫不得更有加除及陌內欠少太和三年六月中書門下奏準元和四年閏三月敕應有鉛錫錢並合納官如有人糾得一錢賞百錢者當時敕條貴在峻切今詳事實必不可行只如告一錢賞百錢則有人告一百貫錫錢須賞一萬貫銅錢執此而行事無畔際今請以鉛錫錢交易者

一貫已下以州府常行決脊杖二十十貫已下決六十徒三年過十貫已上所
在集衆決殺其受鉛錫錢交易者亦準此處分其用鉛錫錢仍納官其能糾告
者每一貫賞五千文不滿貫者準此計賞累至三百千仍且取當處官錢給付
其所犯人罪不死者徵納家資充填賞錢可之四年十一月勅應私貯見錢家
除合貯數外一萬貫至十萬貫限一周年內處置畢十萬貫至二十萬貫以下
者限二周年處置畢如有不守期限安然蓄積過本限卽任人糾告及所由覺
察其所犯家錢並準元和十二年勅納官據數五分取一分充賞糾告人賞錢
數止於五千貫應犯錢法人色目決斷科貶並準元和十二年勅處分其所由
覺察亦量賞一半事竟不行五年二月鹽鐵使奏湖南管內諸州百姓私鑄造
到錢伏緣衡道數州連接嶺南山洞深邃百姓依模監司錢樣競鑄造到脆惡
姦錢轉將賤價博易與好錢相和行用其江西鄂岳桂管鑄濫錢並請委本道
觀察使條疏禁絕勅旨宜依會昌六年二月勅緣諸道鼓鑄佛像鐘磬等新錢
已有次第須令舊錢流布絹帛價稍增文武百寮俸料宜起三月一日並給見

錢其一半先給虛估疋段對估價支給勅比緣錢重幣輕生人坐困今加鼓鑄必在流行通變救時莫切於此宜申先甲之令以誡居貨之徒京城及諸道起今年十月以後公私行用並取新錢其舊錢權停三數年如有違犯同用鉛錫惡錢例科斷其舊錢並納官事竟不行開元元年十一月河中尹姜師度以安邑鹽池漸涸師度開拓疏決水道置爲鹽屯公私大收其利其年十一月五日左拾遺劉彤上表曰臣聞漢孝武爲政廄馬三十萬後宮數萬人外討戎夷內興宮室殫費之甚實百當今而古費多而貨有餘今用少而財不足何也豈非古取山澤而今取貧民哉取山澤則公利厚而人歸於農取貧民則公利薄而人去其業故先王作法也山海有官虞衡有職輕重有術禁發有時一則專農二則饒國濟人盛事也臣實爲今疑之夫煑海爲鹽採山鑄錢伐木爲室農餘之輩寒而無衣飢而無食傭賃自資者窮苦之流也若能以山海厚利資農之餘人厚斂重傜免窮苦之子所謂損有餘而益不足帝王之道可不謂然乎臣願陛下詔鹽鐵本等官收興利貿遷於人則不及數年府有餘儲矣然後下寬

貸之令獨窮獨之徭可以惠羣生可以柔荒服雖戎狄猾下堯湯水旱無足虞也奉天適變惟在陛下行之上令宰臣議其可否咸以鹽鐵之利甚益國用遂令將作大匠姜師度戶部侍郎強循俱攝御史中丞與諸道按察使檢責海內鹽鐵之課比令使人勾當除此外更無別求在外不細委知如聞稱有侵刻宜令本州刺史上佐一人檢校依令式收稅如有落帳欺沒仍委按察使糾覺奏聞其姜師度除蒲州鹽池以外州自餘處更不須巡檢貞元十六年十二月史牟奏澤潞鄭等州多是末鹽請禁斷從之元和五年正月度支奏鄜州邠州涇原諸將士請同當處百姓例食烏白兩池鹽六年閏十二月度支盧坦奏河中兩池顆鹽勅文只許於京畿鳳翔陝虢河中澤潞河南許汝等十五州界內糶貨比來因循兼越興鳳文成等六州臣移牒勘責得山南西道觀察使報其果閬兩州鹽本土戶人及巴南諸郡市糶又供當軍士馬尚有懸欠若兼數州自然闕絕又得興元府詔耆老狀申訴臣今商量河中鹽請放入六州界糶貨從之十年七月度支使皇甫鏄奏加峽內四鹽劍南東西川山南西道鹽估以利

供軍從之十二年鹽鐵使程异奏應諸州府先請置茶鹽店收稅伏準今年正月一日赦文其諸州府因用兵已來或慮有權置職名及擅加科配事非常制一切禁斷者伏以榷稅茶鹽本資財賦贍濟軍鎮蓋是從權非兵罷自合便停事久實爲重斂其諸道先所置店及收諸色錢物等雖非擅加且異常制伏請準赦文勒停從之十四年三月鄆青兗三州各置榷鹽院長慶元年三月勅河朔初平人希德澤且務寬泰使之獲安其河北榷鹽法且權停仍令度支與鎮冀魏博等道節度審察商量如能約計課利錢數分付榷鹽院亦任穩便自天寶末兵興以來河北鹽法羈縻而已暨元和中皇甫鎛奏置稅鹽院同江淮兩池榷利人苦犯禁戎鎮亦頻上訴故有是命其月鹽鐵使王播奏揚州白沙兩處納榷場請依舊爲院又奏諸道鹽院糶鹽付商人請每斗加五十通舊二百文價諸處煎鹽停場置小鋪糶鹽每斗加二十文通舊一百九十文價又奏應管煎鹽戶及鹽商幷諸鹽院停場官吏所由等前後制勅除兩稅外不許差役追擾今請更有違越者縣令刺史貶黜罰俸從之二年五月詔曰兵革初寧亦

資榷筦閭閻重困則可蠲除如聞淄青鄆三道往來糶鹽價錢近取七十萬貫軍資給費優贍有餘自鹽鐵使收管已來軍府頓絕其利遂使經行陣者有停糧之怨服隴畝者有加稅之嗟犯鹽禁者困鞭撻之刑理生業者乏蠶醬之具雖縣官受利而郡府益空俾人獲安寧我因節用其鹽鐵先於淄青兗鄆等道管內置小鋪糶鹽巡院納榷起今年五月一日已後一切並停仍各委本道約校比來節度使自收管充軍府逐急用度及均減管內貧下百姓兩稅錢數至年終各具糶鹽所得錢幷均減兩稅奏聞安邑解縣兩池舊置榷鹽使仍各別置院官元和三年七月復以安邑解縣兩池留後爲榷鹽使先是兩池鹽務隸度支其職視諸道巡院貞元十六年史牟以金部郎中主池務恥同諸院遂奏置使額二十一年鹽鐵度支合爲一使以杜佑兼領佑以度支既稱使其所管不宜更有使名遂與東渭橋使同奏罷之至是裴均主池務職轉繁劇復有是請太和三年四月勅安邑解縣兩池榷課以實錢一百萬貫爲定額至大中二年正月勅但取匹段精好不必計舊額錢數及大中年度支奏納榷利一百二

十一萬五千餘貫女鹽池在解縣朝邑小池在同州鹵池在京兆府奉先縣並禁斷不榷烏池在鹽州舊置榷稅使長慶元年三年勅烏池每年糶鹽收博榷米以一十五萬石爲定額温池大中四年三月因收復河隴勅令度支收管温池鹽仍差靈州分巡院官勾當至六年三月勅令割屬威州置榷稅使緣新制置未立榷課定額胡落池在豐州界河東供軍使收管每年採鹽約一萬四千餘石供振武天德兩軍及營田水運官健自大中四年党項叛擾饋運不通供軍使請權市河東白池鹽供食其白池屬河東節度使不係度支初玄宗已前亦有鹽池使景雲四年三月蒲州刺史充關內鹽池使先天二年九月強循除幽州刺史充鹽池使此卽鹽州池也開元十五年五月兵部尚書蕭嵩除關內鹽池使此是朔方節度常帶鹽池使也

舊唐書卷四十八

珍傚朱版玲

舊唐書卷四十八考證

食貨志上調則隨鄉土所產綾絹絁各二丈○新書絹二匹

有事而加役者旬有五日免其調○新書二十五日

更鑄重輪乾元錢一當五十二十斤成貫○新書十二斤成貫

四年閏三月京城時用錢每貫頭除二十文陌內欠錢及有鉛錫錢等○沈炳

震曰按上文義未完下又接貞元九年勑應屬闕文

京城及諸道起今年十月以後公私行用並取新錢○武帝本紀作來年正月

舊唐書卷四十八考證

舊唐書卷四十九

後晉司空同中書門下平章事劉昫撰

食貨志第二十九

食貨下

武德八年十二月水部郎中姜行本請於隴州開五節堰引水通運許之永徽元年薛大鼎爲滄州刺史界內有無棣河隋末塡廢大鼎奏開之引魚鹽於海百姓歌之曰新河得通舟艥利直達滄海魚鹽至昔日徒行今騁駟美哉薛公德滂被咸亨三年關中飢監察御史王師順奏請運晉絳州倉粟以贍之上委以運職河渭之間舟艥相繼會于渭南自師順始之也大足元年六月於東都立德坊南穿新潭安置諸州租船神龍三年滄州刺史姜師度於薊州之北漲水爲溝以備奚契丹之寇又約舊渠傍海穿漕號爲平虜渠以避海難運糧開元二年河南尹李傑奏汴州東有梁公堰年久堰破江淮漕運不通發汴鄭丁夫以濬之省功速就公私深以爲利十五年正月令將作大匠范安及檢行鄭

州河口斗門先是洛陽人劉宗器上言請塞汜水舊汴河口於下流滎澤界開梁公堰置斗門以通淮汴擢拜左衛率府冑曹至是新漕塞行舟不通貶宗器焉安及遂發河南府懷鄭汴滑三萬人疏決兼舊河口旬日而畢十八年宣州刺史裴耀卿上便宜事條曰江南戶口稍廣倉庫所資惟出租庸更無征防緣水陸遙遠轉運艱辛功力雖勞倉儲不益竊見每州所送租及庸調等本州正二月上道至揚州入斗門即逢水淺已有阻礙須留一月已上至四月已後始渡淮入汴多屬汴河乾淺又般運停留至六七月始至河口即逢黃河水漲不得入河又須停一兩月待河水小始得上河入洛即漕路乾淺船艘隘鬧般載停滯備極艱辛計從江南至東都停滯日多得行日少糧食既皆不足欠折因此而生又江南百姓不習河水皆轉顧河師水手更爲損費伏見國家舊法往代成規擇制便宜以垂長久河口元置武牢倉江南船不入黃河即於倉內便貯鞏縣置洛口倉從黃河不入漕洛即於倉內安置爰及河陽倉柏崖倉太原倉永豐倉渭南倉節級取便例皆如此水通則隨近運轉不通即且納在倉不

滯遠船不憂久耗比於曠年長運利便一倍有餘今若且置武牢洛口等倉江南船至河口卽却還本州更得其船充運并取所減脚錢更運江淮變造義倉每年剩得一二百萬石卽望數年之外倉廩轉加其江淮義倉下濕不堪久貯若無船可運三兩年色變卽給貸費散公私無益疏奏不省至二十一年耀卿爲京兆尹京師雨水害稼穀價踊貴玄宗以問耀卿奏稱昔貞觀永徽之際祿廩未廣每歲轉運不過二十萬石便足今國用漸廣漕運數倍猶不能支從都至陝河路艱險既用陸運無由廣致若能兼河漕變陸爲水則所支有餘動盈萬計且江南租船候水始進吳人不便漕輓由是所在停留日月既淹遂生竊盜臣望於河口置一倉納江東租米便放船歸從河口卽分入河洛官自雇船載運三門之東置一倉三門既水險卽於河岸開山車運十數里三門之西又置一倉每運至倉卽般下貯納水通卽運水細便止自太原倉泝河更無停留所省鉅萬前漢都關中年月稍久及隋亦在京師緣河皆有舊倉所以國用常贍上深然其言至二十二年八月置河陰縣及河陰倉河西柏崖倉三門東集

津倉三門西鹽倉開三門山十八里以避湍險自江淮而泝鴻溝悉納河陰倉
自河陰送納含嘉倉又送納太原倉謂之北運自太原倉浮于渭以實關中上
大悅尋以耀卿爲黃門侍郎同中書門下平章事充江淮河南轉運都使以鄭
州刺史崔希逸河南少尹蕭炅爲副凡三年運七百萬石省陸運之傭四十萬
貫舊制東都含嘉倉積江淮之米載以大輿而西至于陝三百里率兩斛計傭
錢十此耀卿所省之數也明年耀卿拜侍中而蕭炅代焉二十五年運米一百
萬石二十九年陝郡太守李齊物鑿三門山以通運闢三門巔輸巖險之地俾
負索引艦昇于安流自齊物始也天寶三載韋堅代蕭炅以滻水作廣運潭於
望春之東而藏舟焉是年楊釗以殿中侍御史爲水陸運使以代韋堅先是米
至京師或砂礫糠粃雜乎其間開元初詔使揚擲而較其虛實揚擲之名自此
始也十四載八月詔水陸運宜停一半天寶以來楊國忠王鉷皆兼重使以權
天下肅宗初第五琦始以錢穀得見請於江淮分置租庸使市輕貨以救軍食
遂拜監察御史爲之使乾元元年加度支郎中尋兼中丞爲鹽鐵使於是大變

鹽法就山海井竈收榷其鹽立監院官吏其舊業戶洎浮人欲以鹽爲業者免其雜役隸鹽鐵使常戶自租庸外無横賦人不益税而國用以饒明年琦以戶部侍郎同平章事詔兵部侍郎呂諲代之寶應元年五月元載以中書侍郎代呂諲是時淮河阻兵飛輓路絕鹽鐵租賦皆泝漢而上以侍御史穆寧爲河南道轉運租庸鹽鐵使尋加戶部員外遷鄂州刺史以總東南貢賦是時朝議以寇盜未戢關東漕運宜有倚辦遂以通州刺史劉晏爲戶部侍郎京兆尹度支鹽鐵轉運使鹽鐵兼漕運自晏始也二年拜吏部尚書同平章事依前充使晏始以鹽利爲漕傭自江淮至渭橋率十萬斛傭七千緡補綱吏督之不發丁男不勞郡縣蓋自古未之有也自此歲運米數千萬石自淮北列置巡院搜擇能吏以主之廣牢盆以來商賈凡所制置皆自晏始廣德二年正月復以第五琦專判度支鑄錢鹽鐵事而晏以檢校戶部尚書爲河南及江淮已來轉運使及與河南副元帥計會開決汴河永泰二年晏爲東道轉運常平鑄錢鹽鐵使琦爲關內河東劍南三川轉運常平鑄錢鹽鐵使大曆五年詔停關內河東三川

轉運常平鹽鐵使自此晏與戶部侍郎韓滉分領關內河東山劍租庸青苗使
至十四年天下財賦皆以晏掌之建中初宰相楊炎用事尤惡劉晏炎乃奪其
權詔曰朕以征稅多門郡邑凋耗聽于羣議思有變更將致時雍宜遵古制其
江淮米準旨轉運入京者及諸軍糧儲宜令庫部郎中崔河圖權領之今年夏
稅以前諸道財賦多輸京者及鹽鐵財貨委江州刺史包佶權領之天下錢穀
皆歸金部倉部委中書門下簡兩司郎官準格式條理尋貶晏爲忠州刺史晏
旣罷黜天下錢穀歸尚書省旣而出納無所統乃復置使領之其年三月以韓
洄爲戶部侍郎判度支金部郎中杜佑權勾當江淮水陸運使炎尋殺晏于忠
州自兵興已來凶荒相屬京師米斛萬錢官廚無兼時之食百姓在畿甸者拔
穀挼穗以供禁軍洎晏掌國計復江淮轉運之制歲入米數十萬斛以濟關中
代第五琦領鹽務其法益密初年入錢六十萬季年則十倍其初大曆末通天
下之財而計其所入總一千二百萬貫而鹽利過半李靈耀之亂河南皆爲盜
據不奉法制賦稅不上供州縣益減晏以羨餘相補人不加賦所入仍舊議者

稱之其相與商榷財用之術者必一時之選故晏沒後二十年韓洄元琇裴腆包佶盧貞李衡相繼分掌財賦出晏門下屬吏在千里外奉教如目前四方水旱及軍府纖芥莫不先知焉其年詔曰天下山澤之利當歸王者宜總榷鹽鐵使三年以包佶爲左庶子汴東水陸運鹽鐵租庸使崔縱爲右庶子汴西水陸運鹽鐵租庸使四年度支侍郎趙贊議常平事竹木茶漆盡稅之茶之有稅肇於此矣貞元元年元琇以御史大夫爲鹽鐵水陸運使其年七月以尚書右僕射韓滉統之滉歿宰相竇參代之五年十二月度支轉運鹽鐵奏比年自揚子運米皆分配緣路觀察使差長綱發遣運路旣遠實謂勞人今請當使諸院自差綱節級般運以救邊食從之八年詔東南兩稅財賦自河南江淮嶺南東道至于渭橋以戶部侍郎張滂主之河東劍南山南西道以戶部尙書度支使班宏主之今戶部所領三川鹽鐵轉運自此始也其後宏滂互有短長宰相趙憬陸贄以其事上聞由是遵大曆故事如劉晏韓滉所分焉九年張滂奏立稅茶法自後裴延齡專判度支與鹽鐵益殊塗而理矣十年潤州刺史王緯代之理

于朱方數年而李錡代之鹽院津堰改張侵剝不知紀極私路小堰厚斂行人多自錡始時鹽鐵轉運有上都留後以副使潘孟陽主之王叔文權傾朝野亦以鹽鐵副使兼學士爲留後順宗卽位有司重奏鹽法以杜佑判鹽鐵轉運使理於揚州元和二年三月以李巽代之先是李錡判使天下榷酤漕運由其操劃專事貢獻牢其寵渥中朝柄事者悉以利積於私室而國用日耗巽既爲鹽鐵使大正其事其堰埭先隸浙西觀察使者悉歸之因循權置者盡罷之增置河陰敖倉置桂陽監鑄平陽銅山爲錢又奏江淮河南峽內兗鄆嶺南鹽法監院去年收鹽價緡錢七百二十七萬比舊法張其估一千七百八十餘萬非實數也今請以其數除煑之外付度支收其數鹽鐵使煑鹽利繫度支自此始也又以程异爲揚子留後四月五日巽卒自摧筦之興惟劉晏得其術而巽次之然初年之利類晏之季年季年之利則三倍於晏矣舊制每歲運江淮米五十萬斛至河陰留十萬四十萬送渭倉晏殁久不登其數惟巽秉使三載無升斗之闕焉六月以河東節度使李鄘代之五年李鄘爲淮南節度使以宣州觀察

使盧坦代之六年坦奏每年江淮運米四十萬石到渭橋近日欠闕太半請旋收糴遞年貯備從之坦改戶部侍郎以京兆尹王播代之播遂奏元和五年江淮河南嶺南峽中兗鄆等鹽利錢六百九十八萬貫比量改法已前舊鹽利時價四倍虛估卽此錢爲一千七百四十餘萬貫矣請付度支收管從之其年詔曰兩稅之法悉委郡國初極便人但緣約法之時不定物估今度支鹽鐵泉貨是司各有分巡置於都會爰命帖職周視四方簡而易從庶叶權便政有所弊事有所宜皆得舉聞副我憂寄以揚子鹽鐵留後爲江淮已南兩稅使江陵留後爲荆衡漢沔東界彭蠡已南兩稅使度支山南西道分巡院官充三川兩稅使峽內煎鹽五監先屬鹽鐵使今宜割屬度支便委山南西道兩稅使兼知糶賣峽內鹽屬度支自此始也七年王播奏去年鹽利除割峽內鹽收錢六百八十五萬從實估也又奏商人於戶部度支鹽鐵三司飛錢謂之便換八年以崔倰爲揚子留後淮嶺已來兩稅使崔祝爲江陵留後爲荆南已東兩稅使十三年正月播又奏以軍興之時財用是切頃者劉晏領使皆自按置租庸至於州

縣否臧錢穀利病之物虛實皆得而知今臣守務在城不得自往請令臣副使程异出巡江淮具州府上供錢穀一切勘問從之閏五月异至江淮得錢一百八十五萬貫以進其年以播守禮部尚書以衞尉卿程异代之十四年异卒以刑部侍郎柳公綽代之長慶初王播復代公綽四年王涯以戸部侍郎代播敬宗初播復以鹽鐵使爲揚州節度使文宗卽位入覲以宰相判使其後王涯復判二使表請使茶山之人移植根本舊有貯積皆使焚棄天下怨之九年涯以事誅而令狐楚以戸部尚書右僕射主之以是年茶法大壞奏請付州縣而入其租于戸部人人悅焉開成元年李石以中書侍郎判收茶法復貞元之制也三年以戸部尚書同平章事楊嗣復主之多革前監院之陳事開成三年至大中壬申凡一十五年多任以元臣以集其務崔珙自刑部尚書拜杜悰以淮南節度領之既而皆踐公台薛元賞李執方盧弘正馬植敬晦五人於九年之中相踵理之植亦自是居相位大中五年二月以戸部侍郎裴休爲鹽鐵轉運使明年八月以本官平章事依前判使始者漕米歲四十萬斛其能至渭倉者十

不三四漕吏狡蠹敗溺百端官舟之沉多者歲至七十餘隻緣河姦犯大紊晏法休使寮屬按之委河次縣令董之自江津達渭以四十萬斛之傭計緡二十八萬悉使歸諸漕吏巡院胥吏無得侵牟舉之爲法凡十事奏之六年五月又立稅茶之法凡十二條陳奏上大悅詔曰裴休興利除害深見奉公盡可其奏由是三歲漕米至渭濱積一百二十萬斛無升合沉棄焉武德元年九月四日置社倉其月二十二日詔曰特建農圃本督耕耘思俾齊民既康且富鍾庚之量冀同水火宜置常平監官以均天下之貨市肆騰踊則減價而出田穡豐羨則增糴而收庶使公私俱濟家給人足抑止兼并宣通擁滯至五年十二月廢常平監官貞觀二年四月尚書左丞戴胄上言曰水旱凶災前聖之所不免國無九年儲畜禮經之所明誡今喪亂之後戶口凋殘每歲納租未實倉廩隨時出給纔供當年若有兇災將何賑卹故隋開皇立制天下之人節級輸粟多爲社倉終於文皇得無饑饉及大業中年國用不足並貸社倉之物以充官費故至末塗無以支給今請自王公已下爰及衆庶計所墾田稼穡頃畝至秋熟準

其見在苗以理勸課盡令出粟稻麥之鄉亦同此稅各納所在爲立義倉若年
穀不登百姓飢饉當所州縣隨便取給太宗曰既爲百姓預作儲貯官爲舉掌
以備凶年非朕所須橫生賦斂利人之事深是可嘉宜下所司議立條制戶部
尙書韓仲良奏王公已下墾田畝納二升其粟麥粳稻之屬各依土地貯之州
縣以備凶年可之自是天下州縣始置義倉每有飢饉則開倉賑給以至高宗
則天數十年閒義倉不許雜用其後公私窮迫漸貸義倉支用自中宗神龍之
後天下義倉費用向盡高宗永徽二年六月勅義倉據地收稅實是勞煩宜令
率戶出粟上上戶五石餘各有差六年京東西二市置常平倉明慶二年十二
月京常平倉置常平署官員開元二年九月勅天下諸州今年稍熟穀價全賤
或慮傷農常平之法行之自古宜令諸州加時價三兩錢糴不得抑斂仍交相
付領勿許懸欠蠶麥時熟穀米必貴卽令減價出糶豆穀等堪貯者熟亦準此
以時出入務在利人其常平所須錢物宜令所司支料奏聞四年五月二十一
日詔諸州縣義倉本備飢年賑給近年已來每三年一度以百姓義倉糙米遠

赴京納仍勒百姓私出脚錢自今已後更不得義倉變造七年六月勅關內隴
右河南河北五道及荆揚襄夔綿益彭蜀漢劍茂等州並置常平倉其本上州
三千貫中州二千貫下州一千貫十六年十月勅自今歲普熟穀價至賤必恐
傷農加錢收糴以實倉廩縱逢水旱不慮阻飢公私之間或亦爲便宜令所在
以常平本錢及當處物各於時價上量加三錢百姓有糶易者爲收糴事須兩
和不得限數配糴訖具所用錢物及所糴物數申所司仍令上佐一人專勾當
天寶六載三月太府少卿張瑄奏準四載五月并五載三月勅節文至貴時賤
價出糶賤時加價收糴若百姓未辦錢物者任準開元二十年七月勅量事賒
糶至粟麥熟時徵納臣使司商量且糶舊糶新不同別用其賒糶者至納錢日
若粟麥雜種等時價甚賤恐更迴易艱辛請加價便與折納廣德二年正月第
五琦奏每州常平倉及庫使司商量置本錢隨當處米物時價賤則加價收糴
貴則減價糶賣建中元年七月勅夫常平者常使穀價如一大豐不爲之減大
儉不爲之加雖遇災荒人無菜色自今已後忽米價貴時宜量出官米十萬石

麥十萬石每石量付兩市行人下價糶貨三年九月戶部侍郞趙贊上言曰伏
以舊制置倉儲粟名曰常平軍興已來此事闕廢或因凶荒流散餓死相食者
不可勝紀古者平準之法使萬室之邑必有萬鍾之藏千室之邑必有千鍾之
藏春以奉耕夏以奉耘雖有大賈富家不得豪奪吾人者蓋謂能行輕重之法
也自陛下登極以來許京城兩市置常平官糶鹽米雖經頻年少雨米價騰貴
此乃即日明驗實要推而廣之當興軍之時與承平或異事須兼儲布帛以備
時須臣今商量請於兩都并江陵東都揚汴蘇洪等州府各置常平輕重本錢
上至百萬貫下至數十萬貫隨其所宜量定多少唯置斛斗疋段絲麻等候物
貴則下價出賣物賤則加價收糴權其輕重以利疲人從之贊於是條奏諸道
要都會之所皆置吏閱商人財貨計錢每貫稅二十天下所出竹木茶漆皆十
一稅之以充常平本時國用稍廣常賦不足所稅亦隨時而盡終不能爲常平
本貞元八年十月勑諸軍鎭和糴貯備共三十三萬石價之外更量與優饒其
粟及麻據米數準折虛價直委度支以停江淮運脚錢充並支綾絹絁綿勿令

折估所糴粟等委本道節度使監軍同勾當別貯非承特勅不得給用十四年六月詔以米價稍貴令度支出官米十萬石於兩街賤糶其年九月以歲飢出太倉三十萬石出糶是歲冬河南府穀貴人流令以含嘉倉粟七萬石出糶十五年二月以久旱歲飢出太倉粟十八萬石於諸縣賤糶元和元年正月制歲時有豐歉穀價有重輕將備水旱之虞在權聚斂之術應天下州府每年所稅地子數內宜十分取二分均充常平倉及義倉仍各逐穩便收貯以時出糶務在救人賑貸所宜速奏六年二月制如聞京畿之內舊穀已盡宿麥未登宜以常平義倉粟二十四萬石貸借百姓諸道州府有乏少糧種處亦委所在官長用常平義倉米借貸淮南浙西宣歙等道元和二年四月賑貸並且停徵容至豐年然後塡納九年四月詔出太倉粟七十萬石開六場糶之并賑貸外縣百姓至秋熟徵納便於外縣收貯以防水旱十二年四月詔出粟二十五萬石分兩街降估出糶其年九月詔諸道應遭水州府河中澤潞河東幽州江陵府等管內及鄭滑滄景易定陳許晉隰蘇襄復台越唐隨鄧等州人戶宜令本州厚

加優恤仍各以當處義倉斛斗據所損多少量事賑給十三年正月戶部侍郎孟簡奏天下州府常平義倉等斛斗請準舊例減估出糶但以石數奏申有司更不收管內州縣得專達利百姓從之長慶四年二月勅出太倉陳粟三十萬石於兩街出糶其年三月制曰義倉之制其來日久近歲所在盜用沒入致使小有水旱生人坐委溝壑永言其弊職此之由宜令諸州錄事參軍專主勾當苟爲長吏迫制即許驛表上聞考滿之日戶部差官交割如無欠負與減一選如欠少者量加一選欠數過多戶部奏聞節級科處太和四年八月勅今年秋稼似熟宜於關內七州府及鳳翔府和糶一百萬石大中六年四月戶部奏諸州府常平義倉斛斗本防水旱賑貸百姓其有災沴州府地遠申奏往復已至流亡自今已後諸道遭災旱請委所在長吏差清強官審勘如實有水旱處便任先從貧下不支濟戶給貸從之建中四年六月戶部侍郎趙贊請置大田天下田計其頃畝官收十分之一擇其上腴樹桑環之曰公桑自王公至于匹庶差借其力得穀絲以給國用詔從其說贊熟計之自以爲非便皆寢不下復請

行常平稅茶之法又以軍須迫蹙常平利不時集乃請稅屋間架筭除陌錢間架法凡屋兩架爲一間屋有貴賤約價三等上價間出錢二千中價一千下價五百所由吏秉筭執籌入人之廬舍而計其數衣冠士族或貧無他財獨守故業坐多屋出筭者動數十萬人不勝其苦凡沒一間者杖六十告者賞錢五十貫取於其家除陌法天下公私給與貨易率一貫舊筭二十益加筭爲五十給與他物或兩換者約錢爲率筭之市牙各給印紙人有買賣隨自署記翌日合筭之有自貿易不用市牙者給其私簿無私簿者投狀自集其有隱錢百者沒入二千杖六十告者賞十千取其家資法既行而主人市牙得專其柄率多隱盜公家所入曾不得半而怨讟之聲囂然滿於天下至興元二年正月一日赦悉停罷貞元九年正月初稅茶先是諸道鹽鐵使張滂奏曰伏以去歲水災詔令減稅今之國用須有供儲伏請於出茶州縣及茶山外商人要路委所由定三等時估每十稅一充所放兩稅其明年以後所得稅外貯之若諸州遭水旱賦稅不辦以此代之詔可之仍委滂具處置條奏自此每稅得錢四十萬貫然

軍用困竭伏乞且賜依舊稅茶勅旨裴休條疏茶法事極精詳制置之初理須畫一並宜準今年正月二十六日勅處分建中三年初榷酒天下悉令官釀斛收直三千米雖賤不得減二千委州縣綜領醨薄私釀罪有差以京師王者都特免其榷元和六年六月京兆府奏榷酒錢除出正酒戶外一切隨兩稅青苗據貫均率從之會昌六年九月勅揚州等八道州府置榷麴并置官店沽酒代百姓納榷酒幷充資助軍用各有權許限揚州陳許汴州襄州河東五處榷麴浙西浙東鄂岳三處置官沽酒如聞禁止私酤過於嚴酷一人違犯連累數家閭里之間不免咨怨宜從今以後如有人私沽酒及置私麴者但許罪止一身幷所由容縱任據罪處分鄉井之內如不知情並不得追擾其所犯之人任用重典兼不得沒入家產

舊唐書卷四十九考證

食貨志下上大悅尋以耀卿爲黃門侍郎同中書門下平章事○沈炳震曰按此開元二十二年置河陰倉自河陰北運浮于渭以實關中用裴耀卿謀也據本紀耀卿二十一年入相當在二十二年以前

四年度支侍郎趙贊議常平事竹木茶漆盡稅之○沈炳震曰按德宗本紀在三年應從紀　臣宗萬按建中三年趙贊上言竹木茶漆皆什一稅一以充常平之本至貞元九年初稅茶又從張滂之奏蓋始於贊行於滂鹽鐵旣開其利而計及于他貨亦必至之勢也　臣德潛按食貨志中闕百官俸料一項新書具載

舊唐書卷四十九考證

舊唐書卷五十

後晉司空同中書門下平章事劉昫撰

刑法志第三十

刑法

古之聖人爲人父母莫不制禮以崇敬立刑以明威防閑於未然懼爭心之將作也故有輕重二典之異宮墨五刑之差度時而施宜因事以議制大則陳之原野小則肆諸市朝以禦姦宄用懲禍亂興邦致理罔有弗由於此者也暨淳朴既消澆僞斯起刑增爲九章積三千雖有凝脂次骨之峻而錐刀之末盡爭之矣自漢迄隋世有增損而罕能折衷隋文帝參用周齊舊政以定律令除苛慘之法務在寬平比及晚年漸亦滋虐煬帝忌刻法令尤峻人不堪命遂至於亡高祖初起義師於太原即布寬大之令百姓苦隋苛政競來歸附旬月之閒遂成帝業既平京城約法爲二十條惟制殺人劫盜背軍叛逆者死餘並蠲除之及受禪詔納言劉文靜與當朝通識之士因開皇律令而損益之盡削大業

所由煩峻之法又制五十三條格務在寬簡取便於時尋又勅尚書左僕射裴
寂尚書右僕射蕭瑀及大理卿崔善爲給事中王敬業中書舍人劉林甫顏師
古王孝遠涇州別駕靖延太常丞丁孝烏隋大理丞房軸上將府參軍李桐客
太常博士徐上機等撰定律令大略以開皇爲準于時諸事始定邊方尚梗救
時之弊有所未暇惟正五十三條格入於新律餘無所改至武德七年五月奏
上乃下詔曰古不云乎萬邦之君有典有則故九疇之叙與於夏世兩觀之法
大備隆周所以禁暴懲姦弘風闡化安民立政莫此爲先自戰國紛擾恃詐任
力苛制煩刑於茲競起秦幷天下隳滅禮教恣行酷烈害虐蒸民宇內騷然遂
以顛覆漢氏撥亂思易前軌雖復務從約法蠲削嚴刑尚行葅醢之誅猶設錙
銖之禁安民之道實有未弘刑措之風以茲莫致爰及魏晉流弊相沿寬猛乖
方綱維失序下凌上替政散民凋皆由法令湮訛條章混謬自斯以後寓縣瓜
分戎馬交馳未遑典制有隋之世雖云釐革然而損益不定疏舛尚多品式章
程罕能甄備加以微文曲致覽者惑其淺深異例同科用者殊其輕重遂使姦

吏巧詆任情與奪憑民妄觸動陷羅網屢聞釐革卒以無成朕膺期受籙寧濟
區宇永言至治興寐爲勞補千年之墜典拯百王之餘弊思所以正本澄源式
清流末永垂憲則貽範後昆爰命羣才修定科律但今古異務文質不同喪亂
之後事殊曩代應機適變救弊斯在是以斟酌繁省取合時宜矯正差遺務從
體要迄茲歷稔撰次始畢宜下四方即令頒用庶使吏曹簡肅無取懸石之多
奏讞平允靡競錐刀之末勝殘去殺此焉非遠於是頒行天下及太宗即位又
命長孫無忌房玄齡與學士法官更加釐改戴胄魏徵又言舊律令重於是議
絞刑之屬五十條免死罪斷其右趾應死者多蒙全活太宗尋又愍其受刑之
苦謂侍臣曰前代不行肉刑久矣今忽斷人右趾意甚不忍諫議大夫王珪對
曰古行肉刑以爲輕罪今陛下矜死刑之多設斷趾之法格本合死今而獲生
刑者幸得全命豈憚去其一足且人之見者甚足懲誡上曰本以爲寬故行之
然每聞惻愴不能忘懷又謂蕭瑀陳叔達等曰朕以死者不可再生思有矜愍
故簡死罪五十條從斷右趾朕復念其受痛極所不忍叔達等咸曰古之肉刑

乃在死刑之外陛下於死刑之內改從斷趾便是以生易死足爲寬法上曰朕意以爲如此故欲行之又有上書言此非便公可更思之其後蜀王法曹參軍裴弘獻又駁律令不便於時者四十餘事太宗令參掌刪改之弘獻於是與玄齡等建議以爲古者五刑刖居其一及肉刑廢制爲死流徒杖笞凡五等以備五刑今復設刖足是爲六刑減死在於寬弘加刑又加煩峻乃與八座定議奏聞於是又除斷趾法改爲加役流三千里居作二年又舊條疏兄弟分後蔭不相及連坐俱死祖孫配沒會有同州人房強弟任統軍於岷州以謀反伏誅強當從坐太宗嘗錄囚徒憫其將死爲之動容顧謂侍臣曰刑典仍用蓋風化未洽之咎愚人何罪而肆重刑乎更彰朕之不德也用刑之道當審事理之輕重然後加之以刑罰何者有不察其本而一概加誅非所以恤刑重人命也然則反逆有二一爲興師動衆一爲惡言犯法輕重有差而連坐皆死豈朕情之所安哉更令百寮詳議於是玄齡等復定議曰案禮孫爲王父尸案令祖有蔭孫之義然則孫重而兄弟屬輕蔭重反流合輕翻死據禮論情深爲未愜今定律

祖孫與兄弟緣坐俱配沒其以惡言犯法不能爲害者情狀稍輕兄弟免死配流爲允從之自是比古死刑殆除其半玄齡等遂與法司定律五百條分爲十二卷一曰名例二曰衞禁三曰職制四曰戸婚五曰廏庫六曰擅興七曰賊盜八曰鬭訟九曰詐僞十曰雜律十一曰捕亡十二曰斷獄有笞杖徒流死爲五刑笞刑五條自笞十至五十杖刑五條自杖六十至杖一百徒刑五條自徒一年遞加半年至三年流刑三條自流二千里遞加五百里至三千里死刑二條絞斬大凡二十等又有議請減贖當免之法八一曰議親二曰議故三曰議賢四曰議能五曰議功六曰議貴七曰議賓八曰議勳八議者犯者死罪皆條所坐及應議之狀奏請議定奏裁流罪已下減一等若官爵五品已上及皇太子妃大功已上親應議者周以上親犯死罪者上請流罪已下亦減一等若七品已上官爵得請者之祖父母兄弟姊妹妻子孫犯流罪已下各減一等若應議請減及九品已上官若官品得減者之祖父母父母妻子孫犯流罪已下聽贖其贖法笞十贖銅一斤遞加一斤至杖一百則贖銅十斤自此已上遞加十斤

至徒三年則贖銅六十斤流二千里者贖銅八十斤流二千五百里者贖銅九十斤流三千里者贖銅一百二十斤又許以官當罪以官當徒者五品已上犯罪者一官當徒二年九品已上一官當徒一年若犯公罪者各加一年以官當流者三流同比徒四年仍各解見任除名者比徒三年免官者比徒二年免所居官者比徒一年又有十惡之條一曰謀反二曰謀大逆三曰謀叛四曰謀惡逆五曰不道六曰大不敬七曰不孝八曰不睦九曰不義十曰內亂其犯十惡者不得依議請之例年七十以上十五以下及廢疾犯流罪以下亦聽贖八十已上十歲以下及篤疾犯反逆殺人應死者上請盜及傷人亦收贖餘皆勿論九十以上七歲以下雖有死罪不加刑比隋代舊律減大辟者九十二條減流入徒者七十一條其當徒之法唯奪一官除名之人仍同士伍凡削煩去蠹變重爲輕者不可勝紀又定令一千五百九十條爲三十卷貞觀十一年正月頒下之又刪武德貞觀已來勅格三千餘件定留七百條以爲格十八卷留本司施行斟酌今古除煩去弊甚爲寬簡便於人者以尚書省諸曹爲之目初爲七

卷其曹之常務但留本司者別爲留司格一卷蓋編錄當時制勅永爲法則以
爲故事貞觀格十八卷房玄齡等刪定永徽留司格十八卷散頒格七卷長孫
無忌等刪定永徽中又令源直心等刪定惟改易官號曹局之名不易篇目永
徽留司格後本劉仁軌等刪定垂拱留司格六卷散頒格三卷裴居道刪定太
極格十卷岑羲等刪定開元前格十卷姚崇等刪定開元後格十卷宋璟等刪
定皆以尙書省二十四司爲篇目凡式三十有三篇亦以尙書省列曹及祕書
太常司農光祿太僕太府少府及監門宿衞計帳名其篇目爲二十卷永徽式
十四卷垂拱神龍開元式並二十卷其刪定格令同太宗又制在京見禁囚刑
部每月一奏從立春至秋分不得奏決死刑其大祭祀及致齊朔望上下弦二
十四氣雨未晴夜未明斷屠日月及假日並不得奏決死刑其有赦之日武庫
令設金雞及鼓於宮城門外之右勒集囚徒於闕前撾鼓千聲訖宣詔而釋之
其赦書頒諸州用絹寫行下又繫囚之具有枷杻鉗鏁皆有長短廣狹之制量
罪輕重節級用之其杖皆削去節目長三尺五寸訊囚杖大頭徑三分二釐小

頭二分二釐常行杖受頭二分七釐小頭一分七釐笞杖大頭二分小頭一分半其決笞者腿分受決杖者背腿臀分受乃須數等栲訊者亦同其栲囚不過三度總數不得過二百杖罪已下不得過所犯之數諸斷罪而無正條其應出罪者則舉重以明輕其應入罪者則舉輕以明重稱加者就重次稱減者就輕次惟二死三流同爲一減不得加至於死斷獄而失於出入者以其罪罪之失入者各減三等失出者各減五等初太宗以古者斷獄必訊於三槐九棘之官乃詔大辟罪中書門下五品已上及尚書等議之其後河內人李好德風疾瞀亂有妖妄之言詔按其事大理丞張蘊古奏好德癲病有徵法不當坐治書侍御史權萬紀劾蘊古貫相州好德之兄厚德爲其刺史情在阿縱奏事不實太宗曰吾常禁囚於獄內蘊古與之奕棋今復阿縱好德是亂吾法也遂斬於東市既而悔之又交州都督盧祖尙以忤旨斬於朝堂帝亦追悔下制凡決死刑雖令卽殺仍三覆奏尋謂侍臣曰人命至重一死不可再生昔世充殺鄭頲既而悔之追止不及今春府史取財不多朕怒殺之後亦尋悔皆由思不審也比

來決因雖三覆奏須臾之間三奏便訖都未得思三奏何益自今已後宜二日中五覆奏下諸州三覆奏又古者行刑君爲徹樂減膳朕今庭無常設之樂莫知何徹然對食卽不啖酒肉自今已後令與尚食相知刑人日勿進酒肉內教及太常並宜停教且曹司斷獄多據律文雖情在可矜而不敢違法守文定罪或恐有寃自今門下覆理有據法合死而情可宥者宜錄狀奏自是全活者甚衆其五覆奏以決前一日二日覆奏決日又三覆奏惟犯惡逆者一覆奏而已著之於令太宗既誅張蘊古之後法官以出罪爲誡時有失入者又不加罪焉由是刑網頗密帝嘗問大理卿劉德威曰近來刑網稍密何也德威對曰律文失入減三等失出減五等今失入則無辜失出則便獲大罪所由吏皆深文太宗然其言由是失於出入者令依律文斷獄者漸爲平允十四年又制流罪三等不限以里數量配邊惡之州其後雖存寬典而犯者漸少高宗卽位遵貞觀故事務在恤刑嘗問大理卿唐臨在獄繫之數臨對曰見囚五十餘人惟二人合死帝以因數全少怡然形於顏色永徽初勅太尉長孫無忌司空李勣左僕

射于志寧右僕射張行成侍中高季輔黃門侍郎宇文節柳奭右丞段寶玄太常少卿令狐德棻吏部侍郎高敬言刑部侍郎劉燕客給事中趙文恪中書舍人李友益少府丞張行實大理丞元紹太府丞王文端刑部郎中賈敏行等共撰定律令格式舊制不便者皆隨刪改遂分格爲兩部曹司常務爲留司格天下所共者爲散頒格其散頒格下州縣留司格但留本司行用焉三年詔曰律學未有定疏每年所舉明法遂無憑準宜廣召解律人條義疏奏聞仍使中書門下監定於是太尉趙國公無忌司空英國公勣尚書左僕射兼太子少師監修國史燕國公志寧銀青光祿大夫刑部尚書唐臨太中大夫守大理卿段寶玄朝議大夫守尚書右丞劉燕客朝議大夫守御史中丞賈敏行等參撰律疏成三十卷四年十月奏之頒于天下自是斷獄者皆引疏分析之永徽五年五月上謂侍臣曰獄訟繁多皆由刑罰枉濫故曰刑者成也一成而不可變末代斷獄之人皆以苛刻爲明是以秦氏網密秋荼而獲罪者衆今天下無事四海乂安欲與公等共行寬政今日刑罰得無枉濫乎無忌對曰陛下欲得刑法寬

平臣下猶不識聖意此法弊來已久非止今日若情在體國卽共號癡人意在深文便稱好吏所以罪雖合杖必欲遣徒理有可生務入於死非憎前人陷於死刑陛下矜而令放法司亦宜固請但陛下喜怒不妄加於人刑罰自然適中上以爲然永徽六年七月上謂侍臣曰律通比附條例太多左僕射志寧等對舊律多比附斷事乃稍難解科條極衆數至三千隋日再定惟留五百以事類相似者比附科斷今日所停卽是參取隋律修易條章旣少極成省便龍朔二年改易官號因勅司刑太常伯源直心少常伯李敬玄司刑大夫李文禮等重定格式惟改曹局之名而不易篇第麟德二年奏上至儀鳳中官號復舊又勅左僕射劉仁軌右僕射戴志德侍中張文瓘中書令李敬玄右庶子郝處俊黃門侍郎來恆左庶子高智周右庶子李義琰吏部侍郎裴行儉馬戴兵部侍郎蕭德昭裴炎工部侍郎李義琛刑部侍郎張楚金部郎中盧律師等删緝格式儀鳳二年二月九日撰定奏上先是詳刑少卿趙仁本撰法例三卷引以斷獄時議亦爲折衷後高宗覽之以爲煩文不便因謂侍臣曰律令格式天下通規

非朕庸虛所能創制並是武德之際貞觀已來或取定宸衷參詳衆議條章備
舉軌躅昭然臨事遵行自不能盡何爲更須作例致使觸緒多疑計此因循非
適今日速宜改轍不得更然自是法例遂廢不用則天臨朝初欲大收人望垂
拱初年令鎔銅爲匭四面置門各依方色共爲一室東面名曰延恩匭上賦頌
及許求官爵者封表投之南面曰招諫匭有言時政得失及直言諫諍者投之
西面曰申寃匭有得罪寃濫者投之北面曰通玄匭有玄象災變及軍謀祕策
者投之每日置之於朝堂以收天下表疏既出之後不逞之徒或至攻訐陰私
謗訕朝政者後乃令中書門下官一人專監其所投之狀仍責識官然後許進
封行之至今焉則天又勑內史裴居道夏官尚書岑長倩鳳閣侍郎韋方質與
刪定官袁智弘等十餘人刪改格式加計帳及勾帳式通舊式成二十卷又以
武德已來垂拱已後詔勑便於時者編爲新格二卷則天自製序其二卷之外
別編六卷堪爲當司行用爲垂拱留司格時韋方質詳練法理又委其事及咸
陽尉王守愼又有經理之才故垂拱格式議者稱爲詳密其律令惟改二十四

條又有不便者大抵依舊然則天嚴於用刑屬徐敬業作亂及豫博兵起之後恐人心動搖欲以威制天下漸引酷吏務令深文以案刑獄長壽年有上封事言嶺表流人有陰謀逆者乃遣司刑評事萬國俊攝監察御史就案之若得反狀斬決國俊至廣州遍召流人擁之水曲以次加戮三百餘人一時併命然後鍛鍊曲成反狀乃更誣奏云諸道流人忽有怨望若不推究爲變不遙則天深然其言又命攝監察御史劉光業劉德壽鮑思恭王大貞屈貞筠等分往劍南黔中安南嶺南等六道按鞫流人光業所在殺戮光業誅九百人德壽誅七百人其餘少者不減數百人亦在雜犯及遠年流人亦枉及禍焉時周興來俊臣等相次受制推究大獄乃於都城麗景門內別置推事使院時人謂之新開獄俊臣又與侍御史侯思止王弘義郭霸李敬仁評事康暐衛遂忠等招集告事數百人共爲羅織以陷良善前後枉遭殺害者不可勝數又造告密羅織經一卷其意旨皆網羅前人織成反狀俊臣每鞫囚無問輕重多以醋灌鼻禁地牢中或盛之于甕以火圜遶炙之兼絕其糧餉至有抽衣絮以噉之者其所作大

枷凡有十號一曰定百脈二曰喘不得三曰突地吼四曰著卽承五曰失魂膽
六曰實同反七曰反是實八曰死猪愁九曰求卽死十曰求破家又令寢處糞
穢備諸苦毒每有制書寬宥囚徒俊臣必先遣獄卒盡殺重罪然後宣示是時
海內慴懼道路以目麟臺正字陳子昂上書曰臣聞古之御天下者其政有三
王者化之用仁義也霸者威之任權智也強國脅之務刑罰也是以化之不足
然後威之威之不足然後刑之故至於刑則非王者之所貴矣況欲光宅天下
追功上皇專任刑殺以爲威斷可謂策之失者也臣伏覩陛下聖德聰明遊心
太古將制靜宇宙保乂黎民發號施令出於誠慊天下蒼生莫不懸望聖風既
見神化道德爲政將待於陛下矣臣聞之聖人出必有驅除蓋天人之符應休
命也日者東南微孽敢謀亂常陛下順天行誅罪惡咸伏豈非天意欲彰陛下
威武之功哉而執事者不察天心以爲人意惡其首亂唱禍法合誅屠將息姦
源窮其黨與遂使陛下大開詔獄重設嚴刑冀以懲姦觀于天下逆黨親屬及
其交遊有涉嫌疑辭相連及莫不窮捕考校枝葉蟠拏大忽流血小禦魑魅至

有姦人熒惑乘險相誣糺告疑似冀圖爵賞刑于闕下者日有數矣于時朝廷
徨徨莫能自固海內傾聽以相驚恐賴陛下仁慈憫其危懼賜以恩詔許其大
功已上一切勿論人時獲泰謂生再造愚臣竊以忻然賀陛下聖明得天之機
也不謂議者異見又執前圖比者刑獄紛紛復起陛下不深思天意以順休期
尙以督察爲理威刑爲務使前者之詔不信於人愚臣昧焉竊恐非五帝三王
伐罪弔人之意也臣竊觀當今天下百姓思安久矣曩屬北胡侵塞西戎寇邊
兵革相屠向歷十載關河自北轉輸幽燕秦蜀之西馳騖湟海當時天下疲極
矣重以大兵之後屬遭凶年流離飢餓死喪略半幸賴陛下以至聖之德撫寧
兆人邊境獲安中國無事陰陽大順年穀累登天下父子始得相養矣揚州構
禍殆有五旬而海中晏然纖塵不動豈非天下烝庶厭凶亂哉臣以此卜之百
姓思安久矣今陛下不務玄默以救疲民而又任威刑以失其望欲以察察爲
政肅理寰區愚臣暗昧竊有大惑且臣聞刑者政之末節也先王以禁暴釐亂
不得已而用之今天下幸安萬物思泰陛下乃以末節之法察理平人愚臣以

爲非適變隨時之義也頃年以來伏見諸方告密因累百千輩大抵所告皆以揚州爲名及其窮竟百無一實陛下仁恕又屈法容之傍訐他事亦爲推劾遂使姦臣之黨快意相讎睚眦之嫌卽稱有密一人被告百人滿獄使者推捕冠蓋如市或謂陛下愛一人而害百人天下喁喁莫知寧所臣聞自非聖人不有外患必有內憂物理自然也臣不敢以古遠言之請指隋而說臣聞長老云隋之末世天下猶平煬帝不恭窮毒威武猒居皇極自總元戎以百萬之師觀兵遼海天下始騷然矣遂使楊玄感挾不臣之勢有大盜之心欲因人謀以竊皇業乃稱兵中夏將據洛陽哮虓之勢傾宇宙矣然亂未逾月而頭足異處何者天下之弊未有土崩烝人之心猶望樂業煬帝不悟暗忽人機自以爲元惡既誅天下無巨猾也皇極之任可以刑罰理之遂使兵部尙書樊子蓋專行屠戮大窮黨與海內豪士無不罹殃遂至殺人如麻流血成澤天下靡然思爲亂矣於是蕭銑朱粲起於荊南李密竇建德亂於河北四海雲搖遂並起而亡隋族矣豈不哀哉長老至今談之委曲如是觀三代夏殷興亡已下至秦漢魏晉理

亂莫不皆以毒刑而致敗壞也夫大獄一起不能無濫何者刀筆之吏寡識大方斷獄能者名在急刻文深網密則共稱至公爰及人主亦謂其奉法於是利在殺人害在平恕故獄吏相誡以殺爲詞非憎於人也而利在己故上以希人主之旨以圖榮身之利徇利既多則不能無濫濫及良善則淫刑逞矣夫人情莫不自愛其身陛下以此察之豈非無濫矣冤人吁嗟感傷和氣和氣悖亂羣生癘疫水旱隨之則有凶年人既失業則禍亂之心怵然而生矣頃來亢陽愆候雲而不雨農夫失耒瞻望嗷嗷豈不尤陛下之有聖德而不降澤於人也儻旱遂過春廢於時種今年稼穡必有損矣陛下可不敬承天意以澤恤人臣聞古者明王重慎刑罰蓋懼此也書不云乎與其殺不辜寧失不經陛下奈何以堂堂之聖猶務強國之威愚臣竊爲陛下不取且愚人安則樂生危則思變故事有招禍法有起姦儻大獄未休支黨日廣天下疑惑相恐無辜人情之變不可不察昔漢武帝時巫蠱獄起江充行詐作亂京師至使太子奔走兵交宮闕無辜被害者以萬千數當時劉宗幾覆滅矣賴武帝得壺關三老上書憣然感

悟夷江充三族餘獄不論天下少以安耳臣讀書至此未嘗不爲戾太子流涕也古人云前事不忘後事之師伏願陛下念之今臣不避湯鑊之罪以螻蟻之命輕觸宸嚴臣非不惡死而貪生也誠以負陛下恩遇以微命蔽塞聰明亦非敢欲陛下頓息嚴刑望在恤刑耳乞與三事大夫圖其可否夫往者不可諫來者猶可追無以臣微而忽其奏天下幸甚疏奏不省時司刑少卿徐有功常駁酷吏所奏每日與之廷爭得失以雪冤濫因此全濟者亦不可勝數語在有功傳及俊臣弘義等伏誅刑獄稍息前後宰相王及善姚元崇朱敬則等皆言垂拱已來身死破家者皆是枉濫則天頗亦覺悟於是監察御史魏靖上言曰臣聞國之綱紀在乎生殺其周興來俊臣丘神勣萬國俊王弘義侯思止郭弘霸李敬仁彭先覺王德壽張知默者卽堯年四凶矣恣騁愚暴縱虐含毒讎嫉在位安忍朝臣罪逐情加形隨意改當其時也囹圄如市朝廷以目既而素虛不昧冤魂有託行惡其報禍淫可懲具嚴天刑以懲亂首切見來俊臣身處極法者以其羅織良善屠陷忠賢籍沒以勸將來顯戮以謝天下臣又聞之道路上

至聖主傍洎貴臣明明知有羅織之事矣俊臣既死推者獲功胡元禮超遷裴談顯授中外稱慶朝廷載安破其黨者既能賞不逾時被其陷者豈可淹之累歲且稱反徒須得反狀惟據臣辯即請行刑拷楚妄加款答何罪故徐有功以寬平而見忌斛瑟羅以妓女而受拘中外具知枉直斯在借以爲喻其餘可詳臣又聞之郭弘霸自刺而唱快萬國俊被遮而遽亡霍獻可臨終膝拳於項李敬仁將死舌至於臍皆衆鬼滿庭羣妖横道惟徵集應若響隨聲備在人謠不爲虛說俱有晝見殆無以過此亦羅織之一變也臣以至愚不識大體儻使平反者數人衆共詳覆來俊臣等所推大獄庶鄧艾獲申於今日孝婦不濫於昔時恩渙一流天下幸甚疏奏制令錄來俊臣丘神勣等所推鞫人身死籍沒者令三司重推勘有寃濫者並皆雪免中宗神龍元年制以故司僕少卿徐有功執法平恕追贈越州都督特受一子官又以丘神勣來子珣萬國俊周興來俊臣魚承曄王景昭索元禮傅遊藝王弘義張知默裴籍焦仁亶侯思止郭霸李敬仁皇甫文備陳嘉言劉光業王德壽王處貞屈貞筠鮑思恭二十三人自垂

拱已來並枉濫殺人所有官爵並令追奪天下稱慶時既改易制盡依貞觀永徽故事勅中書令韋安石禮部侍郎祝欽明尚書右丞蘇瓌兵部郎中狄光嗣等刪定垂拱格後至神龍元年已來制勅爲散頒格七卷又刪補舊式爲二十卷頒於天下景雲初睿宗又勅戶部尚書岑羲中書侍郎陸象先右散騎常侍徐堅右司郎中唐紹刑部員外郎邵知與刪定官大理寺丞陳義海右衞長史張處斌大理評事張名播左衞率府倉曹參軍羅思貞刑部主事閻義顓凡十人刪定格式律令太極元年二月奏上名爲太極格開元初玄宗勅黃門監盧懷愼紫微侍郎兼刑部尚書李乂紫微侍郎蘇頲紫微舍人呂延祚給事中魏奉古大理評事高智靜同州韓城縣丞侯郢璡瀛州司法參軍閻義顓等刪定格式令至三年三月奏上名爲開元格六年玄宗又勅吏部侍郎兼侍中宋璟中書侍郎蘇頲尚書左丞盧從愿吏部侍郎裴漼慕容珣戶部侍郎楊滔中書舍人劉令植大理司直高智靜幽州司功參軍侯郢璡等九人刪定律令格式至七年三月奏上律令式仍舊名格曰開元後格十九年侍中裴光庭中書令

蕭嵩又以格後制勅行用之後頗與格文相違於事非便奏令所司刪撰格後長行勅六卷頒于天下二十二年戶部尚書李林甫又受詔改修格令林甫遷中書令乃與侍中牛仙客御史中丞王敬從與明法之官前左武衞胄曹參軍崔見衞州司戶參軍直中書陳承信酸棗尉直刑部俞元杞等共加刪緝舊格式律令及勅總七千二十六條其一千三百二十四條於事非要並刪之二千一百八十條隨文損益三千五百九十四條仍舊不改總成十一卷律疏三十卷令三十卷式二十卷開元新格十卷又撰格式律令事類四十卷以類相從便於省覽二十五年九月奏上勅於尚書都省寫五十本發使散於天下其年刑部斷獄天下死罪惟有五十八人大理少卿徐嶠上言大理獄院由來相傳殺氣太盛鳥雀不棲至是有鵲巢其樹於是百寮以幾至刑措上表陳賀玄宗以宰相燮理法官平允之功封仙客爲邠國公林甫爲晉國公刑部大理官共賜帛二千匹自明慶至先天六十年間高宗寬仁政歸宮闈則天女主猜忌果於殺戮宗枝大臣鍛於酷吏至於移易宗社幾亡李氏神龍之後后族干政景

雲繼立歸妹怙權開元之際刑政賞罰斷於宸極四十餘年可謂太平矣及家
臣懷邪邊將內侮乘輿幸于巴蜀儲副立於朔方曾未逾年載收京邑書契以
來未有尅復宗社若斯之速也而兩京衣冠多被脅從至是相率待罪闕下而
執事者務欲峻刑以取威盡誅其族以令天下議久不定竟置三司使以御史
大夫兼京兆尹李峴兵部侍郎呂諲戶部侍郎兼御史中丞崔器刑部侍郎兼
御史中丞韓擇木大理卿嚴向等五人爲之初西京文武官陸大鈞等陷賊來
歸崔器草儀盡令免冠徒跣撫膺號泣以金吾府縣人吏圍之於朝謝罪收附
大理京兆府獄繫之及陳希烈等大臣至者數百人又令朝堂待跣如初令宰
相苗晉卿崔圓李麟等百寮同視以爲棄辱宣詔以責之朝廷又以負罪者衆
獄中不容乃賜楊國忠宅鞫之器諲多希旨深刻而擇木無所是非獨李峴力
爭之乃定所推之罪爲六等集百寮尚書省議之肅宗方用刑名公卿但唯唯
署名而已於是河南尹達奚珣等三十九人以爲罪重與衆共棄珣等十一人
於子城西伏誅陳希烈張垍郭納獨孤朗等七人於大理寺獄賜自盡達奚摯

張岯李有孚劉子英冉大華二十一人於京兆府門決重杖死大理卿張均引
至獨柳樹下刑人處免死配流合浦郡而達奚珣韋恆乃至腰斬先是慶緒至
相州史思明高秀巖等皆送款請命肅宗各令復位便領所管至是懼不自安
各率其黨叛其後三司用刑連年不定流貶相繼及王璵爲相素聞物議請下
詔自今已後三司推勘未畢者一切放免大收人望後蕭華拔魏州歸國嘗詣
於朝云初河北官聞國家宣詔放陳希烈等脅從官一切不問各令復位聞者
悔歸國之晚舉措自失及後聞希烈等死皆相賀得計無敢歸者於是河北將
吏人人益堅大兵不解後有毛若虛敬羽之流皆深酷割剝驟求權柄殺人以
逞刑厚斂以資國六七年間大獄相繼州縣之內多是貶降人肅宗復聞三司
多濫嘗悔云朕爲三司所誤深恨之及彌留之際以元載爲相乃詔天下流降
人等一切放歸代宗寶應元年迴紇與史朝義戰勝擒其將士妻子老幼四百
八十人上以婦人雖爲賊家口皆是良家子女被賊逼略惻然愍之令萬年縣
於勝業佛寺安置給糧料若有親屬認者任還之如無親族者任其所適仍給

糧遞過於是人情莫不感戴忻悅大曆十四年六月一日德宗御丹鳳樓大赦
赦書節文律令格式條目有未折衷者委中書門下簡擇理識通明官共刪定
自至德已來制勅或因人奏請或臨事頒行差互不同使人疑惑中書門下與
刪定官詳決取堪久長行用者編入格條三司使準式以御史中丞中書舍人
給事中各一人爲之每日於朝堂受詞推勘處分建中二年罷刪定格令使幷
三司使先是以中書門下充刪定格令使又以給事中中書舍人御史中丞爲
三司使至是中書門下奏請復舊以刑部御史臺大理寺爲之其格令委刑部
刪定元和四年九月勅刑部大理決斷罪囚過爲淹遲是長姦倖自今已後大
理寺檢斷不得過二十日刑部覆下不得過十日如刑部覆有異同寺司重加
不得過十五日省司量覆不得過七日如有牒外州府節目及於京城內勘本
推即日以報牒到後計日數被勘司却報不得過五日仍令刑部具遣牒及報
牒月日牒報都省及分察使各準勅文勾舉糺訪六年九月富平縣人梁悅爲
父殺仇人秦果投縣請罪勅復讎殺人固有彝典以其申寃請罪視死如歸自

諸公門發於天性志在徇節本無求生之心寧失不經特從減死之法宜決一百配流循州職方員外郎韓愈獻議曰伏奉今月五日勅復讎據禮經則義不同天徵法令則殺人者死禮法二事皆王教之端有此異同必資論辯宜令都省集議聞奏者伏以子復父讎見於春秋見於禮記又見於周官又見於諸子史不可勝數未有非而罪之者也最宜詳於律而律無其條非闕文也蓋以為不許復讎則傷孝子之心而乖先王之訓許復讎則人將倚法專殺無以禁止其端矣夫律雖本於聖人然執而行之者有司也經之所明者制有司也丁寧其義於經而深沒其文於律者其意將使法吏一斷於法而經術之士得引經而議也周官曰凡殺人而義者令勿讎讎之則死義宜也明殺人而不得其宜者子得復讎也此百姓之相讎者也公羊傳曰父不受誅子復讎可也不受誅者罪不當誅也又周官曰凡報仇讎者書於士殺之無罪言將復讎必先言於官則無罪也今陛下垂意典章思立定制惜有司之守憐孝子之心示不自專訪議羣下臣愚以為復讎之名雖同而其事各異或百姓相讎如周官所稱可

行於今者或爲官吏所誅如公羊所稱不可行於今者又周官所稱子復讎先
告於士則無罪者若孤稚羸弱抱微志而伺敵人之便恐不能自言於官未可
以爲斷於今也然則殺之與赦不可一例宜定其制曰凡有復父讎者事發具
其事由下尚書省集議奏聞酌其宜而處之則經律無失其指矣元和十三年
八月鳳翔節度使鄭餘慶等詳定格後勅三十卷右司郎中崔郾等六人修上
其年刑部侍郎許孟容蔣乂等奉詔刪定復勒成三十卷刑部侍郎劉伯芻等
考定如其舊卷長慶元年五月御史中丞牛僧孺奏天下刑獄苦於淹滯請立
程限大事大理寺限三十五日詳斷畢申刑部限三十日聞奏中事大理寺三
十日刑部二十五日小事大理寺二十五日刑部二十日一狀所犯十人以上
所斷罪二十件以上爲大所犯六人以上所斷罪十件以上爲中所犯五人以
下所斷罪十件以下爲小其或所抵罪狀并所結刑名並同者則雖人數甚多
亦同一人之例違者罪有差二年四月刑部員外郎孫革奏京兆府雲陽縣人
張莅欠羽林官騎康憲錢米憲徵之莅承醉拉憲氣息將絕憲男買得年十四

將救其父以莅角觝力人不敢擒解遂持木鍤擊莅之首見血後三日致死者準律父爲人所毆子往救擊其人折傷減凡鬭三等至死者依常律卽買得救父難是性孝非暴擊張莅是切非兇以髫丱之歲正父子之親若非聖化所加童子安能及此王制稱五刑之理必原父子之親以權之愼測淺深之量以別之春秋之義原心定罪周書所訓諸罰有權今買得生被皇風幼符至孝哀矜之宥伏在聖慈臣職當讞刑合分善惡勅康買得尙在童年能知子道雖殺人當死而爲父可哀若從沉命之科恐失原情之義宜付法司減死罪一等太和七年十二月刑部奏先奉勅詳定前大理丞謝登新編格後勅六十卷者臣等據謝登所進詳諸理例參以格式或事非久要恩出一時或前後差殊或書寫錯誤並已落下及改正訖去繁舉要列司分門都爲五十卷伏請宣下施行可之八年四月詔應犯輕罪人除情狀巨蠹法所難原者其他過誤罪愆及尋常公事違犯不得鞭背遵太宗之故事也俄而京兆尹韋長奏京師浩穰姦豪所聚終日懲罰抵犯猶多小有寬容卽難禁戢若恭守勅旨則無以肅清若臨事

用刑則有違詔命伏望許依前式輕重處置從之開成四年兩省詳定刑法格一十卷勅令施行會昌元年九月庫部郎中知制誥紇干泉等奏準刑部奏犯贓官五品已上合抵死刑請準獄官令賜死於家者伏請永爲定格從之大中五年四月刑部侍郎劉瑑等奉勅修大中刑法總要格後勅六十卷起貞觀二年六月二十日至大中五年四月十三日凡二百二十四年雜勅都計六百四十六門一千一百六十五條七年五月左衞率倉曹參軍張戣進大中刑法統類一十二卷勅刑部詳定奏行之

舊唐書卷五十

舊唐書卷五十考證

刑法志又定令一千五百九十條爲三十卷○新書一千五百四十六條

六年玄宗又勅吏部侍郎兼侍中宋璟等九人刪定律令格式○新書在二十

六年

其年刑部斷獄天下死罪惟有五十八人大理少卿徐嶠上言云云○本紀作

徐岵

臣德潛按兵刑並重而舊書獨闕兵志雖節度經略都護守捉等官散見于

地理志中而唐初之制府兵府兵廢而爲彍騎彍騎廢而重方鎮其始終盛

衰治亂之迹未之及也亦屬殘闕無疑

舊唐書卷五十考證

珍做朱版印

舊唐書卷五十一

後晉司空同中書門下平章事劉昫撰

列傳第一

后妃上

三代宮禁之職周官最詳自周已降彤史沿革各載本書此不備述唐因隋制皇后之下有貴妃淑妃德妃賢妃各一人爲夫人正一品昭儀昭容昭媛脩儀脩容脩媛充儀充容充媛各一人爲九嬪正二品婕妤九人正三品美人九人

正四品才人九人正五品寶林二十七人正六品御女二十七人正七品采女二十七人正八品其餘六尚諸司分典乘輿服御龍朔二年官名改易內職皆更舊號咸亨二年復舊開元中玄宗以皇后之下立四妃法帝嚳也而后妃四星一爲正后今既立正后復有四妃非典法也乃於皇后之下立惠妃麗妃華妃等三位以代三夫人爲正一品又置芳儀六人爲正二品美人四人爲正三品才人七人爲正四品尚宮尚儀尚服各二人爲正五品自六品至九品卽諸司諸典職員品第而序之後亦參用前號然而三代之政莫不以賢妃開國嬖寵傾邦秦漢已還其流寖盛大至移國小則臨朝煥車服以王宗枝裂土壤而侯肺腑洎末塗淪敗赤族夷宗高祖龍飛宮無正寢而婦言是用釁起維城大帝孝和仁而不武但恣池臺之賞寧顧衽席之嫌武室韋宗幾危運祚東京帝后歿從夫謚光烈和熹之類是也高宗自號天皇武氏自稱天后而韋庶人生有翌聖之名肅宗欲后張氏此不經之甚皆以凶終玄宗以惠妃之愛擯斥椒宮繼以太真幾喪天下歷觀前古邦家喪敗之由多基於子弟召禍子弟之亂

必始於宮闈不正故息隱鬩牆秦王謀歸東洛馬嵬塗地太子不敢西行若中有聖善之慈胡能若是易曰家道正而天下定不其然歟自後累朝長秋虛位或以旁宗入繼母屬皆微徒有冊拜之文諒乏關雎之德今錄其存於史冊者爲后妃傳云

高祖太穆皇后竇氏京兆始平人隋定州總管神武公毅之女也后母周武帝姊襄陽長公主后生而髮垂過頸三歲與身齊周武帝特愛重之養於宮中時武帝納突厥女爲后無寵后尚幼竊言於帝曰四邊未靜突厥尚強願舅抑情撫慰以蒼生爲念但須突厥之助則江南關東不能爲患矣武帝深納之毅聞之謂長公主曰此女才貌如此不可妄以許人當爲求賢夫乃於門屏畫二孔雀諸公子有求婚者輒與兩箭射之潛約中目者許之前後數十輩莫能中高祖後至兩發各中一目毅大悅遂歸於我帝及周武帝崩后追思如喪所生隋文帝受禪后聞而流涕自投於床曰恨我不爲男以救舅氏之難毅與長公主遽掩口曰汝勿妄言滅吾族矣后事元貞太后以孝聞太后素有羸疾時或危

篤諸姒以太后性嚴懼譴皆稱疾而退惟后晝夜扶侍不脫衣履者動淹旬月焉善書學類高祖之書人不能辨工篇章而好存規誡大業中高祖爲扶風太守有駿馬數疋常言於高祖曰上好鷹愛馬公之所知此堪進御不可久留人或言者必爲身累願熟思之高祖未決竟以此獲譴未幾后崩於涿郡時年四十五高祖追思后言方爲自安之計數求鷹犬以進之俄而擢拜將軍因流涕謂諸子曰我早從汝母之言居此官久矣初葬壽安陵後祔葬獻陵上元元年八月改上尊號曰太穆順聖皇后

太宗文德順聖皇后長孫氏長安人隋右驍衛將軍晟之女也晟妻隋揚州刺史高敬德女生后少好讀書造次必循禮則年十三嬪于太宗隋大業中常歸寧於永興里后舅高士廉媵張氏於后所宿舍外見大馬高二丈鞍勒皆具以告士廉命筮之遇坤之泰筮者曰至哉坤元萬物資生乃順承天坤厚載物德合無疆牝馬地類行地無疆變而之泰內陽而外陰內健而外順是天地交而萬物通也象曰后以輔相天地之宜而左右人也龍乾之象也馬坤之象也變

而爲泰天地交也繇協於歸妹婦人之兆也女處尊位履中居順也此女貴不可言武德元年冊爲秦王妃時太宗功業既高隱太子猜忌滋甚后孝事高祖恭順妃嬪盡力彌縫以存內助及難作太宗在玄武門方引將士入宮授甲后親慰勉之左右莫不感激九年冊拜皇太子妃太宗即位立爲皇后贈后父晟司空齊獻公后性尤儉約凡所服御取給而已太宗彌加禮待常與后論及賞罰之事對曰牝雞之晨惟家之索妾以婦人豈敢豫聞政事太宗固與之言竟不之答時后兄無忌夙與太宗爲布衣之交又以佐命元勳委以腹心出入臥內將任之朝政后固言不可每乘間奏曰妾既託身紫宮尊貴已極實不願兄弟子姪布列朝廷漢之呂霍可爲切骨之誡特願聖朝勿以妾兄爲宰執太宗不聽竟用無忌爲左武候大將軍吏部尚書右僕射后又密遣無忌苦求遜職太宗不獲已而許焉改授開府儀同三司后意乃懌有異母兄安業好酒無賴獻公之薨也后及無忌並幼安業斥還舅氏后殊不以介意每請太宗厚加恩禮位至監門將軍及預劉德裕逆謀太宗將殺之后叩頭流涕爲請命曰安業

之罪萬死無赦然不慈於妾天下知之今寘以極刑人必謂妾恃寵以復其兄無乃爲聖朝累乎遂得減死后所生長樂公主太宗特所鍾愛及將出降勑所司資送倍於長公主魏徵諫曰昔漢明帝時將封皇子帝曰朕子安得同於先帝子乎然謂長主者良以尊於公主也情雖有差義無等別若令公主之禮有過長主理恐不可願陛下思之太宗以其言退而告后后歎曰嘗聞陛下重魏徵殊未知其故今聞其諫實乃能以義制主之情可謂正直社稷之臣矣妾與陛下結髮爲夫婦曲蒙禮待情義深重每言必候顏色尚不敢輕犯威嚴況在臣下情疏禮隔故韓非爲之說難東方稱其不易良有以也忠言逆於耳而利於行有國有家者急務納之則俗寧杜之則政亂誠願陛下詳之則天下幸甚后因請遣中使齎帛五百疋詣徵宅以賜之太子承乾乳母遂安夫人常白后曰東宮器用闕少欲有奏請后不聽曰爲太子所患德不立而名不揚何憂少於器物也八年從幸九成宮染疾危惙太子承乾入侍密啓后曰醫藥備盡尊體不瘳請奏赦囚徒幷度人入道冀蒙福助后曰死生有命非人力所加若修

福可延吾素非爲惡若行善無效何福可求赦者國之大事佛道者示存異方之教耳非惟政體靡弊又是上所不爲豈以吾一婦人而亂天下法承乾不敢奏以告左僕射房玄齡玄齡以聞太宗及侍臣莫不歔欷朝臣咸請肆赦太宗從之后聞之固爭乃止將大漸與太宗辭訣時玄齡以譴歸第后固言玄齡事陛下最久小心謹愼奇謀祕計皆所預聞竟無一言漏洩非有大故願勿棄之又妾之本宗幸緣姻戚既非德舉易履危機其保全永久愼勿處之權要但以外戚奉朝請則爲幸矣妾生既無益於時今死不可厚費且葬者藏也欲人之不見自古聖賢皆崇儉薄惟無道之世大起山陵勞費天下爲有識者笑但請因山而葬不須起墳無用棺槨所須器服皆以木瓦儉薄送終則是不忘妾也十年六月己卯崩于立政殿時年三十六其年十一月庚寅葬於昭陵后嘗撰古婦人善事勒成十卷名曰女則自爲之序又著論駮漢明德馬皇后以爲不能抑退外戚令其當朝貴盛乃戒其龍馬水車此乃開其禍源而防其末事耳且誡主守者曰此吾以自防閑耳婦人著述無條貫不欲至尊見之愼勿言崩

後宮司以聞太宗覽而增慟以示近臣曰皇后此書足可垂於後代我豈不達
天命而不能割情乎以其每能規諫補朕之闕今不復聞善言是內失一良佐
以此令人哀耳上元元年八月改上尊號曰文德順聖皇后
太宗賢妃徐氏名惠右散騎常侍堅之姑也生五月而能言四歲誦論語毛詩
八歲好屬文其父孝德試擬楚辭云山中不可以久留詞甚典美自此徧涉經
史手不釋卷太宗聞之納爲才人其所屬文揮翰立成詞華綺贍俄拜婕妤再
遷充容時軍旅亟動宮室互興百姓頗倦勞役上疏諫曰自貞觀已來二十有
二載風調雨順年登歲稔人無水旱之弊國無饑饉之災昔漢武守文之常主
猶登刻玉之符齊桓小國之庸君尚圖泥金之事望陛下推功損己讓德不居
億兆傾心猶闕告成之禮云亭佇謁未展升中之儀此之功德足以咀嚼百王
網羅千代者矣古人有云雖休勿休良有以也守初保末聖哲罕兼是知業大
者易驕願陛下難之善始者難終願陛下易之竊見頃年已來力役兼總東有
遼海之軍西有崐丘之役士馬疲於甲冑舟車倦於轉輸且召募役戍去留懷

死生之痛因風阻浪人米有漂溺之危一夫力耕卒無數十之獲一船致損則傾數百之粮是猶運有盡之農功塡無窮之巨浪圖未獲之他衆喪已成之我軍雖除凶伐暴有國常規然黷武翫兵先哲所戒昔秦皇并吞六國反速危亡之基晉武奄有三方翻成覆敗之業豈非矜功恃大棄德而輕邦圖利忘害肆情而縱慾遂使悠悠六合雖廣不救其亡嗷嗷黎庶因弊以成其禍是知地廣非常安之術人勞乃易亂之源願陛下布澤流人矜弊恤乏減行役之煩增湛露之惠妾又聞爲政之本貴在無爲竊見土木之功不可兼遂北闕初建南營翠微曾未逾時玉華創制雖復因山藉水非無架築之勞損之又損頗有工力之費終以茅茨示約猶興木石之疲假使和屋取人不無煩擾之弊是以卑宮菲食聖主之所安金屋瑤臺驕主之爲麗故有道之君以逸逸人無道之君以樂樂身願陛下使之以時則力無竭矣用而息之則人斯悅矣夫珍翫伎巧乃喪國之斧斤珠玉錦繡實迷心之酖毒竊見服翫纖靡如變化於自然織貢珍奇若神仙之所製雖馳華於季俗實敗素於淳風是知漆器非延叛之方桀造

之而人叛玉杯豈招亡之術紂用之而國亡方驗侈麗之源不可不遏作法於儉猶恐其奢作法於奢何以制後伏惟陛下明鑑未形智周無際窮奧祕於麟閣盡探賾於儒林千王治亂之蹤百代安危之跡興衰禍福之數得失成敗之機故亦苞呑心府之中循環目圍之內乃宸衷之久察無假一二言焉惟恐知之非難行之不易志驕於業泰體逸於時安伏願抑志裁心愼終如始削輕過以添重德循今是以替前非則令名與日月無窮盛業與乾坤永大太宗善其言優賜甚厚及太宗崩追思顧遇之恩哀慕愈甚發疾不自醫病甚謂所親曰吾荷顧實深志在早歿魂其有靈得侍園寢吾之志也因爲七言詩及連珠以見其志永徽元年卒時年二十四詔贈賢妃陪葬於昭陵之石室

高宗廢后王氏幷州祁人也父仁祐貞觀中羅山令同安長公主卽后之從祖母也公主以后有美色言於太宗遂納爲晉王妃高宗登儲冊爲皇太子妃以父仁祐爲陳州刺史永徽初立爲皇后以仁祐爲特進魏國公母柳氏爲魏國夫人仁祐尋卒贈司空初武皇后貞觀末隨太宗嬪御居於感業寺后及左右

數爲之言高宗由是復召入宮立爲昭儀俄而漸承恩寵遂與后及良娣蕭氏
遞相譖毀帝終不納后言而昭儀寵遇日厚后懼不自安密與母柳氏求巫祝
厭勝事發帝大怒斷柳氏不許入宮中后舅中書令柳奭罷知政事并將廢后
長孫無忌褚遂良等固諫乃止俄又納李義府之策永徽六年十月廢后及蕭
良娣皆爲庶人囚之別院武昭儀令人皆縊殺之后母柳氏兄尚衣奉御全信
及蕭氏兄弟並配流嶺外遂立昭儀爲皇后尋又追改后姓爲蟒氏蕭良娣爲
梟氏庶人良娣初囚大罵曰願阿武爲老鼠吾作猫兒生生扼其喉武后怒自
是宮中不畜猫初囚高宗念之閒行至其所見其室封閉極密惟開一竅通食
器出入高宗惻然呼曰皇后淑妃安在庶人泣而對曰妾等得罪廢棄爲宮婢
何得更有尊稱名爲皇后言訖悲咽又曰今至尊思及疇昔使妾等再見日月
出入院中望改此院名爲迴心院妾等再生之幸高宗曰朕即有處置武后知
之令人杖庶人及蕭氏各一百截去手足投於酒甕中曰令此二嫗骨醉數日
而卒後則天頻見王蕭二庶人披髮瀝血如死時狀武后惡之禱以巫祝又移

居蓬萊宮復見故多在東都中宗卽位復后姓爲王氏梟氏還爲蕭氏
中宗和思皇后趙氏京兆長安人祖綽武德中以戰功至右領軍衛將軍父瓌尙高祖女常樂公主歷遷左千牛將軍中宗爲英王時納后爲妃既而妃母公主得罪妃亦坐廢幽死於內侍省則天臨朝瓌爲壽州刺史坐與越王貞連謀被誅公主亦坐死神龍元年贈后諡爲恭皇后贈瓌左衛大將軍及中宗崩將葬于定陵議者以韋后得罪不宜祔葬於是追諡后爲和思莫知瘞所行招魂祔葬之禮太常博士彭景直上言古無招魂葬之禮不可備棺椁置輼輬宜據漢書郊祀志葬黃帝衣冠於橋山故事以皇后褘衣於陵所寢宮招魂置衣於魂轝以太牢告祭遷衣於寢宮舒於御榻之右覆以夷衾而祔葬焉從之
中宗韋庶人京兆萬年人也祖弘表貞觀中爲曹王府典軍中宗爲太子時納后爲妃仍擢后父普州參軍玄貞爲豫州刺史嗣聖元年立爲皇后其年中宗見廢后隨從房州時中宗懼不自安每聞制使至惶恐欲自殺后勸王曰禍福倚伏何常之有豈失一死何遽如是也累年同艱危情義甚篤所生懿德太子

永徽永壽長寧安樂四公主安樂最幼生於房州帝自脫衣裹之遂名曰裹兒特寵異焉及中宗復立爲太子又立后爲妃時昭容上官氏常勸后行則天故事乃上表請天下士庶爲出母服喪三年又請百姓以年二十三爲丁五十九免役改易制度以收時望制皆許之帝在房州時常謂后曰一朝見天日誓不相禁忌及得志受上官昭容邪說引武三思入宮中升御牀與后雙陸帝爲點籌以爲歡笑醜聲日聞于外乃大出宮女雖左右內職而許時出禁中上官氏及宮人貴倖者皆立外宅出入不節朝官邪佞者候之恣爲狎遊祈其賞秩以至要官時侍中敬暉謀去諸武武三思患之乃結上官氏以爲援因得幸於后潛入宮中謀議乃諷百官上帝尊號爲應天皇帝后爲順天皇后帝與后親謁太廟告謝受尊號之意於是三思驕橫用事敬暉王同皎相次夷滅天下咸歸咎於后后方優寵親屬內外封拜遍列清要又欲寵樹安樂公主乃制公主開府置官屬太平公主儀比親王長寧安樂二府不置長史而已宜城公主等以非后所生各減太平之半安樂特寵驕恣賣官鬻獄勢傾朝廷常自草制勅掩

其文而請帝書焉帝笑而從之竟不省視又請自立爲皇太女帝雖不從亦不
加譴所署府寮皆猥濫非才又廣營第宅侈靡過甚長寧及諸公主迭相倣効
天下咸嗟怨之神龍三年節愍太子死後宗楚客率百寮上表加后號爲順天
翊聖皇后景龍二年春宮中希旨妄稱后衣箱中有五色雲出帝使畫工圖之
出示於朝乃大赦天下百寮母妻各加邑號右驍衞將軍知太史事迦葉志忠
上表曰昔高祖未受命時天下歌桃李子太宗未受命時天下歌秦王破陣樂
高宗未受命時天下歌側堂堂天后未受命時天下歌武媚娘伏惟應天皇帝
未受命時天下歌英王石州順天皇后未受命時天下歌桑條韋也女行六合
之內齊首蹀足應四時八節之會歌舞同歡豈與夫簫韶九成百獸率舞同年
而語哉伏惟皇后降帝女之精合爲國母主蠶桑以安天下后妃之德於斯爲
盛謹進桑條歌十二篇伏請宣布中外進入樂府皇后先蠶之時以享宗廟帝
悅而許之特賜志忠莊一區雜綵七百段太常少卿鄭愔又引而申之播於舞
詠亦受厚賞兵部尚書宗楚客又諷補闕趙延禧表陳符命解桑條以爲十八

代之符請頒示天下編諸史冊帝大悅擢延禧爲諫議大夫時上官昭容與其母鄭氏及尚宮柴氏賀婁氏樹用親黨廣納貨賂別降墨勑斜封授官或出臧獲屠販之類累居榮秩又引女巫趙氏出入禁中封爲隴西夫人勢與上官氏爲比三年冬帝將親祠南郊國子祭酒祝欽明司業郭山惲建議云皇后亦合助祭太常博士唐紹蔣欽緒上疏爭之尚書右僕射韋巨源詳定儀注遂希旨協同欽明之議帝納其言以后爲亞獻仍以宰相女爲齋娘以執籩豆欽明又欲請安樂公主爲終獻迫於時議而止四年正月望夜帝與后微行市里以觀燒燈又放宮女數千夜遊縱觀因與外人陰通逃逸不還時國子祭酒葉靜能善符禁小術散騎常侍馬秦客頗閑醫藥光祿少卿楊均以調膳侍奉皆出入宮掖均與秦客皆得幸於后相次丁母憂旬日悉起復舊職時安樂公主與駙馬武延秀侍中紀處訥中書令宗楚客司農卿趙履温互相猜貳迭爲朋黨六月帝遇毒暴崩時馬秦客侍疾議者歸罪於秦客及安樂公主后懼祕不發喪引所親入禁中謀自安之策以刑部尚書裴談工部尚書張錫知政事留守東

都又命左金吾大將軍趙承恩及宦者左監門衞大將軍薛崇簡帥兵五百人往筠州以備譙王重福后與兄太子少保温定策立温王重茂爲皇太子召諸府兵五萬人屯京城分爲左右營然後發喪少帝卽位尊后爲皇太后臨朝攝政韋温總知內外兵馬守援宮掖駙馬韋捷韋濯分掌左右屯營武延秀及温從子播族弟璿外甥高崇共典左右羽林軍及飛騎萬騎播璿欲先樹威嚴拜官日先鞭萬騎數人衆皆怨不爲之用時京城恐懼相傳將有革命之事往往偶語人情不安臨淄王率薛崇簡鍾紹京劉幽求領萬騎及總監丁未入自玄武門至左羽林軍斬將軍韋璿韋播及中郎將高崇於寢帳遂斬關而入至太極殿后惶駭遁入殿前飛騎營及武延秀安樂公主皆爲亂兵所殺分遣萬騎誅其黨與韋温温從子捷及族弟嬰宗楚客弟晉卿紀處訥馬秦客葉靜能楊均趙履温衞尉卿王哲太常卿李璵將作少匠李守質及韋氏武氏宗族無少長皆斬之梟后及安樂公主首於東市翌日勑收后屍葬以一品之禮追貶爲庶人安樂公主葬以三品之禮追貶爲悖逆庶人

中宗上官昭容名婉兒西臺侍郎儀之孫也父庭芝與儀同被誅婉兒時在襁褓隨母配入掖庭及長有文詞明習吏事則天時婉兒忤旨當誅則天惜其才不殺但黥其面而已自聖曆已後百司表奏多令參決中宗即位又令專掌制命深被信任尋拜爲昭容封其母鄭氏爲沛國夫人婉兒既與武三思淫亂每下制敕多因事推尊武后而排抑皇家節愍太子深惡之及舉兵至肅章門扣閤索婉兒婉兒大言曰觀其此意即當次索皇后以及大家帝與后遂激怒幷將婉兒登玄武門樓以避兵鋒俄而事定婉兒常勸廣置昭文學士盛引當朝詞學之臣數賜遊宴賦詩唱和婉兒每代帝及后長寧安樂二公主數首並作辭甚綺麗時人咸諷誦之婉兒又通於吏部侍郎崔湜引知政事湜嘗充使開商山新路功未半而中宗崩婉兒草遺制曲敘其功而加褒賞及韋庶人敗婉兒亦斬於旗下玄宗令收其詩筆撰成文集二十卷令張說爲之序初婉兒在孕時其母夢人遺己大秤占者曰當生貴子而秉國權衡既生女聞者嗤其無効及婉兒專秉內政果如占者之言

睿宗肅明順聖皇后劉氏刑部尚書德威之孫也父延景陜州刺史景雲元年追贈尚書右僕射沛國公儀鳳中睿宗居藩納后爲孺人尋立爲妃生寧王憲壽昌代國二公主文明元年睿宗卽位冊爲皇后及降爲皇嗣后從降爲妃長壽中與昭成皇后同被譖爲則天所殺景雲元年追諡肅明皇后招魂葬於東都城南陵曰惠陵睿宗崩遷祔橋陵以昭成太后故不得入太廟配饗常別祀於儀坤廟開元二十年始祔太廟

睿宗昭成順聖皇后竇氏將作大匠抗曾孫也祖誕大理卿莘國公父孝諶潤州刺史景雲元年追贈太尉邠國公后姿容婉順動循禮則睿宗爲相王時爲孺人甚見禮異光宅元年立爲德妃生玄宗及金仙玉真二公主長壽二年爲戸婢團兒誣譖與肅明皇后厭蠱呪咀正月二日朝則天皇后於嘉豫殿既退而同時遇害梓宮祕密莫知所在睿宗卽位諡曰昭成皇后招魂葬於都城之南陵曰靖陵又立廟於京師號爲儀坤廟睿宗崩后以帝母之重追尊爲皇太后諡仍舊祔葬橋陵遷神主于太廟

玄宗廢后王氏同州下邽人梁冀州刺史神念之後上爲臨淄王時納后爲妃上將起事頗預密謀贊成大業先天元年爲皇后以父仁晈爲太僕卿累加開府儀同三司邠國公后兄守一以后無子常懼有廢立導以符厭之事有左道僧明悟爲祭南北斗刻霹靂木書天地字及上諱合而佩之且呪曰佩此有子當與則天皇后爲比事發上親究之皆驗開元十二年秋七月己卯下制曰皇后王氏天命不祐華而不實造起獄訟朋扇朝廷見無將之心有可諱之惡焉得敬承宗廟母儀天下可廢爲庶人別院安置刑于家室有媿昔王爲國大計蓋非獲已守一賜死其年十月庶人卒以一品禮葬於無相寺寶應元年雪免復尊爲皇后

玄宗貞順皇后武氏則天從父兄子恒安王攸止女也攸止卒後后尚幼隨例入宮上卽位漸承恩寵及王庶人廢後特賜號爲惠妃宮中禮秩一同皇后所生母楊氏封爲鄭國夫人同母弟忠累遷國子祭酒信祕書監惠妃開元初產夏悼王及懷哀王上仙公主並襁褓不育上特垂傷悼及生壽王瑁不敢養於

宮中命寧王憲於外養之又生盛王琦咸宜太華二公主惠妃以開元二十五年十二月薨年四十餘下制曰存有懿範沒有寵章豈獨被於朝班故乃施於亞政可以垂裕斯爲通典故惠妃武氏少而婉順長而賢明行合禮經言應圖史承戚里之華胄昇後庭之峻秩貴而不恃謙而益光以道飭躬以和逮下四德粲其兼備六宮咨而是則法度在己靡資珩珮躬儉化人率先絺紘夙有奇表將加正位前後固讓辭而不受奄至淪歿載深感悼遂使玉衣之慶不及於生前象服之榮徒增於身後可贈貞順皇后宜令所司擇日冊命葬於敬陵時慶王琮等請制齊衰之服有司請以忌日廢務上皆不許之立廟於京中昊天觀南乾元之後嗣享亦絕

玄宗楊貴妃高祖令本金州刺史父玄琰蜀州司戶妃早孤養於叔父河南府士曹玄璬開元初武惠妃特承寵遇故王皇后廢黜二十四年惠妃薨帝悼惜久之後庭數千無可意者或奏玄琰女姿色冠代宜蒙召見時妃衣道士服號曰太真既進見玄宗大悅不期歲禮遇如惠妃太真姿質豐豔善歌舞通音律

智算過人每倩盼承迎動移上意宮中呼爲娘子禮數實同皇后有姊三人皆有才貌玄宗並封國夫人之號長曰大姨封韓國三姨封虢國八姨封秦國並承恩澤出入宮掖勢傾天下妃父玄琰累贈太尉齊國公母封涼國夫人叔玄珪光祿卿再從兄銛鴻臚卿錡侍御史尚武惠妃女太華公主以母愛禮遇過於諸公主賜甲第連於宮禁韓虢秦三夫人與銛錡等五家每有請託府縣承迎峻如詔勅四方賂遺其門如市五載七月貴妃以微譴送歸楊銛宅比至亭午上思之不食高力士探知上旨請送貴妃院供帳器玩廩餼等辦具百餘車上又分御饌以送之帝動不稱旨暴怒笞撻左右力士伏奏請迎貴妃歸院是夜開安興里門入內妃伏地謝罪上歡然慰撫翌日韓虢進食上作樂終日左右暴有賜與自是寵遇愈隆韓虢秦三夫人歲給錢千貫爲脂粉之資銛授三品上柱國私第立戟姊妹昆仲五家甲第洞開僭擬宮掖車馬僕御照耀京邑遞相夸尚每構一堂費踰千萬計見制度宏壯於己者即徹而復造土木之工不捨晝夜玄宗頒賜及四方獻遺五家如一中使不絕開元已來豪貴雄盛無

如楊氏之比也玄宗凡有遊幸貴妃無不隨侍乘馬則高力士執轡授鞭宮中供貴妃院織錦刺繡之工凡七百人其雕刻鎔造又數百人揚益嶺表刺史必求良工造作奇器異服以奉貴妃獻賀因致擢居顯位玄宗每年十月幸華清宮國忠姊妹五家扈從每家爲一隊著一色衣五家合隊照映如百花之煥發而遺鈿墜舄瑟瑟珠翠璨瓓芳馥於路而國忠私於虢國而不避雄狐之刺每入朝或聯鑣方駕不施帷幔每三朝慶賀五鼓待漏靚糚盈巷蠟炬如晝而十宅諸王百孫院婚嫁皆因韓虢爲紹介仍先納賂千貫而奏請罔不稱旨天寶九載貴妃復忤旨送歸外第時吉温與中貴人善温入奏曰婦人智識不遠有忤聖情然貴妃久承恩顧何惜宮中一席之地使其就戮安忍取辱於外哉上即令中使張韜光賜御饌妃附韜光泣奏曰妾忤聖顏罪當萬死衣服之外皆聖恩所賜無可遺留然髮膚是父母所有乃引刀翦髮一繚附獻玄宗見之驚惋即使力士召還國忠既居宰執兼領劍南節度勢漸恣横十載正月望夜楊家五宅夜遊與廣平公主騎從爭西市門楊氏奴揮鞭及公主衣公主墮馬駙

馬程昌裔扶公主因及數撾公主泣奏之上令殺楊氏奴昌裔亦停官國忠二男昢暄妃弟鑑皆尚公主楊氏一門尚二公主二郡主貴妃父祖立私廟玄宗御製家廟碑文并書玄珪累遷至兵部尚書天寶中范陽節度使安祿山大立邊功上深寵之祿山來朝帝令貴妃姊妹與祿山結爲兄弟祿山母事貴妃每宴賜錫賚稠沓及祿山叛露檄數國忠之罪河北盜起玄宗以皇太子爲天下兵馬元帥監撫軍國事國忠大懼諸楊聚哭貴妃銜土陳請帝遂不行內禪及潼關失守從幸至馬嵬禁軍大將陳玄禮密啓太子誅國忠父子既而四軍不散玄宗遣力士宣問對曰賊本尚在蓋指貴妃也力士復奏帝不獲已與妃詔遂縊死於佛室時年三十八瘞於驛西道側上皇自蜀還令中使祭奠詔令改葬禮部侍郎李揆曰龍武將士誅國忠以其負國兆亂今改葬故妃恐將士疑懼葬禮未可行乃止上皇密令中使改葬於他所初瘞時以紫褥裹之肌膚已壞而香囊仍在內官以獻上皇視之悽惋乃令圖其形於別殿朝夕視之馬嵬之誅國忠也虢國夫人聞難作奔馬至陳倉縣令薛景仙率人吏追之走入竹

林先殺其男裴徽及一女國忠妻裴柔曰娘子爲我盡命即刺殺之已而自刎不死縣吏載之閉於獄中猶謂吏曰國家乎賊乎吏曰互有之血凝至喉而卒進瘞于郭外韓國夫人聟祕書少監崔峋女爲代宗妃號國男裴徽尚代宗女延安公主女嫁讓帝男秦國夫人聟柳澄先死男鈞尚長清縣主澄弟潭尚肅宗女和政公主

舊唐書卷五十一

舊唐書卷五十一考證

高祖太穆皇后竇氏傳后父毅於門屏畫二孔雀諸公子有求婚者輒與兩箭射之潛約中目者許之前後數十輩莫能中高祖後至兩發各中一目毅大悅遂歸于我帝○臣德潛按後代作史不應稱我帝此仍唐人紀錄未曾刪正者也書中類此者極多

太宗文德順聖皇后長孫氏傳后因請遣中使齎帛五百疋詣徵宅以賜之○臣宗萬按魏徵傳皇后遣使齎錢四十萬絹四百匹詣徵宅以賜之兩傳互異又按魏徵傳太宗與徵論忠良賜絹五百匹通鑑亦載其事則二者必有一誤也

高宗廢后王氏傳武昭儀令人皆縊殺之○臣德潛按既云武昭儀令人皆縊殺之後又云截去手足投酒甕中數日而卒是一傳中自相矛盾矣

中宗韋庶人傳中宗廢後每聞制使至惶恐欲自殺后勸王曰禍福倚伏何常之有豈失一死何遽如是也○臣德潛按新書禍福何常早晚等死耳無遽

及語意較明舊書豈失一死句或有譌字

玄宗楊貴妃傳韓國夫人聟古壻字祕書少監崔珣女爲代宗妃○臣德潛按韓國夫崔峋非崔珣後崔妃傳甚明已改正

虢國男裴徽尚代宗女延安公主○臣德潛按肅宗七女中郜國公主下嫁裴徽此誤作代宗而代宗十八主中又並無延安延安乃穆宗女也一語中凡有三誤

舊唐書卷五十一考證

舊唐書卷五十二

後晉司空同中書門下平章事劉昫撰

列傳第二

后妃下

玄宗元獻皇后楊氏　肅宗張皇后
肅宗韋妃　肅宗章敬皇后吳氏
代宗崔妃　代宗睿真皇后沈氏
代宗貞懿皇后獨孤氏　德宗昭德皇后王氏
德宗韋妃　順宗莊憲皇后王氏
憲宗懿安皇后郭氏　憲宗孝明皇后鄭氏
女學士尚宮宋氏　穆宗恭僖皇后王氏
敬宗郭貴妃　穆宗貞獻皇后蕭氏
穆宗宣懿皇后韋氏　武宗王賢妃

宣宗元昭皇后晁氏　懿宗惠安皇后王氏

昭宗積善皇后何氏

玄宗元獻皇后楊氏弘農華陰人曾祖士達隋納言天授中以則天母族追封士達爲鄭王贈太尉父知慶左千牛將軍贈太尉鄭國公后景雲元年八月選入太子宮時太平公主用事尤忌東宮宮中左右持兩端而潛附太平者必陰伺察事雖纖芥皆聞於上太子心不自安后時方娠太子密謂張說曰用事者不欲吾多息胤恐禍及此婦人其如之何密令說懷去胎藥而入太子於曲室躬自煑藥醺然似寐夢神人覆鼎既寤如夢如是者三太子異之告說說曰天命也無宜他慮既而太平誅后果生肅宗太子妃王氏無子后班在下后不敢母肅宗王妃撫鞠慈甚所生開元中肅宗爲忠王后爲妃又生寧親公主張說以舊恩特承寵異說亦奇忠王儀表必知運曆所鍾故寧親公主降說子垍開元十七年后薨葬細柳原玄宗命說爲志文其銘云石獸澀兮綠苔黏宿草殘兮白露霑園寢閉兮脂粉膩不知何年開鏡奩二十四年忠王立爲皇太子至

德元年肅宗即位於靈武二載五月玄宗在蜀誥曰聖人垂範是推顧復之恩王者建極抑有追尊之禮蓋母以子貴德以謚尊故妃弘農楊氏特稟坤靈久釐陰教往以續塗山之慶降華渚之祥誕發異圖載光帝業而冊命猶闕幽靈尚鬱夏王繼統方軫陽城之恩漢后褒榮庶協昭靈之稱宜於彼追冊為元獻太后寶應二年正月祔葬泰陵

肅宗張皇后本南陽西鄂人後徙家昭應祖母竇氏玄宗母昭成皇太后之妹也昭成為天后所殺玄宗幼失所恃為竇姨鞠養景雲中封鄧國夫人恩渥甚隆其子去惑去疑去奢去逸皇姨弟也皆至大官去盈尚玄宗女常芬公主去逸生后天寶中選入太子宮為良娣后弟清又尚大寧郡主后辯惠豐碩巧中上旨祿山之亂玄宗幸蜀太子與良娣俱從車駕渡渭百姓遮道請留太子收復長安肅宗性仁孝以上皇播越不欲違離左右宦者李靖忠啓太子請留良娣贊成之白於玄宗太子如靈武時賊已陷京師從官單寮道路多虞每太子次舍宿止良娣必居其前太子曰捍禦非婦人之事何以居前良娣曰今大家

跋履險難兵衞非多恐有倉卒妾自當之大家可由後而出庶幾無患及至靈武產子三日起縫戰士衣太子勞之曰產忌作勞安可容易后曰此非妾自養之時須辦大家事肅宗卽位冊爲淑妃贈父大僕卿去逸左僕射母竇氏封義章縣主姊李曇妻封清河郡夫人妹師師封郕國夫人乾元元年四月冊爲皇后弟駙馬都尉清加特進太常卿同正封范陽郡公皇后寵遇專房與中官李輔國持權禁中干預政事請謁過當帝頗不悅無如之何后於光順門受外命婦朝親蠶苑中內外命婦相見儀注甚盛先在靈武時太子弟建寧王倓爲后誣譖而死自是太子憂懼常恐后之構禍乃以恭遜取容后以建寧之隙常欲危之張后生二子興王佋定王侗興王早薨侗又孩幼故儲位獲安寶應元年四月肅宗大漸后與內官朱輝光馬英俊啖廷瑤陳仙甫等謀立越王係矯詔召太子入侍疾中官程元振李輔國知其謀及太子入二人以難告請太子在飛龍廐元振率禁軍收越王捕朱輝光等俄而肅宗崩太子監國遂移后於別殿幽崩誅馬英俊女道士許靈素配流山人申大芝賜死駙馬都尉清貶硤州

司馬弟延和郡主壻鴻臚卿潛貶郴州司馬舅鴻臚卿竇履信貶道州刺史

肅宗韋妃父元珪兗州都督肅宗爲忠王時納爲孺人及昇儲位爲太子妃生兗王僩絳王佺永和公主永穆公主天寶中宰相李林甫不利於太子妃兄堅爲刑部尚書林甫羅織起柳勣之獄堅連坐得罪兄弟並賜死太子懼上表自理言與妃情義不睦請離婚玄宗慰撫之聽離妃遂削髮被尼服居禁中佛舍西京失守妃亦陷賊至德二年薨於京城

肅宗章敬皇后吳氏坐父事沒入掖庭開元二十三年玄宗幸忠王邸見王服御蕭然傍無媵侍命將軍高力士選掖庭宮人以賜之而吳后在籍中容止端麗性多謙抑寵遇益隆明年生代宗皇帝二十八年薨葬於春明門外代宗即位之年十二月羣臣以肅宗山陵有期準禮以先太后祔陵廟宰臣郭子儀等上表曰儷宸極者允歸於淑德諡徽號者必副於鴻名當履運而承天則因心而追往此先王之明訓聖人之茂典也伏惟先太后圓精挺質方祇稟秀禎符協於四星典禮敦於萬國得元和之正氣韞霄漢之清英顧史求箴道先於壼

則撝謙率禮教備於中闈太陰無昊朓之徵丙殿有祝延之慶尊敬師傅佩服禮經勤於蘋藻之薦罔貴珩璜之飾徽音允穆嘉慶聿彰憲度輔佐之勞緝熙玄默之化足以光昭宗祀作配紫微豈騶虞之風行於江漢之域葛覃之詠起自岐陽之下爰膺曆數作啓聖明大拯艱難永清夷夏雖復文母成周王之業慶都誕帝堯之聖異代同符彼多慚德昊蒼不弔聖善長違當圓魄之成玉英早落有坤儀之美象服未加悲懷於先遠之辰感慟於易名之日伏以山陵貞兆良吉有期虞祔之儀式資配享率由故實敬奉嘉名謹按謚法敬慎高明曰章法度明大曰章夙興夜寐曰敬齊莊中正曰敬敢遵先典仰圖懿德謹上尊謚曰章敬皇后二年三月祔葬建陵啓春明門外舊壟后容狀如生粉黛如故而衣皆赭黃色見者駭異以爲聖子符兆之先后父令珪寶應初贈太尉母李氏贈秦國夫人叔令瑤拜太子家令封馮翊郡公令瑜太子右諭德封濟陰郡公后兄溆鴻臚少卿封鄄城縣公澄太子賓客濮陽縣公湊太子詹事臨濮縣公並加開府儀同三司溆位終金吾大將軍湊位終京兆尹見外戚傳

代宗睿真皇后沈氏吳興人世爲冠族父易直祕書監開元末以良家子選入東宮賜太子男廣平王天寶元年生德宗皇帝祿山之亂玄宗幸蜀諸王妃主從幸不及者多陷於賊后被拘於東都掖庭及代宗破賊收東都見之留於宮中方經略北征未暇迎歸長安俄而史思明再陷河洛及朝義敗復收東都失后所在莫測存亡代宗遣使求訪十餘年寂無所聞德宗即位下詔曰王者事父孝故事天明事母孝故事地察則尊天莫先於嚴父事地莫盛於尊親朕恭承天命以主社稷執珪璧以事上帝祖宗克配園寢永終而內朝虛位闕問安之禮銜悲內惻憂戀終歲思欲歷舟車之路以聽求音問而主茲重器莫匪深哀是用仰稽舊儀敬崇大號舉茲禮命式遵前典宜令公卿大夫稽度前訓上皇太后尊號建中元年十一月遙尊聖母沈氏爲皇太后陳禮于含元殿庭如正至之儀上袞冕出自東序門立於東方朝臣班於位冊曰嗣皇帝臣名言恩莫重於顧復禮莫貴於徽號上以展愛敬之道下以正春秋之義則祖宗之所稟命臣子之所盡心尊尊親親此焉而在兩漢而下帝王嗣位崇奉尊稱厥有

舊章兼惟丕烈敢墜前典臣名謹上尊號曰皇太后帝再拜歔欷不自勝左右皆泣下仍以睦王述爲奉迎皇太后使工部尚書喬琳副之候太后問至昇平公主宜備起居於是分命使臣周行天下明年二月吉問至羣臣稱賀既而詐妄自是詐稱太后者數四皆不之罪終貞元之世無聞焉德宗敦崇外族贈太后父易直太師易直子庫部員外郎介福贈太傅介福子德州刺史士衡贈太保易直第二子祕書少監震贈太尉時沈氏封贈拜爵者百餘人貞元七年詔外曾祖隋陝令沈琳贈司徒追封徐國公與外祖贈太師易直等立五廟以琳爲始緣祠廟所須官給后無近屬惟族子房爲近德宗用爲金吾將軍主沈氏之祀憲宗卽位之年九月禮儀使奏太后沈氏厭代登真於今二十七載大行皇帝至孝惟深哀思罔極建中之初已發明詔舟車所至靡不周遍歲月滋深迎訪理絕按晉庾蔚之議尋求三年之後又俟中壽而服之今參詳禮例伏請以大行皇帝啓攢宮日百官舉哀於肅章門內之正殿先令有司造褘衣一副發哀日令內官以褘衣置於幄自後宮人朝夕上食先啓告元陵次告天地宗

廟昭德皇后廟太皇太后諡冊造神主擇日祔於代宗廟其褘衣備法駕奉迎於元陵祠復置於代宗皇帝衮衣之右便以發哀日爲國忌詔如奏其年十一月冊諡曰睿真皇后奉神主祔於代宗之室

代宗崔妃博陵安平人父峋祕書少監母楊氏韓國夫人天寶中楊貴妃寵幸卽妃之姨母也時韓國虢國之寵冠於戚里時代宗爲廣平王故玄宗選韓國之女嬪于廣平邸禮儀甚盛生召王偲初妃挾母氏之勢性頗妬悍及西京陷賊母黨皆誅妃從王至靈武恩顧漸薄達京而薨

代宗貞懿皇后獨孤氏父穎左威衞錄事參軍以后貴贈工部尚書后以美麗入宮嬖幸專房故長秋虛位諸姬罕所進御后始冊爲貴妃生韓王迥華陽公主華陽聰悟過人能候上顏色發言必隨喜慍上之所賞則因而美之上之所惡則曲以全之由是鍾愛特異大曆九年公主薨上嗟悼過深數日不視朝宰臣等因中使吳承倩附奏言修短常理以社稷之重宜節哀視事初公主疾上令宗師道教名曰瓊華真人及疾亟上親自臨視屬纊之際嚙傷上指其愛念

如此上既未聽朝宰臣等諫曰公主夙成神悟仁眷特鍾嘗禱必親已承減膳幽明遽閒倍軫慈衷臣等微誠無由感達伏惟陛下守累聖之公器御羣生之運畜夷百戰之艱患撫四海之傷殘虜候為虞戎師近警一言萬務裁成聖心得失謬於毫釐安危存於晷刻伏慮顧懷猶切神志未和衆情以之不寧臣子以之兢惕伏願抑周喪之私痛均品物於至公下慰黔黎上安宗社上始聽朝

大曆十年五月貴妃薨追諡曰貞懿皇后殯於内殿累年不忍出宮十三年十月方葬命宰臣常袞為哀冊曰維大曆十年歲在辛卯十月辛酉朔六日丙寅貴妃獨孤氏薨粵明日追諡曰貞懿皇后殯于内殿之西階十三年十月癸酉乃命門下侍郎同平章事常袞持節冊命以其月二十五日丁酉還座于莊陵禮也素紗列位黼奕周庭輅升玉綴軒鞅珠欞皇帝悼纏掖以追懷感麟迹而增慟備百禮以殷遺命六宮而哀送宗祝薦告司儀降收爰詔侍臣紀垂鴻休其辭曰祚祉悠久寵靈誕受元魏戚藩周隋帝后五侯迭興七貴居右肇啓皇運光膺文母纘女是因以綱大倫生知陰教育我蒸人瑞雲呈彩瑤星降神聰

明睿智婉麗貞仁惟昔天監搜求才淑龍德在田葛覃于谷周姜胥宇漢后推轂王業惟艱嬪風已穆繼文傳聖嗣徽克令不曜其光乃終有慶祗奉園寢肅恭靈命越在哀煢聿追孝敬文織絲組朱綠玄黃上供祭服以祀明堂法度有節不待珩璜篇訓之制自盈縑緗敘我邦族風于天下始於憂勤協成王化慈厚諸女寵臨下嫁登進賢才勞謙日夜服縉示儉脫簪申誡訪問後言讌遊夙退內加羣娣動有矜誨外睦諸親泣辭封拜闕翟有日親蠶俟時忽歸清漢言復方祇萬乘悼懷羣臣慕思玉衣追慶金鈿同儀嗚呼哀哉去昭陽兮窅然乘雲駕兮何在人代宛兮如舊炎涼倏兮已改翠葆森以成列素旗儼而相待言從玉兆之貞永閟瑤華之彩別長秋之西苑過望春兮南登招帝子于北渚從毋后於東陵下土清兮動金翠外無像兮中有馮合簫挽以攢咽結雲雨之淒凝吾君感於幽期俯層亭而望思慘嬪媛以延佇極容衞以盡時搖巾袂兮遠訣隔軒檻兮羣悲不復見兮迴御輦傷如何兮軫睿慈下蘭皋兮背芷陽旌悠悠兮野蒼蒼帶白花兮掩淚衣玄帢兮斷腸當盛明兮共樂忽幽處兮獨傷去

故廷兮日遠卽新宮兮夜長遂無文繡之飾器無珠貝之藏蓋自我之立制刑
有國之大方嗚呼哀哉見送往之空歸歎終焉之如此方士神兮是與非甘泉
畫兮疑復似遺音在於玉瑱陳迹留於金卮獻萬壽兮有期存二南之餘美帝
追思不已每事欲極哀情常袞當代才臣詔爲哀詞文旨悽悼覽之者惻然華
陽公主先葬于城東地卑濕至是徙葬祔於莊陵之園故哀詞云招帝子于北
渚從母后於東陵乃詔常參官爲挽歌上自選其傷切者令挽士歌之大曆初
后寵遇無雙以恩澤官其宗屬叔太常少卿卓爲少府監后兄良佐太子中允
德宗昭德皇后王氏父遇官至祕書監德宗爲魯王時納后爲嬪上元二年生
順宗皇帝特承寵異德宗卽位冊爲淑妃貞元二年妃病十一月甲午冊爲皇
后是日崩於兩儀殿臨畢素服視事旣大殮成服百寮服三日而釋用晉文明
后崩天下發哀三日止之義上服凡七日而釋諡曰昭德初令兵部侍郎李紓
撰諡冊文旣進帝以紓文謂皇后曰大行皇后非禮留中不出詔翰林學士吳
通玄爲之通玄又云咨后王氏議者亦以爲非知禮者以貞觀中岑文本撰文

德皇后諡冊曰皇后長孫氏斯得之矣五月葬于靖陵后母郕國夫人鄭氏請設祭詔曰祭筵不可用假花果欲祭者從之自是宗室諸親及李晟渾瑊神策六軍大將皆設祭自啓攢後日數祭至發引方止宰臣韓滉爲哀冊又命宰相張延賞柳渾撰昭德皇后廟樂章既進上以詞句非工留中不下令學士吳通玄別撰進初后爲淑妃德宗贈后父遇揚州大都督遇子杲眉州司馬甥姪拜官者二十餘人永貞元年十一月從靖陵祔葬于崇陵

德宗韋賢妃不知氏族所出初爲良娣貞元二年冊爲賢妃性敏惠言無苟容動必由禮德宗深重之六宮師其德行及德宗崩請於崇陵終喪紀因侍於寢園元和四年薨

順宗莊憲皇后王氏琅邪人曾祖思敬試太子賓客祖難得贈潞州都督封琅邪郡公父顏金紫光祿大夫衞尉卿后幼以良家子選入宮爲才人順宗在藩時代宗以才人賜之時年十三大曆十三年生憲宗皇帝立爲宣王孺人順宗升儲冊爲良娣后言容恭謹宮中稱其德行順宗即位疾恙未平后供侍醫藥

不離左右屬帝不能言冊禮將行復止及永貞內禪冊爲太上皇后元和元年正月順宗晏駕五月尊太上皇后爲皇太后冊禮畢憲宗御紫宸殿宣赦太后居興慶宮后性仁和恭遜深抑外戚無絲毫假貸訓厲內職有母儀之風焉元和十一年三月崩於南內之咸寧殿諡曰莊憲皇后初太常少卿韋縚進諡議公卿署定欲告天地宗廟禮院奏議曰謹按曾子問賤不誄貴幼不誄長禮也古者天子稱天以誄之皇后之諡則讀於廟江都集禮引白虎通曰皇后何所諡之以爲於廟又曰皇后無外事無爲于郊傳曰故雖天子必有尊也準禮賤不得誄貴子不得爵母所以必諡于廟者諡宜受成於祖宗故天子諡成于郊后妃諡成于廟今請準禮集百官連署諡狀訖讀於太廟然後上諡於兩儀殿旣符故事允合禮經從之初稱諡並云莊憲皇太后禮儀使鄭絪奏議秦漢已來天子之后稱皇后母稱皇太后祖母稱太皇太后崩亦如之加太字者所以別尊稱也國朝典禮皆依舊制開元六年正月太常奏昭成皇太后諡號以牒禮部禮部非之太常報曰入廟稱后義繫於夫在朝稱太后義繫於子此載於

史冊垂之不刊今百司移牒及奏狀參詳典故恐不合除太字如謚冊入陵神主入廟卽當去之其年八月祔葬于豐陵后生福王綰漢陽雲安遂安三公主后之祖父母弟見外戚傳

憲宗懿安皇后郭氏尚父子儀之孫贈左僕射駙馬都尉曖之女母代宗長女昇平公主憲宗爲廣陵王時納后爲妃以母貴父祖有大勳於王室順宗深寵異之貞元十一年生穆宗皇帝元和元年八月冊爲貴妃八年十二月百寮拜表請立貴妃爲皇后凡三上章上以歲暮來年有子午之忌且止帝後庭多私愛以后門族華盛慮正位之後不容嬖幸以是冊拜後時元和十五年正月穆宗嗣位閏正月冊爲皇太后陳儀宣政殿庭冊曰嗣皇帝臣名再拜言伏以正坤元母天下符至德以昇大號因晉運而飾鴻徽煥乎前聞焯彼古訓以極尊尊親親之義明因天事地之經有自來矣伏惟大行皇帝貴妃大虹毓慶霽月披祥導靈派於昭回揖殊仁於氣母範圍百行表飭六宮譽在中闈流宣陰教輔佐先聖勤勞庶工顧以沖眇遭罹閔凶荷成命於守器之時奉寶圖於鑄鼎

之日哀纏易月痛鉅終天而四海無虞萬邦有截仰惟顧復之德敢揚聖善之
風謹上尊號曰皇太后是日百寮稱慶外命婦奉賀光順門詔皇太后曾祖贈
太保追封岐國公敬之贈太傅太后父駙馬都尉曖贈太尉母號國大長公主
贈齊國大長公主后兄司農卿釗爲刑部尚書鏦爲金吾大將軍太后居興慶
宮帝每月朔望參拜三朝慶賀帝自率百官詣門上壽或遇良辰美景六宮命
婦戚里親屬車騎駢噎於南內鑾珮之音鏘如九奏穆宗意頗奢縱朝夕供御
尤爲華侈太后嘗幸驪山登石瓮寺上命景王率禁軍侍從帝自於昭應奉迎
遊豫行樂數日方還敬宗卽位尊爲太皇太后及寶曆季年凶徒竊發昭愍暴
殞內外震駭宦官迎絳王監國尋又加害太皇太后下令曰大行皇帝睿哲多
能對越天命宜荷九廟之重永享億年之祚豈謂姦妖竊發矯專神器蠱惑中
外扇誘羣情駭動神人豐深梟鏡咨爾江王聰哲精粹清明在躬智筭機閑玄
謀雷發躬率義勇大清醜類允膺當璧之符爰攄枕戈之憤既殲巨逆當享豐
福是命爾陟于元后宜令司空平章事晉國公度奉冊卽皇帝位文宗孝而謙

謹奉祖母有禮膳羞珍果蠻夷奇貢獻郊廟之後及三宮而後進御武宗即位以后祖母之尊門地素貴奉之益隆旣而宣宗繼統卽后之諸子也恩禮愈異於前朝大中年崩於興慶宮諡曰懿安皇太后祔葬於景陵后歷位七朝五居太母之尊人君行子孫之禮福壽隆貴四十餘年雖漢之馬鄧無以加焉識者以爲汾陽社稷之功未泯復鍾慶於懿安焉

憲宗孝明皇后鄭氏宣宗之母也蓋內職御女之列舊史殘缺未見族姓所出入宮之由宣宗爲光王時后爲王太妃旣卽位尊爲皇太后會昌六年后弟光夢車中載日月光芒燭六合占者曰必暴貴月餘武宗崩宣宗卽位光以元舅之尊檢校戶部尚書諸衞將軍出爲平盧節度使后大中末崩諡曰孝明

女學士尚宮宋氏者名若昭貝州清陽人父庭芬世爲儒學至庭芬有詞藻生五女皆聰惠庭芬始教以經藝旣而課爲詩賦年未及笄皆能屬文長曰若莘次曰若昭若倫若憲若荀若莘若昭文尤淡麗性復貞素閑雅不尚紛華之飾嘗白父母誓不從人願以藝學揚名顯親若莘教誨四妹有如嚴師著女論語

十篇其言模倣論語以韋逞母宣文君宋氏代仲尼以曹大家等代顏閔其閒問答悉以婦道所尚若昭注解皆有理致貞元四年昭義節度使李抱真表薦以聞德宗俱召入宮試以詩賦兼問經史中大義深加賞歎德宗能詩與侍臣唱和相屬亦令若莘姊妹應制每進御無不稱善嘉其節概不羣不以宮妾遇之呼爲學士先生庭芬起家受饒州司馬習藝館內敕賜第一區給俸料元和末若莘卒贈河內郡君自貞元七年已後宮中記注簿籍若莘掌其事穆宗復令若昭代司其職拜尙宮姊妹中若昭尤通曉人事自憲穆敬三帝皆呼爲先生六宮嬪媛諸王公主駙馬皆師之爲之致敬進封梁國夫人寶曆初卒將葬詔所司供鹵簿敬宗復令若憲代司宮籍文宗好文以若憲善屬文能論議奏對尤重之太和中神策中尉王守澄用事委信翼城醫人鄭注賊臣李訓干竊時權訓注惡宰相李宗閔李德裕構宗閔險邪爲吏部侍郎時令駙馬都尉沈曦通賂於若憲求爲宰相文宗怒貶宗閔爲潮州司戶曦柳州司馬幽若憲於外第賜死英憲弟姪女壻等連坐者十三人皆流嶺表李訓敗文字悟其誣構

深惜其才若倫若荀早卒
穆宗恭僖皇后王氏越人父紹卿婺州金華令后少入太子宮元和四年生敬宗穆宗皇帝立爲妃長慶四年二月尊爲皇太后昭愍崇重母族贈紹卿司空后母張氏贈趙國夫人文宗即位之初號寶曆太后太和八年詔伏以皇太后與寶曆太后每有司行遣稱號未分禮式非便稽諸前代詔令所施不斥言太后以宮名爲稱今寶曆太后居義安殿宜準故事稱義安太后

敬宗郭貴妃父義右威衞將軍長慶末以姿貌選入太子宮敬宗即位爲才人生晉王普帝以少年有子復以才人容德冠絕特寵異之贈其父禮部尚書又以兄環爲少府少監賜第一區俄冊爲貴妃及昭愍遇盜宮闈變起文宗即位尤憐晉王育若己子故貴妃禮遇不衰太和二年晉王薨帝深嗟惜贈曰悼懷太子

穆宗貞獻皇后蕭氏福建人初入十六宅爲建安王侍者元和四年十月生文宗皇帝寶曆三年正月敬宗遇弒中尉王守澄率兵討賊迎江王即位文宗踐

祚之日奉冊曰嗣皇帝臣名言古先哲王之有天下也必以孝敬奉於上慈惠浹於下極誠意以厚人倫思由近以及遠故自家而刑國以臣奉嚴慈之訓承教撫之仁而長樂尚鬱其鴻名內朝未崇於正位則率土臣子懃懃懇懇延頸企踵曷以塞其心乎是用特舉彝章式遵舊典稽首再拜謹上穆宗睿文惠孝皇帝妃尊號曰皇太后伏惟與天合德義申錫慶允釐陰教祗修內則廣六宮之教參十亂之功頤神保和弘覆萬有后因亂去鄉里自入王邸不通家問別時父母已喪有母弟一人文宗以母族鮮親惟舅獨存詔閩越連率於故里求訪有戶部茶綱役人蕭洪自言有姊流落估人趙縝引洪見后姊徐國夫人女壻呂璋夫人亦不能省認俱見太后嗚咽不自勝上以爲復得元舅遂拜金吾將軍檢校戶部尚書河陽懷節度使遷檢校左僕射鄜坊節度使先是有自神策兩軍出爲方鎮者軍中多資其行裝至鎮三倍償之時有自左軍出爲鄜坊者資錢未償而卒于鎮乃徵錢於洪宰相李訓雅知洪詐稱國舅洪懼請訓兄仲京爲鄜坊從事以彌縫之洪恃與訓交不與所償又徵於卒者之子洪俾其

子接訴於宰相李訓判絶之左軍中尉仇士良深銜之時有閩人蕭本者復稱太后弟士良以本上聞發洪詐假自鄜坊追洪下獄御史臺按鞫具服其僞詔長流驩州賜死于路趙縝呂璋亦從坐洪以僞敗謂本爲真乃拜贊善大夫賜緋魚仍追封其曾祖倰爲太保祖聰爲太傅父俊爲太師賜與鉅萬計本福建人太后有真母弟孱弱不能自達本就之得其家代及內外族屬名諱復士良保任之上亦不疑詐妄本歷衞尉少卿左金吾將軍開成二年福建觀察使唐扶奏得泉州晉江縣令蕭弘狀自稱是皇太后親弟送赴闕庭詔送御史臺按問事皆僞妄詔逐還本貫開成四年昭義節度使劉從諫上章論蕭本僞稱太后弟云今自上及下異口同音皆言蕭弘是真蕭本是僞請追蕭弘赴闕與本證明若含垢於一時終取笑於千古遂詔御史中丞高元裕刑部侍郎孫簡大理卿崔郇三司按弘本之獄具並僞詔曰恭以皇太后族望承齊梁之後僑寓流滯久在閩中慶靈鍾集早歸椒掖終鮮兄弟常所咨嗟朕自臨御已來便遣尋訪冀得諸舅以慰慈顏而姦濫之徒探我情抱因緣州里之近附會祖先之

名覬幸我國恩假託我外族蕭洪之惡迹未遠蕭本之覆轍相尋弘之本末尤更乖戾三司推鞫曾無似是之蹤宰臣參驗見其難容之狀文款纔入留中久之朕於視膳之時頻有咨稟恭聞處分惟在真實丐沐墮桑既無可驗鑿空作僞豈得更容據其罪狀合當極法尚爲含忍投之荒裔蕭本除名長流愛州蕭弘配流儋州初蕭洪詐稱國舅十數年兩授旄鉞寵貴崇於天下蕭本因士良鄉導發洪之詐聯歷顯榮及從諫奏論僞迹難掩而太后終不獲真弟文宗孝義天然太和中太皇太后居興慶宮寶曆太后居義安殿皇太后居大內時號三宮太后上五日參拜四節獻賀皆由複道幸南內朝臣命婦詣宮門起居上尤執禮造次不失有司嘗獻新苽櫻桃命獻陵寢宗廟之後中使分送三宮十宅初有司送三宮物一例稱賜帝曰物上三宮安得名賜遽取筆塗籍改賜爲奉開成中正月望夜帝於咸泰殿陳燈燭奏仙韶樂三宮太后俱集奉觴獻壽如家人禮諸親王公主駙馬戚屬皆侍宴上性恭儉延安公主衣裾寬大即時遣還罰駙馬竇澣兩月賜錢武宗即位供養彌謹蕭太后徙居積慶殿號積慶

太后會昌中崩諡曰貞獻

穆宗宣懿皇后韋氏武宗昭肅皇帝之母也事闕

武宗王賢妃事闕

宣宗元昭皇后鼂氏懿宗皇帝之母也事闕

懿宗惠安皇后王氏僖宗皇帝之母也事闕

昭宗積善皇后何氏東蜀人入侍壽王邸婉麗多智特承恩顧生德王輝王昭宗即位立爲淑妃乾寧中車駕在華州冊爲皇后國家自乾符已後盜滿天下妖生九重宮廟榛蕪奔播不暇景福之際姦臣內侮后於蒙塵薄狩之中嘗膳禦侮不離左右左闕右輔之幸時事危迫后消息撫御終獲保全自岐下還京崔胤盡誅黃門宦官每宣諭宰臣但令宮嬪來往是時國命奪於朱氏左右前後皆是汴人宮中動息雖纖芥必聞于朱全忠宮人常懷惴慄帝后垂泣相視天祐初全忠逼遷輿駕東幸洛陽其年八月昭宗遇弒翌日宰相柳璨獨孤損等詐宣皇后令云帝爲宮人害輝王祚宜昇帝位仍尊后爲皇太后遭罹變故

迫以凶威宮中哭泣不敢聲聞于外明年十二月全忠將僭位先行九錫然後
受禪全忠牙將蔣玄暉在洛陽宮知樞密與太常卿張廷範私議云山西河北
未平禪代無利請俟盪定欲有咨諫宣徽副使趙殷衡素與張蔣不協且欲代
知樞密事因使于梁誣告云玄暉私於何太后相與盟詛誓復唐室不欲王受
九錫全忠大怒即日遣使至洛陽誅玄暉廷範柳璨等太后亦被害於積善宮
又殺宮人阿秋阿虔仍廢太后爲庶人
贊曰坤德旣軌彤管有煒武喪邦毒侔蚝虺陰教斯僻嬪風寖毀賢哉長孫母
儀何偉

舊唐書卷五十二

舊唐書卷五十二考證

肅宗章敬皇后吳氏傳開元二十三年玄宗幸忠王邸命高力士選掖庭宮人以賜之而吳后在籍中○沈炳震曰按代宗紀以開元十四年生此云二十三年賜以宮人應誤下文云明年生代宗皇帝則二十三年當作十三年也

代宗睿真皇后沈氏傳德宗敦崇外族贈太后父易直太師易直子庫部員外郎介福贈太傅介福子德州刺史士衡贈太保○沈炳震曰易直子乃易直父介福子乃介福父應誤書也新書中甚明

德宗韋賢妃傳貞元二年册爲賢妃○新書在四年

順宗莊憲皇后王氏傳傳曰故雖天子必有尊也○舊本必有上多一不字下云準禮賤不得誄貴子不得爵母子下少一不字今並改正

憲宗孝明皇后鄭氏傳后大中末崩○沈炳震曰按本紀咸通六年崩新書亦然此作大中末誤

女學士尚宮宋氏傳○父庭芬生五女長若華後又互書若華而新書則專云

若莘今從新書
穆宗貞獻皇后蕭氏傳太后會昌中崩○沈炳震曰本紀于大中元年崩此應
誤

舊唐書卷五十二考證

西元二〇二〇年十一月一日重製一版

舊唐書（附考證）冊四（晉劉昫撰）

平裝十冊基本定價捌仟元正
（郵運匯費另加）

發行人　張　敏　君
發行處　中　華　書　局
臺北市內湖區舊宗路二段一八一巷八號五樓（5FL., No. 8, Lane 181, JIOU-TZUNG Rd., Sec 2, NEI HU, TAIPEI, 11494, TAIWAN）
客服電話：886-2-8797-8396
公司傳真：886-2-8797-8909
匯款帳戶：華南商業銀行西湖分行
179100026931
印　刷：維中科技有限公司
海瑞印刷品有限公司

No. N1053-4

國家圖書館出版品預行編目(CIP)資料

舊唐書/(晉)劉昫撰. -- 重製一版. -- 臺北市 :
中華書局, 2020.11
冊 ; 公分
ISBN 978-986-5512-33-0(全套 : 平裝)

1.唐史

624.101 109016731